Jaimini-Gṛhya-Sūtra

FSC
www.fsc.org
MIX
Paperi vastuullisista lähteistä
Paper from responsible sources
FSC® C105338

Jaimini-Gṛhya-Sūtra

with Bhavatrāta's *Vṛtti*
and *Gṛhya-kārikā*

edited by
Asko Parpola

Preliminary edition, reprinted from
Electronic Journal of Vedic Studies, vol. 27 (2023), issue 10

Publisher: BoD · Books on Demand GmbH, Helsinki, Finland
Producer: Libri Plureos GmbH, Hamburg, Germany

ISBN: 978-952-80-8555-3

Preface

This is no. 9 in the present preliminary edition of the Sūtras of the Jaiminīya Sāmaveda with commentaries of Bhavatrāta or Jayanta published in the EJVS:
1. Jaimini-Śrauta-Sūtra with Bhavatrāta's Vṛtti and Śrauta-kārikā. 187 pp.
2. Jaimini-Kalpa 1. Stoma-Kalpa in 13 khaṇḍas (forming 4 adhyāyas). 124 pp.
3. Jaimini-Kalpa 2. Prākṛta-Kalpa in 33 khaṇḍas. 87 pp.
4. Jaimini-Kalpa 3. Saṃjñā-Kalpa in 6 khaṇḍas. 58 pp.
5. Jaimini-Kalpa 4. Vikṛti-Kalpa in 129 khaṇḍas. 342 pp.
6. Appendices to the Jaimini-Kalpa:
Indexes to Jaiminīya-Ūha-Gāna & Jaiminīya-Ūhya-Gāna. 217 pp.
7. Jaimini-Paryadhyāya (Jaimini-Sūtra-Pariśeṣa) in 85 khaṇḍas (forming 12 adhyāyas).
- Part 1: Khaṇḍas 1-28. 214 pp.
- Part 2: Khaṇḍas 29-85. 255 pp.
8. Jaiminīya-Ārṣeya-Brāhmaṇa (key passages) with the Vṛtti of Jayanta. 22 pp.
9. Jaimini-Gṛhya-Sūtra with Bhavatrāta's Vṛtti and Gṛhya-kārikā. 250 pp.

A general introduction to this preliminary edition is to be found in the first volume (JŚS).

The Jaimini-Gṛhya-Sūtra (JGS) has been published three times, all with Śrīnivāsa Adhvarin's commentary or extracts of it:

Raṅgācārya, Kastūri, 1898. *Jaiminigṛhyasūtram, śrīnivāsāddhvarikṛta-subodhinyākhya-vyākhyāsahitam,* ubhayavedāṃtapravartaka-paṃḍitaratnabirudāṃkitaiḥ śrī. kastūri raṃgācāryaiḥ pariṣkṛtam. Teynampett, Madras: Printed at The Grove Press. v, 2, 93, 9 pp. Comment: at least in the case of JGS 2,8, Raṅgācārya has omitted a major part of Śrīnivāsa's commentary.

Caland, Willem, 1905. *De literatuur van den Sāmaveda en het Jaiminigṛhyasūtra.* (Verhandelingen der Koninklijke Akademie van Wetenschappen te Amsterdam, Afdeeling Letterkunde, NṚ. 6: 2.) Amsterdam: Johannes Müller. 15, 99 pp.

Caland, Willem, 1922. *The Jaiminigṛhyasūtra belonging to the Sāmaveda with extracts from the commentary,* edited with an introduction and translated for the first time into English. (Punjab Sanskrit Series, 2.) Lahore. Reprinted, Delhi: Motilal Banarsidass, 1984. 62, 80 pp.

Willem Caland, the foremost expert of Vedic ritual texts in his time, not only edited the JGS with extracts of Śrīnivāsa's commentary but also discussed its characteristics and place in the Vedic literature, provided a complete list of the mantras cited, and (in 1922) translated the JGS into English.

The published editions and Śrīnivāsa's commentary represent the Tamil tradition of the Jaiminīya school of Sāmaveda. Bhavatrāta's commentary reflects the Jaiminīya tradition of the Nampūtiri Brahmins of Kerala, and there are some differences. Bhavatrāta's commentary is much more detailed and dates from c. 700 CE. It is considerably older than Śrīnivāsa's, though it is not possible to define exactly the latter's life time.

Bhavatrāta quotes the commented sūtras by mentioning their two first and two last syllables, and his sūtra division has been adopted here, and the sūtras have been numbered for easy reference. Caland has given the JGS text continuously, without dividing it into sūtras, just indicating the separation of sentences by a small *daṇḍa* above the line (and not always following Śrīnivāsa's divisions).

Another point concerning the division of the text is that the *nāndīmukhaśrāddha* forms chapter 1,6 in Caland's editions, but this chapter has been moved, apparently by Bhavatrāta, from the first part of auspicious life-cycle rites to the second part, which deals with rites of death and ancestor worship: there it joins the other *śrāddha* rites. Accordingly, many chapters have different numbers in the two versions of the JGS, that of Bhavatrāta's commentary published here and that of Caland's editions. The table of contents functions as a concordance, giving the numbers of Caland's editions in parentheses.

In JGS 2,5, Bhavatrāta not only quotes around 40 passages from the related chapters of the Jaiminīya-Brāhmaṇa (JB 1,46-49) but also comments these passages, some quite extensively. In this chapter Śrīnivāsa quotes and comments two JB passages.

Chapters JGS 2,1-6 (JGS 2,1-5) are devoted to funeral rites and ancestor worship. They probably constitute the original content of the second book of the JGS in accordance with the general Vedic practice. This book has been later enlarged by adding to it several chapters most likely taken over almost literally from different late texts of the Baudhāyana school of the Black Yajurveda, with which the Jaiminīyas have been collaborating in South India (Caland 1905:12; 1922:xi): 2,7 (2,6) *gr̥havidhi* and 2,8 *anaśnatsaṃhitākalpa*, and subsequently (2,7) *adbhutaśānti* and (2,9) *grahaśānti*. The two last-mentioned chapters (only in Caland's editions) have not been commented by Bhavatrāta nor by Śrīnivāsa.

Manuscripts

The present preliminary edition of the so far unpublished Vr̥tti of Bhavatrāta is based on the following manuscripts.

K = Muṭṭattukkāṭṭu Māmaṇṇu Mana, Panjal, Trichur District, Kerala, Ms. no. P33. Bhavatrāta's commentary on the JGS. Palm leaves with Malayalam script. In good condition. 31.4 x 4 x 4 cm, 139 leaves, 9 lines per page. Ends at JGS 2,8,8.

K2 = Muṭṭattukkāṭṭu Māmaṇṇu Mana, Panjal, Trichur District, Kerala, Ms. no. P33 bis (= I,32). Bhavatrāta's commentary on the JGS. Palm leaves with Malayalam script. In good condition. 31.1 x 4.3 x 4.6 cm. 139 leaves, 9 lines per page. Ends at JGS 2,8,8.

C = ms. no. 740 in the Tripunittura Sanskrit College, Cochin, Kerala. Transcript in Malayalam script on 315 paper pages, 18 lines per page, made (according to the postscript) in October 1938 (1114 tulāṃ 18) by K. Rāma Varmma from a manuscript belonging to the Muṭṭtuttukkāṭṭu Māmaṇṇu Mana (i.e., either K or K2). Ends (p. 315) *vyāhr̥tīr iti bhavitavye vyāhr̥taya iti chāndasaḥ prayogaḥ* = middle of the commentary on JGS 2,8,8.

K107 = Muṭṭattukkāṭṭu Māmaṇṇu Mana, Panjal, Trichur District, Kerala. Ms. no. P107. Bhavatrāta's commentary on the JGS. Palm leaves with older Malayalam script. Maybe 200-250 years old. 34 x 4.7 x 4.5 cm, 147 leaves, 7 lines per page. Ends at JGS 2,8,33, whereafter follow a few leaves in different size, containing *agnihotrasaṃskāraprakāram*; this manual, in spite of its Sanskrit title, is in the Malayalam language (begins: *nila koḻḻuvān kālam āyāl ...*)

TRA = The late Sri T. Rajagopala Aiyangar's large notebook, Part Ī, pp. 124-170, 36 lines per page. JGS 2,1,1 - 2,8,33 with Bhavatrāta's commentary in the grantha script. Ends (after JGS 2,8,33): *itaḥ param pāñcāla-grandhe nāsti*, where *pāñcāla* = Panjal (Pāññāḷ in Malayalam).

M = Mūttiriṅṅōṭu Mana, Maṇṇēṅgōḍi, Pattambi District, Kerala. Bhavatrāta's commentary on JGS. Relatively new and in fairly good condition, slightly worm-eaten. 26.5 x 4.2 x 4.3 cm, 135 folia, ends at JGS 2,8,33, after which comes *agnihotrasaṃskāraprakāram* (fol. 127) and after an empty leaf, *sāmavedīya-aṣṭakāpārvaṇaṅṅaḷ* and *nārāyaṇabali.* (fol. 129-135, numbered 1-7). On a "fly-leaf" in the beginning, *mūtteraṅṅoṭṭe vaka bhavatrātīyaṃ granthaṃ jaimini((nī))yagṛhyavyākhyānam.*

P = Perumāṅṅāṭu Mana, Panjal, Trichur District, Kerala. Ms. no. 36. Bhavatrāta's commentary on the JGS. Palm leaves with Malayalam script. 24 x 5 x 6.2 cm, 201 leaves with 7 to 11 lines per page. Ends on fol. 199b with JGS 2,8,33: *catura / bhakṣa / udakena miśritā saktavaḥ dvau / bhakṣa /.* Rest (= most) of the page empty. On fol. 200-201 follows the *agnihotra-saṃskāra-prakāram*, ending (201b) ...*caivū / śrīrāmaguruve śaraṇaṃ śrīnīlakaṇṭhaguruve śaraṇaṃ / rī /.*

A = Adyar Library and Research Centre, Chennai, Tamil Nadu. Ms. nos. 75584 and 75585 (34 D 10 and 34 D 11). Jaiminīya-Gṛhya-Sūtra-Vṛtti by Bhavatrāta. Palm leaves with Malayalam script. Fol. 1-107 (JGS 1,1,1 to JGS 2,4,2*/3*). 36 x 4.8 x 3,7 cm (cover 39.2 x 4.8 cm), 9 lines per page. Fol. 108-146 (JGS 2,4,2*/3* to JGS 2,8,33). 22.3 x 3.3 x 1.5 cm, 8 lines per page. Ends at JGS 2,8,33, after which the rest of the page is emnpty. The ms. has mistakes in common with L310.

T = The Oriental Research Institute and Manuscripts Library, University of Kerala, Trivandrum / Thiruvananthapuram. Ms L310. Bhavatrāta's commentary on the JGS. Palm leaves with Malayalam script. 29.5 x 3.7 x 3.8 cm. Partly broken and worm-eaten. Leaves 21 and 96 missing. Ends with JGS 2,8,33: *catura / bhakṣa / udakena miśritā saktava / dvau / bhakṣa /* The ms. has mistakes in common with the Adyar ms. Presumably belonged originally to the Moḷaveli Mana in Kidangur, Kottayam District, from which came the Trivandrum ms. L321 containing the commentary of Bhavatrāta and Jayanta on the JŚS, JK, JPA and JĀrṣB. Besides photographs of the original T, I have also a devanagari transcript in 219 pp. of 20 x 30 cm size with about 21 lines per page, kindly sent in October 1981 by Dr K. Appukkuttan Nair, Reader-in-charge.

K, K2 and C end at JGS 2,8,8. All the other mss. end at JGS 2,8,33, but JGS 2,8,35.37-39 and 41-42 have been dealt with before this, after JGS 2,8,15 which is immediately followed by a an empty space marking the omission of JGS 2,8,16-22 (also missing are JGS 2,8,34.36 and 40). The sūtras JGS 2,8,23-24.27-33 come after JGS 2,8,42. - This means that all these mss. go back to a single archetype, where the last leaves were partly mixed partly lost (probably broken). — To compensate the loss of Bhavatrāta's commentary on a number of sūtras in the final chapter JGS 2,8, I have cited Śrīnivāsa's commentaries on these sūtras: they also clearly demonstrate how much better we are served by Bhavatrāta.

JGMP = Jaimini-Gṛhya-Mantra-Pāṭha/Vṛtti. Unpublished text available in a couple of mss.: Ms. 17 of Perumaṅṅāṭu Mana, Panjal, Trichur District, Kerala, 27 x 3.5 x 3 cm; C826 (24.3 x 4 x 3.2 cm) and its transcript, T577, and ms. 23030 (19.4 x 3.8 x 2.3 cm) in the Oriental Research Institute and Manuscript Library, University of Kerala. Occasionally taken into consideration while establishing the mantras of the JGS.

SSC = Sāma-Smārtta-Caṭaṅṅù. A manual in Malayalam for conducting gṛhya rituals of the Jaiminīya Sāmaveda, occasionally taken into consideration while establishing the

mantras of the JGS. The first chapters (the *pārvaṇa* section) have been published with detailed comparison with the JGS:
Parpola, Asko, 2011. Codification of Vedic domestic ritual in Kerala: *Pārvaṇa-sthālīpāka* – the model of rites with fire-offerings – in Jaiminīya-Gṛhyasūtra 1,1-4 and in the Malayāḷam manual of the Sāmaveda Nampūtiri Brahmins of Kerala, the *Sāma-Smārtta-Caṭaṅṅü*. Pp. 261-354 in: Jan E. M. Houben & Julieta Rotaru (eds.), Le Veda-Vedāṅga et l'Avesta entre oralité et écriture - Veda-Vedāṅga and Avesta between Orality and writing. Section III A in *Travaux de Symposium International Le Livre, La Roumanie, L'Europe, Troisième édition – 20 à 24 Septembre 2010*, Tome III. Bucarest: Éditeur Bibliothèque de Bucarest.

On the Gṛhyakārikā published at the end of this volume (pp. 242-247) and on its manuscripts and variant readings, see pp. 247-250.

The present preliminary edition is not perfect. Some manuscript collation, tracing of quotations, and recording of variant readings still remains to be done. A few textual problems also have to be satisfactorily solved. On the whole, however, it has already been possible to establish a fairly reliable text of this important unpublished work, which is herewith brought to the reach of Vedic/Sanskrit scholars.

Helsinki, in July 2023

Asko Parpola

Contents

harih / śrīgaṇapataye namaḥ / avighnam astu //

velātītāvalīḍhavrajad acaragataikatvasaptārṇavormī
vratāvartāvagāḍhotpatitam apahr̥taprāvr̥ḍambhodaśobham /
prīṇātu prītinādadhvanitasakaladigbhāgam ābaddhalīlaṃ
vārāhaṃ bāṇaśatroḥ kṣitivalayavataṃsaikadaṃṣṭraṃ vapur vaḥ //

Note: This introductory poem is in the *sragdharā* ('wearing a flower-garland') metre, employed by Kālidāsa in the introductory poem of the Abhijñānaśākuntalam. It has the scheme
- - - / - v - / - v v / v v v / v - - / v - - / v - -
= *mrau bhrau yau y* in Piṅgala's Chandaḥsūtra 7,25), with caesura after every 7 syllables; cf. A. Weber, *Ueber die Metrik der Inder*, (Indische Studien 8), 1863, p. 400-401. The boar is a Purāṇic symbol of Vedic sacrifice, cf. V. S. Agrawala, *Solar symbolism of the boar Yajña Varāha: An interpretation*, Varanasi 1963; Shrikant Pradhan & Shilpa Sumant, Yajñavarāha and Vedic sacrifice, pp. 609-613 in: P. Goyal & al. (eds.), *Animals in Archaeology*, vol. II, Thiruvananthapuram 2023.

yatkopatas tanubhuvān tanutā pinākaṃ
yasyopayāti sakr̥d arcayitāpi nākam /
vyekānananaṃ vyadhitayat puratāpinā kaṃ
dāsīṣṭa tena jagate dadhatā pinākam //

Note: A *yamaka* stanza on *pināka-*, 'Rudra's bow' (from *(a)pi + nāka-* 'the thing upon the vault of heaven' = 'rainbow': A. Parpola at the 8th International Vedic Workshop, 2023.)

praṇipatya pramathapatim anantam akhilajagadekapatim /
gr̥hyasya vr̥ttir eṣā kariṣyate jaimines tam api namasitvā //

JGS 1,1-4. (pārvaṇaḥ / pākayajñatantram)

JGS 1,1,1.
athāto 'gniṃ praṇayiṣyan
prāgudakpravaṇam abhyukṣya sthaṇḍilaṃ
lakṣaṇaṃ kuryān madhye

Note: *agniṃ praṇayiṣyan* quoted in Bh on JGS 1,1,5. – Cf. GGS 1,1,9 anuguptā apa āhr̥tya prāgudakpravaṇam deśam samaṃ vā parisamuhyopalipya madhyataḥ ...

athā===nmadhye // dvividhāni karmāṇi gr̥hye kathyante / sāgnikāni kāni cit pārvaṇapuṃsavanavaiśvadevādīni kāni cid anagnikāni sandhyopāsanādīni / asti sāgnikānām api dvaividhyam / pārvaṇādiṣu nāgnipraṇayanañ caulakaraṇādiṣu tad astīti / tatredaṃ praṇīyamānasyāgner deśasaṃskāravidhānam ādau kriyate /
athaśabdas tāvad ayam adhikārārthaḥ / gr̥hyakarmāṇi vaktum adhikr̥tānīty avagamayati / ataśśabdo hetau / asmād dhetor imāni karmāṇy adhikr̥tānīti / kasmād iti ced yad etair garbhādhānādibhir gr̥hyavihitaiḥ karmabhis saṃskr̥tānān dvijātīnān tejo vardhatetarām asaṃskr̥tānān dvijātir evotsīdaty ato gr̥hyakarmāṇi vakṣyanta ity arthaḥ /

agniṃ praṇayiṣyan praṇeṣyan prāgudakpravaṇaṃ sthaṇḍilaṃ kr̥tvābhyukṣya tasya madhye vakṣyamāṇaṃ lakṣaṇam aṅkaṃ kuryāt / sthaṇḍilasya sikatābhiḥ kriyā śiṣṭācāratas siddhopādīyate kriyamāṇena cānenākāraparimāṇaviśeṣāv ākāṅkṣyete / tatra caturaśrākāratvam aratniparimāṇatvañ cāhavanīyasya homasaṃbandhor āyatane dr̥ṣṭe ity upādīyeyātām / jyāyān hi niyamo 'niyamāt //

JGS 1,1,2.

prācīṃ lekhām ullikhya-
udīcīñ ca samhitāṃ paścāt

Note: Cf. GGS 1,1,9 ... madhyataḥ prācīṃ lekhām ullikhyodīcīṃ ca saṃhatāṃ paścād ...

prācīṃ===paścāt // vihitasya lakṣaṇasyākāraviśeṣo 'yam ucyate / prācīm ekāṃ lekhām ullikhya tayā saṃhitān tasyā eva paścād udīcīñ ca lekhām ullikhet / prācī lekhā sthaṇḍilamadhyād ārabdhavyā / udīcyāś ca madhyam anayā sandhīyeta / evam eva hi kr̥te lekhātrayeṇoparitanena saṃyuktaṃ sthaṇḍilamadhye lakṣaṇaṃ idaṃ kr̥taṃ syāt / samāyāmā hi sarvā lekhā viśeṣavacanābhāvāt / ā sthaṇḍilāntāya tā vā / tatrainayor madhyāraṃbhamadhyasandhānābhāve lakṣaṇam idam ekaṃ bhāgam avalaṃbya prakāśeta / tatas sādhv etad uktaṃ madhyād ārabdhavyā prācī madhyam udīcyās sandheyam iti /

ā sthaṇḍilāntāya tā eva tu sarvā lekhā syuḥ / itarathā hy aniyamas tāsān doṣaḥ prasajati / asminn api ca pakṣe prācīnān tāvac catasr̥ṇāṃ lekhānām arthasiddhā samāyāmatā / udīcyās tu tadviguṇāyatatvam arthād eva //

JGS 1,1,3.

tisro madhye prācyaḥ

Note: Cf. GGS 1,1,9 ... madhye prācīs tisra ullikhyābhyukṣet. Caland (1905:11; 1922:x) notes that *prācyaḥ* (for *prācīḥ*) is ungrammatical. Another similar use is *vyāhr̥tayaḥ* for *vyāhr̥tīḥ* in JGS 2,2,8.

tisraḥ===prācyaḥ // tisraḥ prācyo lekhā madhya ullikhet /

kasya madhye / udīcyā lekhāyā iti sannidher gr̥hṇīmaḥ /

nanu lekhāyā aṇutvāt tanmadhya āsāṃ lekhanan na saṃbhavati / satyam etat / yathā tu saṃbhavati tathā vyākhyeyam / kathaṃ vyākhyāyeta / madhye samāpyerann iti / evam idaṃ pañcalekhātmakaṃ lakṣaṇaṃ sthaṇḍilamadhye niṣpādyate //

JGS 1,1,4.

abhyukṣya-
agniṃ pratiṣṭhāpayed
bhūr bhuva svar iti

abhyu===riti // kr̥talakṣaṇaṃ sthaṇḍilam adbhir abhyukṣya tasminn agniṃ pratiṣṭhāpayed etābhir vyāhr̥tibhiḥ //

JGS 1,1,5.
lakṣaṇāvr̥d eṣā sarvatra

Note: This sūtra is quoted in Bh on JGS 2,8,6. – Cf. GGS 1,1,10 lakṣaṇāvr̥d eṣā sarvatra.

lakṣa===rvatra // āvr̥t kramo mārgaḥ / eṣā lakṣaṇasyāvr̥t sarvatra syāt /

lakṣaṇam ity evāstu / kim āvr̥dgrahaṇena prayojanam / abhyukṣaṇāgnipratiṣṭhāpanaparigrahaṇam /

kiṃ punas *sarvatra-* ity anagnipraṇayane 'pi karmaṇy ayaṃ vidhiḥ pravartate / naivam / evaṃ hi saty *agniṃ praṇayiṣyann* (JGS 1,1,1) ity anarthakaṃ syāt / atha yatrāgnipraṇayanan tatra sarvatreti gr̥hyate / na caivam / evaṃ saty *agniṃ praṇayiṣyann* (JGS 1,1,1) vacanād evārthasiddher ayaṃ vidhir anarthaka syāt / kathaṃ punar bhavanto manyante / ime brūmahe / *agniṃ praṇayiṣyann* (JGS 1,1,1) ity adhikr̥tya vihitatvād iyaṃ lakṣaṇāvr̥d yeṣāṃ karmaṇām agnipraṇayanam aṅgan teṣu āvaj jātakarma cauḷakaraṇādiṣu sidhyati / yat tv agnaḥ karmādāv anyad eva saukāryādyarthaprayuktan deśāntaranayanan tatrāpy asyā lakṣaṇāvr̥taḥ prasiddhyartham idaṃ vākyam / yeṣān tu nāṅgam agnipraṇayanan na cārthāt kriyate teṣu nāsyāḥ prasaṅgaḥ /

nanu dvayam apīdaṃ praṇayanam eva yac ca karmāṅgabhūtaṃ yac cārthāt kriyate / kim ataḥ / idam ato bhavati / *praṇayiṣyann* (JGS 1,1,1) iti vacanād evobhayatrāpi sidhyati / naivaṃ sidhyati / agnipraṇayanaṃ hi nāma yad agner ekadeśaḥ karmārtham avacchidyānyasmin deśe praṇīyate / yathāhavanīyaikadeśa uttaravedau / yat tu kr̥tsnasyaivāgneḥ kena cin nimittena deśāntaraprāpaṇan tasminn agnipraṇayanaśabdo yady api syād gauṇa eva mantavyaḥ / yathāgnitrayasya yajñaśālāṃ prati haraṇam / na ca sakr̥tprayuktaś śabdo gauṇo mukhyaś ca bhavitum arhati / tatra- *agniṃ praṇayiṣyann* (JGS 1,1,1) iti mukhyam agnipraṇayanam abhipretam / iyan tu paribhāṣā gauṇe 'pi prāpaṇārthā / yady api kathañ cit praṇayanādhikārād evobhayatrāpi prāpnuyāt punar eva pākayajñādhikārānantaryāt tadaṅgabhūte mukhya eva praṇayane lakṣaṇāvr̥t pragr̥hyeta / tasmād iyaṃ paribhāṣā kartavyaiva //

JGS 1,1,6.
athātaḥ pākayajñān vyākhyāsyāmaḥ

athā===syāmaḥ // athānantaram ata ūrdhvaṃ pākayajñān vyākhyāsyāmaḥ /

pākaśabdo 'yam alpārthaḥ / yad ime haviryajñebhyas somebhyaś cālpīyāṃsas tad eṣu pākayajñaśabdasya pravr̥ttikāraṇam /

ke punas te pākayajñā nāma / idam atraivocyate //

JGS 1,1,7.
huto 'hutaḥ prahutaḥ prāśita iti

Note: The whole sūtra JGS 1,1,7 is quoted in Bh on JGS 1,3,41.
Cf. Manu 3,73 *ahutaṃ ca hutaṃ caiva tathā prahutam eva ca /*
brāhmyaṃ hutaṃ prāśitaṃ ca pañca yajñā pracakṣate //

huta===iti // hutaḥ ahutaḥ prahutaḥ prāśita iti caturvidhāḥ pākayajñā atra vyākhyāsyante /

yasmin karmaṇi homaḥ pradhānaṃ sarvam anyat tadaṅgam eva sa hutaḥ / yathaitat pārvaṇaṃ karma /

atha yasmin karmaṇi naiva hūyate so 'hutaḥ / yathā prāśanakarma /

atha yatra dvayaṃ pradhānaṃ homo 'nyac ca karma taddvayāṅgam itarat yatra ca homo 'nyasyāṅgaṃ bhavati sa prahutaḥ / yathā puṃsavanam anaśnatsaṃhitā ca /

atha yatra pitṝn uddiśya prāśyate tat prāśitam / yathā śrāddhakarma /

etasminn eva catuṣṭaye sarveṣām evāntarbhāvo ye 'smin gṛhye śrūyante / katham iti cen

naktandinamukhāsakte homakarmaṇi pārvaṇe /
gṛhaśāntivratādeśakumāreṣṭinaveṣṭiṣu /
hutākhyā samidādhāne prāptihome gṛhasya ca /
yāge gārbho 'hutas sāndhyaṃ karma prāśanakarma ca /
śrāddhe nandīmukhārcāyāṃ prāśitākhyāvagamyatām /
śeṣaḥ prahutabhāvena kriyābhedo 'vatiṣṭhate /
nanv evañ śāsti bhagavān ahutaprahutau manuḥ /
prahutaṃ hi baliṃ bhautam āhāsāv ahutañ japam /
(cf. Manu 3,74 *japo 'huto huto homaḥ prahuto bhautiko baliḥ*)
atra brūmo hutādīnāṃ lakṣaṇan na japo 'huta /
ity ucyate hutāditvan no japādau niyamyate /
abali pañca kartavyān ahutādīn vidhāsyati /
viśeṣaṇārtham eteṣāñ japo 'huta itīritam /
vyākhyayāpy anayāsmākyā japaś ca balikarma ca /
ahutaprahutau tasmād anuvartāmahe vayam //

JGS 1,1,8.
teṣām ekāgnau homaḥ

Note: *ekāgnau homaḥ* and *ekāgnau* quoted in Bh on JGS 1,4,24.

teṣāṃ===homaḥ // teṣāṃ yo homas sa ekasminn agnau kriyeta /
kim āhavanīyādiṣv ekasmin / naitat sādhu / āhavanīyādibhyas tv anyasminnn iti grāhyam / asahāyavacano hy atraikaśabdaḥ / yathā- *ekasya sūnor maraṇaṃ kaṣṭam* iti / yadi hy *āhavanīyādiṣv ekasminn agnau kriyeta-* ity aiṣiṣyata- *agnāv* ity evāvakṣyata / tatrāgnimātrasya homaṃ prati prasiddhasyāvidheyatvād āhavanīyādīnān tu śrautakarmopanibaddhānāṃ smārteṣu nyāyato prāptānāṃ prāptyartham *agnāv* iti vacanaṃ syāt / vikalpaś caiṣām ekakāryavihitānāṃ bhaved eva / evam agnigrahaṇād apy āhavanīyādiṣv anyatamapratyaye sidhyati kṛtam idam ekagrahaṇan tannivṛttaye bhavitum arhati / tasmāt sādhūktam asahāyavacano 'traikaśabda iti / tataḥ pākayajñārtham eko 'gnir ārjanīyaḥ / sa khalv ayam agnir aupāsana iti smaryate / evam api karmaṇi karmaṇy agnirūpā dīyeta / naikasya nityadhāryatā sidhyati / etad eva hi phalam asya vidher yad ayam agnir dhāryeta /

nanv āhavanīyādinivṛttiḥ / naivam / vidhivaśād dhi te karmasu pravartamānā na pākādiṣu pārvaṇādiṣu vā prasajanti / teṣām aprasaṅge laukiko 'gnir arthaprāptatvād avidheyaḥ / na ca dvāv agnī bahavo vaikasmin pākayajñe prasajati / yataḥ tannivṛttyartho vidhi[s] syāt / pāriśeṣyād *ekāgnāv* iti vidher eka evāgnis sarvakarmārtha[s] syāt / na navo navaḥ pratikarmopādīyetety evam artho bhavati / yatra tu nava eveṣyate tatraiva tadartho yatiṣyate / evam idam avasthitam / catuṣpaṭalyās tv ante (Bh on JGS 1,4,24) siddhānto vakṣyate / sa punar aupāsanāgniḥ katham upādātavyaḥ / parastād idaṃ vakṣyāmaḥ //

JGS 1,1,9.
nitye yajñopavītodakācamane

Note: This sūtra is quoted in Bh on JGS 1,1,31. - Cf. Bh on JŚS 3,2*: *śaucārthasyācamanasya yajñopavītasya ca smṛtisiddhatvāt* ...

nitye===mane // yajñopavītam udakācamanañ ca nitye acyute syātām / dvitayasyāpy asya codanāyāṃ prayojanaṃ sārasvatyām uktam (Bh on JGS 1,11,10) /

vikalpāprasakter *nitye* ity anarthakam / nānarthakaṃ stryarthatvāt / tataḥ karmārtham ācamanaṃ vastropavyānañ ca puṃsavanādiṣu kuryāj jāyāpi /

nityagrahaṇasya pūrvavākyāntarbhāvo 'pi tu vaktuñ śakyaḥ / tathāgner dhāryatā prasphuṭam uktā bhavati / kin tu siddhe yatnaḥ kṛta[s] syāt / pūrvam uktaṃ hi pūrvasya vidher agnyanutsargārthayvam //

JGS 1,1,10.
darśapūrṇamāsatantrāḥ

Note: This sūtra is quoted in Bh on JGS 1,1,11.

darśa===tantrāḥ // tantram iti kartavyatāpravṛttikramo 'ṅgakālo vā / yāv āhitāgneḥ parvaṇor vihitau haviryajñau tayor ākhyā darśapūrṇamāsāv iti / darśapūrṇamāsatantram eṣān tantram iti darṣapūṇamāsatantrāḥ / ete pākayajñā darśapūrṇamāsatantrā vijñātavyāḥ / yad eṣāṃ vidhāsyate tantran tad darśapūrṇamāsata evopādāya vidhāsyata ity arthaḥ /

kimartham idam ucyate / jñānārtham eva /

nanu sāmānyacodanāyāṃ bahūnāṃ viśeṣāṇāṃ vikalpena prāptau dārśapaurṇamāsiko 'pi cet prāpnoti tasyaivaniyamārthañ ca / tat katham iti cet *sruvañ cāpāṃ pūrṇam* (JGS 1,1,12) iti sāmānyacodanāyām *īdṛśaṃ sruvam* ity anuktatvāt tatra vāṭapālāśakhādiraudumbarasauvarṇādayo vikalpena prāpnuvanti / atas tu yatnāt khādira evopādeyaḥ (cf. TS 3,5,7,1; ĀpŚS 1,15,10; Śabara on PMS 3,6,1) / tathedhmasyaikaviṁśatidāror evopakalpanam (cf. BŚS 1,2,30; ĀpŚS 1,5,6) pañcadaśadāror evābhyādhānañ ca (cf. ĀpŚS 24,3,29) / aniyatasaṃkhye hi dārubhāre prasiddho 'yam idhmaśabdaḥ / tathā pradhānārtham avadānaṃ haviṣaḥ pūrvārdhāparārdhābhyāṃ (cf. BŚS 1,16) sviṣṭakṛdartham uttarārdhād (cf. BŚS 1,17) ity ayañ ca niyamaḥ / tathedhmasya barhiṣaś ca karmaṇaḥ pūrvaṃ kālāniyamena dravyaśeṣavad upakalpanaprāptau pūrvedyur evopakalpanam (cf. ĀpŚS 1,14,17) iti / atra brūmaḥ / yathā bhavān manyata evañ ced etat *prādeśamātre same* (JGS 1,2,1) iti *saṃspṛṣṭān* (JGS 1,3,6) iti ca guṇaceṣṭānām evamādīnām aratnyādiviṣamatvāt saṃsparśādibhis saha vikalpenaiva prāpnuvatān dārśapaurṇamāsikānāṃ khādiratvādivad ata eva yatnān niyamasiddher vidhyānarthakyaṃ prāpnoti / tasmāj jñānārtham eveti samyak / yadi ca bhavaduktārthaṃ syāt puroḍāśaḥ pārvaṇe pravarteta /

kiṃ punar idānīṃ sāmānyacodanāyā viśeṣā vikalpenaiva / kas saṃśayo niyamakāraṇābhāve / yaś caivam eveti śiṣṭai[s] smaryate tasya tathātvam eva syān nāniyamaḥ / yathā parisamūhane prādakṣiṇyam sruvasya parṇatvakhādiratve idhmasya pañcadaśadāror abhyādhānaṃ samidhām uparitanīnān tritvam iti ca / yathā sruvedhmacodanāyāṃ kīdṛśa[s] sruvaḥ kīdṛśa idhma ity ākāṅkṣā bhavati tadvad dravyāṇām upakalpane haviravadāne ca kasmin kāle kasmāt pradeśād iti cākāṅkṣā bhavati / yato viśeṣaniyame na kāraṇan dṛśyate 'to 'tra kālapradeśaniyamo 'naṅgam / alam atiprasaṅgena //

JGS 1,1,11.
svatantrā vā

svatantrā vā // svam eṣān tantram iti svatantrāḥ / atha vā svatantrā evaite vijñātavyāḥ / yad eṣāṃ vidhāsyate tantran tad eṣān nisargata eva syān na kutaś cid upādīyata ity arthaḥ /

idam api jñānārtham evāsya cobhayasya vidher mitho viruddhasya tathyatānupapatteḥ pūrvapakṣasiddhāntatayā vyākhyāyate / tatra *darśapūrṇamāsatantrā* (JGS 1,1,10) iti pūrvapakṣaḥ / *svatantrā* iti siddhāntaḥ / pūrvapakṣe pākayajñānām ṛtvikkartṛtvaṃ pārvaṇasya dvihaviṣṭvam upakāraṇasya navahaviṣṭvaṃ prakṛtidravyasya ca haviṣāñ caturmuṣṭiparimāṇatvam ity evamādi śiṣṭair asmaryamāṇam api prāpnoti na tu siddhānte / tritayam eva tatrāṅgīkartavyaṃ yac ca vidhīyate yac cārthāt sidhyati yac ca śiṣṭā smaranti / yathā dravyāṇāṃ prokṣaṇaṃ sviṣṭakṛtas sakṛdavadānam abhyādhātavyasyedhmasya pañcadaśadārutvam ityādi /

ye tu ke cid iha pārvaṇadvayam api darśapūṇamāsākhyaṃ manyamānā vyācakṣate puṃsavanādiṣu sarvapākayajñeṣu pārvaṇoktasya tantrasyopādānārthan *darśapūrṇamāsatantrā* (JGS 1,1,10) ity ucyante teṣv eva tu keṣu cit sāyaṃprātarhomādiṣu tasyānupādānārtham *svatantrā* iti cocyanta iti te tapasvino 'nukampyāḥ / na kañ cid apy apahasituṃ yuktam / na cedaṃ vyākhyānaṃ hetubhir dūṣyaṃ prasphuṭadoṣatvāt / katham asya prasphuṭadoṣateti ced darśapūrṇamāsaśabdasya haviryajñaviśeṣābhidhāyitvāt kva cid api ca loke vede vā pārvaṇahome pravṛttyadarśanād ekasya ca śabdasyāsmābhir anekārthatvākalpanasyānyāyyatvāt / atha vā pārvaṇasthālīpāka ity ādau dṛṣṭatvāl laghutvāc ca pārvaṇaśabdasya *pārvaṇatantrā* ity anukteḥ kalpyakāraṇatvād darśapūrṇamāsatantrāḥ puṃsavanādayo jātakarmādaya svatantrā ity avaśyavaktavyatvaprasaṅgād yathāśrutakalpanāyāñ ca darśapūrṇamāsatantratāyā[ḥ] svatantratāyāś cobhayatrāpy animayaprāptes sandhyopāsanādīnām api pārvaṇatantrasya pakṣeṇa prasaṅgād bahubhyaś cānyebhyo 'pi hetubhyaḥ prasphuṭadoṣam etad iti nādartavyam /

kiṃ punar bhavatpakṣe puṃsavanādiṣu pārvaṇatantran na gacchati / gacchati / tadarthaṃ hi vakṣyata *eṣā homāvṛt sarvatra-* (JGS 1,3,41) iti / tasmād atra pūrvapakṣasiddhāntatayaiva vyākhyānaṃ sādhīyaḥ /

athaitān pākayajñān ekaikaśo vivakṣamāṇaḥ pārvaṇam evādau samupādatte //

JGS 1,1,12.
dakṣiṇato 'gneḥ pūrṇapātram upanidadhāti sruvañ cāpāṃ pūrṇam

Note: *sruvañ cāpāṃ pūrṇam* quoted in Bh on JGS 1,1,10.

dakṣiṇato===pūrṇam // agner dakṣiṇataḥ pūrṇapātram adbhiś ca pūrṇaṃ sruvam upanidadhāti / vakṣyati dakṣiṇātvena pratipattiṃ pūrṇapātrasya (JGS 1,4,22) / tasmān maṇisuvarṇaādīnāṃ vrīhiyavādīnāṃ vā pūrṇapātram atropādeyam / tad eva hi dakṣiṇārham / anarthakasyāpi somacamasāder dakṣiṇātvena śravaṇān (cf. JB 2,159: 228,30-31) niyamakāraṇādṛṣṭeś ca yena kena cid udakādināpi pūrṇaṃ syād iti cet tad ayuktam / na hi loke vede vā *dadyād* iti sāmānyacodanāyām api bhasmatuṣapāṃsūpalodakādi deyatayā pradīyate / somacamasādi tu pratyakṣavihitatvān na dṛṣṭāntaḥ / tasmād uktavidham eva dravyam atra grāhyam / cauḷakaraṇe 'tha dṛṣṭānāṃ vrīhiyavatilamāṣāṇām (JGS 1,10,4-6) evānyatamat /

ke cid asyāpi sruvasyevādbhir eva pūraṇam icchanti / na tad asmābhir mṛṣyate / yadi hi tad aiṣiṣyata- *apāṃ pūrṇe* ity avakṣyata //

JGS 1,1,13.
uttarato 'gner idhmābarhiḥ

uttara===barhiḥ // idhmāś ca barhiś cedhmābarhiḥ / *anyeṣām api dṛśyata* (Pāṇini 6,3,137) iti dīrghalakṣaṇam / idhmā iti dārubhārasyākhyam / dvividhaś ca dārubhāraḥ karmasu prayujyate vacanād anyo 'rthād anyaḥ / tayor yo vacanād viniyujyate 'vayavaśaḥ / *paridhīn paridadhāti-* (JGS 1,3,2) iti / *athedhmam ādāya-* (JGS 1,3,14) iti / *ghṛtenāktās samidha ādadhāti-* (JGS 1,4,8) iti ca / tasyedam idhmaśabdenopādānam / tatra- *athedhmam ādāya-* (JGS 1,3,14) ity atra pañcadaśadārutvaṃ *ghṛtenāktās samidha* (JGS 1,4,8) iti cāsān tritvam uktaṃ śiṣṭasmaraṇāt / parastād api hetur vakṣyate (Bh on JGS 1,4,8) / tataś ca paridhibhis sahaikaviṃśatidārur idhmas saṃvartate / barhiś ca paristaraṇāditvena viniyokṣyamāṇaṃ (JGS 1,1,35ff.) samastam atropādīyeta //

JGS 1,1,14.
devasya tvā savituḥ prasave
'śvinor bāhubhyāṃ
pūṣṇo hastābhyāṃ
prokṣāmi-
iti prokṣitam upakḷptaṃ bhavati

deva===vati // sarveṣāṃ karmāṅgabhūtānān dravyāṇāṃ kṛtaśuddhīnām ādāv eva sannidhāv upasthāpanam upakalpanam / yad upakḷptan dravyajātan tad *devasya tvā-* ity anena savitṛdevatākena mantreṇa prokṣitaṃ bhavati prokṣyata ity arthaḥ / yac cāsmin yajuṣi *pratigṛhṇāmi-* (JGS 1,8,18) iti tasya sthāne *prokṣāmi-* iti kuryād arthasya balīyastvāt //

JGS 1,1,15.
sakṛd yajuṣā

sakṛd yajuṣā // anena yajuṣā sakṛt prokṣet /

gatārthatvād idam anarthakam / nānarthakaṃ prokṣyamāṇadravyābhidhāyinā dvitīyena padena bahvabhidhānāsaṃbhavād atraiva ca pratyakṣam upāttasyohānupapatteḥ prokṣaṇasya pratidravyam āvṛtteḥ prasajato nivṛttyarthatvāt / ekavāyatāyām api na doṣaḥ / *devasya tvā-* iti sāvitreṇa yajuṣā sarvan dravyajātaṃ sakṛd eva prokṣitaṃ bhavatīti / *prokṣed* ity adhyāhāryam //

JGS 1,1,16.
dvis tūṣṇīm

dvis tūṣṇīm // mantrāvidher evārthasiddhes *tūṣṇīm* ity anarthakam / nānarthakaṃ samantrakam amantrakañ ca dvir eva prokṣaṇasyaiva prasajato nivṛttyarthatvāt /

kin tathāpi prasajati / prasajati dvirāvṛttiguṇakam eva prokṣaṇam mantrānta ārabdhavyam / tadāvihitaṃ syād sakṛdgrahaṇam / idānīṃ kimartham / kin tv asmābhir bhavatāṃ *mā dravyāṇi mantraliṅgānuvivṛtsayaikaikaśaḥ prokṣiṣyata-* iti khalu sakṛdgrahaṇaṃ kriyate //

JGS 1,1,17.
khādiraḥ pālāśo vedhmaḥ

Note: *khādiraḥ pālāśo vā* quoted in Bh on JGS 1,1,24.– Cf. GGS 1,5,14 athaidhmān upakalpayate khādirān vā pālāśān vā. – BŚS 28,13,14 pālāśaḥ khādiro vedhmaḥ; further ĀpŚS 1,5,6-9; ŚB 1,3,3,19-20.

khādi===vedhmaḥ // idhmasyāyaṃ prakṛtivṛkṣasya niyamaḥ kriyate / khadiramayo vā palāśamayo vedhma[s] syāt / khadiro dvidho rakta[ś] śveta iti / palāśas trividha[ś] ślakṣṇo lomaśako vratatir iti (cf. BŚS 24,23,5-6 *athedhmāni trīṇi palājātāni bhavanti ślakṣṇako lomaśako vratatir iti*) /teṣām aniyamenānyatamasyopādānam / raktakomaśakayos tu prasiddhā mukhyatā / tasmāt tadasaṃbhavapravṛttaya iti //

JGS 1,1,18.
tadalābhe vibhītakatilvakabādhakanimbavrājavṛkṣaśalmalyaraludadhitthakovidāraśleṣmātakavarjyam

Note: The text mss. have *varj(j)aṃ*, but the variants of Bhavatrāta's pratīkas here and in JGS 1,1,20.23 suggest that he read *varjyam.* – Cf. GGS 1,5,15 khādirapalāśālābhe vibhīdakatilvakabādhakanīvanimbarājavṛkṣaśalmalyaraludadhitthakovidāraśleṣmātakavarjaṃ ....– BŚS 28,13,15 *tayor alābhe yājñikānāṃ vā vṛkṣāṇām anyatamas / teṣām alābhe 'rarukapitthakovidāraśālmaliśleṣmātakanīpanimbatilakabādhakavibhītakarājavṛkṣakarañjapalāṇḍuvarjam.* Cf. also ŚB 1,3,3,19-20.

tada===varjyam // khadirapalāśāsaṃbhave daśaitān vṛkṣān varjayitvānyeṣāṃ vaṭodumbarāmrādīnām ekasyāvayava idhma[s] syāt //

JGS 1,1,19.
sarvavanaspatīnām idhmaḥ

Note: *sarvavanaspatīnām* is quoted in Bh on JGS 1,1,21. – Cf. GGS 1,5,15 ... sarvavanaspatīnāṃ idhmo yathārthaṃ syāt. – BŚS 28,13,16 sarvavanaspatīnām idhmo bhavatīty eke.

sarva===idhmaḥ // ayam apy eka āpatkalpaḥ / sarveṣāṃ vanaspatīnām avayava idhma syāt / ye 'puṣpāḥ phalavantas te vanaspatayaḥ plakṣodumbarādayaḥ /

nanv eṣām adhastanād api vidher upalabdhopādeyatā / satyam upalabdhā / ayaṃ vidhir āmranāgādyaparigrahād ye ca vibhītakādiṣu phalino 'puṣpās tatparigrahāc ca pūrvasmād bhidyate / evañ ca sati khadirapalāśāv anupalabhamāno 'nyataravidhivaśena pravarteta /

apara āha / iha lokavedayor vidhayas satyām api sāmānyagatau sānnidhyāpekṣayaiva prāyeṇa pravartante / *nadīṃ vraja* / *brāhmaṇān bhojaya* / *puruṣasūktena juhuyāt* (JGS 1,5,4) / *sa sarvastomo bhaviṣyati-* (cf. JB 2,234: 260,25 *sa sarvastomo bhavati*) ityādayaḥ / tad atrāpi vanaspatiśabdena sāmānyavacanenāpi ya eva yajñāṅgabhūtā vanaspatayas ta evopādīyante sannihitā iti / yajñāṅgabhūtānāṃ sarveṣān drumāṇāṃ śamīvaṭoduṃbarādīnām avayava idhma syāt khadirapalāśābhāve /

atha vā pradhānavacano 'yaṃ sarvaśabdaḥ / yathā sarvarājā sarvamedha iti / tataś ca sarvavanaspatīnāṃ pradhānavanaspatīm ity arthaḥ / tathāpy ukto 'rthas sidhyati / yajñiyā ayajñiyebhyaḥ pradhānatarāḥ yajñasyānyakarmabhyaḥ prādhānyāt /

atha vā sarvakāmasādhanatvāt sarvaśabdo yajñe vartate / śrūyayet hi *yatkāma enam āharate sam asmai sa kāma ṛdhyata* (JB 1,67: 30,16-17,*sa* not in JB ed.) iti / tatra ṣaṣṭhīsamāsakalpanayāyam evārthas sidhyati /

nanu vanaspatigrahaṇād ye 'puṣpāḥ phalavantas teṣām eva / naitat sādhu / sarvaiva hi tarujātir vanaspatiśabdenocyate sarvā ca vṛkṣaśabdena / loke hi *śākhām ānaya-* ity ukta āmraśākhām apy ānayati *vṛkṣaśākhām* iti ca vaṭaśākhām api / vede 'pi *sa vanaspatīn upāsīdad asyai brahmahatyāyai tṛtīyaṃ prati gṛhṇīteti / te 'bruvan varaṃ vṛṇīmahai vṛkṇāt parābhaviṣyanto manyāmahe tato mā parābhūmety āvraścanād vo bhūyāṁsa uttiṣṭhān ity abravīt tasmād āvraścanād vṛkṣāṇāṃ bhūyāṁsa uttiṣṭhanti vārevṛtaṁ hy eṣām* (TS 2,5,1,3-4) iti vṛkṣavanaspatiśabdayor ekaviṣayatā dṛśyate / tathā *sa yāṃ vanaspatiṣv avasat tāṃ pūtudrāv* (TS 6,2,8,4) iti puṣpiṇaḥ pūtudror vanaspatitvam / āsmākīno 'pi mantro vanaspatīnāṃ puṣpavattvam avagamayati *vanaspatīnāṃ puṣpam asi-* (JGS 1,17,19) iti / kiṃ bahunā / prasiddhataram etal loke vede ca vṛkṣo vanaspatir ity abheda iti / yathā vipro brāhmaṇa iti / yadi ca bheda[s] syād *añjanti tvām* (ṚV 3,8,1; KB 10,3,1; AB 2,2,1) *uc chrayasva vanaspate* (ṚV 3,8,3; KB 10,3,2; AB 2,2,6) *vanaspate śatavalśa* (ṚV 3,8,11; TS 1,3,5,1) *svāveśo 'si-* (TS 1,3,6,1) ityādayaḥ bailva (KB 10,1,11; AB 2,1,6-8; TS 2,1,8,1-2) eva yūpe syur na khādirapālāśayoḥ /

yat kṛṣṇo rūpam (*kṛtvā prāviśas tvaṃ vanaspatīn* TB 3,7,4,8; ĀpŚS 1,6,1) iti cedhmasannahanamantrasya vanaspatiliṅgatvād idhmasya khādiratvaṃ pālāśatvaṃ veṣṭipaśubandheṣu na syād yathā cchāgāliṅgatā praiṣākhye[1] chāgapaśucodanāyām / tathā- *avayave ca prāṇyoṣadhivṛkṣebhya* (Pāṇini 4,3,135) ity eṣa vidhiḥ /

plakṣādīn parihared (source untraced) *vṛkṣamūle nivased* (cf. Vasiṣṭhasmṛti 10,12-13 *vaset ... vṛkṣamūle vā*; VaikhDh 3,6 ...*vṛkṣamūle vā nivaset*; Manu 6,26 ... *vṛkṣamūlaniketanaḥ*) iti ca vidhim anuvartamāno muniḥ plakṣādīmūlan nopagacchet / *na vṛkṣam ārohed* (JGS 1,18,46) iti snātakaḥ plakṣam āruhya nipaten na caivamādy evam iṣyate / tasmāt tarusāmānyavacana eva vanaspatiśabdaḥ /

yat tu bhagavān manur vadaty *apuṣpāḥ phalavanto ye vanaspataya[s] smṛtāḥ /puṣpinaḥ phalinaś caiva vṛkṣās tūbhayata[s] smṛtāḥ- //* (Manu 1,47) iti taj jñānārtham eva na vyavahārārtham / laukiko hi śabdārthasaṃbandhaḥ / na tatra śāstraṃ pravartate / tad uktaṃ *siddhe śabdārthasaṃbande* (Vārttika 1 on Pāṇini 1,1,1) lokato 'rtha iti /

alam atiprasaṅgena / idan tu vicāryam / pratiṣiddhe vṛkṣadaśake ye keṣu cid yajñeṣūpadiśyante bādhakavibhītakādayas teṣām asmin pakṣe pravṛttir asti nāstīti / kim atra yuktam / nāsti pravṛttir iti / trividhā hi yajñā nityāḥ kāmyā naimittikā iti / tatra hi nityānāṃ yad aṅgabhūtan tad eva yajñiyatvena grāhyam / itarathā hi sarvam idañ carācaraṃ sarvamedhākhye yajñe upayujyamānatvād yajñiyam eva syāt / na tatra yajñiyāyajñiyavyapadeśa upapadyate / tasmān na bādhakādīnāṃ pravṛttiḥ / evam idaṃ khadirapalāśābhāvaviṣayaṃ kalpadvayaṃ /vṛkṣadaśakād anyeṣām sarvavṛkṣāṇām ity ekaḥ / yajñiyānām evety ekaḥ /

---

[1] *praiṣākhye* emended : it praiṣākhe A : *praiṣāye* T : *praiṣāyema* P, M : *preṣāyema* K.

pūrvavākyavad atrāpy anuvartanād eva siddher idhmagrahaṇam anarthakam / nānarthakam ayaṃ pūrvasmād abhimata ity etadarthatvāt /

tasmāt khadirapalāśāsaṃbhave sarveṣāṃ yajñiyānāṃ śamīvaṭādīnāṃ grahaṇam / teṣām api tv asaṃbhave drumadaśakavarjyam anyeṣām / api khadirapalāśābhāve tarujātiḥ kadarakiṃśukapurogā prasajati sarvā tābhyāṃ sārūpyānukrameṇa / saṃbhavato niyaman dharmasūtreṣu (?) kriyate yajñatarūṇām / asaṃbhave tv eṣāṃ grahaṇaṃ yathāprasaṅgan / tatra daśeme drumā nirasyante ye vākyadvayam ekīkṛtya vyācakṣate / teṣām idhmopādāne śamīvaṭādibhir āmrāmalakalikucādīnān tulyatvam ayuktaṃ prasajati //

JGS 1,1,20.
kuśālābhe śūkatṛṇaśaraśīryabalbajamutavanalaśuṇṭhavarjyam

Note: Cf. Bh on JGS 2,5,1 yathā kuśālābhe śūkādivarjam ity evaṃvidhau kuśalābhe kuśagrahaṇan tadvat. – Cf. GGS 1,5,16 viśākhāni prati lūnāḥ kuśā barhiḥ, 18 teṣām alābhe śūkatṛṇaśaraśīryabalbajamutavanalaśuṇṭhavarjaṃ sarvatṛṇāni. – BŚS 28,13,11 kuśā staraṇārthe 12 teṣām alābhe śaramayakutapāśvavālamuñjasugandhitejanārjunādāradūrvāśyāmakāḥ kṣīravṛkṣā ikṣava ity etebhyaḥ 13 prastarabarhirvidhṛtipavitrayūparaśanāśālākaparistaraṇāntardhānāsanaśayanastotropākaraṇarthāḥ kāryāḥ sarvatṛṇebhyo vā śuṣkaśuṇṭhinalabalbajakṛṣṇatūlatṛṇavarjya.

kuśā===varjyam // darbhālābhe kuśālābhe śūkatṛṇādīnīmāni varjayitvānyeṣāṃ muñjadūrvāśvavālamustośīragavīdhukādīnan tṛṇānān tv ekaṃ grāhyam / āśvavālān eva tu prāyeṇehatyāḥ parigṛhṇanti / viśvāmitrakuśās tv anyebhyo viśiṣṭatarāḥ //

JGS 1,1,21.
sarvatṛṇāni

sarvatṛṇāni // idaṃ *sarvavanaspatīnām* (JGS 1,1,19) ity anena tulyavyākhyānam //

JGS 1,1,22.
śuklās sumanasaḥ

Note: This sūtra is quoted in Bh on JGS 1,1,24 and on JGS 1,6,11.

śuklā===nasaḥ // sarvahomeṣv agnyāyatanasya puṣpair alaṃkaranañ śiṣṭācārasiddham / kariṣyate ca puṣpacodanā *sragbhir alaṃkṛtya-* (JGS 1,6,11) ityādi / tatra sarvatra sarvapuṣpaprāptāv ayan niyamaḥ kriyate / sumanasaḥ puṣpāṇi / śuklās sumanaso grāhyāḥ //

JGS 1,1,23.
tāsām alābhe japārūpakākutthābhaṇḍīkuraṇḍakavarjyam

Note: *tāsām alābhe* quoted in Bh on JGS 1,1,24, *alābhe* in Bh on JGS 1,1,25 (*anuvṛtti*).

tāsāṃ===varjyam // śuklānāṃ sumanasām abhāve japādīn pañca varjayitvānyeṣāṃ sarveṣāṃ sumanaso grāhyāḥ //

JGS 1,1,24.
gandhavatyo vā sarvavarṇāḥ

gandha===varṇāḥ // gandhavatyo vā sugandhayo vā sumanasaḥ sarvavarṇā varṇaviśeṣānapekṣayā grāhyāḥ /

kim ayam apy āpatkalpaḥ / kim evaṃ sati syāt / *sarvavarṇā* ity anarthakaṃ syāt / *śuklānām alābhe gandhavatyo grāhyā* ity etāvataiva hi sarvavarṇānāṃ grahaṇaṃ sidhyati / evañ ced ayaṃ mukhya eva kalpaḥ / yathā *śuklās sumanasa* (JGS 1,1,22) iti / evaṃ hi manyāmahe / dvau puṣpāṇāṃ guṇau saṃmatatarāv anyebhyaś śuklatvaṃ sugandhitvañ ca / tulyam eva cainayoḥ prāśastyaṃ matvā pakṣadvayan tulyatayaiva vihitam iti / evam apy anarthakam eva *sarvavarṇā* iti / *śuklās sumanaso gandhavatyo vā-* iti nyāsaḥ kārya[s] syāt / yathā *khādiraḥ pālāśo vā-* (JGS 1,1,17) iti / kim evaṃ bhavān pravṛttaḥ / vayam apy evaṃ parihariṣyāmaḥ / vākyāntaram etat / *sarvavarṇā* iti sarve varṇāḥ / śuklakṛṣṇalohitā yāsu tās sarvavarṇāḥ / sarvavarṇā vā sumanaso grāhyāḥ /

atha vaikam evedaṃ vākyaṃ *gandhavatyo vā sarvavarṇā* iti / mukhyas tv ayaṃ kalpa iti jñāpanārthaṃ *sarvavarṇā* ity uktam / itarathā hi *tāsām alābha* (JGS 1,1,23) ity ānantaryād āpatkalpataiva syāt / yat tūktaṃ *śuklās sumanaso ... gandhavatyo vā-* (JGS 1,1,22-24) iti nyāsaḥ kārya[s] syād iti / tad acodyam / asati hy anarthavirodhe yathāruci vākyāny ācāryā nyasyanti / tatas siddha utpalanandyāvartayos samatayaiva pravṛttir iti /

atha vā vyavasthitam idaṃ mukhyatvaṃ grāhyam / agnyalaṃkaraṇe śuklā anyatra gandhavatya iti //

JGS 1,1,25.
catasra ājyaprakṛtayo bhavanti

cata===vanti // ājyañ codayiṣyati *ājyam āsicya-* (JGS 1,2,6) iti / tatra sarpir ghṛtam ājyam iti saṃjñā dadhnaḥ payaso vā bhṛśan nirmathitāj jāte dravye samyag agnau pakve vigatanavanītābhidhāne rasavarṇāvasthābhir api tasmād bhinne prasiddhā / evam eva ca dravyaṃ dravyāvasthāvedino vaidyā ghṛtacodanāyām upādadate / tasyājyasyābhāve tatsadṛśatailamadhujalakṣīrādibahudravyaprasaṅge niyamo 'yaṃ kriyate / atra cārthād *ājyālābha* ity adhyāhāryam / yasya dravyasyājyaṃ vikāras sājyasya prakṛtiḥ / catasra ājyasya prakṛtaya ājyasyālābhe tatkārye bhavanti /

alābha (JGS 1,1,23) iti cānuvarteta / kasyeti ced ājyasya prakṛtitvād ājyasyaivālābha iti sidhyati / kāḥ punas tā iti ced idaṃ vakṣyati //

JGS 1,1,26.
ūdhanyaṃ vā vāhyaṃ vā dadhi vā payo vā

Note: Compare JGS 1,1,25-26 to BŚS 28,13 *ghṛtam ājyārthe / gavyam iti pratyayaḥ / tasyālābhe māhiṣam ājaṃ vā ghṛtam ājyārthe prayuñjīta / bhojaneṣv aviruddhaṃ manyanta eke / tayor alābhe tailaṃ pratinidhiḥ / tasyālābhe jartilatailam ....*

ūdha===yovā // ūdhanyam iti navanītasyākhyā / ūdhasi jātam iti / anyāni snehadravyāṇi nodhasi bhavanti / *duhāno babhra ūdhanī* (JS 3,23,5) *iti / ime ha vāvodhanī* (JB 3,67: 382,19-20) iti darśanād ūdhanyaśabdaḥ kṛtalakṣaṇaḥ /

vāhye rathaśakaṭādāv aśvādibhir drutam ūhyamāne tadavasaktau sati dadhighaṭe dadhidr̥tau vā tasya dadhno ghanāghanau bhāgau pr̥thak bhavataḥ / tatra yo ghanas sa vāhyam ity ucyate / vāhye bhavam iti / tad apy agnāv atipakvam ājyatvena saṃvartate /

ūdhanyaṃ vā vāhyaṃ vā dadhi payo vā / etā ājyaprakr̥tayo jñeyāḥ / samuccaye vāśabdaḥ /

atha vā prayogāpekṣayā vikalpaḥ / pr̥thag eva hi prayujyante na saha /

kathaṃ punar navanītam ājyaprakr̥ti[s] syāt / nanu tad ājyam eva / atra brūmaḥ / uktam eva tad asmābhir ājyasya lokavedaprasiddhaṃ lakṣaṇam / navanītam iti dadhipayasor mathanād utpannam adravan dravyam ucyate / tayoś ca rasavarṇābhidhānadharmaśaktibhinnatvād bhinnatvam eva niścetavyaṃ vyapadeśañ ca dr̥śyate / ājyaṃ sarpir anutpūtan navanītañ cotpūtam iti / asti ca prayogo loke navanītaṃ ghr̥tam iti / yadi caivaṃ sati bhedo na syāt tasmān navanītam ājyasya prakr̥tir eva nājyam / yas tv ājyaśabdo navanīte sa gauṇo vijñātavyaḥ / athaivam ucyeta / navanītasyālpakād yatnād ājyatvasaṃpatter navanīte labdha ājyam api labdham eva syāt / tatrājyālābhaviṣayatā nāsya yukteti / tad dadhno 'pi tulyam / tad api hi kṣīrāpekṣayālpakād eva yatnād ājyatvena saṃvartate / yadi cocyeta yāvad dadhi home paryāptan tata utpadyamānam ājyam aparyāptam utpadyate / tatra dadhilābhenājyaṃ labdhaṃ syād iti / tan navanītasyāpi tulyam / navanītād api hi paryāptād aparyāptam evājyan niṣpadyate / yad dhi tasya dravībhūtamātrasya parimāṇan tato 'lpataraṃ pakvabhāve bhavati / tatra navanītalābhe 'pi nājyaṃ labdhaṃ syād ity ājyālābhaviṣayatāsya yuktaiva / tasmāt sa devoktam ājyaprakr̥tir navanītan nājyam iti / vāhyasyāpi caivam evānājyatvam anavanītatvañ ca sutarāṃ sidhyati / *dadhi vā-* ity avacanan dadhno vaidharmyajñāpanārtham / tato 'syānadhiśrayaṇaṃ sidhyati / yuktam etad agnisānnidhyam api hi dadhno vipattaye /

kiṃ punar agnāv adhiśrayaṇam / uktañ ca paratantre *na dadhy adhiśrayati-* (ŚŚS 2,7,10) iti /

śruter gavyaṃ ghr̥taṃ mukhyam alābhe 'syājamāhiṣe /
tadalābhe prakr̥tayas tailādi tadalābhataḥ //

JGS 1,1,27.
paścād agner ācamanam

paścā===manam // paścād agner ācamanam / yad ihācamanaṃ kriyāṅgatayā coditañ codayiṣyate copanayanādiṣu (JGS 1,11,10, etc.) tasya yatra kva cid āsīnena nivartanaprasaṅga itīdam ucyate / pa:scād agner ācamanam ācamanapradeśa[s] syāt /

atha vā paścād agner ācamanakriyāṃ kuryād iti yojyam /

tasya punar ācamanasya kiṃ rūpam iti ced vakṣyate 'traiva //

JGS 1,1,28.
trir ācāmet

trir ācāmet // trir evācāmen na catuḥ //

JGS 1,1,29.
dviḥ parimr̥jet

dviḥ parimr̥jet // dvir eva parimr̥ñjyān na triḥ / *parimr̥jed* iti cchāndasaḥ prayogaḥ / tatra vyatyayena śo 'pi mr̥jes sidhyati //

JGS 1,1,30.

sakr̥d upaspr̥śet

sakr̥d===spr̥śet // sakr̥d āsyam upaspr̥śet / alomakena pradeśena dviḥ //

JGS 1,1,31.

pādāv abhyukṣya śiraś ca
śīrṣaṇyān prāṇān upaspr̥śed
[apa upaspr̥śya]

pādā===spr̥śya // pādau śiraś cābhyukṣyāpa upaspr̥śya śirasi bhavān prāṇān prāṇāyatanāni cakṣurghrāṇapuṭakarṇāsyāni upaspr̥śet / *khāny adbhis saṃspr̥śed* (Vasiṣṭhasmr̥ti 3,30; see also Manu 2,60) iti yo 'rthaḥ sa evātrāpi /

atha vā *prāṇān upaspr̥śed* ity etadantam eva vākyam / *apa upaspr̥śya-* iti tūttaravākyārthāntarbhāvi / *adbhir* iti tv arthākṣiptam adhyāhāryaṃ yathā parimārjane (Bh on JGS 1,1,34) /

kiṃ punar idam ācamanaṃ prokṣaṇottarakālam / naitad evam / karmādāv evedaṃ kartavyaṃ prathamavihitatvāt / *nitye yajñopavītodakācamane* (JGS 1,1,9) iti vihitasya pradeśavidhir atra kriyate / na vihitaṃ punar vidhātavyam //

JGS 1,1,32.

apa upaspr̥śya
paścād agner upasamāhitasyopaviśya
dakṣiṇena pāṇinā bhūmim ārabhya
japati
idaṃ bhūmer bhajāmaha
idaṃ bhadraṃ sumaṅgalam /
parā sapatnān bādhasva-
anyeṣāṃ vinda te dhanam iti

Note: *idaṃ bhūmeḥ* is quoted twice in Bh on JGS 1,3,10. – Cf. GGS 4,5,3 paścād agner bhūmau nyañjau pāṇī pratiṣṭhāpya- *idaṃ bhūmer bhajāmaha* (SMB 2,4,1) iti.

apa===miti // prokṣaṇānantaraṃ kartavyam idam ucyate / apa upaspr̥śyodakaklinnapāṇir upasamāhitasya samiddhasyāgneḥ paścād upaviśya dakṣiṇena pāṇinā bhūmim ārabhyemaṃ mantrañ japati / mantraliṅgād avisr̥jann eva japet / r̥ktvāc ca *sumaṅgalam* ity avasyet //

JGS 1,1,33.
vasvantaṃ rātriś cet

Note: Cf. GGS 4,5,4 vasvantaṃ rātrau *dhanam* iti divā.

vasva===triścet // rātriś cet prayogakāla[s] syād vasuśabdāntam etat japaṃ kuryāt / na dhanam / *vasv* ity aikārthyād antagrahaṇāc ca dhaśabdo vasuśabdena vāsiṣṭhenośasam iva nivartyate /

imaṃ vidhiñ caturthīhomaḥ (JGS 1,21,11-15) prayojayati / gr̥hapraprapadanapāṇigrahaṇahomāv (JGS 1,20,1-17; 1,21,3-7) api pakṣeṇeti ke cit //

JGS 1,1,34.
imamṣtomyena tr̥cena- (JS 3,32,4-6)
agniṃ parisamūhed
ādyayā (JS 1,7,4 = 3,32,4) vā triḥ

Note: *agniṃ parisamūhed* quoted in Bh on JGS 1,7,9; *ādyayā vā triḥ* quoted in Bh on JGS 1,4,17. – Cf. GGS 4.5,5 *imaṃ stomam* (SV 2,414-416) iti tr̥cena parisamūhet.

imaṃ===vātriḥ // imaṃstomaśabdavatā tr̥cena tasyādyayā vā rcā trir agniṃ parisamūhet / tr̥cena ced r̥ganteṣv ādyayā cet sakr̥d uktāyā evānta iti / tat katham iti ced brūmaḥ / pūrvasmin pakṣe mantratritvād eva karmaṇas trirāvr̥ttis sidhyati / tataś cottarapakṣārtham eva trirgrahaṇam / tatredaṃ kila vākyam *ādyayā rcā triḥ parisamūhed* iti / dvāv api caitau kriyāguṇāv eva trirāvr̥ttir mantraś ca / naitayor mithas saṃbandhaḥ / vidhīyamānaiva ca kriyeyam āvr̥ttyā saṃbadhyate / tatrāsyās trirāvr̥ttiguṇāyāḥ kriyāyā āder mantrāntasya ca sannipāte kr̥te vākyārthaḥ kr̥to bhavati /

kiṃ punar idaṃ parisamūhanan nāma adbhir ārdreṇa pāṇināgniṃ paritas saṃmārjanam / evaṃ hi yājñikās saṃpratipannāḥ / paribhāṣante ca ke cit *samitsamiddham agniṃ pāṇinā sodakena triḥ parimārṣṭi / tat samūhanam ity ācakṣata* (KauṣGS 1,3,2-3; cf. ŚGS 1,7,11 *...pramārṣṭi...*) iti //

JGS 1,1,35.
prastaram upasaṃgr̥hya
pratidiśaṃ paristr̥ṇāti

Note: *pratidiśam* and *paristr̥ṇāti* quoted in Bh on JGS 1,1,39.

prasta===str̥ṇāti // prastara iti bahutra baddhā tr̥ṇamuṣṭir aratnyavamāyāmāṅguṣṭhamūlāvamapariṇāhā yājñikaiḥ kathyate / staraṇārthais tr̥ṇaiḥ prastaram upasaṃgr̥hya sārdhaṃ gr̥hītvā pratidiśaṃ paristr̥ṇāti sarvāsu diśāsv agniṃ saprastareṇa pāṇinety arthaḥ //

JGS 1,1,36.
dakṣiṇapurastād upakramya

Note: The reading of the sūtra must be *upakramya*, which expression is used also in Bh on JGS 1,1,37. The reading *upakramaḥ* found in several text mss. and in Bh's *pratīka* (all mss.) here may be a post-Bh blunder caused by the gloss *upakrama syāt*.

dakṣi===kramaḥ // agner dakṣiṇapurastād dakṣiṇapūrvasyān diśi paristaraṇasya upakrama[s] syāt //

JGS 1,1,37.
agrair mūlāni cchādayan

agraiḥ===dayan // stīryamāṇānān tr̥ṇānām agrai[s] stīrṇānāṃ mūlāni cchādayan punaḥ puna[s] str̥ṇāti / evaṃ staritavyam / prāgagrair darbhair dakṣiṇapūrvasyān diśi paristaraṇam upakramyāvicchenenottarapūrvasyān diśan nayet / sā ekā rājir iti / etādr̥śy eva yatra tu stīrṇe svāgraiḥ pūrvasyā mūlāni cchādayet tatra staritavyāḥ / agnyāyatanāc ca stīrtvāvicchedyottarato nayet / evam uttarāsām api staraṇaṃ yāvatībhir arthas sidhyati tāvatyo rājayaḥ / madhyamāyās tu dīrghatr̥ṇatve tisr̥bhir evārthas sidhyati / tad eva ca sādhīyaḥ //

JGS 1,1,38.
paścād vopastīrya-ulaparājibhyām upaharet

paścā===haret // ayam aparaḥ paristaraṇamārgaḥ / tatra vāśabdaḥ vikalpe / paścāt prathamam upastīrya dvābhyām ulaparājibhyāṃ hrasvatr̥ṇarājibhyām upahared upastr̥ṇīyāt /

atha volaparājibhyām ulapamuṣṭibhyām ity arthaḥ / tathā ca saty upahared upastaraṇaṃ hared avicchedenāvadhūya str̥ṇīyād ity arthaḥ / ekasyā rājer dakṣiṇāparasyām ekasyāś cottarāparasyām upakramaḥ / dvayor api khalu saṃhitāgrayoḥ pūrvasyām evāpavargaḥ //

JGS 1,1,39.
dakṣiṇottaras sandhiḥ

dakṣi===sandhiḥ // yasmin deśa ubhayos sandhānaṃ sa sandhiḥ / uparigatottarā / dakṣiṇasminn uttareti dakṣiṇottaraḥ / ulaparājyos sandhir dakṣiṇottara[s] syāt / dve api caite avāntaradiṅmukhe gatvā sandhīyeyātām / itarathottarasyās tribhāgo dakṣiṇāgra[s] syāt /

atha vā dvau bhāgau dakṣiṇayā parigrāhyāv eko 'nyayā / evaṃ hi saty uttarapūrvasyān diśi sandhānād dakṣiṇāgratā doṣo nāpasarpati /

evam etau dvau paristaraṇapakṣau vihitau / yat tu paścāc ca purastāc codagagraiḥ paristaraṇam asmāsv eva kaiś cid ācaryate / tad idaṃ pakṣadvayaṃ bahutr̥ṇam asādhyam aśaknuvadbhiḥ paratantrataś śikṣitan nāsmadīyam /

atha vāsmadīyam evāstu / tat katham iti cet *paristr̥ṇāti-* (JGS 1,1,35) ity etāvataiva sarvastaraṇasiddheḥ *pratidiśam* (JGS 1,1,35) iti vacanād eva yojyam / pratidiśaṃ diganukrameṇa paristr̥ṇātīti / eṣa cātrānukramaḥ prāgdakṣiṇataḥ paścādudag iti / udīcy api ca devakarmasv iṣyate na kevalaṃ prācy eva / tatra paurastyapāścātyānām udagagratā saukāryād āśrīyate /

evan trayaḥ pakṣā bhavanti / prathame tu sandegdhuṃ śakyam asphuṭatvād asti nāstīti / tato muktasaṃśayaṃ pakṣadvayam evācaryate // //

JGS 1,2,1.

prastarāt pavitre gṛhṇāti
prādeśamātre same apraśīrṇāgre anantargarbhe

Note: Cf. BŚS 1,4,10 atha barhiṣaḥ pavitre kurute prādeśamātre same apraticchinnāgre anakhacchinne *imau prāṇāpānau yajñasyāṅgāni sarvaśaḥ / āpyāyayantau saṃcaratāṃ pavitre navyaśodhane* (TB 3,7,4,11) iti. – *prādeśamātre same* quoted in Bh on JGS 1,1,10; *apraśīrṇāgre* quoted in Bh on JPA 11,17: 229,5.

prasta===rgarbhe // prastarāt pavitre pavitrabhāvāya dve tṛṇe apraśīrṇāgre anantargarbhe same pariṇāhādiguṇair anyo'nyasame prādeśamātre yathā bhavetān tathā gṛhṇāti /

agarbhe iti siddhe antargrahaṇam anarthakam / nānarthakaṃ sagarbhe api bahirgarbhe kṛtvā gṛhṇīyād ity etadarthatvāt / itarathā hi vacanād agarbhayor evānveṣaṇaṃ prasajet //

JGS 1,2,2.

aṅguṣṭhenopakaniṣṭhikayā ca dhārayann
anakhena cchinatti
pavitre stho vaiṣṇavyāv iti

Note: Cf. ŚB 1,1,3,1; 5,3,5,15 pavitre karoti / *pavitre stho vaiṣṇavyāv* (VS 10,6) iti.

aṅgu===viti // kathaṃ gṛhṇātīti ced ucyate / tṛṇadvayam uktavidhaṃ prastarān niṣkṛṣya samāgraṃ kṛtvā yugapat prādeśena pramāya dakṣiṇasya pāṇer aṅguṣṭhenopakaniṣṭhikayā ca dhārayann nakhād anyenāsyādināṅgilipradeśena vānena yajuṣā cchinatti bhinatti /

kiṃ savyena / kas sandehaḥ / dakṣiṇo hi dhāraṇe vyāpṛtaḥ /

aniyamaḥ kasmān na bhavati hastayoḥ karmadvaye / idam ucyate / dhāraṇe vacanād dhastāvayavaprāptiḥ / cchedane 'rthāpattes tatra vacanasyārthāpatter jyāyastvāt / yatra vacanaṃ prāpakan tatra dhāraṇa eva dakṣiṇo niyamyate / niyamo hy aniyamāt praśasyate //

JGS 1,2,3.

trir ūrdhvam adbhir anumārjed
viṣṇor manasā pūte stha iti

Note: Cf. BŚS 1,4,11 athaine adbhir anumārṣṭi *pavitre stho vaiṣṇavī stho yajñiye stho vāyupūte stho viṣṇor manasā pūte stho yajñasya pavane stha* (TB 3,7,4,11) iti.

trirū===iti // te pavitre adbhir anena mantreṇa trir ūrdhvam anumr̥jyāt / *anumārjed* iti cchāndasaḥ prayogaḥ / atra hi śapi lug anityaḥ //

JGS 1,2,4.
sakr̥d yajuṣā

sakr̥d yajuṣā // yajuṣā sakr̥d anumr̥jyāt //

JGS 1,2,5.
dvis tūṣṇīm

Note: JGS 1,2,4-5 verbally identical with JGS 1,1,15-16 and JGS 1,2,9-10.

dvis tūṣṇīm // amantran dvir anumrjyāt /

asyārthasya parisamūhanavad avacanasiddher vākyadvayam anathakam / nānarthakaṃ pramādād vinā yajuṣānumārjane kr̥te punar eva sakr̥d yajuṣā dvis tūṣṇīm anumr̥jyād ity etadarthatvāt / itarathā hi *kr̥tasyānāvr̥ttir guṇalopa* (source?) ity anena nyāyena viruddhatvān nāyam arthas sidhyet /

kiṃ punaḥ parisamūhanādayo mantranivr̥ttau punar āvartante / kas sandehaḥ / kin tu yadi sakr̥d eva kr̥tvāvigatamoha[s] syād dvitīyasyām āvr̥ttau yajur vaktavyam / dviś cet tr̥tīyasyām / sarvasamāptau tu vismr̥taṃ vismr̥tam eva syāt / ke cid atrāpy anujapaṃ mantrasyecchanti / te 'nuvartanīyā no 'pi /

aparaṃ matam / yāsāṃ kriyāṇāṃ sattvam arthākṣiptaṃ tā mantrārthān āvarteran yathā pavitracchedanaṃ kṣurādānam iti / yāsān tu sattvam api śabdagamyam eva tā āvarteran yathā parisamūhanam anumārjanam iti / evaṃ sati *sakr̥d yajuṣā dvis tūṣṇīm* iti grahaṇāni nyāyasya parisaṃkhyāyakāni syuḥ / tataś ca parisamūhanādīnāṃ naivāvr̥ttir iti / phalataḥ pūrvavad eva bhavati /

tiṣṭhatu / kathā homo vibhoḥ / kin nāvartate mantrārtham / atra brūmaḥ / homo nāma dravyaviśeṣasya devatāviśeṣaṃ śāstrāvagamitam uddiśyāgniviśeṣe prakṣepaḥ / tad uktaṃ bhagavatā *yajaticodanā dravyadevatākriyaṃ samudāye kr̥tārthatvāt / tadukte śravaṇāj juhotir āsecanādhika[s] syād* (PMS 4,2,27-28) iti / mantravacanādhīnañ ca dravyasya devatāṃ prati gamanam / na puruṣasaṃkalpādhīno dravyadevatāsaṃbandhaḥ / evañ ca yajño homo vā bhavati / na dravyadahanam / tasmād amantrasyāgnau dravyaprakṣepasya homatvābhāvād dhomasya ca vihitatvāt punas samantramprakṣeptavyam ity āśaṅkyam / chedanādīnān tv amantrāṇām api tattvānapāyād anāvr̥ttir yuktaiva //

JGS 1,2,6.
pātrasdyopariṣṭāt pavitre dhārayann
ājyam āsicya-
uttareṇāgnim aṅgārān nirūhya
teṣv adhiśritya-
avadyotya
darbhataruṇābhyāṃ pratyasya

triḥ paryagni kr̥tvā-
udaṅṅ udvāsya
pratyūhyāṅgārān
udagagrābhyām pavitrābhyāṃ trir utpunāty
ājyañ ca haviś ca praṇītāś ca sruvañ ca
devas tvā savitotpunātv
acchidreṇa pavitreṇa
vasos sūryasya raśmibhir iti

Note: On *darbhataruṇābhyāṃ* cf. Bhavatrāta's commentary on JŚS 1,24,14: viśeṣaṇaṃ bahuvrīhau pūrvan nipatati / vivakṣāvaśena tu viśeṣaṇaviśeṣyabhāvasyāniyamo dr̥śyate / yathā loke brāhmaṇagr̥hastho gr̥hasthabrāhmaṇas taskaravr̥ṣalo vr̥ṣalataskara iti / yathā ca vede taruṇadarbhā darbhataruṇā[ś] (darbhataruṇā mss. T, B, M: darbhataruṇāḥ N, K, E : darbhataruṇābhyāṃ A with JGS 1,2,6) [śrotriyamahārājā] mahārājaśrotriyā (JUB 2,6,12; JK 1.6,12) iti. – *ājyam āsicya* quoted in Bh. on JGS 1,1,25. – *udaṅṅ udvāsya* quoted in Bh on JGS 2,3,13 with *udaṅ[ṅ]* for *udag* in Caland's ed. (no variants recorded).

pātra===riti // mr̥nmayasya lohamayasya vā yathārthaparimāṇasya pātrasyopariṣṭāt te pavitre prāgagre dhārayan savyena dakṣiṇenājyam asmin pavitrayoḥ pātayann āsicyāgnim uttareṇāntaḥparidhi kati cid aṅgārān nirgamayya teṣv ājyam adhiśritya darbhalagnayāgnijvālayāvadyotya darbhābhyān taruṇābhyān tad ājyaṃ pratyasyoktavidhayaiva jvālayā triḥ paryagni kr̥tvodag avatārya prakṣipyāṅgārān agnāv udagagrābhyāṃ pavitrābhyām ājyañ ca haviś ca praṇītābhāvinīś cāpa sruvañ cānena yajuṣā trir utpunāti /

nirūhya ... pratyūhya- iti pāṭhas salakṣaṇaḥ /

taruṇadarbhābyām iti vaktavyam / naitac codyam rājadantāder ākr̥tigaṇatvāt (cf. Pāṇini 2,2,31 *rājadantādiṣu param*) /

atha vā taruṇaśabdo 'gre vartate / taruṇapradeśa iti / tatra *darbhataruṇābhyām* iti darbha-agrābhyām ity arthaḥ / uktañ ca kaiś cit *kuśāgre pratyasyati-* (v. l. *-asyād*; cf. KauṣGS 1,4,5 *kuśataruṇe pratyasya*) iti /

nanu pratyasanakriyān prati darbhataruṇayoḥ karmatvād dvitīyayā nirdeśaḥ kartavyaḥ / nāyam ekāntaḥ / karaṇatayāpi hi barbhataruṇayor vivakṣā śakyā / dr̥śyate hi dvedhāpi prayogaḥ / *śaram asyati taskare* / *śareṇāsyati taskaram* iti /

savyadakṣiṇābhyām agramūlayoḥ pavitre gr̥hṇīyāt / daussampādaṃ hīdam utpavanam ekahastena / yataś cedam utpavanaṃ *punarāhāram* (JGS 1,2,8) iti viśeṣyate / tata idaṃ vijñāyate / pavitrayoḥ prāgapavargaṃ haraṇam asya svarūpam iti / tatra cājyaṃ praṇītāś cāvagāhayan haret haviś ca sruvañ ca ghanatvāt saṃsparśayan /

nanu sruvagatānām apām idam utpavanañ codyate / naivāsām aśrutatvāt sruvasya śrutes *tvā-* ity anena mantrapadena tāsām abhidhānāsaṃbhavāc ca / na cābhir adbhis saṃskr̥tābhis sādhyam asti sruveṇa tu bahv asti / tataś ca niścīyate / sruvasaṃskārārtham evedam utpavanam iti /

r̥kpādayoḥ *pavitreṇa-* ity avasyet //

JGS 1,2,7.
devo va iti praṇītāḥ

Note: This plural form of the purification mantra, *devo vaḥ*, is used also for the purification of the *lājāḥ* at wedding, see Bh on JGS 1,20,10, where it is quoted.

devo===ṇītāḥ // *devo vas savitā-* iti kr̥tvā praṇītā utpunāti //

JGS 1,2,8.
punarāhāram ājyasya

Note: *punarāhāram* quoted in Bh on JGS 1,2,6.

puna===jyasya // prāg yathā pavitre tathaiva pratyag āharann ājyasyotpavanaṃ kuryāt /
atha vā nāyaṇ ṇamulprayogaḥ / yadi hi so 'bhaviṣyad *ājyam* ity avakṣyat / ghañas tv ayaṃ prayogaḥ / tatraivaṃ yojanā / punarāhāraṃ punarāharaṇam ājyasyotpavane kuryād iti //

JGS 1,2,9.
sakr̥d yajuṣā

sakr̥t===juṣā //

JGS 1,2,10.
dvis tūṣṇīm

dvis tūṣṇīm // uktavyākhyānam //

JGS 1,2,11.

uttarato 'gneḥ praṇītāḥ praṇīya
darbhaiḥ pracchādya
dakṣiṇato 'gneḥ prastaran nidhāya
prastarasyopariṣṭāt pavitre nidhāya
virūpākṣañ japati
tapaś ca tejaś ca satyañ cātmā ca
dhr̥tiś ca dharmaś ca sattvañ ca tyāgaś ca
brahmā ca brahma ca
tāni prapadye tāni mām avantu
bhūr bhuva[s] svar oṃ
mahāntam ātmānam adhyārohāmi
virūpākṣo 'si dantāñjis
tasya te śayyā parṇe gr̥hā
antarikṣe te vimitaṃ hiraṇmayan

tad devānāṃ hṛdayāny
ayasmaye kumbhe antas sannihitāni tāni
balabhūś ca baladhā ca
rakṣa ṇo mā pramadas
satyan te dvādaśa putrās
te tvā saṃvatsare saṃvatsare
kāmapreṇa yajñena yājayitvā
punar brahmacaryam upayanti
tvan devānāṃ brāhmaṇo 'sy ahaṃ manuṣyānāṃ
brāhmaṇo vai brāhmaṇam upadhāvati
tan tvopadhāvāmi
japantaṃ mā mā pratijāpsīr
juhvantaṃ mā mā prathauṣīḥ
kurvantaṃ mā mā pratikārṣīs
tvāṃ prapadye
tvayā prasūta idaṃ karma kariṣyāmi
tan me samṛdhyatām
virūpākṣāya dantāñjaye
brahmaṇaḥ putrāya
jyeṣṭhāya śreṣṭhāya-
amoghāya karmādhipataye nama iti

Note: The Kauthuma counterpart of this mantra in SMB 2,4,5-6 is divided in two parts, the first of which is called in GGS 4,5,7 *prapada-*, to be used before the second mantra in *kāmya* rites only:
tapaś ca tejaś ca śraddhā ca hrīś ca
satyaṃ cākrodhaś ca tyāgaś ca dhṛtiś ca
dharmaś ca sattvaṃ ca vāk ca manaś ca
ātmā ca brahma ca
tāni prapadye tāni mām avantu
bhūr bhuvaḥ svar oṃ
mahāntam ātmānaṃ prapadye //
According to Guṇaviṣṇu's commentary on SMB 2,4,5, the 'great *ātman*' is Rudra in the form of fire. The second mantra, to me muttered before all *homas*, is called *vairūpākṣa-* in GGS 4,5,6:
virūpākṣo 'si dantāñjis
tasya te śayyā parṇe gṛhā
antarikṣe vimitaṃ hiraṇmayam /
tad devānāṃ hṛdayāny
ayasmaye kumbhe 'ntaḥ sannihitāni /
tāni balabhṛc ca balasāc ca
rakṣato 'pramaṇī animiṣataḥ satyam /
yat te dvādaśa putrās
te tvā saṃvatsare saṃvatsare
kāmapreṇa yajñena yājayitvā
punar brahmacaryam upayanti /
tvaṃ deveṣu brāhmaṇo 'sy ahaṃ manuṣyeṣu /

brāhmaṇo vai brāhmaṇam upadhāvaty
upa tvā dhāvāmi /
japantaṃ mā mā pratijāpsīr
juhvantaṃ mā mā pratihauṣīḥ
kurvantaṃ mā mā pratikārṣīḥ /
tvāṃ prapadye /
tvayā prasūta idaṃ karma kariṣyāmi /
tan me rādhyatāṃ tan me samṛdhyatāṃ tan na upapadyatām /
samudro mā viśvavyacā brahmānu jānātu
tutho mā viśvavedā brahmaṇaḥ putro 'nujānātu
śvātro mā pracetā maitrāvaruṇo 'nujānātu /
tasmai virūpākṣāya dantāñjaye
samudrāya viśvavyacase tuthāya viśvavedase śvātrāya pracetase
sahasrākṣāya brahmaṇaḥ putrāya namaḥ //

According to Bhavatrāta, the god called Virūpākṣa is Rudra. In AVP 20,55,10 Virūpākṣa is mentioned with Rudra's doubles Śarva and Bhava. Guṇaviṣṇu in his commentary on SMB 2,4,6 glosses *virūpākṣaḥ* with *nānāprakāranetraḥ*, 'having eyes of different shapes', while Sāyaṇa in his commentary adds the clarification 'provided with many eyes' (*nānārūpabahvakṣiyuktaḥ*); Sāyana quotes Gṛhyāsaṃgraha 1,69: *sarvataḥ pāṇipādaś ca sarvato 'kṣiśiromukhaḥ / viśvarūpo mahān agniḥ praṇītaḥ sarvakarmasu //*. This agrees with the son of Brahman being called 'thousand-eyed' at the end of the Kauthuma mantra. In the Jaiminīya version the son of Brahman is called 'the eldest' and 'the best'; these epithets characterize Rudra in KB 25,12,7: *atho rudro vai jyeṣṭhaś ca śreṣṭhaś ca devānām.* It is significant that here Rudra – the Fire, with whom Rudra is constantly identified in the Veda – is the ruler of the rites, who authorizes the offerings, while Rudra is more or less excluded from the śrauta rites. Yet the śrauta rites are performed at the instigation of Savitar, the (rising) Sun, whom the Vedic texts usually do not identify with Rudra, though this apparently old connection sometimes comes to the surface, as in Rudra's epithet 'thousand-eyed' (VS 16,8.13.29; ŚB 9,1,1,6), which originally belongs to the sun (represented as the primeval man, Puruṣa, in ṚV 10,90,1). Rudra was one of the main gods of the pre-Ṛgvedic, " Atharvavedic" religion, and seems to go back, partly, to the Indus Civilization (cf. Parpola 2015: 130-144, 196ff.). – Virūpākṣa is prayed to for the removal of headache in PGS 3,6; according to the commentator Jayarāma the name comes from the god having 'changed', i.e. 'deformed, ugly' eyes (*virūpe vikṛte akṣiṇī yasmād iti*). In ŚGS 4,9,1-2 the student after having taken his final bath 'satisfies' the deities, among them Virūpākṣa and Sahasrākṣa; according to the parallel Śāmbavya-Gṛhyasūtra this is done by sprinkling water around the fireplace (Oldenberg 1878: 152). These two deities are satisfied also in the *tarpaṇa* of ŚGS 6,6,10, which takes place after the worship of the rising sun when the student embarks upon the study of the Āraṇyaka.

utta===iti // uttarato 'gneḥ paristaraṇād idhmañ cāntareṇa praṇītāḥ praṇīya darbhair bahubhiḥ pracchādya dakṣiṇato 'gneḥ paristaraṇāt sruvañ cāntareṇa prastaren nidhāya prastarasyopariṣṭāt pavitre yathā na patetān tathā nidhāyāgniṃ prati kṛtāñjalis sann imaṃ virūpākṣākhyaṃ mantrañ japati /

paristaraṇādi prāg virūpākṣajapāt prastaro hastenaiva dhāryeta / yatra tu dakṣiṇenāsaṃbhavas tatra savyena /

virūpākṣo nāma bhagavān rudraḥ / taddevatyād ayaṃ mantro virūpākṣaḥ / tasmāj japānantaram apa upaspṛśet / smaryate ca hi śiṣṭai[r] raudrapitryādimantrasamabhivyāhāreṣūpasparśanam / paribhāṣitañ ca kauṣītakinā
raudrañ ca rākṣasaṃ pitryam āsurañ cābhicārakam /
uktvā mantraṃ spṛśed apa ārabhyātmānam eva ca // (KauṣGS 1,6,7) /
iti triḥ // //

JGS 1,3,1.

sruvaṃ praṇītāsu praṇīya
niṣṭapya
darbhais saṃmṛjya
saṃmārgān abhyukṣya-
agnāv ādhāya
dakṣiṇañ jānv ācya-
amedhyañ cet kañ cid ājye 'vapadyeta
ghuṇas tryambukā makṣikā pipīlikety
ā pañcabhya uddhṛtya-
abhyukṣya-
utpūya
juhuyāt

sruvaṃ===huyāt // sruvam apas tadgatā aparā siñcann ādāya praṇītāsv āsicyāgnau niṣṭapya darbhais saṃmṛjya tatkaraṇabhūtān saṃmārgadarbhān adbhir abhyukṣyāgnāv ādhāya dakṣiṇañ jānu nīcīkṛtya saṃskṛte saty ājye medhyād anyat kiñ cid ghuṇas triyaṃbukā makṣikā pipīlikety evamādīnāṃ kṣudrajātīnāṃ śarīram ā pañcabhyaḥ pañcasaṃkhyāparārdham āpadyeta cet tad uddhṛtyodakakaleśenājyam abhyukṣya nihitābhyām eva pavitrābhyāṃ punaḥ pūrvavad evotpūya tena juhuyāt / yadi tu ghuṇādiṣv api pañcasaṃkhyād anyad vā keśādy avapadyeta tad utsṛjyānyad ājyam upādadīta / tasyāsekādisaṃskāraḥ / te eva tu pavitre / evam idaṃ saṃskṛtadoṣam uktam / asaṃskṛtadoṣe tu dharmaśāstravaśena pravarteta /
utpunīyād ity eva vaktavyam / *juhuyād* ity anarthakam / nānarthakaṃ homājyayos saṃbandhārthatvāt / tasya phalam avihitaṃ havirviśeṣāṇāṃ homānām ājyahaviṣṭvam / tasmān nāmakaraṇādiṣv ājyenaiva hotavyan na havirbhedānām anyatamenāniyatena / etam evārthaṃ *pūrṇāhutibhir ājyasya-* (JGS 1,19,28) iti mantraliṅgan dyotayati //

JGS 1,3,2.

paridhīn paridadhāti

Note: This sūtra is quoted in Bh on JGS 1,1,13.

pari===dhāti // paridhīn idhmato niṣkṛṣya vakṣyamāṇena krameṇa paridadhāti //

JGS 1,3,3.

madhyamaṃ sthavīyasaṃ paścāt

Note: *madhyamaṃ* amd *sthavīyasaṃ* quoted in Bh on JGS 1,3,5.

madhya===paścāt // trayāṇāṃ paridhīnām āyāmena madhyamaṃ sthavīyasaṃ santaṃ paścād agner udagagran dadhāti //

JGS 1,3,4.
dīrghaṃ madhyamaṃ dakṣiṇataḥ

Note: *dīrghaṃ* and *madhyamaṃ* quoted in Bh on JGS 1,3,5.

dīrghaṃ===ṇataḥ // dīrghaṃ santaṃ pariṇāhena madhyamaṃ dakṣiṇataḥ prāgagran dadhāti //

JGS 1,3,5.
kanīyasam uttarataḥ

kanī===rataḥ // kanīyasaṃ santam uttarataḥ prāgagram eva dadhāti /

pūrvasmin vidhidvaye *madhyaman* (JGS 1,3,3) *dīrgham* (JGS 1,3,4) iti ca padād asya hrasvatāsiddes tatraiva *sthavīyasaṃ* (JGS 1,3,3) *madhyamam* (JGS 1,3,4) iti padād aṇutvasiddeḥ *kanīyasam* ity anarthakam / nānarthakaṃ sthavīyastvapratipādanārthatvāt /

atha vedam aparihāryavacane 'py *asyānyam* iti vā- *avaśiṣṭam* iti vā vaktavyaṃ bhavati //

JGS 1,3,6.
saṃspṛṣṭān

Note: This sūtra is quoted in Bh on JGS 1,1,10.

saṃspṛṣṭān // paridhīn mithas saṃspṛṣṭān karoti /

ācāraparavacanasiddhasyagnyalaṃkaraṇasyāyam avasaraḥ / atha vā parisamūhanāt paraḥ prāg ghomād aniyato 'sya kālaḥ //

Note: *agnyalaṃkaraṇam* is mentioned in Bh on JGS 1,1,24 as being done with white flowers. In the practice of the Nambudiri Brahmins of Kerala, after the enclosing sticks have been placed down, sandalwood water and a tulasi leaf (called *pūvů* 'flower') is thrown around the fire eleven times, muttering the mantra *agnaye namaḥ*; see Parpola 2011: 309-310. This practice is not known to the Gṛhyasūtras, except that the BGS 1,6,22 prescribes adorning the marriage fireplace with *gandha, puṣpa, dhūpa, dīpa* etc. ŚGS 1,8,6-7 while describing the preparation of the sacrificial fire prescribes adorning with flowers the optional Brahman priest seated south of the fire – normally the Brahman is represented by the *prastara* bunch of sacrificial grass.

JGS 1,3,7.
dakṣiṇato 'gner apāṃ kośaṃ ninayaty *adite 'numanyasva-* iti

Note: *dakṣiṇato 'agner apāṃ* is quoted in Bh on JGS 1,4,19; *manyasva* and *anumanyasva* quoted in Bh on JGS 1,4,21.

dakṣi===sveti // dakṣiṇato 'gner apān dhārām anena yajuṣā prācīn diśan ninayati //

JGS 1,3,8.

anumate 'numanyasva- iti paścāt

Note: *manyasva* and *anumanyasva* quoted in Bh on JGS 1,4,21.

anu===paścāt // iyam udīcī dhārā //

JGS 1,3,9.

sarasvate 'numanyasva- ity uttarataḥ

Note: *manyasva* and *anumanyasva* quoted in Bh on JGS 1,4,21.

sara===rataḥ // iyam api prācī //

JGS 1,3,10.

deva savitaḥ prasuva- iti triḥ pradakṣiṇam agniṃ pariṣiñcet

Note: *deva savitaḥ* quoted in Bh on JGS 1,4,20.21; *suva* and *prasuva* quoted in Bh on JGS 1,4,21; *triḥ pradakṣiṇam* is quoted in Bh on JGS 1,4,17; and *agniṃ pariṣiñcet* in Bh on JGS 1,7,9.

deva===ṣiñcet // anena mantreṇāgnin triḥ pradakṣiṇam pariṣiñcet /

kim itīyān evāyaṃ mantra āho svid anantarasyedam ādigrahaṇam / ādigrahaṇam iti brūmaḥ / evañ ced idam anarthakam / nānarthakam asyām śākhāyām āmnātair *agna āyāhi vītaya* (JS 1,1,1) ityādibhir ādigrahaṇārhair mantrair asya tulyatvajñāpanārthatvāt / tenāsya mantrasya rktvam uktaṃ bhavati / tasmād ardharce 'vasyed *bhagāya-* (JGS 1,3,11) iti /

nanu taittirīyāṇāṃ pāṭhād *gandharva* iti / bhavatu / ko doṣaḥ / *bhagāya-* ity eva jyāyān / *divyo gandharvaḥ ketapūr* iti hi padatrayaṃ samānādhikaraṇam / tasyaikapādavartitā satyāṃ gatau nyāyyā / kiñ ca trayaḥ pādā daśākṣarā ekaś caturdaśākṣaro bhavati / itarasmin punaḥ pakṣe dvau daśākṣarau bhavata eko navākṣara ekaḥ pañcadaśākṣaro bhavati / triṣṭup idañ chandaḥ / tatraikādaśākṣarapādatārthād asaṃbhavaty api nātyantam utsraṣṭavyā / sā sannikarṣeṇāpy anugrāhyā / tasmād *bhagāya-* ity evārdharcaḥ / akāraṇaṃ mantre taittirīyāṇām avasānam / te hy anyatrāpi kva cid ardharce nāvasyanti kva cid anardharce 'py avasyanti /

atha vā *gandharva* ity eva jyāyān / itthaṃ hi yojanīyam / divyo gandharvas tvan deva savitar iti /

Note: All the Taittirīya Gṛhyasūtras give in this context the pratīka only: BGS 1,3,25 (or 26) *deva savitaḥ prasuva-* iti samantaṃ pradakṣiṇam; ĀpGS 1,2,3 *deva savitaḥ prasuva-* iti samantam; HGS 1,2,10 and ĀgniGS 1,1: 4,9 *deva savitaḥ prasuva-* iti sarvataḥ pradakṣiṇam; VaikhGS 1,14: 14,15-16 *deva savitaḥ prasuva-* iti pūrvasyām udagantam āgneyādyantaṃ sarvataś ca pradakṣiṇaṃ pariṣiñcati. The full mantra is recorded in TS 1,7,7,1 (vājapeya) and 4,1,1,2 (agnicayana), BŚS 11,2: 64,5-7 (vājapeya): *deva savitaḥ pra suva yajñaṃ pra suva yajñapatiṃ bhagāya divyo gandharvaḥ ketapūḥ ketaṃ naḥ punātu vācas patir vācam adya svadāti naḥ.* === In Bhavatrāta's first alternative, *deva... yajñam* = 10 syllables, *pra suva ... bhagāya* = 10, *divyo ...ketam* = 10, naḥ ... svadatu = 14; in the second (Taittirīya) alternative, *deva*

... *yajñam* = 10, *pra suva* ... *gandharvaḥ* = 15, *ketapūḥ* ... *punātu* = 9, *vācas* ... *svadatu* = 10. The last pāda would be 12 syllables with the Taittirīya reading: *vācas* ... *naḥ*.

JGS 1,3,11.

deva savitaḥ pra suva yajñaṃ
pra suva yajñapatiṃ bhagāya
divyo gandharvaḥ ketapūḥ
ketan naḥ punātu
vācaspatir vācan na[s] svadatv iti

Note: *suva*, *punātu* and *svadatu* are quoted in Bh on JGS 1,4,21, also *prasuva* and *yajñam*. Bhavatrāta's pratīkas for the sūtras 1,3,11-13 are missing.

JGS 1,3,12.

sakr̥d yajuṣā

JGS 1,3,13.

dvis tūṣṇīm

kiṃ punar *idaṃ bhūmer* (JGS 1,1,32) ityādivad r̥ktvajñāpanan na sidhyati / duravabodhatvāt pādavyavasthānan na sidhyati /
atha vā sarva ete mantrāḥ pr̥thag eva kaiś cit paṭhyante / tair *idaṃ bhūmer* ityādīnāṃ sarveṣām apy ādigrahaṇam evātra kriyate / teṣām ayaṃ pāṭhaḥ / *deva savitaḥ pra suveti triḥ pradakṣiṇaṃ agniṃ pariṣiñcet sakr̥d yajuṣā-* iti / asmatpāṭhe tu nādigrahaṇam asti / itiśabdādye vedaṃ vākyam iti mantavyam / pramādāt tu vayam adhīyānāḥ pāṭhadvayaṃ samuccinumahe kva cit kva cit //

JGS 1,3,14.

athedhmam ādāya
sruveṇājyaṃ gr̥hītvā-
abhighārya-
agnāv abhyādadhāty
ayan ta idhma ātmā jātavedas
tena vardhasva cedhyasva cenddhi
vardhaya cāsmān prajayā paśubhir
brahmavarcasenānnādyena samedhaya
svāhā- iti

Note: *athedhmam ādāya* quoted in Bh on JGS 1,1,13.

athe===heti // atha dakṣiṇena pāṇinā idhmam ādāya savye kr̥tvā dakṣiṇenaiva sruveṇājyaṃ gr̥hītvā tenedhmam abhighāryāgnāv anena mantreṇābhyādadhāti / athaśabdo 'sya vidheḥ pariṣekānantaryaniyamārthaḥ / tataḥ prāg eva pariṣekād agnyalaṃkaraṇaṃ syāt /

ayam idhmaḥ pañcadaśasamitka evābhyādhīyeta / śrūyate hi kva cit *pañcadaśedhmarārūṇy abhyādadhāti-* (TB 3,3,7,1) iti / anyasaṃkhyāsaṃbandhas tu na kva cid api śrūyate / śrutañ cāśrutāt sugraham iti /

sruveṇābhighārya- itīyato 'py arthagater *ājyaṃ gṛhītvā-* ity anarthakam / nānarthakan nāmakaraṇādiṣu pārvaṇaprakṛtikeṣu carusthānāpannasyājyasyāṅgulitṛṇakūrcayor anyatareṇa caturgrahaṇaprasaṅgasya sruvakaraṇājyagrahaṇapratipādanadvāreṇa nivartanārthatvāt lājānāñ copastaraṇādau prāptaṃ karaṇadvayan nivartya sruvasya prasajato nivartanārthatvāt / *sruveṇābhighārya-* iti hy ukte prasiddhavad upādānāt prāsaṃkṣyat //

JGS 1,3,15.
manasāghārau juhoti santatam akṣṇayā

mana===kṣṇayā // āghārākhye āhutī vakṣyamāṇe manasā mantram anukramya santatam ājyadhārām avicchindann akṣṇayāa pūrve vidiśau prati juhoti //

JGS 1,3,16.
prajāpataye svāhā- ity uttaram paridhisandhim anv avahṛtya sruvam

Note: The pratīka *prajāpataye* quoted in JGS 1,22,2.

prajā===sruvam // yasmin pradeśe paridhīnāṃ sandhānaṃ mithas sa paridhisandhiḥ / dvau ca tau staḥ / tayor uttaraṃ paridhisandhim anu tasyārjavena sruvam agnāv avahṛtyānena mantreṇaikam āghārañ juhoti / upari paridhisandhe[s] sruvan nidhāyāvaharet / tathā hi tasyārjavaṃ sugrahaṃ bhavati //

JGS 1,3,17.
indrāya svāhā- iti dakṣiṇaṃ paridhisandhim anv avahṛtya

indrā===hṛtya // ke cid evamādiṣu svāhākāraṃ vācaiva vyāharanti / asmābhis tu viśeṣavacanādṛṣtes so 'pi manasaiva dhyāyate //

JGS 1,3,18.
āghārau hutvājyabhāgau juhoti

āghā===hoti // āghārau hutvā tadanantaram ājyabhāgau juhoti /

āghārau hutvā- ity anarthakam / nānarthakam āghārānantaraṃ vidhyaparādhañ jātaṃ budhvāpi hutvaivājyabhāgau prāyaścittañ juhuyād ity etadarthatvāt / sarvatra hi nimittotpattir naimittikasya kāla iti nyāyād doṣajñānānantaram eva prāyaścittaṃ kartavyam / paribhāṣante ca ke cid anantaran doṣāt prāyaścittam / na hy anirhṛte doṣapravṛttir uttarasyāsti //

JGS 1,3,19.
agnaye svāhā- ity uttarataḥ

Note: The pratīka *agnaye* quoted in JGS 1,22,2.

agna===rataḥ // evam uttarasminn agnyavayave juhoti //

JGS 1,3,20.
somāya svāhā- iti dakṣiṇataḥ

somā===ṇataḥ //

JGS 1,3,21.
tāv antareṇāhutilokaḥ

tāva===lokaḥ // tāv ājyabhāgadeśāv antareṇottarāsām āhutīnāṃ loko deśa[s] syāt / iyaṃ paribhāṣā prāyaścittāhutiparyantaṃ sarvam āhutivitānam ācarati / ke cid ānantaryād dhy āhutiṣv eva gr̥hṇanti na tallokanteṣu[2] / yad tad aiṣiṣyata *tāv antareṇa bhū[s] svāhā-* ity evam avakṣyata //

JGS 1,3,22.
bhū[s] svāhā
bhuva[s] svāhā
sva[s] svāhā
bhūr bhuva[s] sva[s] svāhā- iti

bhūsvā===heti // ity āhuticatuṣṭayam ājyabhāgānantarañ juhoti //

JGS 1,3,23.
agnaye 'gnīṣomābhyām iti
paurṇamāsyām

agna===māsyām // *agnaye svāhā- agnīṣomābhyāṃ svāhā-* iti paurṇamāsyām āhutī juhoti / na hi vinā svāhākāram āhutir dr̥śyate / asti ca keṣāñ cid vacanaṃ *svāhākāreṇa vā vaṣaṭkāreṇa vā devebhyo haviḥ pradīyata* iti (cf. ŚB 9,3,3,14 *vaṣaṭkāreṇa vā vai svāhākāreṇa vā devebhyo 'nnaṃ pradīyate*)/ atha vā prakr̥tam eva svāhākāram anuvartayāmaḥ /

kimarthaṃ punar ācāryaḥ pāpaṭhyamāno 'traiva na paṭhati / pūrvābhir āhutibhir anayor atulyatvajñāpanārtham / katham atulyatā / aṅgatvenāmūḥ pravartante prādhānyeneme iti / bhūyo 'py atulyatā / ājyenāmūr hūyante caruṇeme iti /

kuta etac caruṇeti / idam ucyate / pañca dravyāṇi prāyeṇa haviṣṭvenopādīyante / gavyam ājyaṃ gavyaṃ payaḥ paśus somo vrīhiyavādyoṣadhiprakr̥tikañ carupuroḍāśādiś ceti / uktañ ca kaiś cid *atheme pañca havirvikārā auṣadhaṃ payaḥ paśus soma ājyam* (BŚS

[2] *tallokānteṣu* emended (?) : *tannolānteṣāya* T : *tannolantoṣāya* K, K107, P.

24,1: 185,17-18) iti / tatrājyapayassomānāṃ haviṣṭvena grahaṇe dravadravyatvād eṣām aṅguṣṭhenāṅgulibhyāñ cāvakhaṇḍanan na ghaṭate / paśoś caiva ghanataratvāt svadhitinā hy asāv avadīyate / pāriśeṣyād vrīhiyavādiprakr̥tikaṃ havir upādeyam / atra bahavo bhedās saktudhānāpūpodanādayaḥ prāpnuvanti / teṣāṃ loke prasiddhatamam odanam ādadmahe / tasyākhyā carur iti /

atha vā yatra svāhākāraḥ paṭhyate tatra pūrvāvasthitena śabdena santatyaiva prayoktavyaṃ yatra na paṭhyate tatrāniyatasantatam ity eva bhedaḥ kalpyaḥ / evam eva bhavadāsopādhyāyena varṇitam /

ke cid varṇayanti *agnaye 'gnīṣomābhyām* iti dve haviṣī paurṇamāsyām iti / tad ayuktam / yadi hi tad aiṣiṣyata *ājyañ ca haviṣī ca-* iti *mūlāni haviṣor* iti cāvakṣyata /

tatrārambhāt pūrvam eva havi[ś] śrapyetaupāsane pākāgnau vā yato 'gnihotradarśapūrṇamāsādiṣu na pākāgnau śrapyate yataś caiṣv evānyasminn agnau śr̥tam anyasminn agnau hūyate //

Note: Cf. Bh on JGS 1,23,8: ekacarur evaindrāgnaś ca vaiśvadevaś ca dyāvāpr̥thivyaś ca syād yathāgneyaś cāgnīṣomīyaś ca pārvaṇe bhavaty ekaś caruḥ.

JGS 1,3,24.
agnaya indrāgnibhyām ity amāvāsyāyām

agna===syāyām //

JGS 1,3,25.
uttarapūrvām uttarapūrvām āhutiñ juhoti

uttara===hoti // idamādīni kāni cit paribhāṣāvākyāni / uttarakālaṃ hotavyeti uttarā / uttarapūrvasyān diśi hotavyeti vottarapūrvā / uttarā asyāḥ pūrva ity uttarapūrvā / anādiṣṭasthānām āhutim uttarapūrvāñ juhoti / uparitanīm āhutim adhastanyāḥ prāgbhāge juhuyād ity arthaḥ /

nanv akr̥tvā dvirvacanam *uttarapūrvām āhutim* ity ukte 'py ayam arthas sidhyati / na sidhyati / tadā hy evam āśaṅkyeta / uttarapūrvān diśam abhīti / yathā prācī pratīcīti //

JGS 1,3,26.
anabhijuhvad āhutyāhutim

ana===hutim // āhutyā āhutim anabhijuhvañ juhoti / hutasyopari na juhuyād ity arthaḥ //

nanv adhastanād eva vidher abhihomasya nivr̥tter idam vākyam anarthakam / nānarthakam adhastanasya vidher āhutibahutve saty asaṃbhave tasyālpenoparodhenāhutyarthābhihomasya prasajato nivr̥ttyarthatvāt / tat katham iti cet tasmād uttarapūrvatāṃ yāvadavakāśaṃ samyag eva saṃpādya punar apy aparabhāgam evārabhya pūrvāsām uttareṇa pūrvaved evāhutīr juhuyāt /

anabhijuhvad ity etāvataiva siddher āhutigrahaṇam anarthakam / nānarthakan dravyasyaivāyam anabhihomaś codyate na kriyāyā ity etadarthatvāt / tat katham iti ced vadāmaḥ

/ yo dharmaḥ kriyāṃ prati coditas tayā sākṣāt saṃbandhum aśaknuvann avatiṣṭhate sa tasyākārakāṇām anyatamasminn arthāt kārya[s] syāt / yathā pūrvasminn eva vākya uttarapūrvatā havane coditā tatsādhane dravyeṇa kriyate / na cāsau tasya dravyasyotsādane 'py utsīdati / hute hi dravye sarvasminn antarhite 'pi taddeśāt pūrvottarāhutis saṃpādyā / ihāpi tu yady *anabhijuhvad* ity etāvad evāvakṣyata havanadharma evāyam abhaviṣyad asaṃbhavāc ca havane tatkārakatvād deśam api kadā cid avālaṃbiṣyat / tatrāgnāv aratniparimāṇe sati śāntyā evāhutibahutve mahān uparodhas samajaniṣyat / tannivartanārtham uktam *āhutyāhutim* iti / tatrāhutiśabdaḥ karmasādhano draṣṭavyaḥ / ayam arthaḥ / hutasyopari hūyamānan na pātayed iti / tataś ca hute dravye dagdhotsanne taddeśābhihomo na doṣāya / uttarapūrvatā tu yāvad agnyāyāman deśam apy āśritya pravartate na kriyāśrayatvāt / tataś caivam arthatas sidhyati / ājyāhutiṣv apy uttarapūrvatā pravarteta na tv anabhihomaḥ prāyeṇeti //

JGS 1,3,27.
pratyak sauviṣṭakṛtasthānāt

pratyak===sthānāt // sviṣṭakṛta idaṃ sauviṣṭakṛtasthānam / sarvā āhutīs sauviṣṭakṛtasthānāt pratyag eva juhoti / tac ca sthānam uttaravākye vakṣyate *purastād* (JGS 1,3,28) iti /

evañ ced uttarapūrvatāvidhānād eva gatārthatvād ayaṃ vidhir anarthakaḥ / nānarthaka āhutibahutve sauviṣṭakṛtasthānād dakṣiṇata uttarato vā saty avakāśe na juhuyād ity etadarthatvāt //

JGS 1,3,28.
nityo 'gniḥ purastāt sviṣṭakṛd ante 'nyatra vapāhomājyahomābhyām

Note: *purastāt* quoted in Bh on JGS 1,3,27.

nityo===mābhyām // agni[s] sviṣṭkṛd agnimaṇḍalasya pūrvabhāge sauviṣṭakṛtasthāne pradhānāhutīnām ante vapāhomājyahomābhyām anyasmin home nitya[s] syāt / *agnaye sviṣṭakṛte svāhā-* iti hūyeta / *agni[s] sviṣṭakṛd* iti vaktavye purastācchabdasya madhye nyāsas samāsāśaṅkānivṛttyarthaḥ / samāse ca sati yathācoditahavanasya nyāyyatvād *agnisviṣṭakṛte svāhā-* iti kaś cid icched dhotum / tad itthaṃvacanān nivāryate /

vapāhomasyāsmiñ chāstre vidhyadarśanāt sarvahutatvāc ca vapāyā[s] sviṣṭakṛdaprasaṅgād vapāhomagrahaṇam anarthakam / nānarthakaṃ lājahome sviṣṭakṛnnivartanārthatvāt / vapeti bhidādipāṭhād (Pāṇini 3,3,104) vapanam ucyate / vapanasaṃbandho homo vapāhomaḥ / dṛśyate hi vapanasaṃbandho lājahomasya- *añjalāv āvaped* (JGS 1,20,10) / mantravākye 'py *agnau lājān āvapantī-* (JGS 1,20,13) iti / tasmād atra vapāhoma iti lājahomo nirdiśyate /

nanv asaty evāvakre vakravartmāśrayitavyam iti lājahomagrahaṇam eva kartavyam / satyam etat / śāstrāṇān tu gurūpadeśata eva sākalyenopalabdhi[s] syān na kevalaṃ medhābalād ity evamartham ācāryaḥ kāṃś cit pradeśān durbodhān vidadhāti / tasmād acodyam etat /

atha vā prasiddhaiva vapā bhavatu / ājyasviṣṭakṛdabhāvasya dṛṣṭāntarūpeṇa vapāsviṣṭakṛdabhāvo 'yaṃ prasiddhataratvān nyasta iti kalpyam / ājyasviṣṭakṛtaṃ hi pākayajñeṣu haviryajñeṣu ca ke cid icchanti ke cin na / naiva tu vapāsviṣṭakṛn nāma śrutipatham avyāgatam / ācāryas tu manute śeṣakāryam idaṃ sviṣṭakṛn nāma / tad yathā vapāyāṃ śeṣābhāvān nāsti evam ājye 'pi śeṣābhāvān nāstīti / niṣṭhitakāryasya hi dravyasya śeṣatvaṃ bhavati / sarvārthatvāc cājyasya nāprāyaścittāhutibhyaḥ kāryan nistiṣṭhati / yathā *tau na paśau na some karoti-* (KB 3,6,9) iti vākyena paśvājyabhāgapratiṣedhapareṇa tasya dārḍhyārtham aprasaktayos soma ājyabhāgayor abhāvaḥ kīrtyate tadvad atrāpi grāhyam //

JGS 1,3,29.
na sviṣṭakṛtaṃ pratyabhighārayati

nasvi===yati // avadānānantaraṃ haviṣaḥ pratyabhighāraṇaṃ sāmānyena parastād vidhāsyate (JGS 1,3,33) / tasyāyam apavādaḥ / sviṣṭakṛtaṃ sviṣṭakṛccheṣabhūtaṃ havir na pratyabhighārayati /

kasmāt sviṣṭakṛta uktaṃ taccheṣabhūtasyedaṃ gṛhyate / idam ucyate / sviṣṭakṛn nāma devatā / tasyā atīndriyāyāḥ pratyabhighāraṇam asaṃbhavad aprasaktañ ca duśśakaṃ pratiṣeddhum / yadi cocyeta sviṣṭakṛdarthasya haviṣa[s] sruvagatasya pratiṣidhyeteti tasyāpīdaṃ prativacanam aprasaktam / kathaṃ pratiṣidhyeteti / na hi sruvagatasya pratyabhighāraṇaṃ prasaṅkṣyate //

JGS 1,3,30.
sruve sakṛd ājyam upastṛṇāti

Note: The whole sūtra JGS 1,3,30 is quoted in Bh on JGS 2,3,3 and on J:SS 1,10,9; *sruve* is quoted in Bh on JGS 1,3,31.

sruve===ṇāti // yo homaś caruṇā vihitas tasya hastena sakṛd upahatya nirvartanaprasaṅge prakārāntarapratipattaye kāś cid imāḥ paribhāṣāḥ kriyante / vakṣyaty *aṅgulyā tṛṇakūrcena vā-* (JGS 1,3,40) iti / tayor anyatareṇājyam ādāya sruve savyahastāhite sakṛd avasiñcati //

JGS 1,3,31.
dvir haviṣo 'vadyati

Note: The whole sūtra JGS 1,3,31 is quoted in Bh on JGS 1,20,10 and on JŚS 1,10,9. This sūtra is identical with JGS 1,3,35 and JGS 1,23,10.

dvirha===dyati // haviṣo dvir avakhaṇḍayati / avattasya sruve prakṣepo 'rthasiddhaḥ / *sruva* (JGS 1,3,30) iti hy anuvartate //

JGS 1,3,32.
sakṛd ājyena

Note: This sūtra is quoted in Bh on JGS 1,3,36.

sakṛd ājyena // sruve 'vattaṃ havis sakṛd ājyenābhighārayati /

abhighārayatīti kuta etat / arthataḥ / *sakṛd ājyena-* ity ukte kim anyad abhighāraṇād ājyena haviṣaḥ kriyate / atha ca pratyabhighāraṇaṃ vakṣyate (JGS 1,3,33) / tasyābhighāraṇapūrvakataiva yuktā yathā prativacanapratigamanāder vacanagamanādipūrvakatā / ata eva *pratyabhighārayati-* (JGS 1,3,33) ityantasyaikavākyatā na grāhyā /

kimarthaṃ punar *abhighārayati-* iti pratyakṣan na paṭhati / kim ayatnasiddhe yatneneti /

atha vābhighāraṇapratyabhighāraṇayor ekasya vidhāne 'nyasyāpi grahaṇārthan tena lājānāṃ pratyabhighāraṇaṃ sidhyati (cf. JGS 1,20,11) //

JGS 1,3,33.
pratyabhighārayati

Note: This sūtra is quoted in Bh on JGS 1,3,32. The sūtra is identical with JGS 1,3,37.

pratya===yati // abhighāraṇānantarañ caru pratyabhighārayati //

JGS 1,3,34.
aṅguṣṭhenāṅgulibhyāñ ca māṃsasaṃhitābhyām

aṅgu===tābhyām // haviravadāne karaṇaviśeṣaḥ kriyate / aṅguṣṭhena tatsannikṛṣṭābhyāñ cāṅgulibhyām anyo'nyayā māṃsasaṃhitābhyāṃ māṃsavat saṃhitābhyām aviparasaṃhitābhyāṃ haviṣo 'vadyati / prāṇināṃ śarīrabhāgeṣu māṃsaṃ khaḍgādicchedaviśliṣṭaṃ paścāt sandadhad aviparaṃ sandadhāti / tenedam aṅgulyos sandhānam iti saṃśleṣārtham upamīyate / avadānaparimāṇañ cārthata uktaṃ bhavati //

JGS 1,3,35.
dvir haviṣo 'vadyati

Note: This sūtra is identical with JGS 1,3,31 and 1,23,10.

dvirha===dyati // kimartham idam ucyate / pañcāvattañ jāmadagnyānām iṣyate / tasyāpi homāya pṛthagvidhānārtham /

kim upastaraṇam eṣān nāsti / asti sāmānyavihitatvād anapoditatvāc ca /

evañ ced dviravadānasyāpi pūrvavidhānād (JGS 1,3,31) eva siddher ayaṃ vidhir anarthakaḥ / nānarthako jāmadagnyānām asya nityatāpratipādanārthatvāt / yataś cāyaṃ yatnaḥ kriyate tato jñāyate pūrvan *dvir ... avadyati-* (JGS 1,3,31) ity anityam iti / evañ cāsya nityatā pradhānārtham eva na sviṣṭakṛdartham iti / sviṣṭakṛtaḥ punaḥ katham avadānam iti ced upastaraṇasya sarvārthatvād upastīrya sakṛd avadīyeta / abhighāraṇan tu caturavattaṃ saṃpadyate /

nanu caros trir avattam eva / naivam / abhighāraṇaṃ hi dvir asya kartavyam / kutas tad iti ced upastaraṇābhighāraṇavidhyos sakṛdgrahaṇañ catuṣṭvam avadānānāṃ prasphuṭīkartuṃ kṛtan nāvṛttin nivartayitum / na hi sā prasajati / sphuṭīkaraṇasya ca prayojanam utsādaprasaṅge py anutsādaḥ / tat siddhaṃ sviṣṭakṛti dvirabhighāraṇād avadānacatuṣṭvaṃ saṃpādyam iti / paravacanataś cāyam artho dṛḍhībhavati / sarve hy ācāryā[s] sviṣṭakṛtam itthaṃbhūtam evecchanti / tatas sādhūktaṃ sviṣṭakṛtas sakṛd avadānam abhighāraṇan dvir iti / jāmadagnyānān tu punar vidher ubhayatrāpi tulya evāvadānakramaḥ //

JGS 1,3,36
dvir ājyena

dvir ājyena // asya *sakr̥d ājyena-* (JGS 1,3,32) itivad vyākhyā //

JGS 1,3,37.
pratyabhighārayati

Note: The sūtra is identical with JGS 1,3,33.

pratya===yati // nanv idam upastaraṇavad avidhāne 'pi sidhyati / satyam etat / avidhāne tv asya- *abhighārayati-* itimātram adhastanavidhaye 'vaśyaṃ vaktavyam eva / tathā vacane pūrveṇābhighāraṇavidhinā vairūpyā / tat kr̥tam arthavairūpyam āśaṅkyeta / tatparihārārtham adhikr̥taniṣṭhāgamanārthañ ca pratyabhighāraṇaṃ vidhīyate //

JGS 1,3,38.
jāmadagnyānām

Note: JGS 1,3,38 is quoted in Bh on JGS 1,3,39.

jāmadagnyānām // jāmadagnyānām ayam avadānakramo yo 'nena vākyatrayeṇa vihitaḥ //

JGS 1,3,39.
tad dhi pañcāvattaṃ bhavati

taddhi===vati // tat tathāvatāṃ haviḥ pañcāvattaṃ bhavati /

kim ataḥ / ato 'nyeṣām api yeṣāṃ pañcāvattam iṣyate teṣām apy ayam evāvadānakrama[s] syād iti /

keṣāṃ punar iṣyate / bhr̥gūṇām eva / agnihotrabrāhmaṇe hi bhr̥gusaṃbandhā haviṣaḥ pañcagr̥hītatā siddhavad anūdyate *bhr̥gur ha vāruṇir anūcāna āsa-* (JB 1,42: 17,25) ity adhikārasyāpavarge / *etenaiva pañcagr̥hītena pañconnītena-* (JB 1,44: 19,11-12) iti /

evañ ced *bhr̥gūṇām* ity eva vaktavyan na *jāmadagnyānām* (JGS 1,3,38) iti / na hy abhr̥gavo jāmadagnyāḥ / satyam etat / jāmadagnyānān tu nityo 'yam avadānakrama[s] syād anityo 'nyeṣām / *bhr̥gūṇām* ity evamartham eva nyāsaḥ kriyate //

JGS 1,3,40.
aṅgulyā tr̥ṇakūrcena vā

Note: The whole sūtra JGS 1,3,40 is quoted in Bh on JGS 1,3,30.

aṅgu===navā // aṅgulyā vā tr̥ṇakūrcena vopastr̥ṇāty abhighārayati pratyabhighārayati ca / tritayasyāpi hy asya karaṇaviśeṣākāṅkṣā tulyā /

kiṃ yayā kayā cid aṅgulyā / naivam / pradeśinyaiva / agnihotre hi *dvir aṅgulyā prāśnāti-* (JB 1,41: 17,8) iti vidhir *dviḥ pradeśinyā-* (ŚŚS 2,9,14) ity atrānūdyate / tato jñāyate /

ekāṅgulicodanāyāṃ pradeśinī grāhyeti / ata eva ceyaṃ pradeśinīti samākhyāyate / pradeśo 'sya astīti / *aṅgulyā-* iti pradeśinir viśeṣena niyamyate //

JGS 1,3,41.
eṣā homāvr̥t sarvatra

Note: The whole sūtra JGS 1,3,41 is quoted in Bh on JGS 1,1,11; 1,5,1; 1,7,9; 1,11,7; 1,11,77; 2,3,3; 2,8,6.

eṣā===rvatra // eṣā homasyāvr̥t sarvatra homeṣu syāt / eṣa pārvaṇākhyaḥ pākayajño vakṣyamāṇānāṃ puṃsavanādīnāṃ prakr̥tir ity arthaḥ /

kim ahomānām api / naivaṃ *homāvr̥d* iti homasaṃbandhānuvādāt /

kim ahomeṣv asyā āvr̥taḥ pratiṣedhārtha idaṃ homagrahaṇaṃ kr̥tam *eṣā homāvr̥d* iti / kas sandehaḥ / avaśyaṃ hi sandhyopāsanādi.v iyam āvr̥n neṣyata antareṇa ca yatnan nivartayitun na śakyate / tatas tannivr̥ttyartham evedaṃ homagrahaṇaṃ kr̥tam /

nanu cākriyamāṇe 'py asmin homagrahaṇa ahomeṣu tāvad asyā āvr̥taḥ prasaṅgo nāsti / kim idam upanyasyate / prasaṅgo nāstīti / avaśyaṃ hi *eṣāvr̥t sarvatra-* ity ucyamāne sarveṣāṃ gr̥hyakarmāṇām aṅgatveneyam āvr̥t prasajyetaiva sāmānyaśruter anavoditatvāc ca / tatrākriyamāṇe 'smin homagrahaṇa ahutesṣv asyā āvr̥taḥ prāptiḥ kena nivāryate / tatas sandhyopāsanādiṣv āvr̥tprasaṅganirāsārtham idaṃ homagrahaṇaṃ kartavyam eva /

naitad upapadyate / caturvidhāḥ khalv ihādhikr̥tāḥ pākayajñāḥ *huto 'hutaḥ prahutaḥ prāśita iti* (JGS 1,1,7) / tatrāhutasaṃjñā tāvat triṣv eṣu vartate sandhyopāsane prāśanakarmaṇi saṃveśane ca / katham eteṣv eveti ced anugatārthatvād asyās saṃjñāyāḥ / evaṃ hi bhavataivoktaṃ hutādivibhāgakalpanāyāṃ yeṣu homo na vidyate teṣv ahutaśabdasya pravr̥ttir anugantavyeti (cf. Bh on JGS 1,1,7 *atha yasmin karmaṇi naiva hūyate so 'hutaḥ*) / tatas siddhaṃ homābhāva eṣv ahutasaṃjñāyāḥ pravr̥ttikāraṇam iti / tatra yeṣv apīyam āvr̥d aṅgatvena pravartate teṣām ājyabhāgādīnāṃ homānām atra saṃbhavād ahutatvam evaiṣāṃ hīyeta / tasmād ahomeṣv āvr̥nnirāsārthaṃ tāvan nārtho 'nena homagrahaṇena /

evañ ced anyat prayojanam asya homagrahaṇasya / idaṃ pratipādyate / homagrahaṇād r̥te 'py atuteṣv asyā āvr̥to nivr̥ttau satyāṃ yad asāv ācāryo homagrahaṇaṃ karoti tasyedaṃ prayojanam / yatra juhoticodanā vidyate tatraiveyam āvr̥d yathā syād anyatra na syād iti /

kva punar na syāt / dadhāticodanāyām / tatas siddhaṃ vratasamidādhānādiṣv asyā āvr̥taḥ pravr̥ttir nāsti /

yady evaṃ kumāreṣṭyādiṣu pārvaṇatantran na prāpnoti / tatrāpi juhoticodanā nāsti / atrocyate / yāgaśabdas tāvat kāñ cid devatām uddiśya dravyaparityāgamātre vartate homaśabdas tu prakṣepādhike / yatra yajata ity etāvac chrūyate tatrāsyai devatāyā idan dravyan dadāmīti manasā saṃkalpya dravyaparityāgamātre yajaticodanāpavādārthānuṣṭhānaṃ kr̥tam eva bhavati / *yajeta-* ity etāvatā hotavyam iti na labhyate / na cānyo 'pi tatra śabdo havanavidhiparo dr̥śyate / tathāpi hūyata eva / tato yena pramāṇena homasadbhāvo 'trāvagamyate tenaiva pramāṇena tadaṅgabhūtasya pārvaṇatantrasyāpi pravr̥ttir avagantavyā /

hotavyam iti ced vacanan nāsti kimarthan tatra hūyate / na vayam etaj jānīmaḥ / kin tu *etā devatā yajata* ity ukta ābhyo devatābhya idaṃ havir juhuyād ity etad evoktaṃ bhavatīti prasiddhavad upādāya śiṣṭair homaḥ kriyamāṇo dr̥śyate / *tatra mahājano yātīti yataḥ sa panthā* ity ato 'nyat kāraṇaṃ tatra vaktun na śakyate /

nanv idam asya tantrasya samāptau vaktavyaṃ vikṛtyarthatvāt / satyam etat / anantarasya tv avadānavidher anena saṃbandhārtham atraivedam ucyate / saṃbandhaś ca yatrāsyāḥ parigrahas tatrāvadānakramasyāpi parigrahārthaṃ prayojanam / jātakarmapalāśejyāśanahomeṣu hastenaiva sakṛd upahatya havanam / pārvaṇaprakṛtitvaṃ hi teṣām anyeṣāñ ca keṣāñ cin neṣyate / kuta iti cet tatra traiva hetavo vakṣyante /

nanv avadānakramo 'pi pārvaṇāṅgatvād atatprakṛtike na prāpnoti / prāpnoti /vihitamātreṇa homena karaṇasya dravyaparimāṇasya ca dhruvam ākāṅkṣyamāṇatve sruvasyāṅguṣṭhamāṃsasaṃhitāṅgulidvayopādeyasya ca dravyasya kva cic chrutasyaivopādānam aśrutopādānād yuktam iti // //

JGS 1,4,1.
sapavitraṃ prastaram ādatte

Note: *sapavitram* quoted in Bh on JGS 1,10,30 (three times) and in Bh on JGS 1,10,32.

sapa===datte // *rudro 'gni[s] sviṣṭakṛd* ityādidarśanāt sviṣṭakṛdanantaram apa upaspṛśya pavitrasahitaṃ prastaram ādatte //

Note: An exact counterpart to Bhavatrāta's quotation could not be traced, but compare the following: *rudraḥ sviṣṭakṛt* ŚBM 13,3,4,3.4.5; KB 3,5,7; *atho rudro vai sviṣṭakṛt* KB 3,8,11; TS 2,6,6,5-6 *yad agnaye sviṣṭakṛte 'vadyati bhāgadheyenaiva tad rudraṃ samardhayati ... eṣa rudro yad agniḥ*; ŚB 1,7,3,7-8 ... *sviṣṭakṛd ... 8. tad vā agnaya iti kriyate / agnir vai sa devas tasyaitāni nāmāni śarva iti yathā prācyā ācakṣate bhava iti yathā bāhīkāḥ paśūnāṃ patī rudro 'gnir iti tāny asyāśāntāny evetarāṇi nāmāny agnir ity eva śāntatamaṃ tasmād agnaya iti kriyate sviṣṭakṛta iti.*

JGS 1,4,2.
tasyāgrāṇi sruve 'nakti
divy aṅkṣva- iti

Note: *tasyāgrāṇi* quoted in Bh on JGS 1,4,5.

tasyā===kṣveti // tasya prastarasyāgrāṇy anena mantreṇa sruve 'nakti //

JGS 1,4,3.
madhyam ājye
'ntarikṣe 'ṅkṣva- iti

madhya===kṣveti // madhyam anenājye 'nakti //

JGS 1,4,4.
mūlāni haviṣi
pṛthivyām aṅkṣva- iti

mūlā===kṣveti // haviṣi mūlāny anena /

kiṃ punar idaṃ vacanavairūpyaṃ kr̥tam *agrāṇi mūlāni-* iti bahuvacanopādānaṃ *madhyam* iti caikavat / atra brūmaḥ / agramūlāñjanaṃ sarvatr̥ṇaprāpi syād madhyāñjanan tv atrāntarniviṣṭatr̥ṇavarjyam apy aviguṇam avaity etadartham idam vacanavairūpyaṃ kr̥tam / tato 'rthasiddham aviṣamāgramūlatvaṃ bahubandhanatvañ ca prastarasya //

JGS 1,4,5.
prastarāt tr̥ṇan nirasyaty *āyuṣe tvā-* iti

Note: The manuscript tradition has preserved two versions of the commentary on this sūtra; the extra one either is Bhavatrāta's earlier draft or comes from an earlier commentator or later reader.

(1) prasta===tveti // anena yajuṣaikan tr̥ṇaṃ nirasyati prastarān niṣkr̥ṣya nidadhātīti /
prakr̥tatvāt prastarasya *tasmāt tr̥ṇam* iti vaktavyaṃ yathā *tasyāgrāṇi-* (JGS 1,4,2) iti / satyam etad aprakr̥tād api tu prastarāt tr̥ṇanirasanaṃ kadā cid astīti jñāpanārthaṃ *prastarād* ity ucyate na *tasmād* iti / tataḥ pramādāt prastaratr̥ṇanirasanam akr̥tvānupahr̥te kr̥tvā prastarāntaran tr̥ṇam asmād anupraharaṇārtham ādadīta / anyāyyam etad iti cen na / akr̥tārthasyāsya tr̥ṇasyānupraharaṇam arthakarmaiva na pratipattiḥ / tatra pratinidhyupādānan nyāyyam eva //

(2) prasta===tveti // anena yajuṣaikan tr̥ṇaṃ prastarān nirasyati niṣkr̥ṣya nidadhāti / *tasyāgrāṇi-* (JGS 1,4,2) itivat *tasmāt tr̥ṇam* iti vaktavye sati *prastarād* iti vacanam aprastarād api kadā cit tr̥ṇādānam idam astīti jñāpanārtham / tasmāt prastaravināśe vismr̥tya vā tr̥ṇanirasanam anupahr̥te 'nyat tr̥ṇam anena yajuṣādadīta /
nanu tr̥ṇānupraharasya pratipattikatvād anyāyyam etat / na tr̥ṇasyānupraharaṇaṃ pratipattir akr̥taprayojanatvāt / tr̥ṇasādhanakatve tad arthakarmaiva hi //

JGS 1,4,6.
prastaram agnāv anupraharaty *agnaye 'numataye svāhā-* iti

prasta===heti // prastaram anena yajuṣāgnāv anupraharati / atrāpi *tam* iti vaktavye *prastaram* iti vacanam aprastareṇāpi kadā cid ayaṃ vidhis saṃyujyeteti jñāpanārtham / tasmāt prastaravināśe 'nyenaiva hotavyam / prastarānupraharaṇaṃ hīdaṃ pratipattiś cārthakarma ca kr̥taprayojanatvāt prastarasya dravyadevatāsaṃbandhaniṣpatteś ca / tatra tatra prativādyābhāve pratipattir arthaluptā / mantraliṅgopalabdhā tu devatā dravyam ākāṅkṣamāṇāvatiṣṭhate / tatrājyam anādeśaprāpaṇaṃ yuktam eva dātum na cedam ucyate / svatantrāv acodyaparihārau pūrvavākyavad eva /

tataḥ prastaravināśe prastarāntaraṃ kr̥tvā yathāvidhi /
anupraharen nyāyyañ ca tad dhomasādhanatvāt prastarasya /
yājñikī mīmāṃsakādīnām api pravr̥ttir iyam evāprastare /
sarvam api vyākhyānam āsmākīnan nyāyavacanānurodhenaiva /
pravartate nāto 'nyad arāgiṇa[ś] śrutismr̥tivido jñāsyanti //

JGS 1,4,7.

paścāt tr̥ṇam anupraharati
dviṣantaṃ me 'bhidhehi
tañ caiva pradaha svāhā- iti

paścā===heti // paścāt tadanantaram anena yajuṣā tat tr̥ṇam anupraharati /

paścād ity anarthakam / nānarthakaṃ prastareṇa sahaiva satvaran tr̥ṇam anuprahared ity evamarthatvāt / yajuṣo 'syābhicāraliṅgatvād apa upaspr̥śet //

JGS 1,4,8.

ghr̥tenāktās samidha ādadhāti
samiddhyai svāhā- iti

Note: *ghr̥tenāktās samidhaḥ* and *ghr̥tenāktās samidha ādadhāti* quoted in Bh on JGS 1,1,13. – *samiddhyai* with SSC = Sāma-Smārtta-Caṭaṅṅu (Parpola 2011:326) and Gr̥hyakārikā 20 : Caland's ed. *samr̥ddhyai* without variants.

ghr̥te===heti // ghr̥tenāktās tisras samidho 'nena yajuṣābhyādadhāti /

tisra iti kuta etat / śiṣṭasmr̥teḥ mukhyātikramakāraṇābhāvāc ca /

kiṃ punaś *śucīñ chrotriyān brāhmaṇān āmantrayata* (JGS 2,4,4) ity atrāpi trīn eva / neti brūmaḥ / na hīdam ubhayan tulyaṃ *samidha ādadhāti* (JGS 1,4,8) *brāhmaṇān āmantrayata* (JGS 2,4,4) iti / atra hi samidho vidhīyante tatra brāhmaṇā anūdyante / vidhīyamānena ca viśeṣaṃ saṃbandhuṃ śaknuvanti nānudyamānena /

kiṃ bahunā / duravabodho vākyanyāyaḥ / tadavabodhe dvayaṃ samuditam upāyaṃ śāstraṃ medhā ca / tatra yo 'rthaś śāstrāntarasiddhas so 'smābhir mandaprajñānujighr̥kṣayā saṃkīrtyate / na hetudr̥ṣṭāntaparaṃparoktāv ādaraḥ kriyate / yadi hi kriyeta śāstrāntaratvam asya prasajet /

nanv atrāpy ājyagrahaṇam eva kartavyaṃ yathā sarvatrāntāt / nayam ekāntaḥ / na hy atra kāraṇam asti / paryāyaśabdānām eka evāntāt prayojyata iti śakyate vaktum śabdāntareṇāprakr̥tād anyasyājyasya grahaṇārtham iti / tat tv ayuktam asati śabdādhikye vaktum //

JGS 1,4,9.

bhūmim ārabhya
śīrṣaṇyān prāṇān upaspr̥śet

bhūmi===spr̥śet //

JGS 1,4,10.

apa upaspr̥śya
dvādaśa prāyaścittāhutīr juhoty
ākūtyai svāhā //

kāmāya svāhā (JB 1,362) //
samṛddhyai svāhā (BŚS 1,21: 32,13) //
ṛcā stomaṃ samardhaya
gāyatreṇa rathantaraṃ
bṛhad gāyatravartani svāhā (TS 3,1,10,1; 4,1,1,3) //
ud u tyaṃ jātavedasan
devaṃ vahanti ketavaḥ
dṛśe viśvāya sūrya svāhā (JS 1,3,11) //
citran devānām ud agād anīkañ
cakṣur mitrasya varuṇasyāgneḥ
āprā dyāvāpṛthivī antarikṣaṃ
sūrya ātmā jagatas tasthuṣaś ca svāhā (JS 2,4,6) //
ud vayaṃ tamasas pari suvaḥ paśyanto jyotir uttaram
devan devatrā sūryam aganma jyotir uttamaṃ svāhā (JB 2,68) //
prajāpate na tvad etāny anyo
viśvā jātāni pari tā babhūva
yatkāmās te juhumas tan no 'stu
vayaṃ syāma patayo rayīṇāṃ svāhā
(ṚV 10,121,10; TS 2,8,1,2; BŚS 1,21) //
bhū[s] svāhā //
bhuva[s] svāhā //
sva[s] svāhā //
bhūr bhuva[s] sva[s] svāhā- iti

apa===heti //prāṇopasparśanānantaram apa upaspṛśya dvādaśaitāḥ prāyaścittāhutīr juhoti /

kiṃ vidhyaparādhe saty evāsāṃ havanam / naivam / nityam evāsāṃ havanam /

evañ cet *prāyaścittāhutīr* ity anarthakam / nānarthakaṃ vidhyaparādhe 'pi tatra tatrāsām eva havanārthatvāt / atas tantramadhye yadi vidhyaparādho 'nalpīyāñ jāyeta tatrāpy etāñ juhuyāt /

aparaṃ matam / *etā vai vyāhṛtayas sarvaprāyaścittaya* (JB 1,53: 23,16; JB 1,363: 150,14) ityādidarśanād vyāhṛtibhir eva vidhyaparādhe juhuyād iti / asmin pakṣe *prāyaścittāhutīr* iti vacanam ā pluteḥ prāyaścittāhutīr juhuyād ity atrāsāṃpratyayārtham eva bhavati /

kaḥ punaḥ prāyaścittāhutīnāṃ kālaḥ / uktam etat pūrvam eva doṣajñānānantaram iti (Bh on JGS 1,3,18) / kin tu pariṣekāt prāktaneṣu vidhyaparādheṣu pariṣekānantaram eva prāyaścittāhutīr juhuyāt /

aparaṃ vyākhyānam / nityāsv etāsu *prāyaścittāhutīr* iti vacanaṃ vidhyaparādhasyaivāprajñātasyaitā niṣkṛtyarthā iti jñāpanārtham / na hi mahat karmedam ado vā karmabhiḥ kaś cid anaparādhyapuruṣas samāpayituṃ śaknoti / tathā śrutau ca dr̥śyate *tad u vā āhuḥ ko hāpramādasyeśa uta vai praiva mādyati-* (JB 1,302: 126,8-9) iti /

kim etasya jñāpane prayojanam / ajñātāparādhaniṣkr̥tyarthā etā ity abhisandhāya havanam //

JGS 1,4,11.

yathāstīrṇan darbhān ānīya
praṇītānāñ ca sruvasya copariṣṭāt kr̥tvā-
apa[s] srāvayañ japati
sad asi san me bhūyās
sarvam asi sarvaṃ me bhūyāḥ
pūrṇam asi pūrṇaṃ me bhūyā
akṣitam asi mā me kṣeṣṭhā iti

Note: *yathāstīrṇan darbhān* quoted in Bh on JGS 1,10,33. – Caland's ed. has *athāstīrṇān.*

yathā===iti // staraṇakrameṇa darbhān ādāya tān praṇītānāñ ca sruvasya copariṣṭāt kr̥tvopanidhāya savyena dhārayaṃs teṣv apaḥ kena cit pātreṇa praṇītāpasrāviṇīs srāvayann idaṃ yajur japati / *pūrṇam asi-* iti liṅgāt praṇītābhājanaṃ pūrayati //

JGS 1,4,12.

pratidiśam apa utsiñcati

Note: *utsiñcati* quoted in Bh on JGS 1,4,17.

prati===ñcati // pratidiśan diśi diśi paṭhiṣyamāṇair yajurbhiḥ praṇītābhyaḥ pāṇinā siñcati //

JGS 1,4,13.

prācyān diśi devā r̥tvijo mārjayantām iti

prācyā===miti // *prācyām* ity anena yajuṣā etasyān diśi utsiñcati / kasyām iti cel liṅgāt prācyām iti sidhyati //

JGS 1,4,14.

prācīnāvītī
dakṣiṇāyān diśi māsāḥ pitaro mārjayantām iti

Note: *dakṣiṇāyān* is the reading of Caland's text manuscripts and Bhavatrāta's pratīka quotation, which differs from *dakṣiṇasyām* in Bhavatrāta's gloss; Caland's emendation into *dakṣiṇasyām* is to be cancelled.

prācī===miti // prācīnāvītī bhūtvā *dakṣiṇāyām* ity anena yajuṣā dakṣiṇasyām //

JGS 1,4,15.

yajñopavītī bhūtvā-
apa upaspṛśya
pratīcyān diśi gṛhāḥ paśavo mārjayantām iti

yajño===miti // punar yajñopavītī bhūtvāpa upaspṛśya *pratīcyām* ity anena pratīcyām //

JGS 1,4,16.

udīcyān diśy āpa oṣadhayo vanaspatayo mārjayantām iti

udī===miti //

JGS 1,4,17.

ūrdhvāyān diśi yajñas saṃvatsaro yajñapatir mārjayantām iti

ūrdhvā===miti // ke cid ekaikasyān diśi trir utsiñcanti / tad ayuktam *utsiñcati-* (JGS 1,4,12) iti hi vidhiḥ / sakṛt sakṛd evotseke kṛte samastaḥ kṛto bhavati / yatra ceṣṭā kriyāvṛttis tatra tadarthaṃ yatnaṃ karoti yathā- *ādayā vā tris* (JGS 1,1,34) *triḥ pradakṣiṇam* (JGS 1,3,10) iti / tasmāt sakṛt sakṛd evotsektavyam /

kiṃ punar idam ambusecanam arthakarmāho svit pratipattiḥ / pratipattir iti brūmaḥ / atra hy etāḥ praṇītās sannidhānamātreṇādṛṣṭam arthāt pūrṇapātravat sādhayantīti mantavyam /

atha vā yad āsām upari sruvadarbhān kṛtvāpa[s] srāvitās sa evādbhir arthaḥ kṛtaḥ / ubhayatrāpi kṛtārthatvāt pratipattir evotsecanam / tasmād utsecanāt pūrvam eva yadi vipadyeran etās tatrārthaluptam utsecanam / yadi hīdam arthakarma syāt punar anyāḥ praṇīya nirvartyeta //

JGS 1,4,18.

samudraṃ vaḥ prahiṇomi- (JŚS 11,19) ity apo ninīya
yad apsu te sarasvati- (TB 2,5,8,6) ity
aṅguṣṭhenopakaniṣṭhikayā cākṣiṇī vimṛjet

Note: The first mantra is given in full in JŚS 11,19: *samudraṃ vaḥ prahiṇomy akṣitā[s] svāṃ yonim apigacchata / ariṣṭā asmākaṃ vīrās santu mā parā seci na[s] svam //*. It is quoted pratīkena also in JŚS 21,8. The second mantra is found also in BŚS 1,20: 31,14; ĀpŚS 4,14,4 and MŚS 1,4,3,10: *yad apsu te sarasvati goṣv aśveṣu yan madhu / tena me vājinīvati mukham aṅdhi sarasvati //*. – In Caland's JGS edition the pratīka of the mantra and the action are given first, then the mantra in full, as in the manuscript M1: the mss. B and M2 do not give the pratīka but immediately the full mantra and after the *iti* at its end the action. From Bhavatrāta's commentary pratīkas it is clear that his text did not include the full mantra. This suggests that there existed a separate collection of the gṛhya mantras.

samu===mṛjet // utsiktāvaśiṣṭā apas *samudraṃ va* ity anena yajuṣā bhūmau ninīya tāḥ pāṇinaopaspṛśyārdratarābhyām aṅguṣṭhopakaniṣṭhikābhyām akṣiṇī yugapad anaya rcā vimṛjyāt / *madhv* ity avasyet //

JGS 1,4,19.

darbhān paridhīṃś cāgnāv ādhāya
vāmadevyena (JGG 2,6,16 on JS 1,18,5) śāntiṃ kr̥tvā
triḥ paryukṣet

Note: *paryukṣet* quoted in Bh on JGS 1,7,9.

darbhā===ryukṣet // darbhān paridhīṃś cāgnāv ādhāya vāmadevyenātmanaś śāntiṃ kr̥tvātmānaṃ mārjayitvā trir agniṃ paryukṣed dakṣiṇataḥ paścād uttarata ity arthaḥ / yā hi *dakṣiṇato 'gner apām* ityādivākyatraye (JGS 1,3,7-9) vihitā ceṣṭā saiveyan *triḥ paryukṣed* iti padadvayena punar iha kartavyā vidhīyate / kuta iti ced akāntare vākye (Bh on JGS 1,4,21) hetur vakṣyate //

JGS 1,4,20.

sahaviṣkaṃ pradakṣiṇam

Note: *sahaviṣkam* quoted in Bh on JGS 1,7,9.

saha===kṣiṇam // havir agnisamīpe nidhāya sahaviṣkam agniṃ pradakṣiṇaṃ paryukṣet / yo 'rtho *deva savitar* (JGS 1,3,10) iti vākyasya sa eva / na viśeṣo 'syāpi //

JGS 1,4,21.

anvamaṃsthāf prāsāvīr iti
mantrān sannamayet

anva===mayet // *anvamaṃsthāf prāsāvīr* ity anena prakāreṇa loḍantānāṃ luṅantatāpādanena mantrān vihitaparyukṣaṇāṅgabhūtān sannamayed ūhet / *manyasva* (JGS 1,3,7.8.9) *suva* (JGS 1,3,10.11) *punātu* (JGS 1,3,11) *svadatv* (JGS 1,3,11) ity eteṣāṃ sthāne *amaṃsthāḥ- asāvīḥ- apāvīd asvādīd* iti nyasyed ity arthaḥ / tataś ceha paryukṣaṇaṃ vidhāya tadanantaraṃ vihitānāṃ kośaninayanapariṣekāṅgabhūtānāṃ mantrāṇām evoho vidhīyate / tato jñāyate / tāv eva ninayanapariṣekau *paryukṣed* iti śabdāntareṇa (cf. JGS 1,3,10 *pariṣiñcet*) punar vidhīyete iti /

ke cid iha *deva savitaf prāsāvīr* ity iyadantam eva mantram icchanti / te praṣṭavyāḥ kasya mantrasyedaṃ sannamanaṃ kriyata iti / yadi te brūyur *deva savitar* (JGS 1,3,10-11) ity asyeti kena punaḥ kāraṇenārdham asya utsr̥janti / atha ced brūyuḥ *prāsāvīr* iti mantrāntaram etad iti kā prāptiḥ padadvayasya *deva savitar* iti / itthan tu khalv ayaṃ mantraḥ prāpnoti sannamanam iha vidhīyamānaṃ mantrasya / yasmin mantre 'sti *prasuva-* iti tasya yuktaṃ bhavitum iti / na tasyārdhaparigrahe kāraṇam asti / kiñ cāsmin mantre catvāri vākyāni / tatra *yajñam* ityantam ekaṃ vākyam / tad api tāvad devānāṃ priyān apūrayitum icchanti / kiṃ bahunā / moha evaiṣāṃ yad asya mantrasyāvacchedanaṃ vinā pramāṇena / tasmān nādartavyāḥ /

atha ke cit *punātu svadatu* ity avikr̥taṃ padadvayam icchanti / teṣāṃ yāvacchrutaparigrāhiṇām *anumanyasva-* ity avacanād dvitīyatr̥tīyayoḥ prasajati / *adite 'nvamaṃsthā* ity uktan na kevalam *anvamaṃsthā* iti //

JGS 1,4,22.

pūrṇapātram upanihitaṃ sā dakṣiṇā

Note: The whole sūtra 1,4,22 is quoted in Bh on JGS 1,10,35. See also JGS 1,1,12.

pūrṇa===kṣiṇā // dakṣiṇato 'gner upanihitaṃ pūrnapātram / dakṣiṇā sā syād / *upanihitam* ity anarthakam / nānarthakam anyārtham upanihitasya pūrṇapātrasya dakṣiṇābhāveneyaṃ pratipattiḥ kriyata ity avabodhanārthatvāt / itarathā hi dakṣiṇātvena śravaṇāt tadartham evedam upanihitam iti gr̥hyeta / tathā ca sai vāsohiraṇyādi vaikr̥tan dakṣiṇādravyaṃ pūrṇapātrasya prakr̥titaḥ prāptasya tulyakārtvān nivartakaṃ bhavad dakṣiṇato 'gner upanidhīyeta //

JGS 1,4,23.

yathāśraddhadakṣiṇāḥ pākayajñāḥ

Note: The whole sūtra JGS 1,4,23 quoted as a *paribhāṣā* in Bh on JGS 2,1,32. === Cf. BŚS 28,13: 367,2ff.

yathā===yajñāḥ // yathāśraddham ity avyayībhāvaḥ / yathāśraddhan dakṣiṇā yeṣān te yathāśraddhadakṣiṇāḥ / sarva ime pākayajñā yathāśraddhadakṣiṇā[s] syuḥ / yad dravyaṃ yāvac ca dātuśraddhā syāt tad eṣu dadyād ity arthaḥ / bayaṃ vidhir yeṣu pūrṇapātram asti yeṣu nāsti teṣu sarveṣu praviśati / *vāso dakṣiṇā-* (JGS 1,5,8) ityādividhir asyāpavādatayā jñātavyaḥ //

JGS 1,4,24.

pūrṇapātraṃ vā

pūrṇapātraṃ vā // pūrṇapātram eva vā tadvatsu dātavyan na yathāśraddham anyat / itthañ ceme vidhayo 'vasthitāḥ / yatrāsti pūrṇapātran tatra tasya dakṣiṇābhāvo nityaḥ / yathāśraddhan tv anyad dīyeta vā na vā / yatra tu pūrṇapātran nāsti tatra yathāśraddhan nityan dīyeta / yatra tu pūrṇapātravaty anyā dakṣiṇā vidhāsyate tatra tara dvayan nityaṃ syān na tv anyad deyam iti /

kasmai punaḥ pākayajñeṣu dakṣiṇā dātavyā / yaḥ kartaiṣān tasmai /

nanu svayam evaiṣāṃ kartā / naivam iṣyate / kathaṃ punar iṣyate / svayam eva keṣāñ cid anya eva keṣāñ cit svayaṃ vānyo vā keṣāñ cid iti / ayañ cāsya viṣtāraḥ / sandhyopāsanasamidādhānasaṃhitādhyayanaśrāddhāṣṭakānāṃ svayam eva kartānāpady apy anya[s] syāt / pārvaṇabalikarmasāyaṃprātarhomānām api svayam eveti mukhyaḥ kalpaḥ / na cet putraś śiṣyo vā / puṃsavanasīmantonnayanayoḥ patir āpady anyo 'pi / jātakarmaṇaḥ pitā / tata ūrdhvaṃ yāni prāg upanayanāt teṣāṃ pitācāryo vā / tataḥ prāg vivāhād ācāryaḥ / vivāhādīnān trayāṇāṃ svayam evābrāhmaṇaś ced ācāryo vā / itthaṃbhāve ko hetur iti cec chiṣṭasmaraṇaṃ manvādivacanaṃ mantraliṅgasāmarthyam ācāryapravr̥ttiś ca / tatrācārye kartari sati tasmā eva imā dakṣiṇā dātavyāḥ / na ced brāhmaṇebhyaḥ / yat tv iha vihitād anyad api brāhmaṇebhyo dānaṃ pākayajñeṣu ācaryate tad api teṣāṃ phalavr̥ddhaye bhavati / pramāṇam eva hi vedamunivacanāvirodhī śiṣṭācāraḥ /

iti pārvaṇanāmāyaṃ pākayajñaḥ prakalpitaḥ /
yasya kāladvaye 'py astīdam āhuticatuṣṭayam /
paurṇamāsyām upakrānto darśe santiṣṭhate tv ayam /
punar apy evam eva prāg agnyādheyāt tato 'dhikaḥ /
kutas tad iti ced brūmaḥ parvaṇor ayam iṣyate /
parvaṇor eva darśaś ca pūrṇamāsaś ca nāmataḥ
kāryāv iṣṭiviśeṣau sta[ś] śrutyoktāv āhitāgninā /
kartuñ cet ke na śakyante karmāṇīdṛṃśi naikadā /
na cāvastāt parastād vā pākayajñakriyān tayoḥ
yujyate kṣaṇam ekaṃ hi śrautasmārtāśritāv imau /
tatrārthād akriyaikasya parasyāvasaras tataḥ /
pākayajño 'pasarati balāś ca śrutismṛtitaḥ /
sāyaṃ prātaś ca yo homo so 'py anenaiva vartmanā /
agnihotravato 'vaiti so 'py agnin dhārayet tv imam /
aṣṭakādi hitenāpi kāryaṃ puṃsavanādi ca /
kriyāvartmani dakṣāṇām ācāryāṇām iyaṃ matiḥ /
teṣv eva kaiś cid eṣo 'gnir dakṣinādis tu bhāṣyate /
ekasminn agnau tathābhāve pākayajñakriyeti cet /
ke cid icchanti pākārthe ke cin mathanajanmani /
āhṛte śrotriyagṛhāt ke cit ke cit tu dakṣiṇe /
eṣām ihatyāḥ pakṣāṇāñ caraman nācaranti tu /
ācaranty apare śiṣṭāḥ kāraṇan tatra kiṃ khalu /
kaṭhānāṃ vacanaṃ sūtre vidyate spaṣṭam āditaḥ /
yad eṣu pākayajñeṣu dakṣiṇāgneḥ pravartakam /
tato na yuktam āpanne gṛhyāgnau dakṣiṇāgnitām /
dakṣiṇāgnau praṇīte 'gnau gṛhyakarma bhaved iti /
ācāryas tu na no vakti dakṣiṇāgnitayā gatim /
ekāgnau homa (JGS 1,1,8) ity evaṃ vadann asya havirbhujaḥ /
tasmāt sa pakṣo nāsmābhir grāhyas tad avabodhayet /
adhvaryus sa yathāsmākam ānukūlyena yojayet /
atha vā dakṣiṇāgnitvaṃ gate 'gnau pākayajñike /
lokāgnau pākayajñānām upapannaiva bhāvanā /
agnitritayasaṃbandhanivartanavivakṣayā /
ācāryeṇoktam *ekāgnāv* (JGS 1,1,8) iti yuktā prakalpanā /
aupāsane prāg ādhānāt paraṃ lokānale 'pi tu /
uktaṃ hi ca- *ekasminn agnāv* ity *aupāsana* ity api // //

JGS 1,5. (puṃsavanam)

JGS 1,5,1.
puṃsavanam

puṃsavanam // vyākhyātaḥ pārvaṇākhyaḥ pākayajñaḥ / uktā ca taditikartavyatāyās sarvasmin havanavati pākayajñavidhau pravṛttir *eṣā homāvṛt sarvatra-* (JGS 1,3,41) iti /

athedānīṃ puruṣasaṃskārān anukrameṇa vyācikhyāsur ācāryaḥ puṃsavanākhyaṃ puruṣasaṃskāram ādāv upādatte / pumān sūyate janyate yena tat puṃsavanam / puṃsavanākhyaṃ karma vakṣyāma iti vākyārthaḥ //

JGS 1,5,2.
tṛtīye māsi

Note: *māsi* quoted in Bh on JGS 1,5,3.

tṛtīye māsi // garbhādhānāt tṛtīye māse vartamāne tat kuryāt /

nanu garbhādhānam evādau vaktavyam / tanmukhā hi saṃskārāṇāṃ pravṛttiḥ / satyam etat / vivāhāṅgabhūtan tu prathamopagamanam anṛtukālāpekṣan niyatakālam asti / tasya vidhiprakaraṇa evādau yukta iti tatraiva kariṣyate / tena cedaṃ garbhārtham upagamanaṃ samānadharma tatra dūrasthena dharmātideśe granthagauravaṃ pratipattigauravañ ca syād iti tatraiva garbhādhānaṃ vidhāsyate /

evañ cet puṃsavanāt pūrvam eva garbhārtham upagamanaṃ sadharmakaṃ vidhāya tadanantaram eva vivāhāṅgabhūtam api taddharmaṃ vidhātavyam / naivam iṣṭaṃ sidhyati / kin na sidhyati / mantravatvan na sidhyati / anṛtusamavete hi prathamopagamane garbhanidhānasamarthe kāle mantrārthenātideśena prāpitāsphuṭataragarbhādhānaliṅgān nāsmin mantrārthā niyogataḥ pravarteran / ataḥ kṛtavad eva kartavyo nyāsaḥ /

kaḥ punar iha māsaḥ / ārkṣa iti brūmaḥ / sa hy asmin viṣaye loke prasiddhaḥ //

JGS 1,5,3.
anyatra gṛṣṭeḥ

anyatra gṛṣṭeḥ // *māsi-* (JGS 1,5,2) ity anuvartate / anyasmin māse gṛṣṭeḥ puṃsavanaṃ kuryāt / prathamagarbhe vartate yā sātra gṛṣṭir ity abhipretā / prathamagarbhe sati tṛtīyād anyasmin māse kuryād ity arthaḥ /

kim ā daśamād aniyamena / naivaṃ bhavati / kathaṃ punar bhavati / arthāc caturtha eva bhavati / ūrdhvam eva hi puṃsavanāt sīmantonnayanaṃ pāṭhakrameṇa prayoktavyam / caturthe ca māse tad vidhāsyate (JGS 1,6,2) / tato jñāyate prāk pañcamāt puṃsavanam iti / garbhasya cānabhivyakter na prathamayoḥ kriyeta / tato 'rthāpannam etad *anyatra-* iti caturtha eva māso 'bhipreta iti /

nanu sīmantonnayanasya māsavikalpo vakṣyate *ṣaṣṭhe 'ṣṭame vā-* (JGS 1,6,2) iti / tataś ca puṃsavanasya prāṅ navamād avirodha iti / atra brūmaḥ / yadi kalpāntarāśrayād uktakramavirodhaḥ parihṛto 'yam anyo 'rthavirodhaḥ / yadi puṃsavanaṃ prāk pañcamān māsān na kriyeta nāsya karaṇam arthavat syāt / puṃbhāvāya hīdaṃ kriyate pañcame ca māse garbhasya sarvāṅgāni niṣpadyanta iti smaryate (cf. Smets 2013: 157-158) / śrūyate ca *tasmāt pañcame māsi garbhā vikriyanta* (JB 1,267: 111,26) iti / tasmād arthavattvāya caturtha eva kriyeta /sannidhānāc cāyam arthas sidhyati / caturtha eva hi tṛtīyasya sannihito na pañcamādayaḥ / anyādayaś ceme śabdāḥ prakṛtasannidhānaṃ prāyeṇāvalaṃbante / yathā- *adya pitṛgṛhe bhokṣye śvo 'nyasya- adyāsmin gṛhe svapsyāmi śvo 'nyasminn* iti /

ke cit prathamagarbhe puṃsavanapratiṣedhakam etad vyācakṣate / gṛṣṭer anyatra gṛṣṭim varjayitvā puṃsavanaṃ kāryaṃ na gṛṣter iti / te 'sya prativacanan dadatu / asataḥ prathamagarbhe sīmantonnayanasyādhastāt kimarthaṃ pāṭhaḥ kriyata iti / yadi cāsya prativacanam akāranaṃ pāṭhakrama iti tasyedaṃ prativacanaṃ sakāraṇaṃ pāṭhakrama iti / kin tat kāraṇam iti kramaniyamalakṣaṇavido mīmāṃsakāḥ praṣṭavyāḥ / tair hi pañcame 'dhyāye pratipāditam etac chrutyarthapāṭhakramakāṇḍamukhyānāṃ ṣaṇṇāṃ kramāvabodhanimittatvapratipādanasvarūpeṇa (PMS 5) / yady asmābhir evātra kāraṇam ucyetānyatrāpy evaṃvidheṣu bahuṣu vicāreṣu niścitārthapratipādanārthāni tāni tāny adhikaraṇāni vyākhyātavyāni bhavanti / tataś ca prastutagranthavyākhyānanivartane mahān uparodhas sañjāyeta / śāstrāntaram apy etat saṃpadyate / tasmāc chāstrāntarasiddho yo 'rthas sa suhṛdupadeśasvarūpeṇāsmābhiḥ pradarśyate / kiṃ bahunā / sarvathā mohamūlam evedan teṣāṃ prājñaṃ manyānāṃ yat prathamagarbhe puṃsavanākāraṇam / alam atiprasaṅginyā kathayā //

JGS 1,5,4.

ghṛte caruṃ śrapayitvā
pṛṣadājyaṃ vā sthālīpākavat saṃskṛtya
puruṣasūktena (JS 2,3,6 - 2,4,2) juhuyāt

Note: *puruṣasūktena juhuyāt* quoted in Bh on JŚS 9,9 and on JGS 1,1,19 and 1,6,10. Cf. *sthālīpākavat* with *sthālīpākāvṛtā* in JGS 2,3,3.

ghṛte===huyāt // ghṛte caruṃ śrapayitvā tena vā pṛṣadājyaṃ sthālīpākavac ca tāvat saṃskṛtya tena vā puruṣasūktena *sahasraśīrṣā-* (JS 2,3,6) iti saptarcena pratyṛcañ juhuyāt / saptaitāḥ pradhānāhutayaḥ / tasmāt prākṛtaṃ pradhānapurogāmi karma samāpayya hūyeran /

nanu ghṛte śrapaṇan na saṃbhavati / kim idan na saṃbhavatīti / yadrūpaṃ ghṛte saṃbhavati tadrūpaṃ śrapaṇaṃ kariṣyāmaḥ / atha vā ghṛtodakayor miśrayayo[ś] śrapayet / atha vodaka eva śrapaṇaṃ ghṛtakalpa ājyaṃ bahv ānayet / uttamaṃ pakṣam asmadgurur ācarati / dadhnā miśram ājyaṃ pṛṣadājyam / tāsyājyavat saṃskāraḥ prasaktaḥ / tan nivartya carusaṃskāraḥ pravartyate *sthālīpākavat saṃskṛtya-* iti / tasmād utpavanam evāsya saṃskāraḥ / tac ca punarāhāram ājyam evedaṃ guṇavikṛtam / tasmāt sruveṇopaghātañ juhuyāt / na cāta[s] sviṣṭakṛd iṣyate /

yadi punar idam ājyaṃ prastarasya madhyāñjanaṃ prāpnoti / na prāpnoti / yady api hīdam ājyan natv ājyasya prākṛtasya kārye codyate / caror idaṃ kārye codyate / kāryaprayuktāś ca dharmā na dravyaprayuktāḥ / tasmān mūlāñjanam evāsmin kartavyam //

JGS 1,5,5.

māṣau ca yavañ ca pulliṅgaṃ kṛtvā
dadhidrapsenaināṃ prāśayet
prajāpatḥ puruṣaḥ parameṣṭhī
sa me putraṃ dadātv āyuṣmantaṃ yaśasvinaṃ
saha patyā jīvasūr bhūyāsam iti

Note: *dadātv* Caland's ed. without variant readings, *dadhātv* JGMP.

māṣau===miti // dvau ca māṣāv ekañ ca yavaṃ yathā pulliṅgaṃ bhavati tathā viniveśya dadhidrapsoparigatena dadhyavayavena sahaināṃ prāśayed anena mantreṇa / *enām* ity anvādeśo 'rthāj jāyāyāṃ vijñātavyaḥ / yataś ceyam anvādiśyate tato jñāyate karmaṇi na sannihiteti / tasmāj jāyāṃ sannidhāv upaveśya juhuyāt / prasiddhañ caital loke vede ca yat saṃskārakarmasu saṃskāryaḥ puruṣas sannidhāv upaviśati /

ye karmasu strībhir vācyā mantrāḥ pūrvam eva tān enāś śikṣayet / yadi tu śikṣitā api na śaknuvīran vaktuṃ patis tu tan mantrañ japet / iha dvedhā pāṭho 'sti / *me putram* / *mayi putram* iti / vayan tu *me putram* ity adhīmahe //

JGS 1,5,6.
nyagrodhaśuṅgaṃ phalābhyām upahitaṃ śuklaraktābhyāṃ sūtrābhyāṃ grathitvā karṇe dhārayet

Note: The text mss. have *śuṅgaṃ*, which probably was Bhavatrāta's reading, too, but all the commentary mss. read *śuṃkhaṃ*, and *-śuṃkha-* in the commentary on the next sūtra. Such a variant for Sanskrit *śuṅga-* is not found in any other Sanskrit source, nor does it have a counterpart in the Middle and Neo-Indo-Aryan cognates recorded by Turner (1966: 725 no. 12509). The Bhavatrāta mss. have often scribal errors like *ākhāra-* for *āghāra-*, and this is likely to be one, but an old one. – Caland's ed. has *kaṇṭhe* with ms M2, while Bhavatrāta's text clearly had *karṇe* with Caland's ms. B.

nyagro===rayet // nyagrodhasya śuṅgaṃ sūcīmukhaṃ phalābhyām adhastād upahitam āsaktan dvābhyāṃ sūtrābhyāṃ śuklena raktena ca badhvā karṇe jāyān dhārayet /

atha vā dhārayater hetumati ṇijantasyedaṃrūpañ jānīyāt / tathā satītthaṃ yojayet / karṇena dhārayed iti /

asmād vidher ūrdhvaṃ sviṣṭakr̥dādy āntāt kuryāt //

JGS 1,5,7.
dhruvakumārāya- ity ācakṣate

Note: The JGMP takes *dhruvakumārāya* as a mantra.

dhruva===kṣate // ayam arthavādaḥ / dhruvakumārāya niyatāya kumārāya bhavatīti / niyogataḥ puṃprajotpattaye bhavatīty etat pākayajñam ācāryāḥ bruvate /

etan nyagrodhaśuṅgadhāraṇam iti vyākhyātum eke vāñchanti //

JGS 1,5,8.
vāso dakṣiṇā

vāso dakṣiṇā // dīyeta pūrṇapātrañ ca // //

JGS 1,6. (sīmantonnayanam)

JGS 1,6,1.
sīmantonnayanam

sīma===yanam // sīmantonnayanākhyaṃ pākayajñaṃ vakṣyāmaḥ / sīmanta unnīyate 'sminn iti sīmantonnayanam /

ko 'yaṃ sīmanto nāma / uttaratrainaṃ vivariṣyāmaḥ //

JGS 1,6,2.
caturthe māsi ṣaṣṭhe 'ṣṭame vā

Note: *ṣaṣṭhe 'ṣṭame vā* quoted in Bh on JGS 1,5,3. On *caturthe māsi* see Bh on JGS 1,5,3.

catu===mevā // garbhādhānāc caturthe vā ṣaṣṭhe vāṣṭame vā māse tat kuryāt //

JGS 1,6,3.
pūrvapakṣe puṇye nakṣatre

Note: *pūrvapakṣe* quoted in Bh on JGS 2,4,2*-3*; *puṇye nakṣatre* quoted in Bh on JGS 1,18,13.

pūrva===kṣatre // māsasya pūrvasmin pakṣe yat puṇyan nakṣatran tasminn etat kuryāt / yad bahuguṇam alpadoṣam adoṣaṃ vā nakṣatran tat puṇyam / tajjñānañ jyotirjñānaṃ syāt / sati ca saṃbhave devanakṣatreṣv eva karmāṇi kuryān na yamanakṣatreṣu / kṛttikādīni devanakṣatrāṇy anūrādhādīni yamanakṣatrāṇi //

JGS 1,6,4.
hastottarābhir vā kuryāt

hasto===kuryāt // uttare phalgunya uttarā āṣāḍhā uttare proṣṭhapadā uttaraśabdenocyante / teṣāṃ hastena saha dvandvaḥ / evañ ca sati proṣṭhapadānāṃ pulliṅgatvāt pumān striyetivat *hastottarair* iti vaktavyam / yatas tu naivam uktan tasmān mantavyam ācāryaprāmāṇyāt strīliṅgo 'pi proṣṭhapadaśabdo 'stīti / hastena tribhir vottarair idaṃ kuryāt / hastottareṇa puṇyanakṣatreṇa vikalpaḥ /

kiṃlakṣaṇā tṛtīyā / adhikaraṇa iyan tṛtīyā / nakṣatre ca lupi tṛtīyā saptamyāv iti //

JGS 1,6,5.
tilamudgamiśraṃ sthālīpākaṃ śrapayitvā-anvārabdhāyāñ juhuyāt

tila===huyāt // sthālīpāka ity odanasyākhyā / tilaiś ca mudgaiś ca miśraṃ śrapayitvā sthālīpākan tena vakṣyamāṇā āhutīr jāyāyām anvārabdhāyāñ juhuyāt / *śrapayitvā-* iti dvedhā saṃbhavati / svayaṃ śrapayitvānyena śrapayitveti / prāk pradhānād ananvārabdhaiva sannidhā vāsīta /

kiṃ puṃsavananāmakarmādiṣu pradhānavelāyām apy ānvāraṃbho nāsti / nāsty evāvacanāt kva cic ca vacanāt //

JGS 1,6,6.

mahāvyāhr̥tibhir (JGS 1,3,22) hutvā prājāpatyayā (JGS 1,4,10) ca

mahā===yāca // catasr̥bhir mahāvyāhr̥tibhir hutvā prājāpatyayā ca juhoti / *prajāpate na tvad* (JGS 1,4,10) ity anayā //

JGS 1,6,7.

athaināṃ paścād agner bhadrapīṭha upaveśya-erakāyāṃ vāhatottarāyāṃ tasyai triśśuklayā śalalyā prāṇasaṃmitaṃ sīmantaṃ kuryāt

athai===kuryāt // pradhānānantarañ jāyāṃ paścād agner bhadrapīṭha erakāyāṃ vāhatavastrottaracchadanāyām upaveśya tasyās sīmantam ubhayatastyānāṃ keśānāṃ madhye sīmānaṃ prāṇasaṃmitan nāsikāsaṃmitaṃ nāsikārjave triṣu pradeśeṣu mūlamadhyāgreṣu śuklayā śalalyā kuryāt / śalalyagran nāsikāgre nyasyāvicchedenonnayet / itarathā hi tad ārjavan dussaṃpādaṃ bhavet / *tasyā* iti caturthī tādarthye / tasmāj jāyāyāṃ saṃskārārtham idaṃ karma / ataś ca prathamagarbha eva //

JGS 1,6,8.

śuklena

śuklena // yadi prāk chuklaiva sakr̥ṣṇāgrā syāt tatra katham iti cec chuklenaiva mūlenāpi kuryān na kr̥ṣṇenāgreṇa //

JGS 1,6,9.

ā mūrdhnaḥ

ā mūrdhnaḥ // keśasīmānaṃ kuryāt //

JGS 1,6,10.

prāṇāya tvā-apānāya tvā vyānāya tvā- iti

prāṇā===tveti // tribhir ebhir mantrais triḥ kuryāt / mantrabhede hi kriyā bhidyate / yathā *puruṣasūktena juhuyād* (JGS 1,5,4) iti /

ke cit sakr̥d eva kurvanti / eka evāyaṃ mantra iti /

prāk sīmantakaraṇād bhūmāv āsane vāsīta //

JGS 1,6,11.

athāsyā dakṣiṇaṃ keśāntaṃ sragbhir alaṃkṛtya tathottaram

athā===ttaram // sīmantakaraṇānantaram asyā dakṣiṇaṃ keśāntaṃ sragbhir alaṃkṛtya bahubhi[s] sragbhir alaṃkṛtyottarañ ca keśāntam alaṃkuryāt / *tathā-* iti cārthe / keśānta-śabdo 'tra karṇasamīpavartiṣu keśeṣu pravṛttaḥ / idamādiṣu *śuklās sumanasa* (JGS 1,1,22) iti na vismaret //

JGS 1,6,12.

hiraṇyavatīnām apāṃ kāṃsyaṃ pūrayitvā
tatrainām avekṣayan pṛcched-
hiṃ bhūr bhuva[s] svaḥ
kiṃ paśyasi- iti

Note: *hiraṇyavatīnām* quoted in Bh on JGS 1,7,2.

hira===sīti // suvarṇavatībhir adbhiḥ kaṃsamayaṃ pātraṃ pūrayitvā tasminn enāñ jāyām avekṣayann evaṃ pṛcchet //

JGS 1,6,13.

parā pratyāha
prajāṃ paśūn saubhāgyaṃ mahyaṃ
dīrgham āyuḥ patyur iti

parā===riti // parā / ātmano 'nyā / jāyety arthaḥ / saivaṃ pratyāha / sīmantakaraṇādy āyatto 'syāḥ prātimukhyena pratyaṅmukhas saṃskuryāt / atha sviṣṭakṛdādi //

JGS 1,6,14.

vāso dakṣiṇā hiraṇyaṃ vā

vāso===hiraṇyaṃ vā // vāso vā suvarṇaṃ vā dīyeta /
erakottarasya vāsasaḥ kaṃsapātragatasya ca hiraṇyasyaiṣā codanā iti ke cit / tad ayuktam / na hy erakasyānekatra guṇabhāvas sati saṃbhava ity avagantavyaḥ //

JGS 1,7. (jātakarma)

JGS 1,7,1.

kumāre jāte jātakarma

Note: The whole sūtra JGS 1,7,1 quoted in Bh on JGS 1,7,2; *kumāre jāte* quoted in Bh on JGS 1,10,31.

kumā===karma // puṃsi putre jāte jātakarmākhyaṃ pākayajñaṃ kuryāt / tasya rūpam ucyate //

JGS 1,7,2.

prāk stanaprāśanād vrīhiñ ca yavañ ca jātarūpeṇāvaghr̥ṣya-
idam annam iti
prāśayet

Note: To judge from his sūtra pratīkas, Bhavatrāta's version of the JGS does not quote the mantra in full after this sūtra, where it is quoted *pratīkena*, whereas Caland's edition does give it, in accordance with some manuscripts: *idam annam ayam rasa idaṃ prāṇenāmr̥taṃ saha pr̥thivī te mātā dyauḥ pitā jīvāhi śaradaś śataṃ paśyāhi śaradaś śatam.* The Kauthumas (GGS 2,7,19) employ the following mantra recorded in full in SMB 1,5,8: *iyam ājñedam annam idam āyur idam amr̥tam.* The first part has also the following parallel in LŚS 1,2,4 = DŚS 1,2,6, where it is used in the *madhuparka* ceremony of receiving a guest of honour: *idam annam ayaṃ rasa imā gāvaḥ saha śriyā.* Of course it is possible that in Bhavatrāta's JGS the mantra was quoted in full and not pratīkena, but in other such cases, as in JGS 1,7,3-7, the sūtra ends with *iti.*

prāksta===śayet // stanaprāśanāt pūrvam ekaṃ vrīhim ekañ ca yavaṃ suvarṇena sārdhaṃ kasmiṃś cic chilātalādau samyag avaghr̥ṣya- *idam* ity anena yajuṣā prāśayet kumāram / hiraṇyaśabdena suvarṇaṃ prāyeṇānyatra codyate *hiraṇyavatīnāṃ* (JGS 1,6,12) *hiraṇyāntarhitābhir* (JGS 1,18,11) iti jātarūpaśabdenātra / tasmād atra surūpaṃ vimalataraṃ suvarṇaṃ grāhyam / jātaṃ sadrūpam asyeti hi jātarūpaśabdo 'smin vr̥ttaḥ / yathā cāsyāṃśau vrīhiyavābhyāṃ samaveyāt tathāvaghr̥ṣyeta / evaṃ hi- *idaṃ prāṇenāmr̥taṃ saha* ity asyārthavatā bhavati / suvarṇasaya hi nāmāmr̥tam iti /

ā prāśanakarmaṇo 'yaṃ stanapānapravr̥ttiḥ / tatra daivaṃ stanadvayam idam ādau pīyate / śrūyate hi *tau haitau prajāpater eva stanau yad vrīhiś ca yavaś ca / tābhyām ihāḥ prajā bibharti-* (JB 3,346: 495,15-16) iti /

idaṃ karma prāṅmukhasyāsīnasya kumārasya pratyaṅmukhena pitrā kāryam / atha vā *prāk stanaprāśanād* ity etāvad evaikaṃ vākyam / *kumāre jāte jātakarma-* (JGS 1,7,1) iti hi jātamātre kumāre karmaṇo 'sya kriyā vihitā / nimittotpattir naimittikasya kāla iti / avyavasthitakāle ca jananamaraṇe / pitaiva cāsya kartā / pitr̥kalpas tv āpadīti parastān niścīyate (Bh on JGS 1,7,3) / evam asmin sati janmakṣanam ajānan kartā na sannidhīyetāpīty asyānugraho 'yam kriyate / prāk stanaprāśanād jātakarma kuryād yadi jātamātreṇa saṃbhaved iti //

JGS 1,7,3.

athainam abhimantrayate-
aṅgād aṅgād saṃbhavasi
hr̥dayād adhi jāyase /
ātmā vai putranāmāsi
sa jīva śaradaś śatam
paśyāhi śaradaś śatam // iti

Cf. BĀU 6,4,7. - The JGMP omits *paśyāhi śaradaś śatam.*

athai===miti // enaṃ abhimṛśann idaṃ yajur japati / asya karmaṇaḥ pitur anyasmin kartari sati yajuṣo 'sya liṅgasāmarthyād vihanyeta tad / pitaivedaṃ kuryāt / pitari tv asamarthe mṛte dūrasthe vā pitṛsthānīyo 'nyaḥ kuryāt //

JGS 1,7,4.

athainaṃ paridadāty
ahne tvā paridadāmy
ahas tvā rātryai paridadātu
rātris tvāhorātrābhyāṃ paridadātv
ahorātrau tvārdhamāsebhyaḥ paridattām
ardhamāsās tvā māsebhyaḥ paridadatu
māsās tva ṛtubhyaḥ paridadatv
ṛtavas tvā saṃvatsarāya paridadatu
saṃvatsaras tvā jarāyai mṛtyave paridadātv iti

Note: *rātryai* Caland's ed., *rātriyai* JGMP.

athai===tviti // anena yajuṣainaṃ paridadāty *aharādibhyaḥ putraṃ paridadāmi-* iti saṃkalpya pāṇinainam ārabhya / mantrajapo 'tra paridānam //

JGS 1,7,5.

ko 'si
katamo 'si- ity āha
saṃ māsaṃ praviśāsāv iti

Note: *saṃ māsaṃ praviśāsau* quoted in Bh on 2,2,6. – In place of *asau*, JGMP has *kṛttika*.

kosi===viti // *ko 'si katamo 'si-* iti *saṃ māsaṃ praviśāsāv* iti cāha / vākyadvayaṃ vedam anuvartanenāhaśabdasya bhavatu / *asāv* ity asya sthāne nāmāsya saṃbuddhyā nirdiśet /
nanv ayam akṛtanāmakaḥ / satyam etat / jātamātram eva yan nāmainam anubadhnāti nakṣatralakṣaṇan tatra jāta iti taddhitotpādanena tad atra vacanasāmarthyān nirdeṣṭavyam /
evañ ced brāhmaṇaḥ kṣatriyo vaiśyaḥ kṛṣṇo gauraḥ kāśyapo vāsiṣṭho daivadattiḥ kārṣṇir āyodhyako mādhura ābhhito bahula ityādayo bahavaś śabdā nāmatvenātra vikalperan / vaktavyo vā nakṣatraśabde viśeṣaḥ / ayam ucyate viśeṣaḥ / asti vacanam anyeṣām asminn eva viṣaye *nakṣatranāmātra brūyād* (KauṣGS 1,16,8) iti / sūktavākādiṣu ca yajamānasya nāma gṛhṇanto yājñikā nakṣatranāma bruvate / tasmād atra *saṃ māsaṃ praviśa kṛttika rauhiṇa mārgaśīrṣa ārdraka punarvaso tiṣya āśleṣa māgha phalguṇa phalguṇa hasta caitra svāte viśākha anūrādhaka jyaiṣṭha mūlaka āṣāḍha āṣāḍha śrāvaṇa śraviṣṭha śātabhiṣaja proṣṭhapāda proṣṭhapāda raivata āśvayuja āpabharaṇa-* iti prabrūyāt /

roremamṛjyeciṣu vṛddhir ādau ṣṭhāt pe ca vāntya[ś] śravaśāśvayukṣu /
śeṣeṣu nāmvoḥ kapara[s] svaro 'ntya[s] svāpvor adīrghas savisarga iṣṭaḥ //

Note: This śloka is also quoted, and explained in detail, by Haradatta Miśra in his commentary Anākulā on ĀpGS 5,15,2 *nakṣatranāma ca nirdiśati.*

JGS 1,7,6.

athāsya guhyan nāma dadāti
vedo 'si- iti

athā===sīti // athāsya guhyam aprakāśyam avyavahāryan nāma dadāti *vedo 'si-* iti / arthād *veda* iti nāma bhavati / tasya pravṛttikāraṇaṃ vedena saṃbandhaḥ / dvijātayo hi niyogato cedam adhīyate /

atha vāsane 'yam apādāne vindate 'taḥ pi[tā] tarhy aihikañ cāmutrikañ ca hitam iti //

JGS 1,7,7.

athāsya mūrdhānam upajighraty
aśmā bhava
paraśur bhava
hiraṇyam astṛtaṃ bhava
paśūnān tvā hiṃkāreṇābhijighrāmi- iti

athā===mīti //

JGS 1,7,8.

evam eva pravāsād etya
putrāṇāṃ mūrdhānam upajighrati

evaṃ===ghrati // prāvāsād etya proṣyāgataḥ putrāṇāṃ mūrdhānam evam evopajighrati /

evam eva pravāsād etya- ity etāvatāpy ayam arthas sidhyati / evañ ced vākyāntaram idaṃ *putrāṇāṃ mūrdhānam upajighrati-* iti / asyārthaḥ putrāṇāñ ca prāvāsād āgatānāṃ mūrdhānam evopajighratīti //

JGS 1,7,9.

phalīkaraṇamiśrān sarṣapān daśarātram agnau juhuyāt-
śaṇḍāya- iti dvābhyām

Note: Cf. PGS 1,16,23 dvāradeśe sūtikāgnim upasamādhāyotthānāt sandhivelāyoḥ phalīkaraṇamiśrānt sarṣapān agnāv āvapati *śaṇḍāmarkā upavīraḥ śauṇḍikeya ulūkhalaḥ / malimluco droṇāsaś cyavano naśyatād itaḥ svāhā / ālikhann animiṣaḥ kiṃvadanta upaśrutir haryakṣaḥ kumbhī śatruḥ pātrapāṇir nṛmāṇir hantrīmukhaḥ sarṣapāruṇaś cyavano naśyatād itaḥ svāhā-* iti.

phalī===dvābhyām // phalīkaraṇā nāmāvaghātajanmano 'ṇīyāṃsas taṇḍulāvayavāḥ / tair miśrān sarṣapān daśarātram agnau dvābhyāṃ yajurbhyāñ juhuyāt /

agnāv ity anarthakam / nānarthakam agnyantarāvabodhanārthatvāt / tasmāt pākāgner aṃśaṃ sūtakāgāra eva praṇīya tatra juhuyān naupāsane /

apara āha / nāyam aupāsane homaḥ prasajati / kutaḥ / vivāhayonir aupāsanaḥ / vivāhaś cātmārtho dārārthaś ca / tathā ca sati yāni dārārthāni karmāṇi yathā gṛhapraveśanahomaś caturthīhoma iti yāni cātmārthāni yathānaśnatsaṃhitā dehadahana iti yāni cobhayārthāni yathā sāyaṃprātarhomaḥ pārvaṇa iti tāny evaupāsane bhavitum arhanti na parārthāni jātakarmopākaraṇādīnīti nyāyaḥ / tasmād idamādīni [yāni] vakṣyante prāg gṛhapraveśanāt karmāṇi tāni pākādyarthe nirmathye śrotriyagṛhād vā āhṛte 'gnau kartavyāni /

nanu labdhajātakarmādisakalasaṃskārakaḥ putro mātāpitror upakaroti / kim ataḥ / idam ato bhavati / jātakarmādīny api putradvāreṇa daṃpatyarthāny eveti / naivaṃ grāhyam / yadi hy evaṃ gṛhyetātiprasaṅga syāt sakhīputrasyāpi jātakarmādīn aupāsane kriyeran / krameṇedan trailokyan daṃpatyarthaṃ saṃpadyeta / tasmād yat karma svayam eva daṃpatyor upakaroti nānyadvāreṇa tasyaivaupāsane pravṛttiḥ /

puṃsavanasīmantonnayane punaḥ kaṃ bhāgam āpanne / puṃsavanan daṃpatyartham / sīmantonnayanan dārārtham / putraphalaṃ hi puṃsavanam / sīmantonnayanaṃ striyāḥ keśaveṣavnyāsārtham / sato hi putrasya jātakarmādīni saṃskārārthāni nāsataḥ / puṃsavanavad utpādanārthāni / tasmād aupāsana eva puṃsavanasīmantonnayane kriyeyātāṃ praṇīya vā svasthāne vā jātakarmādīni tu lokāgnāv iti no rāddhāntaḥ /

agnigrahaṇam idānīṃ kimartham / agnyantarasya nyāyasiddhasyaiva jātakarmādiṣu pradarśanārtham /

atha vāgnigrahaṇam atra pārvaṇatantrasya- *eṣā homāvṛt sarvatra-* (JGS 1,3,41) iti prāptasya nivartanārtham / *juhuyād* iti codanāyām agnir aṅgatvena prāpnoti vacanāc ca homāvṛt / evam ubhayasmin prāpte ṛtam agnigrahaṇaṃ homāvṛto nivartanārtham iti yuktaṃ grahītum / tasmād atrāgnau havanamātram āhutidvayasyāsya kartavyan na pārvaṇatantram ādriyeta / kin tu parisamūhanam agnyalaṃkaraṇan dvividhañ ca parisecanam ato niṣkṛṣya kriyetāgnisaṃskārārthatvāt / katham iti ced agnyalaṃkaraṇasya tāval lokata eva sidhyatītareṣān dvitīyā śruter *vagniṃ pariṣiñced* (JGS 1,3,10) *agniṃ parisamūhed* (JGS 1,1,34) agniṃ *paryukṣet sahaviṣkam* (JGS 1,4,19-20) iti /

atha vā parisamūhane pariṣeke ca- *agnim* iti siddhārtrhasya vacanam ahomāvṛt / ke 'pi home dvitīyaprāptyartham iti //

JGS 1,7,10.

caṇḍāya markāyopavīrāya cauṇḍikera ulūkhalo malimluco duṇāśi cyavano naśyatād ita[s] svāhā

Note: Cf. PGS 1,16,23 quoted above, on JGS 1,7,9. – *caṇḍāya* Bhavatrāta's pratīka and JGMP, *śaṇḍāya* Caland's ed. without variants. According to BhārŚS 13,23,14-15, Śaṇḍa and Marka are purohitas of the Asuras; cf. also J. Gonda, *Notes on names and the name of god in ancient India,* 1970:25, and Mittwede 1986 on MS 4,6,3: 80,20.

caṇḍā===svāhā //

JGS 1,7,11.

ālikhan vilikhann animiṣan kiṃvadanta upaśrutir haryamṇaḥ

kumbhī śatruḥ pātrapāṇir nipuṇa hāntrīmukhaḥ
sarṣapāruṇo naśyatād ita[s] svāhā- iti

Note: Cf. PGS 1,16,23 quoted above on JGS 1,7,9. === *haryamṇah* JGMP, *aryamṇaḥ* Caland's ed. without variants.

āli===heti //

JGS 1,7,12.
daśarātraṃ daṃpatī sūtakau bhavataḥ

daśa===vataḥ // śiśujanmadinaprabhṛti daśarātran daṃpatī tanmātāpitarāv aśucī bhavataḥ //

JGS 1,7,13.
tasyānte snātvotthānam

tasyā===tthānam // daśarātrasyānte sūrya udite snātvā janmagṛhān nirgama[s] syāc chiśor mātuś ca //

JGS 1,8. (nāmakarma)

JGS 1,8,1.
athāto nāmakarma

athā===karma // anantaram asmān nāmakaraṇaṃ vakṣyate / *vakṣyāmaḥ kartavyam* iti vādhyāhāraḥ /

kiṃ punaḥ kumārasyaiva / naiva / dṛṣto hi nāmnārthas saṃvyavahāraḥ / sa cāsti striyo 'pi / tasmāt- *śiśor* ity adhyāhriyeta //

JGS 1,8,2.
pūrvapakṣe puṇye nakṣatre dvādaśyāṃ vā

Note: *pūrvapakṣe* quoted in Bh on JGS 2,4,2*-3*, where *dvādaśyām* too is discussed.

pūrva===śyāṃvā // yat pūrvapakṣe puṇyan nakṣatran tasmin vā yā janmano dvādaśarātris tasyāṃ vā nāmakarma syāt //

JGS 1,8,3.
pitā nāma kuryād ācāryo vā

pitā===yovā // pitācāryo vāsya nāma kuryāt /

upanīya tu yaḥ kṛtsnaṃ vedam adhyāpayet sa ācārya (Vasiṣṭhasmṛti 3,21) iti smṛtivacanam / yaḥ puruṣam upanayanādibhis saṃskaroti vedañ cadhyāpayati tasyācāryatvam avagamayati / tathā ca saty upanayanāt pūrvam ācāryābhāvād *ācāryo vā-* iti pakṣo na ghaṭeta

/ tasmād vyavasthito 'yaṃ vikalpaḥ pitaiva brāhmaṇasyācāryaḥ kṣatriyavaiśyayor iti / purohito 'pi hy ācāryo bhavati /
atha vā sarvasaṃskārāṇāṃ sarveṣāṃ mukhyatvād upanayanasya sarvasaṃskāropalakṣaṇārtham *upanīya-* (Vasiṣṭha 3,21) ity uktam / yaḥ puruṣam upanayanapradhānais saṃskārais saṃskurvann adyāpayati sa ācārya ity arthaḥ / evañ ca sati sarvadācāryasya vidyamānatvād *ācāryo vā-* iti pakṣo 'yaṃ ghaṭata eva brāhmaṇe 'pi / evan niścetavyam /
upanayanādy eva ced ācāryo gṛhyate pitraiva jaṭākaraṇāntās saṃskārāḥ kriyeran / pūrvañ cet tenaiva sarva iti / pitaiva jātakarmeti tasyokto hetuḥ //

JGS 1,8,4.
tam ahatena vāsasā samanuparigṛhya pitāṅkenāsīta

tama===sīta // taṃ śiśum ahatena vāsasā pitā samanuparigṛhyāṅkenanāsīta kṛtopastha āsīta / *aṅkena-* iti tṛtīyetthaṃbhūtalakṣaṇā /
vakṣyante pradhānāhutayaḥ (JGS 1,8,13) / prāk tābhya idam ucyate pitṛpariṣvaktasya sato nāmadhānamātraṃ vidhātum / tasmāt prāg ūrdhvañ ca mātānyaḥ pitur evainan dhārayet / pitaiva tu nāmadhānakāle dhārayed yadi vā svayan nāma dadhyād yadi vācāryaḥ //

JGS 1,8,5.
tasya nāmadheyan dadhyād dvyakṣarañ caturakṣaraṃ vā ghoṣavadādyantarantastham

Note: BGS 2,1,24-26 ...*nāmāsmai dadhāti dvyakṣarañ caturakṣaraṃ ṣaḍakṣaram aṣṭākṣaraṃ vā ghoṣavadādyantarantasthaṃ dīrghābhiniṣṭhānāntam*; KauṣGS 1,16,9 *nāmāsya dadhāti ghoṣavadādyantarantastham abhiniṣṭhānāntaṃ dvyakṣaraṃ caturakṣaram* 10 *api vā ṣaḷakṣaram.*

tasya===ntastham // nāmaiva nāmadheyam / tasya nāmadheyan dvyakṣarañ caturakṣaraṃ vā ghoṣavadvarṇopakramamadhyāgatāntasthavarṇan dadhyāt / yathāryo jayo bhadro jūtir[3] dhanamitro guṇākāro dharmacitto dhanañjaya iti //

JGS 1,8,6.
anunakṣatram

anunakṣatram // *nakṣatram* iti hāsya janmanakṣatraṃ gṛhītam anugatanakṣatraṃ vā / anunakṣatraṃ nakṣatrasaṃbandhaṃ vāsya nāmadheyan dadhyāt / janmanakṣatreṇārthato yena kena cid dvāreṇa samavetam ity arthaḥ / yathā kṛttikāsu jātasyāgnimitra iti / viśākhayor jātasyendrāgnigupta iti / yathā ca rohiṇyāñ jātasya vṛṣabha iti / mahāsu jātasya siṃha iti / yathā ca punarvasvor jātasya vasubandhur iti / haste jātasya suhasta iti //

---

[3] *jūtir* emended : *jūttiḥ* uncertain reading of A : *jūrtti* P, K : T has a lacuna here. In Sanskrit (and in Malayalam), *jūti-* f. is attested in the meaning 'speed, impetuosity, energy' and as the name of an ṛṣi, the 'seer' of RV 10,136,1; *jūrti-* means 'fever' (cf. *jvara-*).

JGS 1,8,7.
anudaivatam

anudaivatam // devataiva daivatam / devatāsaṃbandhaṃ vāsya nāmadheyan dadhyāt / yathā keśavaś śaṅkara iti / yathā ca bhavaguptaś śivadatta iti / yathā ca cakraś śaṅkho vajraś śūlo vr̥ṣabho garuḍa iti / yathā ca gopālakaś candrāpīḍaś cakradharo jaṭāmakuṭa iti //

JGS 1,8,8.
anunāma

anunāma // *nāma-* itīha kumārasya vaṃśyan nāma pitur ā ca vasiṣṭhādibhyaḥ pitr̥̄ṇāñ ca bandhūnām anyeṣāñ ca sadguṇānāṃ puruṣāṇān nāma kīrtyate / anunāmāsya nāmadheyan dadhyāt / yathāasmin deśe prāyeṇa nāmāni śāstā kutsaś śavaro vaṭuko 'ḷarko māndhātetyādīni vasiṣṭhaḥ kāśyapo viśvāmitraḥ parāśara ityādīni ca //

JGS 1,8,9.
ataddhitam

Note: KauṣGS 1,16,13 *na taddhitāntam.*

ataddhitam // taddhitapratyayāsaṃyuktan nāmadheyan dadhyāt / taddhitenainan na nirdiśed ity arthaḥ / ayam apavādaḥ pūrvān vidhīn anusameti / tasmād dharmī bhadratama iti kārttiko rauhiṇa iti śrāvaṇo vaiṣṇavo māheśvara iti vāsiṣṭho daivadattir iti ca taddhitāntāny evamādīni padāni nāmadheyatvena na prayojayet / jyeṣṭhaguṇo guptasatyo mahīpālo jitasattva ityādīni taddhitasaṃyuktāny api nāmatayā prayoktavyāny eveti manyāmahe / tadditenābhidhānam asyedaṃ pratiṣidhyate na taddhitavatvan nāmnaḥ / na caiteṣu yat taddhitan tena saṃjñī nirdiśyate / tadditopasarjanāni hy etānīti //

JGS 1,8,10.
ākārāntaṃ striyai

ākā===striyai // ākāro yasyānto 'nte vartate tad ākārāntam / iha tu sarveṣāṃ stryabhidhānanimittānān nāmatayopāttānāṃ yo vikāras tadupalakṣaṇārtham *ākārāntam* ity ucyate / caturthī ca tādarthye / stryarthan nāmākārāntaṃ kuryāt / uktavidham eva nāmopalabdhākārāntatādilākṣaṇikavikāraṃ kr̥tvā striyo 'pi dadhyād ity arthaḥ / yathā bhadrā dharmagoptrīti / yathā ca vasudattā yamadāsīti / yathā ca śivadattā gopāliketi / yathā ca śāstrī kutseti /

vyākaraṇasiddher asya vikārasyāyaṃ vidhir anarthakaḥ / nānarthako dharmarucir upalamr̥gnī suhr̥t bahuvasur aṣṭamūrtir jātavedāś śaktir jamadagnir ityādīnāṃ striyām api vikr̥tapravr̥ttīnām anupādānārthatvāt / anapavādād dhi prasajati / yuktam eva caiṣān nivartanam / smaryate hi vivāhādhikāre [*na*] *nakṣatranāmnīn na punnāmnīn na saridgirināmikām* iti //

Note: The quotation could not be traced. Statements about avoidance of women on the basis of their names in selecting a bride are given in Manu 3,9; ĀpGS 1,3,12-13; VārGS 3,3; ĀgniveśyaGS 1,6,1; BaudhGPS 2,4,5; and Kāmasūtra 3,1,12. None of these mention women bearing a male name.

JGS 1,8,11.
yathārthaṃ vā

yathārthaṃ vā // yathārtham arthānurūpam / yo 'rtho 'bhivāñchitas tadabhidhānasamarthaṃ vā nāma dadhyāt / uktadvyakṣaratādi sarvaviśeṣam anapekṣya yad arthadam iṣṭārthābhidhāyi tan nāma dadhyād ity arthaḥ /

yathā vijayo jayakāmo yajñakāmas sarvayajñaḥ kāmuka kandarpas satyavāk satyakāmaḥ sukīrtiḥ kīrtimān lalitaguṇaḥ
śrīmatī hrīmatī vinatā lalitā dharmapālinī kumārā dhārā maṅgalavatī kamalabhr̥d vimaletyādīni /

ke cid etad vākyaṃ strīviṣayam eva vyācakṣate /

śarmāntaṃ brāhmaṇasya- (BGPS 1,11,9) iti ke cit sarvatra tan mr̥ṣā /
syāntasyopottamañ ca- (V8 on Pāṇini 1,3,37) iti vārttikād atrāvidhe[ś ca] //
āśiṣā samavetāni yāni devatayāpi vā /
teṣu śarmāntatā na syād anyatreti no matiḥ //

Note: BGPS 1,11,9 *athāpy udāharanti / śarmāntaṃ brāhmaṇasya varmāntaṃ kṣatriyasya guptāntaṃ vaiśyasya bhr̥tyadāsāntaṃ śūdrasya dāsāntam eva vā.* Manu 2,32 *śarmavad brāhmaṇasya syād rājño rakṣāsamanvitam / vaiśyasya puṣṭisaṃyuktaṃ śūdrasya preṣyasaṃyutam //.*

JGS 1,8,12.
kumārayajñeṣu ca

kumā===ṣuca // idaṃ paribhāṣāvākyam / kumārayajñā iti ye kumārasya janmadivaseṣūtsavāḥ / teṣaṃ saṃjñeyam / vakṣyate nāmakarma prati homasamudāyaḥ / sa kumārayajñeṣu ca syāt / janmadivaseṣu caivam eva hūyetety arthaḥ //

JGS 1,8,13.
nakṣatran nakṣatradaivatan tithim iti yajate

nakṣa===jate // nāmādhānād anantaraṃ kumārasya janmanakṣatrañ janmanakṣatradevatāñ janmatithim iti yajate / juhoty etebhya ity arthaḥ / tritayasya cāsya nirdeśamārgaṃ bālāvabodhanārtham upadekṣyāmaḥ /

kr̥ttikābhyaḥ / rohiṇyai / mr̥gaśirase / ārdrāyai / punarvasubhyām / tiṣyāya / āśeṣābhyaḥ / maghābhyaḥ / phalgunībhyām / phalgunībhyām / hastāyai / citrāyai / svātyai / viśākhābhyām / anūrādhābhyaḥ / jyeṣṭhāyai / mūlāya / āṣāḍhābhyaḥ / āṣāḍhābhyaḥ / śravaṇāya / śraviṣṭhābhyaḥ / śatabhiṣaje / proṣṭhapadebhyaḥ proṣṭhapadebhyaḥ / revatyai / aśvayugbhyām / apabharaṇībhyaḥ /

agnaye / prajāpataye / somāya / rudrāya / adityai / br̥haspataye / sarpebhyaḥ / pitr̥bhyaḥ / aryamṇe / bhagāya / savitre / tvaṣṭre / vāyave / indrāgnibhyām / mitrāya / indrāya / nirr̥tyai / adbhyaḥ / viśvebhyo devebhyaḥ / viṣṇave / vasubhyaḥ / varuṇāya / ajāyaikapade / ahaye budhnyāya / pūṣṇe / aśvibhyām / yamāya /

prathamāyai / dvitīyāyai / tr̥tīyāyai / pañcamyai / ṣaṣṭhyai / saptamyai / aṣṭamyai / navamyai / daśamyai / ekādaśyai / dvādaśyai / trayodaśyai / caturdaśyai / pañcadaśyai / ity eṣān nirdeśaḥ /

mṛgaśira iti śabdo 'sti *mṛgaśīrṣam* iti ca vede / mṛgaśīrṣan nakṣatraṃ *mṛgaśīrṣāya svāhā-* iti / tathāpi *mṛgaśirasi snāyād* (JGS 1,18,14) iti śāstre 'smin darśanān *mṛgaśirasa* ity uktam /

tathā tiṣyaḥ puṣyas sidhya iti satsu *tiṣye snāyād* (JGS 1,18,16) iti darśanāt *tiṣyāya-* iti /

svātyān tu niṣṭyāśabdo vede 'sti svātiśabdaś ca loke vede cānekatra darśanād uktaṃ *svātyā* iti /

anūrādhā- iti strīliṅgo 'py asti / pulliṅgo 'pi vede- *anūrādhān haviṣā-* (TB 3,1,2,1) *anūrādhebhya svāhā-* (TB 3,1,5,1) iti / tathāpy *anūrādhāsu snāyād* (JGS 1,18,20) iti darśanād *anūrādhābhya* ity uktam /

jyeṣṭhāyāṃ rohiṇīśabdo 'py asti / prasiddhes tu *jyeṣṭhyāyā* ity uktam /

mūlabarhaṇī vicṛtau ceti sator api ata eva *mūlāya-* iti /

śroṇānakṣatraṃ *śroṇāyai puroḍāśaṃ* (TB 3,1,5,7) *śroṇāyai svāhā-* (TB 3,1,5,7) iti vede dṛśyate / tathāpi *śravaṇe snāyād* (JGS 1,18,22) iti darśanāl lokaprasiddheś ca *śravaṇāya-* ity uktam /

tathā pūrvayoḥ phalgunyor bhagan devatām uttarayor aryamaṇaṃ smṛtau paśyāmaḥ / śrutāv aryamṇaḥ pūrve phalgunī bhagasyottare / *aryamṇo vā etan nakṣatraṃ yat pūrve phalgunī* (TB 1,1,2,3) *bhagasya vā etan nakṣatraṃ yad uttare phalgunī* (TB 1,1,2,4) ityādi / śrutiś ca smṛter balīyasī / na ca *mṛgaśirasi snāyād* (JGS 1,18,14) ityādivad atrāsmiñ śāstre darśanaṃ vidyate / tataḥ- *aryamṇe bhagāya-* ity uktam /

tathā mūlasya śrutau smṛtau ca nirṛtir devatā vakṣyate śratāv eva tu pitaraḥ / prabhāvataś cobhayatra dṛṣṭaṃ pathyam iti *nirṛtyā* ity uktam eva /

citrāśatabhiṣajo[ś] śrutāv evendra[ś] śrutismṛtyos tvaṣṭā varuṇaś ceti *tvaṣṭre varuṇāya-* ity uktam /

tathā pratipadaṣṭakāpaurṇamāsyamāvāsyeti santi prathamāṣṭamīpañcadasīti ca / tatra dvitīyātṛtīyādibhiś śabdair arthataś śabdataś ca sāmyasyāt mā bhūd vaidharmyam iti prathamādayaś śabdāḥ parigṛhītā netare //

JGS 1,8,14.

aṣṭāv anyā juṣṭā devatā yajate-
agnidhanvantarī
prajāpatim
indraṃ
vasūn
rudrān
ādityān
viśvān devān
iti

aṣṭā===niti // etāś cāṣṭāv anyā devatā juṣṭā lokena yajate 'gnidhanvantarītyādyāḥ /

ke cid *agnaye dhanvantaraya* iti pṛthak juhvati / tad ayuktam / kutaḥ / devatā nāmaśabdagamyā yena śabdena yāge home vā vidhīyate tenaiva prayogakāle 'pi nirdeṣṭavyā nānyena

/ na ca- *agnaye juhuyād* iti codanāyāṃ *vahnaya* iti hūyate / na ca *sūryāya-* ity *arkāya-* iti / tathā samasya vihitā na pṛthaṅ nirdeṣṭavyāḥ pṛthag vihitāś ca na samāsena / na hy *agnīṣomau yajed* iti codanāyāṃ pṛthag ity ete / na ca- *agniṃ prajāpatiñ ca-* iti samāsena / na caibhir api devānāṃ priyair viśvāmitrendrābhyāṃ (JGS 1,16,24) pṛthag ghūyate / agnidhanvantaribhyām api na cāgrayaṇe (JGS 1,23,1) / tasmād *agnidhanvantaribhyām* ity eva hūyeta /

nanu yā sakṛd ijyate saikā devatā / dṛśyate ca *indrāgnī ... devatā* (JB 1,110: 48,9) *viśve devā devatā-* (cf. JB 1,69: 31,16 *viśvān devān devatām*) iti / yadi ca- *agnidhanvantaribhyām* iti hūyeta saptaitā devatā[s] syuḥ / tatredam *aṣṭāv* ity ayuktaṃ syāt / atra brūmaḥ / *aṣṭāv* iti saṃkhyāśabdaḥ kilaitan manyate bhavān / na tv ayaṃ saṃkhyāśabdaḥ / aśū vyāptāv iti dhātoḥ ktinantasyāyaṃ śabdas saptamyantaḥ / aṣṭau vyāptau śaktau sāmarthye saty etābhyo 'pi evatābhyo juhuyād ity arthaḥ /

kim aśaktau / pūrvam evāhutitrayam hutvākṛtir bhavati / kin tv itarasya pakṣasyābhimatatvāya nyasyate 'yam arthavādaḥ //

JGS 1,8,15.
etāsv iṣṭāsu sarvā devatā abhīṣṭā bhavanti

Note: *etāsv iṣṭāsu* in accordance with Bhavatrāta's commentary vs. Caland's ed. *etāsu sviṣṭāsu* with ms. B vs. *etāsv aṣṭāsu* M1 and *etāsv aṣṭā* M2.

etā===vanti // etāsu devatāsv iṣṭāsu sarvā api devatā ābhimukhyeneṣṭā bhavanti / tasmād etā devatā yaṣṭavyā ity arthaḥ /

kāmaṃ vā- *aṣṭāv* iti saṃkhyāvādo bhavatu / naivam agnidhanvantaribhyāṃ pṛthag ghotavyam / samāsanirdeśasya vaiyarthyaṃ mā bhūd iti / saṃkhyāśabdas tv ayaṃ siddhānuvādaḥ / so 'gnin dhanvantariñ ca sahāvyavasthitau pṛthag upādatte / yathā vede 'gnīṣomīyam āgneyaṃ maitrāvaruṇañ ca trīn paśūn adhikṛtya taddevatās saṃkhyāyante *tā vā etāḥ pañca devatā agnīṣomāv agnir mitrāvaruṇāv* (TB 1,5,9,7) iti /

prathaman nāmnā vyavahāraḥ puṇyadivase brāhmaṇaiḥ kṛtasampade bhavati / svastivācanaṃ sanāmaiva tatra samāptau kriyeta //

JGS 1,9. (prāśanakarma)

JGS 1,9,1.
athātaḥ prāśanakarma

athā===karma // prāśanakriyā vakṣyate /

kintithe punar māse śiśor etat karma / yāvatithe 'yam annādanasamartho bhavati / ṣaṣṭhe vā manvādivacanāt (Manu 2,34) //

JGS 1,9,2.
pūrvapakṣe puṇye nakṣatre

Note: *pūrvapakṣe* quoted in Bh on JGS 2,4,2*-3*.

pūrva===kṣatre //

JGS 1,9,3.
brāhmaṇān bhojayitvā
haviṣyam annaṃ prāśayed
annapate 'nnasya no dehy anamīvasya śuṣminaḥ /
pra pradātāran tāriṣa ūrjan no dhehi dvipade śañ catuṣpada iti

Note: *brāhmaṇān bhojayitvā* quoted in Bh on JGS 1,20,7.

brāhma===iti // haviṣyaṃ havirarham akṣāralavaṇādimiśraṃ gorasopasekaṃ vrīhiyavayor anyataravikāram āryajanasādhitaṃ śucisurasam annaṃ vidyāvatas suvṛttān brāhmaṇāṃś caturavarardhyān bhojayitvā taccheṣaṃ śiśuṃ prāśayed anena mantreṇa / ardharce 'vasyet-*śuṣmiṇa* iti / kiñ ca bhuktavato brāhmaṇān svasti vācya prāśayet / tathā hi viduṣām ācāraḥ prasiddhaḥ //

JGS 1,10. (jaṭākaraṇam / cauḷam)

JGS 1,10,1.
tṛtīye saṃvatsare jaṭāḥ kurvīta

Note: The whole sūtra and *saṃvatsare* and *tṛtīye saṃvatsare* quoted in Bh on JGS 1,11,1; *jaṭāḥ kurvīta* in Bh on JGS 1,10,31.

tṛtī===rvīta // atha jātasya śiśos tṛtīye saṃvatsare jaṭāś cūḷāḥ kuryāt //

JGS 1,10,2.
garbhatṛtīya ity eke

garbha===ityeke // garbhe yas saṃvatsaras so 'tra garbhaśabdena lakṣyate / garbhasaṃvatsaras tṛtīyo 'syeti garbhatṛtīyaḥ / garbhatṛtīye saṃvatsare jaṭāḥ kuryād ity eka ācāryā bruvate / evam imau dvitīyatṛtīyasaṃvatsarau jaṭākaraṇe vikalpitau / tau tv atrikramya ke cid upanayanakāle jaṭāḥ kurvanto dṛśyante / teṣām akṛtakalpo 'yañ jaṭākaraṇākhyas saṃskāro bhavati /

nanu kālātyaye 'pi karma kṛtam eva kin tu vaiguṇyam asya bhavatīty evan dūṣyaḥ / atra brūmaḥ / yady ayam amatipūrvo 'saṃbhavāgataḥ kālātyaya[s] syād bhavaduktavat syāt / [yan] matipūrvatve saty eva saṃbhave kālo 'tikramyate tad apekṣyoktam akṛtakalpa iti /

nanu teṣām eva kuladharma syād upanayanakāle jaṭākaraṇam uktañ ca kaiś cit *tṛtīye saṃvatsare cauḷaṃ yathā kuladharmaṃ vā-* iti / yadi bhavān kuladharmakāmasyoktyā pariharaty eṣān doṣam anumatam asmābhir na te jaṭākaraṇahīnā iti / viguṇajaṭākaraṇās tv eva /

kiṃ punar *yathā kulsadharmaṃ vā-* iti śāstravihitāśrayiṇām api vaiguṇyaṃ bhavati / etad eva hi paryāptaṃ karmaṇo vaiguṇyakāraṇaṃ tat svavacanavirodhinaḥ paravacanasyāśrayaṇam / alam atiprasaṅgena //

Note: The quotation *tṛtīye saṃvatsare cauḷaṃ yathā kuladharmaṃ vā-* could not be traced to any known source. The phrase *yathā kuladharmaṃ vā*, however, occurs in KauṣGS 1,20,2, but in the context of the rite of ear-piercing (*karṇavedhanam*).

JGS 1,10,3.
udagayane pūrvapakṣe puṇye nakṣatre

Note: *pūrvapakṣe* quoted in Bh on JGS 2,4,2*-3*.

uda===kṣatre //

The whole sūtra 1,10,3 is quoted in Bh on JGS 1,11,1.

JGS 1,10,4.
brāhmaṇān svasti vācya-
aparāhṇe 'gniṃ praṇayitvā
dakṣiṇato 'gneś catvāri pūṇapātrāṇi nidadhyāt

Note: *svasti vācyāparāhṇe* and *aparāhṇe* quoted in Bh on JGS 1,11,1.

brāhma===dadhyāt // brāhmaṇān svasti vācyāhnor aparabhāge 'gniṃ yathāvidhi praṇīya tasyāgner dakṣiṇataś catvāri pūrṇapātrāṇi vakṣyamāṇaviśeṣāni nidadhyāt /

aparāhṇa iti pūrvavākya eva vaktavyaṃ kālaviśeṣakatvāt *puṇye nakṣatre 'parāhṇa* iti / satyam etat / saṃvatsarādibhis tv asya vaidharmyajñāpanārthaṃ pṛthaggrahaṇam / tad upanayane vivariṣyāmahe (Bh on JGS 1,11,1) /

homacodanāyām arthasiddher agnipraṇayanavacanam anarthakam / nānarthakam aparāhṇe saṃbandhārthatvāt / itarathā hi pūrṇapātranidhānādi prokṣaṇādy eva vāparāhṇa ity āśaṅkyeta /

praṇayitvā- ity lyababhāvasyedaṃ lakṣaṇam anveṣyam (cf. Pāṇini 7,1,37) //

JGS 1,10,5.
vrīhiyavānām abhitaḥ

vrīhi===bhitaḥ // paścād vrīhipātraṃ purastād yavapātram //

JGS 1,10,6.
madhye tilamāṣāṇām

madhye===ṣāṇām // vrīhipātrasyānantaran tilapātraṃ bhavati / sarvauṣadhakṣuragomayadarbhapiñjūlyādarśān api yathāvakāśan nidhāya prokṣet //

Note: Caland's JGS ed. has (in JGS 1,10,25) *piñjūlī-* without variants. This reading is found in the mss of Bhavatrāta's Vṛtti, and has been adopted as the original everywhere, though often the Bh mss have *piñchūlī-*.

JGS 1,10,7. ācāntodake 'nvārabdhe juhuyāt

ācā===huyāt // ācāntam udakam anenety ācāntodakaḥ / ācāntodake kumāre 'nvārabdhe sati vakṣyamāṇā āhutīr juhuyāt / karmādau vihitam ācamana. kumārasya na prāpnoti *prāg upanayanād* (GautDhS 2,1) ity adhikṛtya *nāsyācamanakalpo vidyata* (GautDhS 2,2) iti smṛtivacanāt / tata idam ācamanāntaraṃ kumārasya codyate / na cāsyācamanadharmās santi yathā kathañ cid ācamya parimṛjyāsya pāṇī prakṣālayet / *ācāntodaka* iti hy uktan na- *ācānta* iti / anvāraṃbhāt pūrvam api sannidhāv evāsīta //

JGS 1,10,8. mahāvyāhṛtibhir hutvā (JGS 1,3,22) virūpākṣeṇa (JGS 1,2,11)

Note: On these mantras see also Bh on JGS 1,10,31.

mahā===kṣeṇa // catasṛbhir mahāvyāhṛtibhir hutvā virūpākṣeṇa juhoti //

JGS 1,10,9. atra pañcamīñ juhoti

atra===hoti // atrāsmin pradeśe juhvat pañcamīm āhutiñ juhoti / anyatra na juhotīty arthaḥ / vakṣyati *samantrañ cet paścāj juhuyād* (JGS 1,10,32) iti / tasmin pakṣe virūpākṣeṇa havanam idaṃ pratiṣidhyate / tasmāc catasra eva pradhānāhutayas tatra hūyeran / yadi ca tatra virūpākṣeṇa hūyetārthavirodha[s] syāt / ko 'sāv iti cet *tvayā prasūta idaṃ karma kariṣyāmi-* (JGS 1,2,11) ity akṛte karmaṇi vacanam / kṛtaṃ hi tatra jaṭākaraṇan na ca karmānyat kariṣyate / tata idaṃ rogavad eva sthānaṃ bhiṣajyate //

JGS 1,10,10. sarvauṣadhībhi[s] sphāṇṭam udakam ānayanti

Note: *sarvauṣadhībhiḥ* quoted in Bh on JGS 1,18,6. – Compare *sarvauṣadhībhi[s] sphāṇṭam udakam* with *sarvauṣadhiviphāṇṭābhir adbhir gandhavatībhir śītoṣṇābhiḥ* in GGS 3,4,10, where the teacher sprinkles the student who has finished his study of the Veda and is about to marry. The past participle *(s)phāṇṭam* is glossed by Bhavatrāta (and Śrīnivāsa) *saha kvathitam* 'cooked together'. According to Pāṇini 7,2,18, *phāṇṭam* means 'won without effort' (*anāyāsa-*), which Boehtlingk (PW s.v. *phāṇṭa-*) interprets 'won by merely pouring hot water over and filtering', as *phāṇṭam* is used in medical literature and elsewhere of various decoctions. It is explained from *phāṇita-*, past participle of the causative *phāṇayati* 'cause to bound; draw off, skim', of the root *phaṇ-* 'to move'. As Caland in his edition points out, the manuscripts mostly read *sarvauṣadhībhisphāṇḍam*, which suggests that the root had a variant beginning with *s-* (cf. *phaṭ-* / *sphaṭ-*, etc.).

sarvau===yanti // sarvābhir auṣadhībhis saha kvathitam anyasminn agnāv udakam āharanti / kās tās sarva auṣadhaya iti ced idam ucyate //

JGS 1,10,11.
vrīhiyavās tilamāṣā ity etat sarvauṣadham

Note: GGS 2,9,6 at the *cūḍākaraṇam* also has four vessels filled *vrīhiyavair tilamāṣair iti*, but they are not defined to constitute the *sarvauṣadhi-*. This term occurs first in GGS 3,2,30 (learning the *mahānāmnī* verses), where the commentator Bhaṭṭa Nārāyaṇa includes three further plants in his enumeration: *tāś ca vrīhiśālimudgagodhūmasarṣapayavatilākhyāḥ sapta.*

vrīhi===ṣadham // oṣadhīnāṃ samūham auṣadham / sarvauṣadhaṃ *vrīhiyavatilamāsās sarvauṣadham* iti śiṣṭā[s] smaranti /
vrīhiyavatilamāṣai[s] sphāṇṭam iti laghu kasmān noktam (cf. JGS 1,10,10) / anyatrāpi sarvauṣadhicodanāyām eteṣāṃ grahaṇārtham //

JGS 1,10,12.
āyam agāt savitā kṣureṇa- iti
kṣuram ādatte

Note: The pratīka *āyam agāt* is quoted several times in Bh on JGS 1,10,31.

āya===datte // *āyam agād* ityādinā mantreṇa kṣuram ādatte /
anantaram sarvatra mantraṃ paṭhyate / asya pr̥thak pratīkagrahaṇakāraṇan na naḥ pratibhāti / *deva savitar* (JGS 1,3,10-11) ity atraiva tu kiñ cid uktam / tat sarveṣv evaṃvidheṣu tulyam //

JGS 1,10,13.
āyam agāt savitā kṣureṇa
viśvair devair anumato marudbhis
sa naś śivo bhavatu viśvakarmā
yūyaṃ pāta svastibhis sadā na iti

Note: The pratīka *āyam agāt* is quoted several times in Bh on JGS 1,10,31.

āya===iti //

JGS 1,10,14.
uṣṇena vāya udakenehi- ity
udakam ādatte

uṣṇe===datte // kṣuraṃ savye nidhāya dakṣiṇenodakam ādatte //

JGS 1,10,15.

uṣṇena vāya udakenehy
aditiḥ keśān vapatv iti

uṣṇe===tviti //

JGS 1,10,16.

āpa undantu jīvasa iti
dakṣiṇaṃ keśāntam abhyundyāt

āpa===bhyundyāt // tenodakena dakṣiṇaṃ keśāntapradeśam anena yajuṣā kledayet / śiraso dakṣiṇāvadhe ruhān keśān mūleṣu kledayet //

JGS 1,10,17.

āpa undantu jīvase dīrghāyuṣṭvāya varcasa iti

āpa===iti //

JGS 1,10,18.

tasmiṃs tisro darbhapiñjūlīr upadadhāty ekāṃ vā

tasmin===kāṃvā // tasmin keśānte tisro vā darbhapiñjūlīr ekāṃ vopadadhāti nyasyati / darbhapiñjūlī nāma darbhayugalam avimuktamūlapradeśam //

JGS 1,10,19.

dhārayatu prajāpatir iti
dhārayet

dhāra===yet // katipayān keśān sadarbhapiñjūlīkān savyena dhārayet //

JGS 1,10,20.

dhārayatu prajāpatiḥ punaḥ punas suvaptavā iti

dhāra===iti //

JGS 1,10,21.

ūrdhvan trir ādarśena spr̥ṣṭvā
yena dhātā- iti
kṣureṇa cchindyāt

ūrdhva===cchindyāt // dhāritān ādarśenonmr̥jya *yena dhātā-* iti mantreṇa cchindyāt / yathā ca kṣuro darbhapiñjūlīṃ hitvā[4] keśeṣu nipatet tathā samīheta //

[4] *hitvā* M, K : *chitvā* P, A, T.

JGS 1,10,22.

yena dhātā bṛhaspater agner indrasya cāyuṣe 'vapat
tena ta āyuṣe vapāmi suślokyāya svastaya iti

yena===iti //

JGS 1,10,23.

yena tat prajāpatir marudbhyo gṛhamedhibhyo 'vapat
tena ta āyuṣe vapāmi suślokyāya svastaya iti

yena bhūyaś carāty ayam jyok ca paśyāti sūryam
tena ta āyuṣe vapāmi suślokyāya svastaya ity eva
paścāt tathottarataḥ

Note: *ayam* quoted in Bh on JGS 1,10,32. === The JGMP omits the third *cchedanamantra.*

yenatat===rataḥ // iha tathāśabdas samuccaye / yathā *varuṇo 'ṃśo bhagas tathā* (Mahābhārata 1,114,55) *utpattiṃ pralayan tathā-* (Skanda-Purāṇa 5,7) iti / ābhyāṃ mantrābhyām eva paścāt tathottarato dviś chindyāt / sakṛd ādatte / tenaiva kṣureṇa cchedatrayasya śaktatatvān na kṣurādānam āvartate //

JGS 1,10,24.

pratimantraṃ keśāṃś ca darbhapiñjūlīśeṣāṃś ca-
ānaḍuhe gomaye 'bhūmispṛṣṭe nidadhyāt

prati===dadhyāt // iha mantraśabdena mantraguṇakañ chedanaṃ lakṣyate / dṛṣṭā hi guṇena guṇino lakṣaṇā / yathā pāṇigrahaṃ *somapa* iti / cchinnagṛhītān keśān darbhapiñjūlīkhaṇḍāṃś ca bhūmāv apatitān anaḍuhaḥ purīṣe 'bhūmispṛṣṭe nidadhyāt //

JGS 1,10,25.
brāhmaṇasya purastāt

brāhma===rastāt // brāhmaṇasya jaṭāḥ kurvan purato 'sya darbhapiñjulīśeṣān nidadhyāt //

JGS 1,10,26.
paścād itarayor varṇayoḥ

paścā===rṇayoḥ // kṣatriyavaiśyayoḥ paścān nidadhyāt //

JGS 1,10,27.

yat kṣureṇa- iti
nāpitāya kṣuraṃ prayacchet

yatkṣu===yacchet //

JGS 1,10,28.

yat kṣureṇa manmalā vaptrā vapasi nāpita-
aṅgāni śuddhāni kurv āyur varco mā hiṃsīr nāpita- iti

Note: *kṣureṇa manmalā* with JGMP and Caland's ms. M2 : *kṣureṇa mamlā* Caland's ed. with ms. B : *kṣureṇāmamlā* ms. M1. – *vaptrā* : *vaptā* JGMP.

yatkṣu===teti //

JGS 1,10,29.

yathaiṣāṃ gotrakalpaḥ kulakalpo vā

yathai===lpovā // yathaiṣām asya vaṃśyānāṃ gotrakalpaḥ kulakalpo vā vyavasthito jaṭākaraṇe tathā nāpitam ājñāpayet / gotram ity atra ye pravare śrūyanta ṛṣayas te kīrtyante / tadāśritaḥ kalpo gotrakalpaḥ / *ekārṣeyāṇām ekā cūḷā tryārṣeyāṇān tisraḥ pañcārṣeyāṇāṃ pañca-* iti / kulenāśritaḥ kalpaḥ kulakalpaḥ / kumārasya pūrvajair ācarita ity arthaḥ / gotrakalpavirodhenāpi hi keṣu cit kuleṣu niyatasaṃkhyāś cūḷā dṛśyante / yathāsmākaṃ pārāśaryāṇām api tryārṣeyāṇāṃ satāṃ pañca cūḷā iti kule smaryate / tathāpi vikalpavacanāt tisro vā pañca vā kartavyāḥ / tathā bahūnām anekārṣeyāṇām ekaiva madhye cūḷā dṛśyate / tair api yathāgotrakalpāśrayaṇena tisro vā pañca vā yathāgotraṃ kartavyāḥ kulāgatā vaikaiva / yeṣān tu gotrānurodhenaiva cūḷāsaṃkhyānaṃ kule 'py ācaryamāṇan dṛśyate yathā jāmadagnyānām ajānām it teṣān na vācyam asti //

Note: The source of the quote *ekārṣeyāṇān ... pañca* could not be traced, but cf. BGS 2,4,17 *athainam ekaśikha triśikhaḥ pañcaśikho vā yathaivaiṣāṃ kuladharmas syāt* 18 *yathṛṣi śikhāṃ nidadhātīty eke.* Haradatta Miśra commenting upon *yatharṣi* in ĀpGS 1,16,6 says: *yāvanta ṛṣayo yasya pravare tāvatīś śikhāḥ karoti tryārṣeyasya tisraḥ pañcārṣeyasya pañceti.* – The Parāśaras have a three-ṛṣi pravara: Vāsiṣṭha, Śāktya, Pārāśarya (Puruṣottama-Paṇḍita's *Gotrapravaramañjarī* translated by J. Brough 1953:176). The Jāmadagnya-Vatsas have a five-ṛṣi pravara (Bhārgava, Cyāvana, Āpnavāna, Aurva Jāmadagnya) or a three-ṛṣi pravara (Bhārgava, Aurva, Jāmadagnya); the Ajās have a three-ṛṣi pravara (Vaiśvāmitra, Mādhucchandasa, Ājya) (Brough 1953:84 and 151).

JGS 1,10,30.

āplute prāyaścittīr juhuyāt

āplu===huyāt // niṣṭhite vapanakarmaṇi kumāra āplute snāte prāyaścittāhutīr juhuyāt / *sapavitram* (JGS 1,4,1) ityādi prāyaścittaṃ kuryād ity arthaḥ /

snānānantaraṃ *sapavitram* (JGS 1,4,1) ityādeḥ prakṛtitaḥ prāpter idaṃ vākyam anarthakam / nānarthakaṃ vakṣyamānasya mūrdhārambhajapasya (JGS 1,10,33) prāyaścittāhutibhyaḥ paratrabhāvārthatvāt / asmin hi vākya asati *sapavitram* ityādeḥ pūrvam eva mūrdhārambhajapaḥ prasajati //

JGS 1,10,31.
āvr̥taiva striyāḥ kuryād amantram

āvr̥===mantram // āvr̥t kriyākrama itikartavyatā / āvr̥taiva striyā jatāḥ kuryāt /

kayāvr̥tā / yeyaṃ puṃsa uktā tayā / evañ ced *evam eva striyāḥ kuryād* iti vaktavyam / naiṣa doṣaḥ / na hi na ācāryāś śiṣyāḥ / ubhayaṃ hi granthato 'rthataś ca tulyam eva-*āvr̥taiva-* iti / yathā puṃsas tathaiva prasaṅga idam ucyate / ayam apavādo mantravarjaṃ kuryāt /

kiṃ homamantrā apy utsīdanti / neti brūmaḥ / na hy amantraṃ hotuṃ śakyam / dravyaṃ hi yathā devatayā saṃbadhyeta tathāgnau prakṣiptaṃ hutaṃ bhavati / mantraśaktiś ceyaṃ yad dravyan devatām upaiti /

yady evan *tūṣṇīm uttarām* (JŚS 18,3; 20,19; JPA 38,4) ityādiṣu doṣaḥ / na kaś cid doṣaḥ / *juhoti-* (JŚS 18,2; 20,17; JPA 38,3) iti hi tatrānuvartate / tathā ca sati tūṣṇīṃhomavidhānam anyathā nopapadyata iti kr̥tvā vināpi mantreṇa kā cid devatā paravacanāt (ĀśvŚS 2,3,19) prajāpatir eva vā śakyaḥ kalpayitum / yadi cehāpi tadvat kevalahomaviṣayam evāmantratvam avyadhāsyata tadvad evābhaviṣyat / dvividhās tv atra mantrā homamantrāś ca vyāhr̥tivirūpākṣā (JGS 1,10,8.12) *āyam agād* (JGS 1,10,12-13) ityādayaś ca vapanamantrāḥ / tatra vapanamantranivartanād api vacanasyārthavatve kṣīṇaśaktitvād arthāpatter nāmantro homaś śakyaḥ kalpayitum / tasmās *āyam agād* (JGS 1,10,12-13) ityādaya eva mantrā anena nivartyante /

evañ ced amantratāvidhānād eva siddher *āvr̥tā-* ity anarthakam / nānarthakaṃ striyā api homaprāpaṇārthatvāt / yadi hi *striyāḥ kuryād amantram* ity etāvad evocyeta yat kevalajaṭākaraṇasaṃsparśīkṣurādānādi tad eva striyā vihitaṃ syāt /

nanu *jaṭāḥ kurvīta-* (JGS 1,10,1) iti vidhivākye puṃgrahaṇābhāvāt striyā api yathāvihitaprasaṅge kṣurādānādimantranivartanārtham etat syād *amantram* iti / naivam iṣyate / jaṭākaraṇaṃ hīdam upanayanavad adr̥ṣṭārthan na tu dr̥ṣṭārthan nāmakarmaprāśanakarmavat / *kumāre jāta* (JGS 1,7,1) ityādi ca kumāragrahaṇam anuvr̥ttam / tathāpi tu nāmakarmaprāśanakarmāṇi dr̥ṣṭārthatvāt striyā api syātām / jaṭākaraṇan tv anuvr̥tteḥ kumārasyaiva prāptam *āvr̥taiva striyāḥ kuryād* iti striyā api yathāvidhi prāpitaṃ sad *amantram* ity ukter *āyam agād* (JGS 1,10,12-13) ityādimantravarjam ity uktena nyāyena saṃpadyate //

Note: ĀśvŚS 2,3,19 *prajāpatiṃ manasā dhyāyāt tūṣṇīṃhomeṣu sarvatra* is quoted in Bh on JŚS 12,3: 66,9-10 and JŚS 16,11: 58,7-8 as *paravacana*.

JGS 1,10,32.
samantrañ cet paścāj juhuyāt

Note: The whole sūtra 1,10,32 is quoted in Bh on JGS 1,10,9.

sama===huyāt // ayam aparaḥ kalpa[s] striyā eva / samantraṃ kuryāc cej jaṭākaraṇasya paścāt pradhānāhutīr juhuyāt / prāk pradhānebhyaḥ kr̥tvā tadanantaram udakānayanādikarmāplutyantam avikr̥tan nirvartya pradhānāhutīr hutvā *sapavitram* (JGS 1,4,1) ityādi kuryād ity arthaḥ /

asmin pakṣe virūpākṣahavanam (JGS 1,10,8) utsīdati / tasyokto hetuḥ (Bh on JGS 1,10,9) /

tr̥tīye cchedanamantre śabdo 'sty *ayam* (JGS 1,10,23) iti / sa kumārasamavāyī cet striyām ūhitavyam / na tv asau tatprakāra ity uparitanena padena kumārasamavāyinā virodhaprasaṅgān na ca tatprakāra iva[5] *yena bahutaram ayañ carāti cirañ ca paśyāti sūryam* (cf. JGS 1,10,23) iti cirajīvitāśāsanasya kumāre susampannatvāt / tato 'yaṃ sandehaviṣayaḥ / evañ ca saty anūhaṃ śreyān anarthavādāt / uktañ ca kaiś cid anūhyapadānukramaṇe *codanāsandehe ca-* (ŚŚS 6,1,7) iti / *yathāmnātam* (ŚŚS 6,1,6) iti pūrvam asti / tenāsya sambandhaḥ //

Note: The third mantra in JGS 1,10,23 (*yena bhūyaś carāty ayam jyok ca paśyāti sūryam*) is quoted inexactly (in the beginning) by Bhavatrāta: *yena bahutaram ayañ carāti*, the rest of the mantra quotation is corrupt in the mss.[6]

JGS 1,10,33.
athāsya mūrdhānam ārabhya japati
triyāyuṣaṃ kaśyapasya jamadagnes triyāyuṣaṃ
yad devānān triyāyuṣan tat te astu triyāyuṣam iti

Note: SMB 1,6,8 (quoted pratīkena in GGS 2,9,20) is otherwise similar but adds *agastyasya tryāyuṣam* to the first half. All the other parallels to this mantra (and ms. B in Caland's ed.) also have *tryāyuṣam*, but *triyāyuṣam* is the Jaiminīya reading, as it is in the mss. also in JUB 4,3,1, where the first half of this mantra is found.

athā===miti // prāyaścittahomānantaram asya mūrdhānam ārabhyedaṃ yajur japet / tato *yathāstīrṇan darbhān* (JGS 1,4,11) ityādi //

JGS 1,10,34.
dhānyapalve goṣṭhe vā keśān nikhanet

Note: Caland's ed. has *-palvale* without variants; the dictionaries record only the deminutive *palvala-* n. 'small pond or tank'. But from Bhavatrāta's commentary it is clear he had in the text *-palve.*

dhānya===khanet // palvam iti nimnaṃ samatalaṃ kṣetram ucyate / dhānyasambandhi palvan dhānyapalvam / prasiddhaś ca dhānyakṣetrayos sambandhaḥ pākanimittaḥ / dhānyapalve goṣṭhe vā keśān nikhaned avagūhet kaś cit karmakaraḥ //

JGS 1,10,35.
kuśalīkartā pūrṇapātrāṇi haret

kuśa===haret // kuśalīkarmāyuṣyakarmeti / kṣurakarmaṇi prasiddhidarśanāt kuśalīkartā nāpitaḥ / sa pūrṇapātrāṇi haret /
ke cit *kuśalī-* iti pūrvavākyāntaraṃ kurvanti / kuśalī nikhanet / kuśala apramādī nikhaned iti / tataḥ *kartā pūrṇapātrāṇi hared* iti / kartā ācārya iti / na tv etad yuktaṃ kuśala ity

[5] *na cātatprakāra iva me* mss.
[6] *caryyam* A, *caryyā ciraṅ ca paśyāt sūryyam* K, *caryyād dhiraṃyaṃ paśyāt sūryyam* M, *caryyāc ciraṅ ca paśyāt sūryyam* P, T.

asminn arthe kuśalī- ity aprasiddheḥ *pūrṇapātram upanihitam / sā dakṣiṇā-* (JGS 1,4,22) iti prākṛtād eva vidheḥ pūrṇapātrāṇām ācāryaprāpitatve siddhe punarvidhānānarthakyāc ca / tasmād uktavad eva sādhv asti /

pareṣāṃ vacanan *nāpitāya pūrṇapātrāṇi-* iti //

Note: *nāpitāya pūrṇapātrāṇi* could not be traced, but this is likely to be corrupted from what probably originally stood in Bhavatrāta's text: *nāpitāya dhānyapātrāṇi* (ŚGS 1,28,24 = KauṣGS 1,21,22). Cf. also ĀgnivGS 2,2,5: 54,13-14 *sarpiṣmantam odanaṃ nāpitāya prayacchati.*

JGS 1,10,36. gaur dakṣiṇā

gaur dakṣiṇā // ācāryāya gaur dīyeta //

JGS 1,11. (upanayanam)

JGS 1,11,1. saptame brāhmaṇam upanayeta

Note: *upanayeta* in accordance with Bhavatrāta's pratīka and commentary and text ms. M2 : *upanayīta* Caland with M1 : *upanayate* B.

sapta===yeta // janmanas saptame saṃvatsare brāhmaṇam upanayeta /

kutaḥ punas *saṃvatsara* ity evādhyāhāryate na punar *divase 'rdhamāse* vā *māsa ṛtāv* iti / yatas tṛtīye saṃvatsare jaṭākaraṇaṃ vidhāya- (JGS 1,10,1) upanayanaṃ vidadhāti / yadi hi *divasa* ityādiṣu kasya cid adhyāhāram ācāryo 'bhipreṣyat pūrvam evopanayanaṃ vyadhāsyat / jātakarmanāmakarmaṇor anyatarasya parastāt prāśanakarmaṇo vartupakṣe kriyākramānurodhenaiva hi vidhātun nyāyyam / asati virodhahetau tathaivācāryeṇa kriyate / tasmāt *saṃvatsara* iti yuktam adhyāhartun na *divasa* ityādi /

yady eva mā bhūd *divasa* ityādi *ayana* iti bhavatu / tatra pratisaṃvatsaram ayanadvayagamanāj jaṭākaraṇottarakālam eva saptama upanayanam iti na kaś cid virodhaḥ /

evañ ced anyathā varṇyate / anuvartate *saṃvatsara* iti / kuta iti cet *tṛtīye saṃvatsare jaṭāḥ kurvīta-* (JGS 1,10,1) iti /

nanu bahavaḥ kālaviśeṣā jaṭākaraṇe śrutāḥ *tṛtīye saṃvatsare* (JGS 1,10,1) *udagayane pūrvapakṣe puṇye nakṣatre-* (JGS 1,10,3) *aparāhṇa* (JGS 1,10,4) iti / tatra kathañ jñāyate *saṃvatsara* ity anuvartate nānyad *udagayana* ityādīti / atra brūmaḥ / nātra kevalaṃ *saṃvatsara* ity eva sarvam apy anuvartata *udagayane pūrvapakṣe puṇye nakṣatra* iti na tv *aparāhṇa* iti / kuta etat / pṛthaggrahaṇāt / *puṇye nakṣatre 'parāhṇa* iti nyāse kartavye *svasti vācyāparāhṇa* (JGS 1,10,4) iti kālaviśeṣavacane 'py ucchidya pṛthag aparāhṇasya vacanād ity arthaḥ / tasmād *aparāhṇa* (JGS 1,10,4) iti nānuvartate /

kiṃ punar jaṭākaraṇasaṃbandhānāṃ kālaviśeṣāṇām atrānivṛttau kāraṇam / idam eva kāraṇaṃ yad *aparāhṇa* (JGS 1,10,4) pṛthag gṛhyate / yadi sarvaḥ kālavacanaśabdo nānuvartetāparāhṇasyānuvṛttiniṣedhārthaṃ pṛthagvacanam ayuktam eva syāt / tato 'nyeṣāṃ kālaviśeṣavacanānām anuvṛttir apy aparāhṇasya pṛthaggrahaṇād eva sidhyati / tata idaṃ siddham / saptame saṃvatsara udagayane pūrvapakṣe puṇye nakṣatra upanayanam iti /

kṣatriyavaiśyayoḥ kālāntaravidhānāt (JGS 1,11,4-5) pāriśeṣyād eva saptamasya brāhmaṇaviṣayatvasiddhe *brāhmaṇam* ity anarthakam / nānarthakam uttaravidhyarthatvāt / yadi hy atra *brāhmaṇam* iti na syāt kāmasaṃbandhāv uttarau vidhī (JGS 1,11,2-3) sarvaviṣayau syātām / tad atra brāhmaṇagrahaṇena nivartyate /

evañ ced atra brāhmaṇagrahaṇam akṛtvā *pañcame brahmavarcasakāmaṃ brāhmaṇam* iti vaktavyam / naivam iṣṭaṃ sidhyati / evam api hy āśaṅkyeta / *saptama upanayeta-* iti sarvārtham *ekādaśe kṣatriyam* (JGS 1,11,4) āyuṣkāman *dvādaśe vaiśyam* (JGS 1,11,5) āyuṣkāmam iti / atra punar brāhmaṇagrahaṇaṃ kriyamāṇaṃ siddham evārtham anuvadad avatiṣṭhate na cānyam arthavirodhañ janayati / uttaratra copakaroti / tasmād acodyam etat //

JGS 1,11,2.
pañcame brahmavarcasakāmam

pañca===kāmam // brahmavarcasaṃ kāmayata iti brahmavarcasakāmaḥ /

kiṃ punar brahmavarcasan nāma / brahmeti sarvasmāt paraṃ vastu / paramātmā maheśvara ucyate / tatprāptyarthaṃ yad varcas tejo vīryaṃ jñānakarmābhyāsasvarūpan tat brahmavarcasam / brahmavarcasakāmaṃ brāhmaṇaṃ pañcame saṃvatsara upanayeta /

nanv idaṃ brahmavarcasakāmatvan traividyavṛddheṣv api katipayeṣv eva labhyamānam aparipūrṇapañcavarṣe mugdhātmani nāsmin kumāre saṃbhavati / satyam etat / yas tu pitānyo vā kumārasya hitaparas tenāyam *idaṃ brahmavarcasan nāma tat tvaṃ kāmayasva-* ity anuśiṣṭaḥ kāmayata eva /

atha vā yasya brahmavarcasaṃ syād iti pitā kāmayate tadarhañ cainaṃ pravartayati tasmin kumāre brahmavarcasakāmaśabdo 'yaṃ gauṇo 'pi jñātavyaḥ / tasmād adoṣaḥ /

kiṃ punaḥ pūrvasmin vākye brāhmaṇagrahaṇaṃ kṣatriyavaiśyavākyābhyām asya tulyārtham asandehārthaṃ prakalpya varṇatrayaviṣayataivāsya vidher na kalpyate / atra brūmaḥ / anarthakam ity ucyate yat pravṛttau viśeṣan na janayati / atra ca *saptama ... upanayeta-* (JGS 1,11,1) ity adhikṛte *brāhmaṇam* (JGS 1,11,1) iti sidhyatītarayoḥ kālāntaravidher (JGS 1,11,4-5) ity uktam / kin tu mandabuddhyanugrahārtham apīdṛśam adhikaṃ parihartuṃ śakyam / tathāpi tu brahmavarcasakāmasaṃbandhārthaṃ pravṛttiviśeṣakaratvāj jyāya iti kṛtvoktam / asti ca manuvacanaṃ *brahmavarcasakāmasya kāryaṃ viprasya pañcama* (Manu 2,37a) iti //

JGS 1,11,3.
navame tv āyuṣkāmam

nava===ṣkāmam // atrāpi *brāhmaṇam* ity evānuvartayitavyam /

aparaṃ matam / āyuṣi sarveṣām abhilāṣas tulyo brahmavarcase tu brāhmaṇasya viśeṣo 'sti / tasmāt pūrva eva vidhir brāhmaṇārtho 'yan tu vidhis sarvārthaḥ / pūrvasmāc ca vidher asya bhinnaviṣayatvajñāpanārthan tuśabdaḥ prayukta iti //

JGS 1,11,4.
ekādaśe kṣatriyam

ekā===triyam // ayan tv akāmasaṃbandhaḥ kṣatriyasya kālavidhiḥ //

JGS 1,11,5.
dvādaśe vaiśyam

dvāda===vaiśyam //

JGS 1,11,6.
nātiṣoḍaśam upanayeta
prasṛṣṭavṛṣaṇo hy eṣa vṛṣalībhūto bhavatīti

nāti===tīti // atikrāntaṣoḍaśavarṣam ity atiṣoḍaśam / atiṣoḍaśam puruṣan nopanayeta / asyātiṣoḍaśopanayanasyātyantavivarjanārthaṃ hetupratipādako vākyaśeṣaḥ / atiṣoṣaśas sann eṣa kumāraḥ prasṛṣṭavṛṣaṇo bhavati yathā ca bhavad vṛṣalībhūtaś śūdrībhūto bhavati / itiśabdo hetau / asmād dhetos tan nopanayeta /

nanu ca hiśabdo 'pi hetuvacano 'trāsti / asti / ubhayos tv evaṃ yojanā / upanayanāt pūrvaṃ prasṛṣṭavṛṣaṇatāsya vṛṣalībhāve hetur iti hiśabdād avagamyate vṛṣalībhāvasya punar anupanayane hetutvam itiśabdāt / prasṛṣṭavṛṣaṇatvād eṣa vṛṣalībhūto bhavati / tasmād enan nopanayetety arthaḥ / ata eva ca jñāyate / yady asaṃbhavvat pramādād vā vihitakālātikrama[s] syād āvaśyakānāṃ karmaṇān tataḥ parasminn api yāvatsaṃbhavan tatsannihite kāle kartavyāny eva tāni nānādartavyānīti //

JGS 1,11,7.
tata enaṃ snātam alaṃkṛtam āktākṣaṃ kṛtanāpitakṛtyam ānayanti

tata===yanti // homañ codayiṣyaty *anvārabdhe juhuyād* (JGS 1,11,13) iti / tatra- *eṣā homāvṛt sarvatra-* (JGS 1,3,41) iti sarvan tantraṃ prāptam / tatredaṃ sarvasmāt purastād eva karmaṇi sannidhānārthaṃ kumārasyānayanañ codyate / *tata* ity atrādhikārārtho 'thaśabdavat / ākte akṣiṇī asyeti āktākṣaḥ / kṛtyā kriyā / nāpitasya kṛtyā nāpitakṛtyā / kartari ṣaṣṭhī / nāpitena kartavyā kriyā kriyāvacanam ity arthaḥ / kṛtā nāpitakṛtyāsyeti kṛtanāpitakṛtyaḥ / atha vā kṛtyaṃ kartavyam / nāpitena kṛtyan nāpitakṛtyam / kṛtan nāpitakṛtyam asyeti kṛtanāpitakṛtyaḥ / tataḥ kumāraṃ snātam alaṃkṛtam āktākṣaṃ kṛtanāpitakṛtyaṃ homadeśam ānayanti /

nanv asya kṛtavapanasya snānādi / kim ataḥ / *kṛtanāpitakṛtyaṃ snātam* iti nyāsaḥ kāryaḥ / naiṣa doṣaḥ / ekavākyasthānaṃ hi padānām uccāraṇakramo na kva cid arthanirṇaye pravṛttiviśeṣañ janayituṃ śaknoti / yathā *devadatta[s] snātvā bhuṅkte* / *bhuṅkte snātvā-* iti codanādvaye tulyam eva pratijānanti snānapūrvakaṃ bhojanam iti tadvad atrāpi *kṛtanāpitakṛtyam* iti paścād uccaryamāṇasyāpi sato 'rthataḥ prāktano bhavati /

atha vā śrūyamāṇenaiva krameṇa snānādi pravartya taṃ snātam alaṃkṛtam āktākṣaṃ santaṃ vāpayet / tataḥ *kṣurakarmaṇi snāyād* (source?) iti dharmavacanasiddham atra coditam api snānam kārayitvānayeran //

JGS 1,11,8.
tam ahatena vāsasā paridadhīta
parīmaṃ soma- (JGS 1,11,9) iti
yathāvarṇam

Note: JGS 1,18,25 omits *yathāvarṇam* but is otherwise identical with this sūtra.

tama===varṇam // ānītaṃ kumāram uttaratra sthitam agnim ātmānañ cāntareṇa prapādya dakṣiṇatas sannidhāv āsayitvā bhūmyāraṃbhajapādi vyāhr̥tihomāntaṃ (JGS 1,1,32 — 1,3,22) karoti / tadanantarapravr̥ttikāryajātam idamādi kathyate / taṃ kumāram ahatenānupabhuktapūrveṇa vāsasā paridadhīta pariveṣṭayet *parīmaṃ soma-* iti tribhiḥ paṭhiṣyamāṇair (JGS 1,11,9) mantrair varṇakrameṇa /

nanu vastraparidhāne kumāram ācāryaḥ pravartayati / satyam etat / evañ cet *tam ahataṃ vāsaḥ paridhāya-* iti vaktavyam / naivaṃ sidhyati / mantrasya vaktā kumāra ity āśaṅkyeta / yathā *brahmacāriṇaṃ vyāhr̥tibhis samidha ādhāpayed* iti (cf. JGS 1,11,36-38) / tannivr̥ttyartham itthaṃ kr̥tam / tatrānekārthatvād dhātūnāṃ veṣṭayater arthe paridadhāteḥ pravr̥ttim abhyupagamyoktavad eva vyākhyeyaṃ paridadhīta pariveṣṭayed iti / yathā- *athainām vāsasā paridadhāti-* (source?) iti //

JGS 1,11,9.

parīmaṃ soma brahmaṇā mahe śrotrāya dadhmasi
yathemañ jarimā ṇa yāj jyok śrotre adhi jāgarāj
jīvāhi śaradaś śataṃ paśyāhi śaradaś śatam iti

parīmam indra brahmaṇā mahe rāṣṭrāya dadhmasi
yathemañ jarimā ṇa yāj jyog rāṣṭre adhi jāgarāj
jīvāhi śaradaś śataṃ paśyāhi śaradaś śatam iti

parīmaṃ poṣa brahmaṇā mahe poṣāya dadhmasi
yathemañ jarimā ṇa yāj jyok poṣe adhi jāgarāj
jīvāhi śaradaś śataṃ paśyāhi śaradaś śatam iti

Note: The JGMP omits the variants for the kṣatriya and the vaiśya.

parī===miti // itikaraṇatrayaṃ mantrāvadhijñānārtham //

JGS 1,11,10.

athainaṃ paścād agneḥ prāṅmukham upaveśya yajñopavītinam ācārya ācāmayati

Note: *ācārya ācāmayati* quoted in Bh on JGS 1,20,7. – Cf. JGS 1,1,9 nitye yajñopavītodakācamane, and 1,1,27 paścād agner ācamanam.

athai===yati // atha kumāraṃ parihitavastraṃ paścād agneḥ prāṅmukham upaveśya yajñopavītavantam ācāryaḥ kr̥tvā yathākramam ācāmayati /

kiṃ punar idaṃ yajñopavītan nāma yadvān ayaṃ kriyate / atra brūmaḥ / prasiddham idaṃ loka *idaṃ yajñopavītam iyam asyākr̥tir idañ cāsya sthānam* iti prasiddhānāñ ca vacane 'tiprasaṅga[s] syād iti matvācāryo na yajñopavītasya prapañcam ācaṣṭe / yathā pūrvasminn eva vākye (JGS 1,11,8) vastrasyānyatra ca samitsruvacarupr̥ṣadājyamekhalādīnām / tasmād acodyam etat /

ācāryagrahaṇam anarthakam / nānarthakam ācārya evopanayeta na pitā bhrātā vety evamarthatvāt / evañ ced ādāv eva vaktavyam adhastane vā vākye / satyam etat / atratyānān tu saṃskārāṇāṃ yajñopavītopavyānasya prādhānyajñāpanārtham atraivācāryagrahaṇaṃ kr̥tam / tena kiṃ sidhyati / jyotiṣavidhānād upanayanaṃ praty upāditsitasya muhūrtasya yajñopavītavelāprayāsaṃ pratipādanam /

aparan darśanam / ācāryaśabdo 'yan nācāryavacanaḥ / ācarater ṇijvato lyabantasyaitad rūpam ācāryeti / savarṇadīrghābhāvasyeha tu lakṣaṇaṃ mr̥gyam / kr̥ta eva vāsāv ācāryeṇa pramādād adhyetr̥bhir vināśitaḥ / tatrāyam ācarati karotyarthe dr̥śyate / kr̥ṣim ācarati vāṇijyam ācaratīti / tato 'yam arthas sidhyati / yajñopavītinam ācārya yajñopavītinaṃ kārayitvācāmayatīti //

JGS 1,11,11.

ācāntam utthāpya-
uttarato 'gneḥ prāco darbhān āstīrya
teṣv akṣatam aśmānam atyādhāya
tatrainan dakṣiṇena pādenāśmānam adhiṣṭhāpayed
imam aśmānam āroha-
aśmeva tvaṃ sthiro bhava
dviṣantam apabādhasva
mā ca tvā dviṣato vadhur iti

Note: Cf. JGS 1,20,7 upanayanāvr̥tāśmānam adhiṣṭhāpayet strīvat. — The text mss. here have *mā ca tvā dviṣato vadhīd iti*, JGMP likewise except *tvāṃ* for *tvā*, and Caland correctly notes that *dviṣato* instead of *dviṣan* is corrupt. Bhavatrāta's pratīka in all mss. reads *ācā===riti*: his text apparently read *vadhur* instead of *vadhīd*, in which case *dviṣato* is correct: 'Let not the enemies slay you!'

ācā===riti // ācāntam enam utthāpyāgner uttarataḥ prāgagrān darbhān āstīrya teṣv akhaṇḍam aśmānam atyādhāya tatra nītvainan dakṣiṇena pādenāśmānam anena mantreṇādhiṣṭhāpayet / *tatra-* iti samīpaṃ gatvā samyag adhiṣṭhāpanārtham / itarathā hi dūrasthe 'śmani[7] prasāritapādo yathā kathañ cid adhitiṣṭhet / dvitīyam aśmagrahaṇaṃ prasiddhāśmagrahaṇārtham / prasiddhāśmātra sannidhānalakṣaṇagrahaṇaṃ karmaṇi / tasmād atra dr̥ṣad upādeyā / upalā tu cañcalasvabhāvā- *aśmeva tvaṃ sthiro bhava-* iti mantraliṅgoparodhāt sā na gr̥hyate / paraiś coktan *dr̥ṣadaśmānam* (cf. ĀśvGS 1,7,3 *dr̥ṣadam aśmānam*) iti //

JGS 1,11,12.

athainaṃ paścād agneḥ prāṅmukham upaveśya-
uttarata ācāryaḥ

athai===cāryaḥ // atha kumāraṃ paścād agneḥ prāṅmukham upaveśya tasyottarata[s] svayam upaviśaty ācāryaḥ //

[7] *dūrasthe 'śmani* emended : *dūrasthe hi* M, K, P : *dūrasthe tihi* A : *dūrasphani* T.

JGS 1,11,13.
anvārabdhe juhuyāt

Note: This sūtra is quoted in Bh on JGS 1,11,7.

anvā===huyāt //

JGS 1,11,14.
mahāvyāhr̥tibhir hutvā vedāhutibhiś ca

mahā===bhiśca // mahāvyāhr̥tibhir hutvā vedāhutibhir juhoti /

cakāro 'narthakaḥ / nānarthako vedāhutibhir *āsya* (JGS 1,11,15) iti kalpanāyā nivartanārthatvāt /

kāḥ punar vedāhutayaḥ / vedebhya āhutayo vedāhutayaḥ / tatra trayo vedā r̥gvedo yajurvedas sāmaveda iti /

nanv atharvavedo 'sti / satyam asti / tathā hi / *r̥gveda evāgner yajurvedo vāyos sāmaveda ādityād* (JB 1,357: 148,4; JUB 3,15,7) iti / *sa yāñ jāyamāno vācam avadat sa eva trayo vedo 'bhavad* (JB 3,361: 504,13-14) iti / *atha kena brahmatvaṃ kriyata ity anayā trayyā vidyayā-* (JB 1,358: 148,26-27) iti / *tat trayo vedā anvasr̥janta-* (source?) iti ca vedeṣu kīrtyamāneṣv aparigr̥hītatvād atrāpi vedatrayam eva grāhyam / tasmād *r̥gvedāya svāhā / yajurvedāya svāhā / sāmavedāya svāhā-* iti juhuyāt //

Note: The three vedāhuti-mantras are given in the JGMP.

JGS 1,11,15.
saṃpātam āsye *bhūr r̥ca[s] svāhā-* (JGS 1,11,16) iti pratimantram

Note: *āsye* quoted in Bh on JGS 1,11,14.

saṃpā===mantram // homārtham upāttasya dravyasya sruvāvaśiṣṭo leśas saṃpāta ity ucyate / saptānām āhutīnāṃ saṃpātaṃ kumārasyāsye *bhūr r̥ca[s] svāhā-* ityādyair mantraiḥ pratimantrañ juhoti / pūrvam evāhutīr hutvā kasmiṃś cit pātre sruvam avasrāpayet / atha kumārasya purastāt pratyaṅmukhas tiṣṭhann āsyaṃ vyādāya sruveṇāgnāv iva juhoti /

mantratritvād evārthasiddheḥ *pratimantram* ity anarthakam / nānarthakaṃ ye pr̥thag eva mantrapāṭhaṃ kurvanti nātra teṣāṃ *bhūr r̥ca[s] svāhā-* ity etāvatā sakr̥d eva havanasya prasajato nivartanārthatvāt /

nanu teṣām api mantratrayapāṭhād eva havanatritvaṃ sidhyati / ekasmin saṃpātahavane vihite trayo mantrāḥ pāṭhe dr̥ṣṭā vikalpavr̥ttaya[s] syuḥ / tannivr̥ttaye *pratimantram* ity uktam / yeṣān tu prativākyam ācāryeṇaiva mantrāḥ paṭhyante teṣāṃ vāśabdābhāvād eva vikalpābhāve siddhe *pratimantram* ity adhikaṃ bhavati /

atha vā *pratimantram* iti pṛthag vākyam / kā kriyeti ced āsyāvasaktasyājyasya nigaraṇam arthaprāptam / tatra viśeṣaḥ kathyate / pratimantran nigared iti / tasmād dhute hute nigīrṇe juhuyāt / itarathāpy antata eva nigīryeta //

JGS 1,11,16.

bhūr ṛca[s] svāhā
bhuvo yajūṃṣi svāhā
svas sāmāni svāhā- iti

Note: *bhūr ṛca[s] svāhā* quoted in JGS 1,11,15.

bhūrṛ===heti //

JGS 1,11,17.

prāśitam ācāntam utthāpya
namo vātāya- (JGS 1,11,18) ity
enaṃ pradakṣiṇam agniṃ pari ṇayet

prāśi===ṇayet // *prāśitam* iti kartari / prāśitavantam ācāntam enam utthāpyānena mantreṇāgniṃ pradakṣiṇaṃ pariṇayet / liṅgāt kumāreṇa mantro vaktavyaḥ / *prāśitam* ity anarthakam / nānarthakaṃ sarvaprāśanānta evācamanam ity etadarthatvāt / pratiprāśanaṃ hi śaucārtham ācamanaṃ prasajati //

JGS 1,11,18.

namo vātāya namo astv agnaye
namaḥ pṛthivyai nama oṣadhibhyo
namo vo 'dṛṣṭāya bṛhate karomi

Note: *namo vātāya* quoted in JGS 1,11,17.

namo===romi // itikaraṇābhāve 'py etāvān eva mantraḥ / na hy *adhigantar* (JGS 1,11,19) ityāder artho 'nena samavaiti //

JGS 1,11,19.

adhigantar adhigaccha

Note: *adhigantar* quoted in Bh on JGS 1,11,18.

adhi===gaccha // adhyetar adhīṣety arthaḥ / atha vā prārthanāpūrvam ābhimukhyena gamanam adhigamanam[8] / ubhayathāpi kumāro 'dhigantā / tam agniṃ parītyāvasthitam ācāryaḥ- *adhigantar adhigaccha-* iti preṣyati / mām adhigacchety arthaḥ /praiṣatvād uccair brūyāt //

---

[8] *adhigamanam* emended : *abhigamanam* mss.

JGS 1,11,20.
pradātaḥ prayacchāsāv amuṣmai vedam iti

Note: *pradātaḥ prayacchāsau* quoted in Bh on JGS 2,2,6. — JGMP has only *pradātaḥ prayaccha*, omitting the rest of the mantra.

pradā===miti // idam ācāryam īkṣamāṇaḥ kumāro brūyāt / *asāv* ity atrācāryasya nāma sa.buddhyā nirdiśed *amuṣmā* ity ātmanaś caturthyā / *pradātaḥ prayaccha devadatta kṛṣṇarātāya śarmaṇe vedam* iti //

JGS 1,11,21.
athainaṃ paścād agneḥ prāṅmukham avasthāpya purastād ācāryaḥ pratyaṅmukhaḥ

athai===mukhaḥ // *vedaṃ prayaccha-* iti śiṣyeṇācāryaḥ prārthitas saṃpraty eva vedapradānarūpam ihābhiṣekam[9] ācaritum upakṛtamate / *tiṣṭhati-* ity adhyāhāryam //

JGS 1,11,22.
tāv añjalī kurutaḥ

tāva===rutaḥ // tāv ācāryaśiṣyāv abgrahaṇasamarthāv añjalī kurutaḥ //

JGS 1,11,23.
uttarata ācāryasya

utta===ryasya // ācāryāñjalir upari syāt //

JGS 1,11,24.
tam anyo 'dbhiḥ pūrayet

tama===rayet // tam ācāryāñjalim anyo yaḥ kaś cid adbhiḥ pūrayet / *anya* ity anukte svayam upahṛtyāpi pūraṇam āśaṅkyeta //

Note: *upahṛtyāpi* Mūtti. : *upahatyāpi* Muṭṭa., Adyar : *uhatyāpi* L : *upahutyāpi* Perum.

JGS 1,11,25.
ni[s]srāveṇetarasya pūraṇam

nisrā===raṇam // nīcai[s] sravaṇan ni[s]srāvaṇam / añjaligatānām apān ni[s]srāveṇa śiṣyāñjaleḥ pūra.aṃ kuryāt / idam udakapradānarūpeṇa guror vedapradānapratijñā //

JGS 1,11,26.
athainaṃ saṃśāsti

[9] *ihābhiṣekam* emended : *ihāviśeṣam* all mss.

brahmacaryam āgām
upa mā nayasva- iti

athai===sveti // liṅgād idaṃ kumāreṇa vācyam / tasmād *enam* ity ācāryasyāpadeśaḥ / athācāryaṃ kumāras saṃśāsti codayati prārthayatīty arthaḥ /

nanu śāsir ājñāpanārthaṃ *putraṃ śāsti* / *dāsaṃ śāsti-* iti / satyam etat / atra tu *brahmacaryam āgām* ity *upa mā nayasva-* iti cārthadvayasyāsya nājñāpanarūpatvāt prārthanārūpatvāc ca śiṣyenācāryasyānājñāpyatvāt prārthanārtho 'yam agatyā kalpyate //

JGS 1,11,27.
ko nāmāsi- iti

ko nāmāsīti // ittham ācāryaḥ pṛcchati //

JGS 1,11,28.
asāv iti nāmadheyan dadyāt

asā===ndadyāt // pṛṣṭaḥ kumāro *devadatto viṣṇumitro yajñadatta* iti nāmadheyan dadyād brūyād ācāryāya / praśnānurūpaṃ prativacanañ cikīrṣayā vā *devadatto nāmāsmi-* iti //

JGS 1,11,29.
tatrācāryo japati
hiṃ bhūr bhuva[s] svar
āgantrā samaganmahi pra su mṛtyuṃ yuyotana
ariṣṭās sañcaremahi svasti caratād ayam iti

Note: *mṛtyuṃ* Caland's emendation : *martyaṃ* mss. and JGMP.

tatrā===miti // tatra tasmin kumāre manas samādhāya japati //

JGS 1,11,30.
athāsya dakṣiṇena hastena dakṣiṇaṃ hastaṃ gṛhṇāti-
indras te hastam agrabhīd
dhātā hastam agrabhīt
pūṣā hastam agrabhīt
savitā hastam agrabhīd
aryamā hastam agrabhīn
mitras tvam asi dharmaṇā-
agnir ācāryas tava- iti

athā===veti // athāsya dakṣiṇaṃ hastan dakṣiṇena hastena saṃgṛhṇāty anena mantreṇa / atra mantrāntena karmādisannipātanan nyāyyam api san nākāṅkṣyam *agrabhīd* iti bhūtakālatvāt / ataḥ pūrvam eva gṛhītvā visṛjañ japet //

JGS 1,11,31.

prāṇānāṃ granthir asi- (JGS 1,11,32) iti
nābhideśam ārabhya japati

prāṇā===pati // athāsya nābhideśam ārabhyedaṃ yajur japati //

JGS 1,11,32.

prāṇānāṃ granthir asi
mā visrasa-
amr̥ta mr̥tyor antaraṃ mā kurv iti

Note: *prāṇānāṃ granthir asi* quoted in JGS 1,11,31. — *antaraṃ mā* emended : *antaraṃ* mss.

prāṇā===rviti //

JGS 1,11,33.

dakṣiṇam aṃsam anv avamr̥śya
mayi vrata (JGS 1,11,34) iti
hr̥dayadeśam ārabhya japati

dakṣi===pati // nābhideśam ārabhya dakṣiṇam aṃsam anv avicchedenāvamr̥śya hr̥dayadeśan tato hr̥dayadeśam ārabhyemaṃ mantrañ japati /

atha vā savyena hastena dakṣiṇam aṃsam anv avamr̥śya dakṣiṇena hr̥dayadeśam ārabhya japed arthād iti //

JGS 1,11,34.

mayi vrate hr̥dayan te astu
mama cittam anu cittan te astu
mama vācam ekavrato juṣasva
br̥haspatis tvā niyunaktu mayi- iti

Note: *mayi vrate* quoted in JGS 1,11,33.

mayi===yīti //

JGS 1,11,35.

athainaṃ paridadāty
agnaye tvā paridadāmi
vāyave tvā paridadāmi
devāya tvā savitre paridadāmy
adbhyas tvauṣadhibhyaḥ paridadāmi

sarvebhyas tvā devebhyaḥ paridadāmi
sarvebhyas tvā bhūtebhyaḥ paridadāmy
ariṣṭyā iti

athai===iti // agnyādibhir devatābhir ayam abhirakṣyetety abhisandhāya mantravacanaṃ paridānam //

JGS 1,11,36.

athainaṃ saṃśāsti
brahmacāry asi
samidha ādhehy
apo 'śāna
karma kuru
mā divā svāpsīr iti

Note: *samidha ādhehi* quoted in Bh on JGS 1,17,4.

athai===riti // *samidha ādhehi-* iti brahmacāriṇo vidhāsyamānām uttaratra dharmaśāstravihitānāñ ca samidādhānādhyayanabhaikṣacaraṇānām upalakṣaṇam *apo 'śāna-* ity ācamanādeś śaucasya *karma kurv* iti guruniyogavartitāyā *mā divā svāpsīr* iti pratiṣiddhākaraṇasya /

ke cit tu *samidha ādhehy apo 'śāna-* ity atra tayor eva samidādhānācamanayoḥ preṣaṇaṃ varṇayanti / tathā sati *karma kuru mā divā svāpsīr* iti dvābhyām anupanayanāntarbhūtābhyān tulyavat prasaṃkhyānam itarayor uparudhyeta /

nanu pūrvasminn api ca vyākhyāne bahuno dharmajātasyāśrutasya lakṣaṇā doṣaḥ / evañ cel lakṣaṇātyāgena pūrvavyākhyānan nyāyaḥ / samidādhānam ācamanam ācāryaśuśrūṣā divāsvapnavarjanañ ca dharmaśāsreṣv atra ca vacanād brahmacāriṇaḥ prasiddheṣu dharmeṣv antarbhūtacatuṣṭayam idaṃ saṃpreṣyate praiṣapūrvakam / eṣām anuṣṭhānād adṛṣṭopacayaḥ kalpyata iti //

JGS 1,11,37.

agnaye samidham āhārṣam (JGS 1,11,38) iti
ghṛtenāktās samidha ādadhāti

agna===dhāti // athopaviśya brahmacāry *agnaye samidham* ityādibhiṣ ṣaṭ samidha ādadhāti //

JGS 1,11,38.

agnaye samidham āhārṣaṃ bṛhate jātavedase
yathā tvam agne samidhā samidhyasa
evam aham āyuṣā varcasā tejasā
sanyā medhayā prajñayā prajayā

paśubhir brahmavarcasenānnādyena
dhanena samedhiṣīya svāhā

apsarāsu yā medhā gandharveṣu ca yan mano
daivī medhā manuṣyajā sā māṃ medhā surabhir juṣatāṃ svāhā

bhū[s] svāhā

bhuva[s] svāhā

sva[s] svāhā

bhūr bhuva[s] sva[s] svāhā- iti

Note: *agnaye samidham āhārṣam* quoted in JGS 1,11,37 and in Bh on JGS 1,17,4.

agna===heti //

JGS 1,11,39.

iyan duruktād (JGS 1,11,40) iti
mekhalām ābadhnīte

iya===dhnīte // liṅgān mantrapādābhyāṃ brahmacārī svayaṃ mantreṇābadhnīte //

JGS 1,11,40.

iyan duruktāt paribādhamānā
varṇaṃ pavitraṃ punatī ma āgāt
prāṇāpānābhyāṃ balam ābharantī
svasā devī subhagā mekhaleyam //

ṛtasya goptrī tapasaḥ paraspī
ghnantī rakṣaḥ sahamānā arātīs
sā mā samantād abhiparyehi bhadre
bhartāras te mekhale mā riṣāmeti //

Note: *iyan duruktāt* quoted in JGS 1,11,39. — Bhavatrāta's pratīka is missing.

JGS 1,11,41.

mauñjīṃ brāhmaṇasya

mauñjīṃ===ṇasya // muñjamayīṃ brāhmaṇasya mekhalāṃ kuryāt //

JGS 1,11,42.

maurvīṃ rājanyasya

maurvīṃ===nyasya // mūrveti maral iti dramiḷair ucyate //

Note: *mūrvā-* is the "bow-string hemp", *Sanseviera zeylanica* Willd., of the fibres of whose bark the bow-strings are made, and which therefore suits to be connected with the warrior class. The Tamil synonym given by Bhavatrāta is spelt in all mss. as *yamāl*, but this must have corrupted from *maral*: the letters *ya* and *ma* in the Malayalam script are very similar, and *maral* is the only Dravidian word for bow-string hemp ending in *l*. DEDR 4712 Ta. *maral, maruḷ*, Ka. *marugu* (comparing DEDR 4637 Ta. *mañci*, Ka. Tu. *mañji*) considers this etymon as related to Sanskrit *mūrvā-, moraṭā-* and Pāli *maruvā*. Gundert (1872: 852a) glosses Sanskrit *mūrvā-* with Malayalam *peruṅ-kurumpa* and *veḷḷōvaram* both of which denote the bow-string hemp. — In the āyurvedic medicine, *mūrvā-* and *moraṭā-* are used as synonyms for the plant *Chonemorpha fragrans* (Moon) Alston = *C. macrophylla* (Roxb.) G. Don, see P. K. Warrier et al. (eds.), *Indian medicinal plants* 2 (1994), pp. 67-69, with quotations from many nighaṇṭus.

JGS 1,11,43.
muñjamiśrān tāmalīṃ vaiśyasya

muñja===śyasya // ār iti dramiḷais tāmalīr ucyate //

Note: Sanskrit *tāmala-*, fem. *tāmalī-*, means 'made of the bark of the *tamāla-* tree' (the tree's name is etymologically connected with *tamas-* 'darkness' and is supposed to come from the dark bark). *Tamāla-* is the evergreen white-blossomed but dark-barked *Garcinia xanthochymus*, source of gum-resin and of a yellow dye, called in Tamil *paccilai*, lit. 'green-leaved' (DEDR 3832). Tamil and Malayalam *ār*, again, is the common mountain ebony, *Bauhinia racemosa* (DEDR 372a).

JGS 1,11,44.
mauñjīṃ vā sarveṣām

mauñjīṃ===rveṣām //

JGS 1,11,45.
atha paridhānāni

atha===nāni // athaiṣāṃ paridhānāni vasanāni vakṣyante //

JGS 1,11,46.
kṣaumaṃ vā śāṇaṃ vāntaram

kṣaumaṃ===taram // yena guhyam ācchādyate yac cottarīyaṃ tad dvayam api paridhānam ity ucyate / kṣaumaṃ vā śāṇaṃ vā sarveṣām antaram antarīyaṃ vasanaṃ bhavet //

JGS 1,11,47.
brāhmaṇasyaiṇeyam uttaram

brāhma===ttaram // uttarīyāṇy api varṇavyavasthayā varṇyante / eṇa iti hariṇajāter ākhyā / aiṇeyañ carma brāhmaṇasyottarīyaṃ bhavet //

JGS 1,11,48.
rauravaṃ rājanyasya

raura===nyasya // rurur iti mṛgaviśeṣaḥ //

JGS 1,11,49.
ājaṃ vaiśyasya

ājaṃ===śyasya //

JGS 1,11,50.
aiṇeyaṃ vā sarveṣām

aiṇe===rveṣām // vidhikramād eva mekhalānantaram ajinam uttarīyam upādadīta //

JGS 1,11,51.
svastyayano 'si- iti
daṇḍaṃ prayacchet prāṇasaṃmitam

Note: The same mantra is found in JGS 1,18,29.

svastya===mmitam // prāṇasaṃmitan nāsikāsaṃmitam / tiṣṭhataḥ kumārasya nāsikāgraprāpiṇan daṇḍam anena yajuṣā prayacchet //

JGS 1,11,52.
pālāśaṃ brāhmaṇasya

pālā===ṇasya // *prayacched* ity anuvartyam / caturthyavacanād vā *kuryād* iti //

JGS 1,11,53.
bailvaṃ brahmavarcasakāmasya

bailvaṃ===masya //

JGS 1,11,54.
naiyagrodhaṃ rājanyasya

naiya===nyasya //

JGS 1,11,55.
audumbaraṃ vaiśyasya

auduṃ===śyasya //

JGS 1,11,56.
pālāśaṃ vā sarveṣām

pālā===rveṣām //

JGS 1,11,57.
mātaraṃ prathamaṃ bhikṣeta

māta===kṣeta // upāttadaṇḍāya bhikṣāpātraṃ prayacchet / tad ādāya tatraiva tiṣṭhan vā kr̥tavyavāyapariharo vā kiñ cid gatvā mātaraṃ prathamaṃ bhikṣeta //

JGS 1,11,58.
athānyāḥ suhr̥daḥ

athā===hr̥daḥ // mātur anantaram anyā[s] striyas suhr̥daḥ / yā asya śubham iccheyus tā bhikṣeta //

JGS 1,11,59.
bhavatpūrvayā brāhmaṇo bhikṣeta
bhavati bhikṣān dehi- iti

bhava===hīti // bhavatpūrvayā vācā brāhmaṇo bhikṣeta *bhavati bhikṣān dehi-* iti / bhavacchabdaḥ pūrvo 'syā iti bhavatpūrvā /

pāṭhasiddher *bhavatpūrvayā-* ity anarthakam / nānarthakaṃ *bhavati dehi bhikṣām* ity evam api prāptyarthatvāt / atha vā- *ādimadhyānteṣu bhavacchabdo prayojyo varṇānupūrvyeṇa-* (GautDhS 2,36 ed. Olivelle 2000) iti smr̥tivacanāt / ubhayathā hi prāptaṃ *bhavati bhikṣān dehi-* iti *bhavati dehi bhikṣām* iti / tatra yadi *bhavatpūrvayā-* iti nocyata ubhayor api gr̥hyadharmaśāstravidhānayor yathāpratīty arthagrahaṇasya nyāyyatvāt prāmāṇyasya ca tulyatvād dharmaśāstrānuvartinān dvividhaṃ gr̥hyānuvartinām ekavidham eva bhikṣaṇavākyam iti pratīyeta / tannivartanārtham atra *bhavatpūrvayā-* ity ucyate /

tatrāyam artho labhyate / *bhavati bhikṣān dehi-* ity eva bhavatpūrvatā saṃpādyā nānyatheti / aparihāraḥ pūrvatāyām eva sādhīyān //

Note: In his quotation, Bhavatrāta agrees with Maskarin's commentary on GautDhS, which reads *varṇānupūrvyeṇa*, while Haradatta's commentary reads *varṇānukrameṇa*.

JGS 1,11,60.
bhavanmadhyamayā rājanyo
bhikṣāṃ bhavati dehi- iti

bhava===hīti //

JGS 1,11,61.
bhavadantyayā vaiśyo

dehi bhikṣāṃ bhavati- iti

bhava===tīti //

JGS 1,11,62.
kṣāñ ca hiñ ca na vardhayet

kṣāñca===rdhayet // *kṣā* iti ca *hi* iti cākṣare na vardhayet / noccair brūyāt / nīcaistarām itarebhyo brūyād ity arthaḥ /

apara āha / lakṣitalakṣaṇā- iyam / *kṣām* iti bhikṣāśabdopalakṣaṇayā tadarthaḥ / bhikṣādravyaṃ lakṣyate / *hi-* iti dehiśabdopalakṣaṇayā tadarthaḥ / prārthanā / bhikṣāṃ prārthanāñ ca na vardhayet / aśanagṛdhnus sann alpīyasīṃ bhikṣām anyenānnena na vardhayet / api prārthanāpūrvakañ ca bhikṣetāpi / iti kṛtvā dvayam idaṃ pratiṣidhyate /

JGS 1,11,63.
bhavatpūrvayā vā sarve

bhava===sarve //

JGS 1,11,64.
prāyaścittañ ced utpadyeta
jīvā[s] stha jīvayata mā- (JGS 1,11,65) ity
enam apa ācamayet

prāya===mayet // ayan nimittena naimittikaśabdaḥ prāyaścittam / prāyaścittasya nimittaṃ vihitātikramaḥ pratiṣiddhapravṛttir vāsmin vāsaḥparidhānādau bhikṣādānānte vidhijāte kriyamāṇa utpadyeta ced anena mantreṇa brahmacāriṇan nihitabhikṣam apa ācāmayet / ye doṣāḥ kumārasaṃsparśino mantraduruccāraṇādayas teṣām idaṃ prāyaścittam //

JGS 1,11,65.
jīvā[s] stha jīvayata mā-
āpo nāma stha-
amṛtā nāma stha
svadhā nāma stha
tāsāṃ vo bhukṣiṣīya
sumatau mā dhatta
śivā me bhavata
namo vo 'stu
mā mā hiṃsiṣṭa- iti

Note: *jīvā[s] stha jīvayata mā* quoted in JGS 1,11,64.

jīvā===ṣṭeti //

JGS 1,11,66.

bhaikṣam upanyāhr̥ta
ūrdhvan trirātrāt sāvitrīṃ prabrūyāt
tad ahar vā

Note: *ūrdhvan trirātrāt* quoted in Bh on JGS 1,11,67. *ūrdhvan trirātrāt sāvitrīṃ prabrūyāt* quoted in Bh on 1,12,1; *tad ahar vā* quoted in Bh on JGS 1,11,68.

bhaikṣa===harvā // anvācamanānantaraṃ bhaikṣa upanyāhr̥te- ātmānaṃ prati brahmacāriṇā nivedite trirātrād ūrdhvaṃ vā tasminn ahani vā sāvitrīm asmai brūyāt / savitā devatā asyā iti sāvitrī- r̥k / *tat savitur* (JS 4,3,8) iti /

nanv anyā apy r̥cas sāvitryas santi / yady api santi *kas savitā kā sāvitrī-* (JUB 4,27,1) ity adhikāre prasiddhavad upanyastatvāt *tat savitur* (JS 4,3,8) ity eṣaiva niyamyate / ataś ceyam anyābhyo viśiṣṭatareti //

JGS 1,11,67.

paścād agneḥ paccho 'rdharcaśas sarvām iti

Note: *paccho 'rdharcaśas sarvām* is quoted in Bh on JGS 1,13,4 and in Bh on JGS 2,8,8.

paścā===miti // paścād agner enam upaveśya pacchaḥ- ardharcaśaḥ- sarvām iti prabrūyāt / yathā ceyaṃ paccho 'rdharcaśas sarvā cānayā samucyeta tathopaniṣady uktan *tasyā eṣa prathamaḥ pāda* (JUB 1,28,1) ityādau /

paścād agner iti satā agninā saṃbandhasya nyāyyatvād *ūrdhvan trirātrād* (JGS 1,11,66) ity asmin pakṣe na gr̥hyate śakyatvād vā tadartham evāgnim ānīya paścād asyopaveśya brūyāt //

JGS 1,11,68.

anūcya
vedam ārabhya-
agne vratapata (JGS 1,11,69) iti
ghr̥tenāktās samidha ādadhāti

Note: *vedam* quoted in Bh on JGS 2,8,8.

anū===dhāti // proktāṃ sāvitrīm anūcya vedam ārabhyāditaḥ kiñ cid ekasāmāvaram r̥kpūrvam adhītya ghr̥tenāktāś catasras samidhaś caturbhir etair *agne vratapata* ityādibhir mantrair (JGS 1,11,69-72) ādadhāti / *anūcya-* iti paurvakālyan *tad ahar vā-* (JGS 1,11,66) ity etatpakṣāpekṣam itarasminn asaṃbhavān nāsti / *ārabhya- … ādadhāti-* ity atraikyāvagamān mantraliṅgāc ca brahmacāry ādadhāti / upanayanaprabhr̥ty ā samāvartanāsthāyi yad idaṃ brahmacaryam ācaryate tad vratarūpeṇaibhir mantrair ādiśyate / tad idaṃ vrataṃ godāne visr̥jya punar api tatraivādeśyam / tad vakṣyati *apoddhr̥tya srajam ādeśayīta-* (JGS 1,17,22) iti / samāvartane tu syād atyantāya visargaḥ / tad idaṃ vratam avisr̥jyaiva gaudānikādīny antarālavratāny ādeṣṭavyāni //

JGG 1,11,69.

agne vratapate vratañ cariṣyāmi
tac chakeyan tan me rādhyatāṃ svāhā

Note: *agne vratapate* quoted in JGS 1,11,68; *vratañ cariṣyāmi* quoted in Bh on JGS 1,17,10.

agne===hā //

JGS 1,11,70.

vāyo vratapate vratañ cariṣyāmi
tac chakeyan tan me rādhyatāṃ svāhā

vāyo===hā //

JGS 1,11,71.

āditya vratapate vratañ cariṣyāmi
tac chakeyan tan me rādyatāṃ svāhā

ādi===hā //

JGS 1,11,72.

vratānāṃ vratapate vratañ cariṣyāmi
tac chakeyan tan me rādhyatāṃ svāhā- iti

vratā===heti //

JGS 1,11,73.

tad etad vratādeśanaṃ sarvatra

Note: The whole sūtra is quoted in Bh on JGS 1,15,1 and in Bh on JGS 1,17,10.

tade===rvatra // vratam ādiśyate gṛhyate pratijñāyate yena tad vratādeśanam / tad etad vratādeśanaṃ mantracatuṣṭayena samidādhānaṃ sarvatra sarveṣu vrateṣu gaudānikādiṣu caritum upakramyamāṇeṣu kartavyam //

JGS 1,11,74.

vratasamāptāav
agne vratapate vratam acāriṣan
tad aśakan tan me 'rādhi svāhā- iti
mantrān sannamayet

vrata===mayet // vratānāṃ samāptāv *agne vratapate vratam acāriṣan tad aśakan tan me 'rādhi svāhā-* ity evam etān mantrān sannamayed ūhet /

samāptāv ity adhikṛte vratapratīter vratagrahaṇam anarthakam / nānarthakam ihādiśyamānasyāpy asya mahato vratasya samāptāv ity avagamanārthatvāt / itarathā hy adhastanena vākyena yeṣu prāpitan teṣām eva gaudānikādīnām antata iti prajñāyeta / tasmāt samāvartane daṇḍasādanāt pūrvam eva samidha ādheyāḥ //

JGS 1,11,75.

athainaṃ saṃśāsti
brahmacāry
ācāryādhīnaḥ
praśāntaḥ-
adhaśśāyī
daṇḍamekhalājinajaṭādhārī
stryanṛtamadhumāṃsagandhamālyavarjī
bhava- iti

Note: Caland's ed. reads *daṇḍamekhalājinajaṭādhārī* without variants, but from Bhavatrāta's commentary it appears that he did not have the word *ajina-* in his JGS text. *adhaśśāyī* quoted in Bh on JGS 1,15,10 and 1,16,5. — Cf. Bh on JGS 1,13,17.

athai===veti // dṛṣṭārthatvāt saṃpraiṣasyārtham apy enam avagamayet / ayañ cāsyārthaḥ /

vedo brahma- (JUB 4,25,3) iti darśaṇād brahma vedaḥ / tasmin brahmaṇi nimittabhūte niyamaviśeṣāṃś caratīti brahmacārī /

ācāryānuruddhasarvavyāpāra ācāryādhīnaḥ /

prakarṣeṇa śāntaḥ praśāntaḥ / niyatendriyamanaska ity arthaḥ /

śayanaṃ prati khaṭvā lokaprasiddhā / tasyāṃ śayanam upariśayanam / tadapekṣayā-akhaṭvāśayanam adhaśśayanaṃ bhavati / tata adhaśśāyy akhaṭvāśāyī /

daṇḍaś ca mekhalā ca daṇḍamekhalam / daṇḍamekhalañ ca jaṭāś ca dhārayatīti daṇḍamekhalajaṭādhārī /

stryādīnānām anupabhogāt stryanṛtamadhumāṃsagandhamālyavarjī /

bhava- iti / *brahmacārī bhava- ācāryādhīno bhava-* iti pratyekam ākhyātena saṃbandhaḥ //

JGS 1,11,76.

trirātram akṣārālavaṇāśī

Note: *akṣārālavaṇa-* Caland's ed. with ms. Burnell B 464 : *akṣāralavaṇa-* ms. M1. The same variant readings are found in the mss. of Bhavatrāta's commentary, though *akṣārālavaṇa-* appears to have been Bhavatrāta's reading (also in ĀśvGS 1,8.22; 4,4), while Manu (3,257; 5,73 and 11,109) has *akṣāralavaṇa-*.

trirā===ṇāśī // saṃpraiṣānantaraṃ prastarādānādes tantrasya samāpanam / athācāryānujñayā bhaikṣaṃ bhuñjīta / tatrāyaṃ vrataviśeṣaḥ kathyate / na kṣāraḥ- akṣāraḥ / na lavaṇam alavanam / atha vā na kṣāro 'sminn akṣāram / na lavaṇam asminn alavanam / kin tad iti ced annam akṣārañ caitad alavanañ ca / tad akṣārālavaṇam / tad vratavatsaṃkalpapūrvam aśnātīty akṣārālavaṇāśī / trirātram ayam brahmacāry akṣārālavaṇāśī syāt //

JGS 1,11,77.
ūrdhvan trirātrāt prācīṃ vodīcīṃ vā diśam upaniṣkramya
palāśaṃ gatvā
vyāhr̥tibhir abhyajya
sthālīpākeneṣṭvā
yajñopavītan daṇḍam ity udasya
pratyeyāt

ūrdhva===tyeyāt // trirātrād ūrdhvaṃ gr̥hāt prācīṃ vā- udīcīṃ vā diśam upaniṣkramya- upavrajya kañ cit palāśaṃ gatvā tam ājyenābhyajya tata[s] sthālīpākena caruṇā catasr̥bhir vyāhr̥tibhis tam iṣṭvā tanmūle hutvā yajñopavītañ ca daṇḍañ ca brahmacāriṇas tasminn eva palāśe- utkṣipya pratyāgacchet /

ke cid agnāv iva sāṅgaṃ homaṃ kurvanti / teṣām asmin karmaṇy anupayoginaḥ palāśasyābhyañjanasaṃskāro vyartha[s] syāt / asmatpakṣe tu tejorūpeṇājyena palāśasyābhyañjanan tadantargatasyāgner havanāyāvajvalanam iva yuktyā kalpyate /

nanu palāśamūle 'pi hūyamāne homāvr̥t prāpnoti / sadr̥śo hy ayaṃ kriyāviśeṣaḥ / na homo 'nagnitvāt / tatra- *eṣā homāvr̥t sarvatra-* (JGS 1,3,41) iti vacanaṃ mukhyeṣu homeṣu homāvr̥taṃ prāpayan sārthakaṃ saṃpadyamānan na gauṇe 'smin home prāpayitum utsahate /

ke cit tu prākr̥taṃ parisamūhanaṃ pariṣekadvayañ ca vāñcanti / tad ayuktam agnisaṃskārārthatvāt saparisamūhanaparyukṣaṇayor atrāgner abhāvāt / tasmād atra yāvaduktā kriyā / kin tu palāśamūrdhany ābhyukṣyālaṃkr̥tya tūṣṇīṃ pariṣicya hastenopaghātañ catasra āhitīr hutvā tūṣṇīm eva pariṣiñcet / itthaṃbhāvaḥ kasmād iti ced āgamaparaṃparayā- evam avasthānād virodhādarśanāc ca //

JGS 1,11,78.
gaur dakṣiṇā

gaur dakṣiṇā // ācāryāya gaur dīyeta //

JGS 1,12. (sandhyopāsanam)

JGS 1,12,1.
sāyaṃ prātar udakānte pūto bhūtvā
sapavitro 'dbhir mārjayeta-
āpohiṣṭhīyābhis tisr̥bhis (JŚS 12,1)
tarat sa mandī dhāvati- (JS 1,52,4-7) iti catasr̥bhiḥ

sāyaṃ===tasr̥bhiḥ // *ūrdhvan trirātrāt sāvitrāṃ prabrūyād* (JGS 1,11,66) ity asmin pakṣe palāśam iṣṭvā pratyetya gān datvā daṇḍaṃ yajñopavītam anyad ādadīta / tato 'smai sāvitrīṃ prabrūyāt /

prāk palāśeṣṭyās sāvitryanuvacanaṃ kasmān na kriyate / atra brūmaḥ / ubhayasyāpy asyordhvan trirātrāt kālas sāvitryanuvacanasya ca palāśeṣṭyāś ca / tathāpi tv *akramavihitāt kramavihito balavān* iti nyāyāt palāśeṣṭir eva pūrvaṃ kriyate / tatas sāvitryanuvacanam / tatas sāyaṃsandhyopāsanārambhaḥ /

itarasmin pakṣa upanayanāha eva / tasyāyaṃ vidhiḥ kathyate / sāyañ ca prātaś codakasamīpe śuddho bhūtvā sasauvarṇapavitras sadarbhamayapavitro vādbhir mārjate saptabhir ābhir r̥gbhiḥ /

vyarthaṃ *pūta* iti / prāptir na hy apūtasya karmasu / asnātenāpi pūtena sandhyopāsyeti sārthakam //

JGS 1,12,2.
vāmadevyam (JGG 2,6,16 on JS 1,18,5) ante

vāma===ante // mārjanamantrāṇām ante samāptau vāmadevyaṃ syāt / vāmadevyasyāntavartitve yatnāt taratasamandīyād (JS 1,52,4-7, JGS 1,12,1) ūrdhvaṃ *śan no devīs* (JS 1,3,13) *sam anyā yanti-* (JS 2,1,6) ityādibhir r̥gbhiś śuddhāśuddhīya- (JGG 4,4,25-26 on JS 1,36,9) apāṃ vrata- (JĀrG 3,1-2 on JS 2,1,6) ādibhiś ca sāmabhir vedāntaragataiś ca pāvanair r̥gyajuṣair yāvacchraddhaṃ mārjanaṃ vāmadevyāt pūrvam evāvagantavyam //

JGS 1,12,3.
śucau deśe darbheṣv āsīno
darbhān dhārayamānaḥ
pratyaṅmukho vāgyatas
sandhyāṃ manasā dhyāyed
ā nakṣatrāṇām udayāt

Note: *darbheṣv āsīnaḥ* quoted in Bh. on JGS 1,12,10.

śucau===dayāt // śucau deśe nyasteṣu darbheṣv āsīno darbhān dhārayamāṇaḥ pratyaṅmukha āsīnas sa yatavāk sandhyāṃ samastāṃ manasā sāvitrīn dhyāyen nakṣatrāṇām odayāt /

kuta etat *sāvitrīm* iti / anyasya dhyeyasyāvacanād uttaravidhyavasthitāyāś ca sāvitryās sannihitāyāḥ

pūrvāṃ sandhyāñ japaṃs tiṣṭhet sāvitrīm ārkadarśanāt /

paścimān tu samāsīta samyag arkṣavibhāvanād (Manu 2,101) iti vā

japyatayaiva sandhyāyāṃ manvādibhir vihitāyāṃ sandhyāgrahaṇenārthasiddhau saṃbhavantyām anyadhyeyakalpanānupapatteś ca /

atha vā *dhyāyed* ity uktvā dhyeyasyāvacanāt yat sarvasmāt paraṃ vastu tasya dhyānaṃ syād iti / tataḥ parameśvaro dhyātavyas sa ca kāladvaye 'pi savitr̥saṃyuktadigābhimukhyavidhes savitur abhedena dhyātavyaḥ / tathā ca śrūyate *eṣa indra eṣa prajāpatir eṣa evedaṃ sarvam ity upāsitavyam* (JB 1,314: 132,8-9) iti /

atha vā parameśvarasya vācakaś śabdo manasābhyasitavyaḥ praṇavaḥ //

Note: The first half of the śloka from Manu 2,101 is quoted also in Bh on JŚS 18,18: 68,17.

JGS 1,12,4.
uditeṣu nakṣatreṣu
trīn prāṇāyāmān dhārayitvā
sāvitrīṃ sahasrakṛtva āvartayet

Note: On the sāvitrī of the sandhyopāsana see also Bh on JGS 2,8,8.

udi===rtayet // prāṇaś śarīrābhyantaracaro vāyuḥ / sa yena bhāvenāyamyate nirudhyate sa prāṇāyāmaḥ / tasya lakṣaṇaṃ śāstrāntarasiddhaṃ

sapta vyāhṛtayo mātā śiraś cākṣarapūrvakaṃ /
navakaṃ vāyum āyamya prāṇāyāmas trir īrita (source?) iti /

nakṣatreṣūditeṣu trīn prāṇāyāmān dhārayitvā sāvitrīṃ sahasrakṛtvaḥ paṭhet //

JGS 1,12,5.
śatakṛtvo vā

śatakṛtvo vā //

JGS 1,12,6.
daśāvaram

daśāvaram // ekaprabhṛtayaḥ prāg viṃśater ete śabdās saṃkhyāparicchinne dravya eva vartante na kevalaṃ saṃkhyāyām / tato 'tra saṃkhyeyāni[10] śrutāv api prakṛtatvāt sāvitryabhyāsarūpāṇi daśatvaviśiṣṭāni daśaśabdenocyante / daśarūpāṇīty avaram / taj jaghaṇyaḥ pakṣa ity arthaḥ /

atha vā samāso 'yam / daśa rūpāṇi avaram asyābhyasanasya daśāvaram abhyasanam / asmin pakṣe *vā-* ity anuvartyam / yuktitaś cedaṃ pakṣatrayam itthaṃpravṛtti mantavyam / sahasrakṛtvaś śaktaḥ / aśaktaś śatakṛtvaḥ / tad apy aśakto daśakṛtva iti /

evañ ced yathā *śatakṛtva* ity asya vinaivaśabdān madhyamaphalatvaṃ kalpyate / evam antyasyāpi pakṣasya nikṛṣṭaphalatvasiddher avaragrahaṇam anarthakam / nānarthakam ekādaśaprabhṛtes sarvasyāpi saṃkhyāviśeṣasya saṃbhavato 'bhyupagamanārthatvāt / evañ ca sati *sahasrakṛtva* ityuttamavidhiparijñānārthaṃ bhavati / ayan tu doṣaḥ / daśasahasrāntarbhāvasiddhe *śatakṛtva* iti vyarthaṃ bhavati / ayam asya parihāraḥ / *satakṛtvo 'bhyasiṣyāmi-* iti pūrvaṃ buddhyā saṃkalpya yāvat prakālan tāvad adhīte / tasya yathāsaṃbhādhyāyinaś śatādhikam ā sahasram api saṃbhave 'dhīyamānasya nyūnaphalatāṃ pratipādayituṃ *śatakṛtva* ity ucyate / tac caitad ayuktaṃ laghuno 'pi karmajātasya yathāsaṃkalpan niṣṭhāgamanan duśśakam iti kṛtvā yad asya phalabhūyastvam anumīmahe /

atha vā *daśa-* iti vākyacchedaḥ / daśa vā rūpāṇy āvartayeta / na tad avaram / avaram etat trayam ity arthaḥ / tataś ca triṣūttamamadhyamādhameṣu pakṣeṣv avarārdhyā etās

[10] *saṃkhyeyāni* emended : *saṃkhyeyā* P, K (A and T have a lacuna here).

saṃkhyā yat sahasraṃ śatan daśeti gr̥hyate / sahasrāvaras sāyaṃ prātar anyāparārdhyo mukhyakalpaḥ / tadasaṃbhavavr̥ttiś śatāvara ekonasahasraparamaḥ / tasyāpy asaṃbhave daśāvaro navanavatiparamaḥ / alam atiprasaṅgena /

ke cid atra prājñaṃ manyāḥ pralapanti / daśātyaye śatam eva / śatātyaye sahasram eva / antarālasamavāye prāyaścittaṃ kuryāt / yathā *pañcadaśa sāmidhenīr anvāha-* (TS 2,5,8,3) iti vidhau ṣoḍaśyā vacana iti / tacchravaṇād apy utpannabuddhibhir mā momogdhīti[11] vacanavistaro 'yam avastuny api kr̥taḥ //

JGS 1,12,7.

athāgnim upatiṣṭhate-
agne tvam no antama (JS 1,47,2) iti

athā===iti // tiṣṭhati upasthānaprasiddhe ruddhārthāyopatiṣṭheta /

kim agnideśaṃ gatvānīya vā / naivam / yad etaj jvālāṅgārātmakadravyaṃ lokavyavahāropayogi yady api tad agnitvena prasiddhaṃ mantrais tāvad asyādhiṣṭhātrī karaṇaviṣayatātītā sarvaiśvaryayuktā devatāgnitvena stūyate / saiva cāgnihotradarśapūrṇamāsādiṣu sarvasyāgneyasya haviṣa upabhoktrī / tasyān tv asaṃbhavād dahanavacanahavanabhavanādi tadadhiṣṭhāne kriyate / mantreṇa tv abhidhānam indrādivad asyāpi saṃbhavati / tasmād atrāgnidevatāṃ manasā saṃkalpyopatiṣṭheta /

kiṃ prāg dakṣiṇāmukhaḥ / naivam / pratyaṅmukha eva sandhyopāsanāṅgabhūtatvāt / prāg dakṣiṇasyāñ ca diśy agnir avasthita iti pramāṇābhāvād yā u loke prasiddhir āgneyī dig iti sārthavādālaṃbinī mantavyā / pratīcyām api daśy astamayavelāyām agner avasthānam ayam arthavādaḥ pratipādayati / *asau vā ādityo 'staṃ yann agnim eva yoniṃ praviśati-* (JB 1,11: 7,3-4) iti //

JGS 1,12,8.

atha varuṇam upatiṣṭhate
tvaṃ varuṇa uta mitra (JS 3,54,6) iti

atha===iti //

JGS 1,12,9.

etayaivāvr̥tā prātaḥ

eta===prātaḥ //

JGS 1,12,10.

prāṅmukhas tiṣṭhan

prāṅmukhas tiṣṭhan // *darbheṣv āsīna* (JGS 1,12,3) ityādi varuṇopasthānāntam (JGS 1,12,8) / tadvad eva prasaktam ata āha prāṅmukhas tiṣṭhan / darbheṣu tiṣṭhati //

JGS 1,12,11.

[11] *momogdhīti* emended from *momohiti* of the mss.

athādityam upatiṣṭhate
ud vayan tamasa pari- (JB 2,68: 186,7-8; JGS 1,4,10) iti

athā===rīti //

JGS 1,12,12.
atha mitram upatiṣṭhate
pra mitrāya prāryamṇa (JS 1,27,3) iti

atha===iti //

JGS 1,12,13.
sa yadi sūryābhyuditas sūryābhinimrukto vā
tac cheṣaṃ sāvitrīṃ manasā dhyāyet

saya===dhyāyet // yasmin svapity anutthite sūrya udeti sa sūryābhyuditaḥ / yasmiñ cābhinimrocaty astam eti sa sūryābhimruktaḥ / sūryābhyuditas sūryābhinimrukto vā yadi syāt taccheṣaṃ svapnakālaśeṣam ahorātre tv ā samāptes sāvitrīṃ manasā dhyāyet //

JGS 1,12,14.
saiva tatra prāyaścittiḥ

saiva===cittiḥ // saiva tasmin doṣe prāyaścittiḥ kāryā //

JGS 1,13. (upākaraṇam)

JGS 1,13,1.
śrāvaṇyām upākaraṇaṃ proṣṭhapadyāṃ vā

Cf. JGS 1,13,1-2 with GGS 3,3,1 prauṣṭhapadīṃ hastenopākaraṇam.

śrāva===dyāṃvā // śrāvaṇyāṃ proṣṭhapadyāṃ vā paurṇamāsyām upākaraṇan nāma pākayajñaḥ kāryaḥ / śravaṇasamasthitena candreṇa yuktā paurṇamāsī śrāvaṇī / tathā proṣṭhapadī / varṣāpaurṇamāsyor anyatarasyām ity arthaḥ /

nanv anayoḥ paurṇamāsyoḥ keṣu cit saṃvatsareṣu śravaṇaproṣṭhapadeṣu viyogo vā dr̥śyate / satyam etat / tathā bhāve tu śravaṇaproṣṭhapadopādānasya paurṇamāsī viśeṣopalakṣaṇārthatvāt / tadabhāve 'pi tadupalakṣitakālo 'stīti kr̥tvā tayor evānyatarasyām upākartavyam //

JGS 1,13,2.
hastena

hastena // idaṃ pakṣāntaram / hastenopākartavyam /

atha vā- uktalakṣaṇapaurṇamāsīdvayāsaṃbhavaviṣayo 'yaṃ pakṣaḥ / evaṃ hi sati lakṣaṇāyās satyāṃ gatāv aparigrahaḥ kr̥to bhavati //

JGS 1,13,3.

trīn prāṇāyāmān āyamya-
ācamya
sarve purastājjapañ japanti
saha no 'stu
saha no bhunaktu
saha no vīryavad astu
mā vidviṣāmahe
sarveṣān no vīryavad astu- iti

trīnprā===stviti // trīn prāṇāyāmān āyamya kr̥tvā dhātvarthavivakṣayā- atha vā dvitīyāyās tr̥tīyārthavr̥ttikalpanayā tribhiḥ prāṇāyāmais tv ācamyācāryaś śiṣyāś ca samānavedādhyāyinas sarve purastājjapam enañ japanti / *purastād* iti viśeṣaṇād bhūmyāraṃbhajapād pūrvo 'yañ japaḥ /

nanu japasyāyaṃ samāsārthaḥ / yad asya kriyamāṇasya karmaṇaḥ phalan tat sarveṣān nas sāmyena saṃpadyatām iti / śiṣyāṇāñ cātaḥ phalan nācāryasya / adhyayanaṃ hy anena karmaṇā gr̥hyate nādhyāpanam / tasmāc chiṣyā evācāryaśikṣitā japeyuḥ / sarvagrahaṇan tu sahajapanārthaṃ bhavati / yataś caitad evan tataś śiṣyābhede japo 'yam utsīdatīti / atra brūmaḥ / māṃsāánādipratiṣedhasāmarthyād vratāni tāvad ācāryopayogīni / tato 'numeya adhyāpanasyāpīdaṃ karmāṅgam iti / tataś ca śiṣyābhede 'py asty eva / dvayor api ca bahuvad atreṣyata eva / tasmād *dvayoś ca-* (source?) iti bahutvayogād dhānānām utpavanamantre dvitīyaṃ pādaṃ sannamayed *va* iti / tathā lājānām amutra //

JGS 1,13,4.

tebhyas sāvitrīṃ prabrūyād yathopanayane

Note: Cf. GGS 3,3,2 vyāhr̥tibhir hutvā śiṣyāṇāṃ sāvitryanuvacanaṃ yathopanayane.

tebhya===yane // vyāhr̥tihomānte kr̥te- idam ucyate / tebhyas sāvitrīṃ yathopanayane tathā prabrūyād / *paccho 'rdharcaśas sarvām* (JGS 1,11,67) ity arthaḥ / svādhīnā sāvitrī / tair apy ācāryata[ś] śrutvā sakr̥d anuvacanaṃ kāryam adr̥ṣṭārthāya //

JGS 1,13,5.

sāmasāvitrīñ (JĀrG 25,19 on JS 4,3,8) ca
somaṃ rājānam (JS 1,10,1) iti

Note: Cf. GGS 3,3,3 sāmasāvitrīñ ca, 4 *somaṃ rājānaṃ varuṇam* (SV 1,91) iti.

sāma===miti // sāmabhūtā sāvitrī sāmasāvitrī / autpattikaṃ gāyatram ity arthaḥ / sāmasāvitrīñ ca *somaṃ rājānam* ity etat sāma (JGG 1,10,1 on JS 1,10,1) ca prabrūyāt /

apara āha / *somaṃ rājānam* ity etad eva sāmasāvitry ucyate / yatharkṣu sāvitrī variṣṭhā evam idaṃ sāmasv iti / somādibahudevatāyogād idaṃ sāmasāvitrīśabdena prarocanārthaṃ viśeṣyate / prayojanam adhīyānaiś chandogair anvaham etat sāma gītvādhyetavyam / amatam api snāpayati / pūrva eva tu pakṣa anuṣṭhātavyaḥ //

JGS 1,13,6.

āditaś chandāṃsy adhītya yathārtham akṣatadhānānān dadhnaś ca navāhutīr juhoti

Note: *āditaś chandāṃsy adhītya yathārtham* quoted in Jayanta on JĀrṣB: 342,5. — The Kauthumas do not make fire-offerings of the grains and curds but just eat of them (see JGS 1,13,10).

ādi===hoti // chandāṃsy āgneyaindrapāvamānāny ādita ārabhya yathārthaṃ yāvacchraddham etebhya evādhītya procyākṣatadhānānāṃ vrīhidhānānāṃ vādadhnaś cāvadya vakṣyamāṇā āhutīr juhoti /

ke cid vadanti cchandāṃsi vedān iti / ke cid gāyatryādīnīti / tad vayam apy ayuktam / na hi bāhvṛcyaṃ yajurvedaṃ vādhijigāṃsubhir idam upakriyate na gāyatryādīni cchandāṃsy adhyetum īpsitāni / āgneyaindrapāvamānāni punar ihādhyetum iṣṭāni / katham iti ced *āgneye samāpte 'ja aindre meṣo gauḥ pāvamāna* (JGS 1,13,11-13) iti vakṣyamānatvāt / atha ca tritayam eva tac chandaśśabdena śrutau parigṛhyate *vācy u vai sarvāṇi cchandāṃsi yad āgneyam aindraṃ pāvamānam* (JB 1,276: 115,2-3) iti /

nanūtsargasya gāyatryādicchandoviśramaṇārthatvaṃ vakṣyate *vedeṣu yathāsvaṃ viśramantāñ chandāṃsi caturuttarāṇi-* (JGS 1,14,2) iti / ato 'trāpi cchandaśśabdasya tadabhidhānam eva yuktam / prasiddhiś caivam anugṛhītā bhavatīti / atra brūmaḥ / āgneyaindrapāvamāneṣu triṣv api gāyatryādīni caturuttarāṇi cchandāṃsi samavetāni / paṅktir eva kevalam āgneyapāvamānayor na vidyate / tataś caturuttarāṇi cchandāṃsīti tatsamudāyāgneyādīny eva trīṇy utsarge 'nūdyata iti kalpyam / parvadakṣiṇāvidhiś (JGS 1,13,11-14) ca balavān matpakṣe hetuḥ / tasmād āgneyaindrapāvamānānām evādita ekaikasāmāvaram ṛkpūrvam adhyetavyam /

nanu punar *dadhimiśrāṇām*[12] ity anukter ubhayaṃ pṛthag ghotavyam / naivam / yadi hy evam aiṣiṣyan *nava nava-* ity avakṣyat / athaivaṃ kalpyeta / dhānātayo dadhyāhutayaś ca saṃbhūya naveti / tathāpi kati dhānānaṃ kati dadhna ity anavagamād apravṛtti[s] syāt / tasmād dadhimiśrā eva dhānā hotavyāḥ / yathā *dadhi codanañ ca bhuṅkṣva-* ity ukte na pṛthag dadhi bhujyate tadvad atrāpi //

JGS 1,13,7.

ṛṣīn devāṃś chandāṃsy ṛco yajūṃsi sāmāny *ṛcaṃ sāma yajāmahe* (JS 1,38,10) *sadasas patim adbhutam* (JS 1,18,7) *medhākāram* (JS 3,28,6) iti

ṛṣī===miti // ṛṣīn devāṃś chandāṃsy ṛco yajūṃsi sāmāni ca- iṣṭvā tisṛbhir ābhir ṛgbhir juhoti / *ṛṣibhya* ity evaṃ homaḥ //

---

[12] *dadhimiśrāṇām* emended : *ddaddhimi* A, T : *ddadhimiśru* P, M : *dadhimiśrā* K.

JGS 1,13,8.

etāsām eva pūrvābhiṣ ṣaḍbhiḥ pūrvan tarpayet

Note: *tarpayet* quoted in Jayanta on JPA 32,14: 281,22.

etā===rpayet // tṛtīyārthe ṣaṣṭhī / etābhir eva dhānābhiḥ pūrvābhiṣ ṣaḍbhir āhutibhir *ṛṣibhya[s] svāhā-* ityādibhiḥ pūrvan tarpayet prītibhajaṃ kuryāt / kānīti ced ṛṣyādīn eva / katham iti ced yathāsmākaṃ guruparaṃparayācāryate tathā / hutvā tu sviṣṭakṛtam ṛṣyāditarpaṇam / hutaṃ hi havis tān devatāṃ prāpayann agni[s] sviṣṭakṛd etaṃ bhāgan *devatābhya[s] svāhā-* ityādibhiḥ prāptavān iti sarvabrāhmaṇeṣu vāpadyate / tasmāt sarvatra haviśśeṣaviniyogavidhi[s] sviṣṭakṛtaḥ paro vijñātavyaḥ / dhānābhis tarpayitvā- *ṛṣīṃs tarpayāmi-* ity evam udakena tarpayet //

JGS 1,13.9.

ācāryam ācāryāṃś ca
jaiminin
talavakāraṃ
sātyamugraṃ
rāṇāyaṇiṃ
durvāsasañ ca bhāguriṃ
gauruṇḍiṃ
gaurgulaviṃ
bhagavantam aupamanyavaṃ
kāraḍim
sāvarṇiṃ
gārgyaṃ
vārṣagaṇyan
daivantyam
ity etāṃs trayodaśa

Note: *ācāryam ācāryāṃś ca jaiminim* quoted in Jayanta on JPA 32,14: 281,22. Talavakāra may be an epithet of Jaimini rather than his student, though this is in conflict with the number 13 (which may have been adopted from the corresponding Kauthuma list of teachers): see my introduction to the Jaimini-Śrauta-Sūtra with Bhavatrāta's Vṛtti in EJVS vol. 27 issue 1.

ācā===daśa // ṛṣyāditarpaṇānantaram ācāryañ ca jaiminim ācāryāṃś ca talavakārādīṃs trayodaśa tarpayet /

ācāryān ity eva siddher *ācāryam* ity anarthakam / nānarthakañ jaiminis sūtrakaraṇād ācāryas talavakārādayaś śākhāpraṇayanād iti bhedajñāpanārthatvāt / vaṃśādivyāpāras tu bālakrīḍāsadṛśaṃ kena cit sāhasikena caraṇavallabhena prājñāyamānena upajñātam ity anupapannarūpatvān manyāmahe / tato 'sau nādartavyaḥ / na tu na kāryo vratatvād adoṣatvāc ca //

JGS 1,13,10.
dhānāvantam (JS 1,22,7) *dadhikrāvṇa* (JS 1,37,7) ity etābhyām abhimantrya haviśśeṣaṃ prāśya prāhṇe prādhīyate

Note: Cf. GGS 3,3,6 akṣatadhānā bhakṣayanti *dhānāvantaṃ karambhiṇam* (SV 1,210) iti, 7 dadhnaḥ prāśnanti *dadhikrāvṇo 'kāriṣam* (SV 1,358) iti. — According to Bhavatrāta's commentary, his JGS text read *prādhīyate* with M1 instead of *pradhīyate* in Caland's ed.

dhānā===yate // haviśśeṣam ābhyām abhimantrya prāśya tataḥ prāhṇe prakr̥ṣṭe 'hni jyotiṣavidbhir īdr̥śam ahar adhyayanārambhe praśastam iti yad ucyate tasmin prādhīyate /

prāśnīyur asamāpte ced utsīdet prastarāj janam[13] /
atha samāpyaiva prāśya yatnād r̥ddhe[14] navāhutau //

JGS 1,13,11.
āgneye samāpte 'jaḥ

Note: JGS 1,13,11-13 quoted in Bh on JGS 1,13,6.

āgne===ptejaḥ // āgneye- antam adhīte- ācāryāyājo dīyeta //

JGS 1,13,12.
aindre meṣaḥ

aindre meṣaḥ //

JGS 1,13,13.
gauḥ pāvamāne

Note: JGS 1,13,13 is quoted in Bh on JGS 1,15,1.

gauḥ pāvamāne //

JGS 1,13,14.
parvadakṣiṇāḥ

parvadakṣiṇāḥ // etāḥ parvadakṣiṇā avayavadakṣiṇāḥ / āgneyaindrapāvamānāni hi cchandasaḥ parvāṇi / etāsāṃ *parvadakṣiṇā* iti viśeṣaṇaṃ sarvādhyayanasamāptāv api dakṣiṇāstitvajñāpanārtham / tataś cāyaṃ samāpipr̥tsur apy ācāryāya dakṣiṇām upaharet //

---

[13] *prastarāj janaṃ* K : *prastārāj janaṃ* T : *prantarāj janam* P, M : *prastārajanam* A.
[14] *yatnā r̥ddhye* A : *yatnā r̥de* T : *yatnāmaddhye* P, M : *yatnān maddhye* K.

JGS 1,13,15.
sabrahmacāriṇaś copasametān bhojayet

sabra===jayet // ekasmin gurau ye brahmacaryañ caranti te sarve sabrahmacāriṇaḥ / ācāryas sabrahmacāriṇaś ca- upasametān sannidhau samāgatān tadānīm ācāryeṇa saha vasata āgneye samāptiṣṭha bhojayet /

ke cid upākarmadivasa iti bruvate / teṣāṃ hetus sannidhānātikramaḥ / bahuṣu vā kṛtavatsu ko bhojayitety anirṇayaḥ / sarve sarvān bhojayeyur iti vā prāptau virodhabāhulyam / cakārasya cānavakḷptir bahv aniṣṭaṃ prasajatīti //

JGS 1,13,16.
sāvitram ahaḥ kāṅkṣanta utsarge ca

Note: *utsarge* quoted in Bh on JGS 1,13,17. – Cf. GGS 3,3,9 sāvitram ahaḥ kāṅkṣante.

sāvi===rgeca // savitāsya devateti sāvitram ahas tārakāviśeṣam / tadyogalakṣaṇayā tv ahas sāvitram / sāvitroḍusaṃyuktañ candramaskam ahar utsarge cācāryāḥ kāṅkṣante / paurṇamāsyāñ copākarmavad vikalpate /

nanv ayaṃ vidhis *taiṣīm utsarga* (JGS 1,14,1) ity atraiva nyastavyaḥ / satyam etat / utsargasya tūpākarmavadbhāvārthamātrasyāsya nyāsaḥ / tasmād anayoḥ kāla eva bhidyate na rūpam //

JGS 1,13,17.
pakṣiṇīṃ rātrin na māṃsam aśnīyāt

Note: Cf. GGS 3,3,10 udagayane ca pakṣiṇīṃ rātrim 11 ubhayata eke trirātram.

pakṣi===śnīyāt // pakṣāv asyā[s] sta iti pakṣiṇī / ubhayatas tye ahanī rātreḥ pakṣāv iva / pakṣavatīṃ rātriṃ māṃsan nāśnīyāt / *utsarga* (JGS 1,13,16) ity anuvartate / prāg uttarasyāhno 'stam ayād ācāryasyaitāni vratāni syur ity arthaḥ / brahmacāriṇāṃ hi māṃsāśanādīni vacanāntaratas (JGS 1,11,75) sarvadaiva nivṛttāni //

JGS 1,13,18.
na śrāddham

na śrāddham //

JGS 1,13,19.
na lomāni saṃhārayet

nalo===rayet // kṣauran na kārayet / idaṃ brahmacāryartham api prasajatīti //

JGS 1,13,20.
na striyam upeyāt /
ṛtau jāyām upeyāt

Note: *striyam upeyāt* quoted in Bh on JGS 1,19,3.

nastri===peyāt // ajāyāmanvādivacananivr̥tter (Manu 8,352-385, etc.) *jāyām* ity anarthakam / nānarthakam / apatyajananayogalakṣaṇo jāyāśabdaḥ / jāyāśabdaśravaṇānantaraṃ pratīyamānasyāpatyotpādanasyāsminn apavādavidhau nimittatvajñāpanārthatvāt prayojanam / yadi pare 'py r̥tudivasā[s] syuḥ pūrveṣu vā satsu tathā sati labdhāvakāśatvād r̥tūpagamanasya vratavelāyāṃ bhāvaḥ //

apara āha //

JGS 1,13,16*.
sāvitram ahaḥ kāṅkṣanta utsarge ca

sāvi===rgeca // sāvitrī prasiddhā / tayā yathā kathañ cit saṃbandham ahas sāvitraṃ bhavati / sāvitram ahas sarvaṃ kāṅkṣante kṣamante / atha vā prārthayanty adhyayanam / manasā- adhijigāṃsamānā āsate nādhīyate / utsarge copākarmaṇi ca / kīdr̥śam etad ahar iti cet //

JGS 1,13,17a*.
pakṣiṇīṃ rātrim

pakṣiṇīṃ rātrim // pūrvoktavad eva pakṣiṇī rātriḥ / kim aharmadhyavartiṇī rātris sāvitram ahar ity ucyate / ko 'tra sāvitrīsaṃbandhaḥ / atra brūmaḥ / sādr̥śyam asya saṃbandha ity ucyate / sāvitrī tryavayavā / trayo hy asyā pādāḥ / idam api tryavayavam / trīṇīti ahanī rātriś ca /

kathaṃ punar adhyardho 'horātro 'har ity ucyate / yathā daive rātryahanī varṣaṃ pitrye rātryahanī māsa iti / daivasyāhorātrasyāyanayor ekam ahar ekā rātriḥ pitryasya ca pakṣayos tadvidhānāñ cāhorātrāṇān triśatiṣaṣṭisaṃyuktas saṃvatsaraḥ / tadvad atrāpy ahardvayaṃ rātrigarbham aho rātridvayam ahargarbhaṃ rātriḥ / tryahaś cāhorātram / trisaṃvatsarī ca sāvitras saṃvatsara iti draṣṭavyaḥ /

asmin vyākhyāne vratāni hastaś ca notsargaṃ pravrajanti[15] /
kaś cārtho[16] vratacaraṇenotsr̥ṣṭe 'dhyayane / ahorātra-
vacanāv evāhaśśabdaś ca[17] rātriśabdaś cātra draṣṭavyau
sāvitram aha ahorātram ākāṅkṣate[18] kīdr̥śaṃ pakṣiṇīṃ
rātriṃ pakṣavantam ahorātram iti pūrvaś cāhorātraḥ
paraś cāsya pakṣau tryahan nādhīyītety uktañ ca[19] bhavati
asti copākarmaṇi cotsarge trirātraṃ kṣamaṇaṃ smr̥tam //

JGS 1,13,21.
varṣāśaradikam etad vratam

varṣā===dvratam // varṣāsu śaratsu ca caritavyam etad vratam / upākr̥tya prāṅ mārgaśīrṣān māsād ity arthaḥ //

---

[15] *pravrajanti* emended : *pravrajati* mss.
[16] *cārtho* emended : *cārthe* mss.
[17] *evāhaśśabdaś ca* emended : *evāhaśśabdo* mss.
[18] *ahorātram ākāṅksate* emended : *ahorātra(ṃ) kāṃkṣate* mss.
[19] *uktañ ca* emended : *uktaṃ* mss.

JGS 1,13,22.
ardhamāsam ity eke

ardha===tyeke // ardhamāsaṃ pañcadaśarātrañ caryam etad vratam ity eke- ācāryā bruvate / yat kiñ cid ardhamāsan na- upākaraṇānantaram eva yathā pūrvasmin pakṣe // //

JGS 1,14. (utsargaḥ)

JGS 1,14,1.
taiṣīm utsargaḥ

Note: *taiṣīm utsargaḥ* is quoted in Bh on JGS 1,13,16. – Cf GGS 3,3,14 taiṣīm utsr̥janti.

taiṣī===tsargaḥ // taiṣyāṃ paurṇamāsyām utsargākhyaḥ pākayajñaḥ kāryaḥ / *taiṣīm* ity atyantasaṃyoge dvitīyā mr̥gyalakṣaṇā / dr̥śyate hy anyatrāpi *yo no dadyāt trayodaśīn daridrāṃ rātrim aśnāti-* (source?) iti //

JGS 1,14,2.
vedeṣu yathāsvaṃ viśramantāñ
chandāṃsi caturuttarāṇi
śivena no dhyāyantv iti

Note: No parallel to this mantra is recorded in the *Updated Vedic Concordance* (2007). — The first part (*vedeṣu ... caturuttarāṇi*) is quoted in Bh on JGS 1,13,6.

vede===ntviti // vedeṣv eva yathāsvaṃ svasmin sthāne viśramantāṃ svairavartanāṃ gāyatryādīni caturuttarāṇi chandāṃsi śivena yuktān no dhyāyantv eveti / evaṃ manasā saṃkalpyotsraṣṭavyam adhyayanam adhīyānaiḥ / te hi svasthānān niṣkr̥ṣyanta iva / *caturuttarāṇi cchandāṃsi-* iti ca sarvamantropalakṣaṇārtham adhyetavyavedāvayavopalakṣaṇārthaṃ vā / sarvam eva hy adhyetavyam upākriyata utsr̥jyate ca //

Note: *te hi* emended : *hi* mss.

JGS 1,14,3.
utsr̥jyādhyāyānadhyāyau
vratāni cānupālayanto
vedam adhīyīran

utsr̥===yīran // upākaraṇatulyarūpam utsargākhyaṃ pākayajñaṃ kr̥tvā tataḥ parādhīnaṃ vedam utsr̥jya- adhyayanadināny anadhyayanadināni ca vratāni cācāryādhīnatvaṃ praśāntatvādīny anyāni cānupūrveṇa rakṣamāṇā yo 'yaṃ svādhīno vedas tan tam adhīyīran /

vedaśabdo vedāvayave / adhyayanadineṣu yuktādhyayanam itareṣu ca tūṣṇīṃbhāvaḥ / ubhayeṣām anupālanaṃ vratānāñ ca yathoktam anuṣṭhānam / idam adhyayanan taiṣyā eva pūrvasyānadhyāyakāle nādhyetavyam / ato 'sya paurṇamāsīprabhṛtayo 'py adhyayanakāla eva / apūrvādhyayanam evātra manvādibhiḥ pratiṣiddham (cf. Manu 4,99) iti kaś cid vyācakṣītāpīti kṛtvānadhyāyānupālanavacanam / adhyāyānupālanavacanan tu taiṣīprabhṛti nādhyetavyam / yadi tv adhijigāṃseran svādhīnam adhīyīrann ity ayañ codanābhiprāya iti matvā na niyogenādhīyīrann apīti tannivṛttyartham asya cārthadvayasya *yukto nityam adhīyīta* (source?) *nādhyetavyam anadhyāya* (source?) ityādy anekasmṛtivacanasiddhasya punar atra vidhānād ato 'nyasya brahmacāriniyamajātasyācāryādhīnatā svādhīnam adhīyānair ananuṣṭhānam apy āśaṅkyetāpīti kṛtvā *vratāni ca-* ity uktam //

JGS 1,14,4.
ata ūrdhvam abhreṣu nādhīyate

ata===yate // atas taiṣyāḥ paurṇamāsyā ūrdhvam abhreṣu satsu nādhīyate / ā kuta iti cet prāg upākaraṇakālāt / asti ca smṛtir *anṛtau cābhradarśana* (source?) iti / asmin hi kāle prāyeṇābhrāṇi na dṛśyante / adhyetṛpramādajo vā mṛgyalakṣaṇo vā ṇakāraḥ // //

Note: Bhavatrāta's text apparently read *ṇādhīyate.*

JGS 1,15-17. (vratāni)

JGS 1,15. (gaudānikam, vrātikam, aupaniṣadam)

JGS 1,15,1.
gaudānikavrātikaupaniṣadāḥ saṃvatsarāḥ

Note: Cf. GGS 3,1,28 godānikavrātikādityavrataupaniṣadajyaiṣṭhasāmikāḥ saṃvatsarāḥ.

gaudā===tsarāḥ // godānayogād iha cchando godānam iti lakṣyate / cchando'dhyayanasamāptau hi gaur dīyate / *gauḥ pāvamāna* (JGS 1,13,3) iti / godānaṃ prayojanam asya saṃvatsarasya gaudānikadas saṃvatsaraḥ / evam vrātikaupaniṣadāv api / vratāni nāma sāmāni cchandorahasyādau daśādhyāyī (JĀrG 1-10) / upaniṣad iti tavaśśāvyavyāhṛtisāmagāyatrāṇi (JĀrG 25) / atha vopaniṣat (JUB) *saiṣā śāṭyāyanī gāyatrasyopaniṣad* (JUB 4,17,2) *upaniṣadaṃ bho brūhi-* (JUB 4,21,7) ityādidarśanāt gaṇākhyau brāhmaṇāvayavau /

dvādaśa varṣāṇi vedabrahmacaryam (JGS 1,17,1) iti vakṣyamāṇeṣu dvādaśasu gaudānikavrātikaupaniṣadās trayas saṃvatsarā[s] syuḥ / aupaniṣadaś śrāvyavidhikramād (JGS 1,15,13) ādityavrātikāt paro vijñātavyaḥ / sādharmyāt tu gaudānikavrātikābhyāṃ saha vidhīyate / yad upanayanādy ādiṣṭan dvādaśavarṣakālaṃ yāvadadhyayanakālaṃ vā brahmacaryan tatraiva vrataviśeṣayuktānīmāni gaudānikādīni brahmacaryāṇy ādeṣṭavyāni / vrataviśeṣayogāc caitāni vratānīty ucyante /

tatra yad uktam *tad etad vratādeśanaṃ sarvatra-* (JGS 1,11,73) iti tad eṣām upakrame kartavyam / kathaṃ prayoga iti ced vidhivad agnīn upasamādhāya parisamūhya pariṣicyājyenāktās samidhaḥ- *agne vratapate vratañ cariṣyāmi-* ityādibhir mantrair ādhāya pariṣiñcet

/ ahataṃ vāsaḥ paridhānañ ca sarvatreṣyate / godāne hi pratiṣetsyati *na tv iha niyuktam ahataṃ vāsa* (JGS 1,17,11) iti / tat sarvatra pūrvaṃ pūrvasmāt pariṣekān mantreṇa vāsaḥ paridadhīta / na vā kevalaṃ vāsa eva yajñopavītamekhalājinadaṇḍā api navāḥ prativratam ādeyāḥ / asti hi mānave

yad yasya vihitañ carma yat sūtraṃ yā ca mekhalā /
yo daṇḍo yac ca vasanan tat tad asya vrateṣv api // (Manu 2,174) iti

evañ cāsati godāne vāsaśśabdena sarvam etad upalakṣyata iti varṇyam / upapattiñ ca tatraiva vakṣyāmaḥ /

homāvṛtam uśaty eke sarvavratasamitsv api /
ayogahomokter yuktan na tan nityasamitsv iva //

JGS 1,15,2.
teṣu sāyaṃ prātar udakopasparśanam

Note: *sāyaṃ prātar udakopasparśanam* is quoted in Bh on JGS 1,17,10. – Cf. GGS 3,1,29 teṣu sāyaṃprātar udakopasparśanam.

teṣu===rśanam // teṣu saṃvatsareṣu sāyañ ca prātaś codakopasparśanam udakena snānaṃ kartavyam //

JGS 1,15,3.
nānupaspṛśya bhojanaṃ prātaḥ

Note: Cf. GGS 3,2,11 (māhānāmnika-vrata): nānupaspṛśya bhojanaṃ prātaḥ.

nānu===prātaḥ // saṃvatsarasya brahmacaryāṅgabhāvena samidādhānabhaikṣacaraṇe vidhāsyete *sadā sāye samidādhānaṃ* (JGS 1,17,4) *sāyaṃ prātar bhaikṣacaraṇam* (JGS 1,17,5) iti / bhaikṣacaraṇānantarañ ca bhojanaṃ prāptam / tatra prāta[s] snānabhojanayos sāyañ ca snānabhojanasamidādhānānāṃ paurvāparyasyāniyame prāpte niyamo 'yaṃ kriyate / prāta[s] snānam akṛtvā bhojanan na kuryāt / bhaikṣan tu snānāt pūrvam api kāmam āharet / prabhātavelādau dinacaturbhāge prātaśśabdasya pravṛttiḥ //

JGS 1,15,4.
sāyam upaspṛśyā samidādhānāt

Note: Cf. GGS 3,2,12 (māhānāmnikavrata): sāyam upaspṛśyābhojanam ā samidādhānāt.

sāya===dhānāt // sāyaṃ snātvā samidādhānāt prāg bhojanaṃ kuryāt /

evañ cet prāta[s] snānāt prasajati / naivaṃ prasajati / na hi divā sāyamaśanasya prasiddhiḥ / liṅgañ cāsti *astamite yamo bhavasy aśnatsu somo rājā-* (source?) iti / bhaikṣāharaṇan tu snānāt pūrvaṃ samidādhānāt param / ubhayamadhyavartī vā bhavet / samidādhānasyāgnihotrakālatān tadvidhāv eva (JGS ?) sādhayiṣyāmaḥ /

divasasyottamaś caturbhāgo nakṣatrodayāntaḥ pradoṣānto vā sāyam iti vijñeyaḥ //

JGS 1,15,5.
araṇyāt samidha āhr̥tya-ādadhyāt

Note: The whole sūtra is quoted in Bh on JGS 1,17,4, with the reading *samidha* instead of *samidham* in Caland's ed. (without variants); also Bhavatrāta's commentary is based on the reading *samidha*.

ara===dadhyāt // vakṣyati *sadā sāye samidādhānam* (JGS 1,17,4) iti / tasyāyaṃ guṇavidhir vratatrayaviṣayaḥ / araṇyāt samidha[s] svayam evāhr̥tyādadhyāt / na grāmad anyāhr̥tā vā /

evañ ced idaṃ vācyam *araṇyāt samidha āhared* iti / naivam iṣṭaṃ sidhyati / vratatrayādhikārād dhi tadaṅgam etad anyat samidāharaṇam āśaṅkyeta / gurvarthasamidādhānānuvāde tu sāmarthyād apekṣitādhikāro brahmacāriṇas sadātanīṃ samidāhr̥tim ayaṃ vidhir anusarpati //

JGS 1,15,6.
ādityavrātikas saṃvatsaraḥ

ādi===tsaraḥ // ādityavrataprayojana ekas saṃvatsaraḥ / ādityavrataśabdaś cātra sarvaśukriyopalakṣaṇārthaḥ (JĀrG 23) / *ādityavrātike śukriyāṇi-* (JGS 1,15,13) iti hi vakṣyati / athāyaṃ saṃvatsaro vrataviśeṣais saṃyokṣyate //

JGS 1,15,7.
ekavāsāḥ

ekavāsāḥ // ekam eva vāso 'syety ekavāsāḥ / imam ekasaṃvatsaram ekavāsā bhavet /

kim anyadā brahmacāriṇa uttarīyaṃ vastram iṣyate / neṣyate / iyaṃ hi smr̥tiḥ /

divā svapnam alaṃkāram aguror api sevanam /
mr̥ṣodyam uttaraṃ vāso mr̥jām akṣāṃś ca varjayet // (source?) iti /

atha kim aiṇeyādyuttarīyābhāvo 'yaṃ pratipadyate / naivam aiṇeyāder avāsastvād *ekavāsā* iti cokte vāso'ntaranivr̥tter eva pratīyamānatvāt /

atha kiṃ yad vratādeśavelāyām upāttaṃ vāsas tad evā saṃvatsaraparisamāpter vasīyīteti / tad dhanam ekasya vāsaso divā niśam avicchedena paridhīyamānasya saṃvatsaram anavasthānān mahānāmnike cāsyārthasya jalasaṃkledād āśunāśini vastre muktasaṃśayagrahaṇāsaṃbhavād vastrāntaraparidhānan tu pratiṣidhyata iti samyak / tasmād api paridhānapāpāsanābhinne 'sminn anyan nādadīta[20] / evaṃ saṃvatsaraṃ gamayet //

JGS 1,15,8.
na yuktam ārohet

nayu===rohet // yuktam anorathaprabhr̥ti nārohet //

[20] *anyan nādadīta* emended : *anyad ādadīta* mss.

JGS 1,15,9.
ādityan nāntardadhīta chatreṇa

ādi===treṇa // ātmanikṛtaraśmipātam ādityañ chatreṇa na nivārayet /

kiṃ piñjādināntardhānam adoṣaḥ / naivam / chatrakāryaṃ hi / pratiṣidhyata ātapanivāraṇam /

evañ ced gṛhavṛkṣacchāyāśrayaṇam apy asya doṣa eva / naivam / na hi gṛhā vṛkṣā vā nivārayanto 'py ātapaṃ varṣañ ca kadā cid api loke chatrakāryapravṛttā pratīyante / kaś cid dhi kena cid ātapāttena chatraṃ yācitaḥ piñjam api dadāti na gṛhaṃ vṛkṣaṃ vā / yadi ca gṛhādināpi nāntardhīyeta chatragrahaṇam anarthakaṃ syāt / tasmād ayam ātapaparihārārtham evāpi gṛhaṃ vṛkṣaṃ vopasarpat pratiṣiddhakṛn na bhavati / piñjādi tv ādadāno bhavati //

JGS 1,15,10.
mahīm āsanaśayanābhyām upānaḍbhyāñ ca

mahī===ḍbhyāñca // āsanena phalakādinā śayanena kaṭādinopānaḍbhyāñ ca bhūmin nāntardadhīta /

dharmaśāstragatād eva pratiṣedhād yānacchatrāsanopānahaśayanasya (cf. ĀpDhS 1,7,5, etc.) ca- *adhaśśāyī-* (JGS 1,11,75) iti saṃpraiṣe śravaṇād brahmacāriṇo nityanivṛttānām iha pratiṣedho 'narthakaḥ / nānarthakaḥ prāyaścittadvaiguṇyārthatvāt /

atha vā sukhārtham eṣām anubhavanan dharmaśāstrato 'sya nivṛttam / iha tu pratiṣedhaḥ kṣemārtham apy asevanāya kriyate / śayanapratiṣedhasya tv ayam anyaḥ parihāraḥ / *adhaśśāyī-* (JGS 1,11,75) iti khaṭvādeḥ pratiṣedho na kaṭakaṃbalāder iti (cf. Bh on JGS 1,16,5) //

JGS 1,15,11. nordhvañ jānvor apaḥ prasnāyāt

nordhva===snāyāt // jānvor ūrdhvaṃ śarīrabhāge 'po na prasyandayet /

dharmaśāstravihitasya pratidinam avaśyānuṣṭheyasya gharmopanodanārthasya yādṛcchikasya snānasyāyaṃ pratiṣedhaḥ na cchardanādinimittasya / aśucitvāpanodanārthaṃ hi taduktavidhasnānanivartanād eva sārthako 'yaṃ pratiṣedho na niroddhuṃ śaknoti //

JGS 1,15,12.
anyatrācāryavacanāt

anya===canāt // ye 'smin vrata uktā niyamās ta ācāryasya vacanād anyatraivāsya pravarteran na tv ācāryavacanavirodhe sati /

nanv idam ācāryādhīnatayaiva sidhyati / satyam etat / ācāryeṇa tv asyātyantāśaktiviṣaye niyamaviruddham apy anuśāsanaṃ kartavyam ity evamartheyañ codanā //

JGS 1,15,13.
vrātike vrataparva-
ādityavrātike śukriyāṇy

aupaniṣada upaniṣadaṃ śrāvayet

Note: *ādityavrātike śukriyāṇi* quoted in Bh on JGS 1,15,6. Cf. also Bh on JGS 1,15,1.

vrāti===vayet // vrātike- ādityavrātike- aupaniṣade ca saṃvatsare vrataparvaśukriyāṇi copaniṣadañ ca śrāvayet /

yadi cātrāsamāptau śravaṇaṃ gṛhyeta tadā[21] tṛtīye saṃvatsare jaṭākaraṇāntan mahānāmnīśravaṇe vairūpyaṃ syāt / tac cātas[22] satyāṃ gatāv ayuktam iti samāptir evāśritā /

ākhyātānuṣaṅgena vā vākyatrayaṃ varṇyam // //

JGS 1,16. (mahānāmnikam)

JGS 1,16,1.

dvādaśa mahānāmnikās saṃvatsarāḥ /
nava ṣaṭ traya iti vikalpāḥ

Note: Cf. GGS 3,2,1 dvādaśa mahānāmnikāḥ saṃvatsarāḥ 2 nava ṣaṭ trayaḥ 3 iti vikalpaḥ; NidS 4,3: 66,7 tāsāṃ khalu trīn saṃvatsarān brahmacaryaṃ caret.

dvāda===kalpāḥ // mahānāmnīprayojanās saṃvatsarā dvādaśa nava ṣaṭ traya ity ete vikalpāḥ vividhāḥ kalpā vividhaphalā atulyaphalāḥ / kālamahimnaḥ phalamahimā grāhyā //

JGS 1,16,2.

saṃvatsaram ity eke
pitrā cec chrutā mahānamnayaḥ

Note: GGS 3,2,4 saṃvatsaram apy eke 5 vrataṃ tu bhūyaḥ 6 pūrvaiś cec chrutā mahānāmnyaḥ.

saṃva===mnayaḥ // pitrā śrutāś cen mahānāmnaya[s] syus sa eko 'pi saṃvatsaro mahānāmnika[s] syād ity eke manyante / vratānte śravaṇavidhānāt- *śrutā* iti vratacaraṇopalakṣaṇam evam avasthitam / pitṛśrutamahānāmnikas saṃvatsaro na vikṛtībhavati / anye tv avaśyaṃ pūrveṣām anyatamam eva pakṣam āśrayerann iti /

keṣāñ cit *saṃvatsaram ity eka* (JGS 1,16,2a) iti pṛthag vākyam / tataḥ *pitrā cec chrutā mahānāmnayas saṃvatsaraṃ brahmacaryañ cared* (JGS 1,16,2b-3a) ity ekam / teṣāṃ *saṃvatsaram ity eka* iti vyarthaṃ syāt / ṛco mahānāmnīśabdenābhidhīyante / tenaiva sadgataṃ sāmāpi *vairājañ ca mahānāmnayaś ca vairūpañ ca revatyaś ca-* (JB 2,188: 241,11-12) iti darśanāt / atra tu *tisra stotriyā upagāyed* (JGS 1,16,17) iti vakṣyamāṇatvāt sāmaviṣaya eva nirṇayaḥ //

---

[21] *tadā* emended : *tathā* mss.
[22] *tac cātas* emended : *ta ca ta(ḥ)* mss.

JGS 1,16,3.
saṃvatsaraṃ brahmacaryañ carec chuklaikavāsāḥ

Note: *saṃvatsaraṃ brahmacaryañ caret* quoted as a separate sūtra in Bh on JGS 1,16,2. *caret* quoted in Bh on JGS 1,16,4.

saṃva===vāsāḥ // sa etan mahānāmnikaṃ brahmacaryaṃ saṃvatsaraṃ śuklaikavāsāś caret / śuklam ekañ ca vāso 'syeti śuklaikavāsāḥ / śuklaśabdaś cātra śucivacanaś *śuklan tv eva paridadhyād* (JGS 1,16,7) iti śuklavarṇasya vidhāsyamānatvāt /

nanu śucivāsastvaṃ smr̥tisiddham (Manu 2,70) / satyam etat / smr̥tisiddham api tu yat tatraikavāsastvenātratyena virudhyeta / tatra nātyantaṃ samīheta na cedam ādityavrātikaṃ bālya eva caryate / tata[s] svapne retassekādinā vāso 'śucitve sañjāte 'nyat paridhāya vāsas samyaṅ nirṇektavyam / itarathā niṇektavyan tad api vrataviśeṣasaṃbandam ekavāsatvaṃ mā vihānīty avimucyaiva yathopavādan nirṇijyeta / tannivr̥ttaye śucivāsastvaṃ vidhīyate /

varṇavacana eva vā śuklaśabdo 'stu / kr̥ṣṇācchādanopādāne (JGS 1,16,6) tu saṃvatsaramātraṃ śuklavāsastvaṃ vidadhadarthavādasya-[23] ādityātikramakāraṇābhāvāt / vratādau saṃvatsaramātram ekavāsā bhavet / ūrdhvam aniyamaḥ //

JGS 1,16,4.
vratan tu bhūyas tiṣṭhed divā

Note: Cf. GGS 3,2,5 vrataṃ tu bhūyaḥ 18 tiṣṭhed divā; NidS 4,3: 66,8 tiṣṭhed divā.

vrata===divā // *vratam* iti vratakālo lakṣyate / sarvan tu vratakālan divā tiṣṭhet / bhūyo bahutaram / yathāsanakālāt sthānakālo bhūyo bhaved ity arthaḥ / kālalakṣaṇaṃ vā nāśrayadbhir pūtan tu carann iti vyākhyeyam /

nanv atrāpy adhyāhāro doṣaḥ / nāyam adhyāhāraś *cared* (JGS 1,16,3) iti pūrvavākye sato 'nuvartanam eva / idañ vratañ carann iti /

kim ayam api niyamas saṃvatsarayogī gr̥hyate / na gr̥hyate vratagrahaṇānarthakyaprasaṅgāt //

JGS 1,16,5.
adha āsīta naktam

Note: Cf. GGS 3,2,19 āsīta naktam; NidS 4,3: 66,8 āsīta naktam. — *athāsīta* Caland's ed. without variants. Bh's pratīka has *adha* in all mss. and the reading *adha āsīta* is endorsed by the commentary.

adha===naktam // bhūmāv āsīta naktam /

nanu yathāmutra- *adhaśśāyī-* (JGS 1,11,75) iti khaṭvāpratiṣedho gr̥hīto (Bh on JGS 1,15,10) na bhūmiśayanam / evam atrāpi syāt / naivam atrāpi yuktam āsanasya khaṭvāyām aprasaṅgāt //

---

[23] *-arthavādasya-* emended : *-arthavādaś ca-* mss.

JGS 1,16,6.
tasya kṛṣṇe bhojanācchādane bhavata ity eke

Note: Cf. GGS 3,2,13 kṛṣṇavastraḥ 14 kṛṣṇabhakṣaḥ; NidS 4,3: 66,8 kṛṣṇavastraḥ kṛṣṇabhakṣaḥ. Cf. also Bh on JGS 1,16,3.

tasya===tyeke // yat bhujyate tat bhojanam annam / yenācchādyate tad ācchādanaṃ vastram / tasya annavastre kṛṣṇe bhavata ity eke vadanti //

JGS 1,16,7.
śuklan tv eva paridadhyāt

Note: The whole sūtra is quoted in Bh on JGS 1,16,3, where the mss. read *śuklan tv eva* and in the dittography of the quote *śuklañ ceva.* Caland's ed. has *śuklañ caiva* with ms. M1, recording the reading of B *(śuklan) taiva.* Bhavatrāta's commentary here paraphrases *śuklam eva tu.*

śukla===dadhyāt // yady api te vadanti śuklam eva tu vastraṃ paridadhyāt / annan tu tanmatānusāreṇa kṛṣṇam api syād ity abhiprāyaḥ //

JGS 1,16,8.
rāgadoṣān na kṛṣṇam

rāga===kṛṣṇam // dvividhaṃ kṛṣṇaṃ svabhāvakṛṣṇaṃ raktakṛṣṇañ ca / tayo[s] svabhāvakṛṣṇasya pratiprasavaḥ kriyate / rāgadoṣād rāgābhibhāvāt kṛṣṇan na paridadhyāt / svabhāvakṛṣṇan tu paridadhyād ity abhiprāyaḥ / vidyate hi kṛṣṇaśāṇādi /

atha vā bhojanaviṣayam idam / rāgadoṣāt kṛṣṇan na bhuñjīta / svabhāvakṛṣṇam eva māṣajāmbavakṛṣṇaśākādi bhuñjīta /

nanu brahmacārī bhaikṣabhojano labdhopādānañ ca bhaikṣaṇadharmaḥ / katham asya kṛṣṇabhojananiyamas saṃbhavati / atra brūmaḥ / yathainaṃ labdhopādānam api sarvadā madhumāṃsan nopasarpati evam iha kṛṣṇabhojanam akṛṣṇam aśanan nopasarpati / viṣama upanyāsaḥ / sarvo hi loko jānāti brahmacārī sarvadā madhumāṃsan na bhuṅkta iti / tataś ca madhumāṃsam asmai nopahriyate / kṛṣṇabhojitvan tu cchandogabrahmacāribhiḥ katipayair ekasmin vrate vikalpenācaryate / katham bhikṣopahārī strījano jānīyāt / evan tarhi kṛṣṇabhojanavidhānasāmarthyād eva tatbhijitvaṃ prakāśya bhikṣitavyam / tathā ca kṛto bhojananiyamaḥ / jānatībhi[s] strībhir api madhumāṃsavad akṛṣṇam annan nopahriyate //

JGS 1,16,9.
sarvāsv apsūpaspṛśed abuktāś śakvarya iti

Note: Cf. GGS 3,2,10 tāsv anusavanam udakopasparśanam; NidS 4,3: 66,14-15 udakopasparśanaṃ kimartham iti / abuktāḥ śakvaryas tā eva praviśan manyata iti.

sarvā===iti // sarvāsv apsu snāyāt / stutyartho vākyaśeṣaḥ / āpa ity uktā- abuktā / apsaṃstutāś śakvarya ity asyāsmād dhetoḥ / asti hy *āpo vai śakvarya* (JB 3,92: 393,35) ityādi / aviśeṣakalpanāyām aśakyatvaprasaṅgād yā yānena gurucodanāvaśena yadṛcchayā gacchato vā snānayogyā āpo 'dhigamyante tāsu sarvāsv iti kalpyam /

apara āha / *sarvāsv* iti snānakālaprajñāpanaṃ kriyate / sarvāsu sandhyāsv apsūpasparśayed iti / śrūyate cānyeṣv api niyamaviśeṣeṣu triṣu sandhyam udakam avadhigatyā spṛśet / *triṣavanaṃ snāyād* (Viṣṇusmṛti 50,2) iti ca / samīpalakṣaṇā ca saptamī kalpyā sandhyopāsanasyānurodhāya //

JGS 1,16,10.
nāvā na prasnāyāt

Note: This sūtra is quoted in Bh on JGS 1,16,11. – Cf. GGS 3,2,25 na nāvam ārohet.

nāvā===snāyāt // nāvā na prasnāyāt / apo na praviśet /

nauś cet pratiṣiddhā mahānadasyātyayaṃ prasaktam / āvaśyakena hi kāryeṇāyaṃ palyayamāno nadīm agādhām adhigatyāvatīrṇas santartum apa vārayan nimagno grāhākṛṣṭo 'pamriyeta / naivam etat prasajati / śaktiviṣayā eva hi vidhayaḥ pratiṣedhā vā bhavanti / tasmād ayam aśakto mṛtyuṃ pariharan nāvaivāpo 'tikrāmet //

JGS 1,16,11.
prāṇasaṃśaye tūpaspṛśed ubhayataḥ

Note: Cf. GGS 3,2,26 prāṇasaṃśaye tūpaspṛśyārohet (nāvam) 27 tathā pratyavaruhya 28 udakasādhavo hi mahānāmnya iti.

prāṇa===yataḥ // prāṇo 'sus saṃśayate 'neneti prāṇasaṃśayaḥ / yadi nāvaṃ pariharataḥ prāṇasaṃśaya[s] syāt tata uktavan nāvaivātikrāmet / upaspṛśed ubhayata ubhayos taṭayoḥ / evam api hy anenāpo parihṛtā bhavanti /

nanūktaṃ vidhipratiṣedhayoś śaktiviṣayatvam (Bh on JGS 1,16,10) / atha kiṃ prāṇasaṃśayagrahaṇam anarthakam / nānarthakam ubhayataṭopasparśanasya viṣayapratipādanārthatvāt / *nāvā na prasnāyād* (JGS 1,16,10) *upaspṛśed ubhayata* iti hy ukte 'niṣṭo 'rtho labhyeta //

JGS 1,16,12.
api vā gāḥ pāyayet paśūktāś śakvarya iti

Note: Cf. NidS 4,3: 66,16 api vā paśūnām eva pāyanārthaṁ syāt / paśūktāḥ śakvarya iti.

api===ryaiti // prāṇasaṃśaye nāvā pratarato 'nyat prāyaścittaṃ vikalpyate / api vā-ubhayos taṭayor gāḥ pāyayet prasnāyāt[24] paśusaṃstutāś śakvarya ity asmād dhetoḥ / asti hi *paśavo vai mahānāmnaya* (JB 3,114: 402,13-14) ityādi / paśuśabdasya cātra gavopalakṣaṇārthatvād *yadā vai puruṣaḥ paśūn vindate 'tha sa goṣṭhaṃ paryasyate guptyā* (JB 3,114: 402,17) ityādiliṅgadarśanād dhy asyācāryo *gā* ity āha paśūn iti //

[24] All mss. read *prasnāyāt prasnāya ca*; the senseless *prasnāya ca* seems to originate in a dittography.

JGS 1,16,13.
varṣan nāntardadhīta chatreṇa

Note: Cf. GGS 3,2,20 varṣati ca nopasarpec channam; NidS 4,3: 66,10 śaraṇāṃ nātīyāt.

varṣa===treṇa //

JGS 1,16,14.
prativr̥ṣṭi niṣkrāmet

Note: Cf. GGS 3,2,21 varṣantaṃ brūyād āpaḥ śakvarya iti; NidS 4,3: 66,11-12 nityaṁ snigdhavāso bubhūṣet / udakasādhavo hi mahānāmnaya iti. – *prativr̥ṣṭi* emended after Bhavatrāta's commentary : *prativarṣaṃ* Caland's ed. without variant readings.

prati===ṣkrāmet // prativr̥ṣṭi sarvāsu vr̥ṣṭiṣu gr̥hagataś ced bahir niṣkrāmet /

kim ā vr̥ṣṭyuparamād bahir eva bhavati / naivam / yadi hy evam aiṣiṣyad *varṣati bahis tiṣṭhed* ity evam avakṣyat / pūrvasmin vā yoge chatragrahaṇam akr̥tvemaṃ yogan nākariṣyat / tasmāt kiñ cit klinno gr̥haṃ praviśed iti //

JGS 1,16,15.
evam asya carataḥ kāmavarṣī parjanyo bhavati

Note: Cf. GGS 3,2,29 evaṃ khalu carataḥ kāmavarṣī parjanyo bhavati; NidS 4,3: 66,13 evam khalu carataḥ kāmavarṣī parjanyo bhavati; JB 3,118: 403,32-33 varṣukaḥ parjanyo bhavati.

eva===vati // evam ihoktena vidhinā carato 'sya brahmacāriṇaḥ kāmavarṣī parjanyo bhavati / yadāyam icched vāvarṣed[25] iti tadā varṣatīti cāvagr̥hṇīyāt[26] / na cāyaṃ phalavidhir arthavādo 'yam / yadi phalavidhi[s] syāt phalam idam anicchatā kāmavarṣitvaṃ mahānāmnikaṃ vratan na caryeta / na tasya nityavad vidhānam asyoparudhyeta / tasmād arthavāda evāyam asya vratasya gauravāvabodhanāya nyastaḥ / yathā cāndrāyaṇasya candrasāyujyaprāptivādaḥ (Yājñavalkyasmr̥ti 3,325-326) //

JGS 1,16,16.
brahmacaryānta ekarātram upoṣitaḥ

Note: *brahmacaryānte* quoted in Bh on JGS 1,16,17. – Cf. JGS 1,16,16-26 with GGS 3,2,31-47.

brahma===ṣitaḥ // asya māhānāmnikasya brahmacaryasyānte- ekarātram upoṣita[s] syāt / ekam ahorātran nāśnīyād ity arthaḥ /

ekarātragrahaṇam anarthakam / nānarthakam ekakālānaśanarūpopavāsanivartanārthatvāt / dr̥śyate hi *ahar upoṣya bhuṅkte rātrim upoṣyāhr̥ta*[27] (source?) iti //

---

[25] *vāvarṣed* emended : *vavarṣed* mss.

[26] *varṣatīti cāvagr̥hṇīyāt* emended : *varṣaty avagr̥hṇīyād iti cāvagr̥hṇāti* mss.

[27] *upoṣyāhr̥ta* emended : *upoṣyāhata* K : *upoṣya hata* A : *upoṣya gata* P, M.

JGS 1,16,17.

araṇyaṃ gatvā
śaivalamiśrāṇām apāṃ kāṃsaṃ pūrayitvā
tam upaveśya
samanuparigṛhya
nimīlitan tisra[s] stotriyā upagāyet
sapurīṣāḥ (JĀrG 24,1-3 on JS 2,7,1-4)

Note: *tisra[s] stotriyā upagāyet* quoted in Bh on JGS 1,16,2.

ara===rīṣāḥ // idam api brahmacaryānta evocyate / araṇyaṃ gatvācāryaś śaivalamiśrāṇām *avakinya* (see note) iti stotraviṣaye darśanād avakāmiśrāṇām apāṃ kaṃsapātraṃ pūrayitvā tam upavasantaṃ brahmacāriṇan nimīlitākṣam upaveśya samanuparigṛhya saṃpariṣvajya tisro mahānāmnistotriyās sapurīṣā upagāyet /

nanv ekam evedaṃ *brahmacaryānta* (JGS 1,16,16) ityādi vākyam kṛtvā- upavāsat parasmin divase śrāvayitavyam / naivam / yadi hy evaṃ yojayāma ācāyasyopavāsaḥ prasajyeta- upoṣitas taṃ samanuparigṛhya gāyed iti padārthayogāt / bhavatv iti cen nācāravirodhād *upoṣya-* ity akāraṇāc ca /

evan tarhi tam upoṣitam iti kalpayitvā parasmin divase śrāvayitavyam / naitad yuktam / *brahmacaryānta* (JGS 1,16,16) ity anuvartate / antaśabdaś cehopavāsayogyatvād antye divase vijñeyaḥ / tasmād brahmacaryāntayogād ubhayam apy antya eva divase kartavyam upavāsaṃ śrāvaṇañ ca /

kathaṃ punar jñāyate *brahmacaryānta* (JGS 1,16,16) ity anuvartata iti / vyākhyānata iti brūmaḥ / asti hi nayāyaḥ / *vyākhyānato viśeṣapratipattir* (Mahābhāṣya on Śivasūtra 6: I, p. 35, line 16) iti /

atha vā pūrvasmin vākye yad ekarātragrahaṇan tasya kālopavāsanivartanārthatvāt pratyākhyāya bhavatpakṣārthāpatitadvirātropavāsanivarttanārthatā vācyā /

kiṃ punar gurūktan *tisra stotriyās sapurīṣā* iti laghu sujñātaṃ mahānāmnīr iti / atra brūmaḥ / śabdagauravam arthagauravapratipattaye kṛtam / tasmād ṛca uktvā gāyet / evaṃ saṃyojyam / tisra ṛca uktvā stotriyā upagāyed iti / purīṣapadānāñ ca stotraviṣaye pratistotram anāvṛte[s] stotriyābhyo bahirbhāvāt *sapurīṣā* ity uktam /

atha vā *mahānāmnīr* ity avacanaṃ[28] sāmno mahimnaḥ prajñāpanārtham / prāyeṇa hi loke na mahān nāmnā nirdiśyate guṇair evopalakṣyate / tadvad idam api sāmopalakṣyate / yās tisra evotpattāv api nānyasāmavad ekarcabhūtāḥ purīṣapadaiś cālaṃkṛtā iti na ced ṛg anyat sāmeti mahānāmnīnāṃ pratītir bhavati //

Note: The quotation *avakinyaḥ* is from the untraceable *śruti* passage quoted by Jayanta on JPA 46,21: 306,11: *apa upanidhāyāvakinya udiṅgayanto mahānāmnībhi[s] stuvate.* Otherwise the word *avakinyaḥ* seems to be attested in the Veda only in BhārGS 3,8. — The rule *vyākhyānato viśeṣapratipattiḥ* is quoted also in Yuktidīpikā on Sāṃkhyakārikā 5.

[28] *avacanaṃ* emended : *avacanasya* mss.

JGS 1,16,18.

upotthāya-
ācāryo 'hatena vāsasā mukham asya parinahyet pradakṣiṇam

upo===kṣiṇam // ācārya upotthāyāsyāsīnasya mukham ahatena vāsasā pradakṣiṇaṃ pariveṣṭayet //

JGS 1,16,19.

udapātran dhārayaṃs tiṣṭhed ahaśśeṣam

Note: *udapātran dhārayan* is quoted in Bh on JGS 1,16,20.

uda===śeṣam // tad evodapātran dhārayann ahaśśeṣan tiṣṭhet /

kim araṇya eva / na / gṛhān pratyetya / *śvobhūte 'raṇyaṃ gatvā-* (JGS 1,16,21) iti hi vakṣyati //

JGS 1,16,20.

rātrim āsīta vāgyataḥ

Note: The whole sūtra is quoted in Bh on JGS 1,17,4.

rātri===gyataḥ // *udapātran dhārayann* (JGS 1,16,19) ity anuvartate / sarvāṃ rātrim udapātran dhārayan na bhāṣāṃ bhāṣamāṇa āsīta /

sthānakāle ca ke cid vāgyamanam ācaranti / teṣāṃ pṛthag vākyaṃ *vāgyata* iti /

kiṃ punar *vāgyata* iti lokavārtāyoginī vākpravṛttiḥ pratisidhyata uta sarvavidhā / sarvavidheti brūmaḥ /

yady evaṃ sandhyopāsanasamidādhānamantrāṇām apy avacanaṃ prāpnoti / na prāpnoti mantrair vinā sandhyopāsanasamidādhānayor aśakyatvāt tayoś ca nityavad vidher akaraṇe ca prāyaścittavidhānāt /

evañ ced adhyayanam api prāpnoti *yukto nityam adhīyīta-* (source?, quoted also on JGS 1,14,3) iti brahmacāriṇo vihitatvāt / atra brūmaḥ / yady apy adhyayanaṃ vihitan na tv asya sandhyopāsanādivat kālatyāgo 'sti na ca- *etāvantaṃ kālam anadhītyaitat prāyaścittañ cared* itu vidhim upalakṣayāmaḥ / sandhyopāsanādau tv

ekāṃ sandhyāṃ pramādyāyaṃ sāvitrīm āmaned iha / (source?)
akṛtvā bhaikṣacaraṇam asamidhya ca pāvakam /
anāturas saptarātram avakīrṇivratañ cared // (Manu 2,187)

ityādu bahu tat tad upalabhyate / tatas siddham adhyayanaṃ vāgyamananiyamasya vighātakan na tu sandhyopāsanādimantrajapa iti //

JGS 1,16,21.

śvobhūte 'raṇyaṃ gatvā-
agnim upasamādhāya
vatsam upānvānīya

vāsa udveṣṭayet

Note: *śvobhūte 'raṇyaṃ gatvā* quoted in Bh on JGS 1,16,19. - The reading *upanvānīya* found in the text ms. M2 (cf. also *upanvanīya* in M1) is commented upon by Bhavatrāta; Caland's ed. reads with B *upānvānīya*.

śvobhū===ṣṭayet // śvobhūte prabhāte tadavastham evainam ādāyāraṇyaṃ gatvāgnim ānīya jvalayitvā vatsam upānvānīya samīpe 'nuṣajyānīya mukhaveṣṭanaṃ vāsa udveṣṭayed udasyet /

upanvānīya- iti paṭhanti / tasya pramādajatvaṃ pararūpalakṣaṇaṃ vānumātavyam / nimīlitākṣeṇāgnyupasamādhānāyāraṇyaṃ pādyatvād ācāryaḥ kartā / ekakatṛkatvañ ca śrutam ity ācārya evodveṣṭayet //

JGS 1,16,22.

udyamya kāṃsam

apo 'bhivīkṣa iti vīkṣet

udya===vīkṣet // atha brahmacārī nimīlitākṣa evodapātram ā mukham udyamya tā evāpaḥ prathamam anena mantreṇa vīkṣeta //

JGS 1,16,23.

svar abhivīkṣa ity ādityam

svara===dityam //

JGS 1,16,24.

jyotir abhivīkṣa ity agnim

jyoti===tyagnim //

JGS 1,16,25.

paśum abhivīkṣa iti vatsam

paśu===vatsam //

JGS 1,16,26.

sam anyā yanti- (JS 2,1,6) ity

apaḥ prasicya

vāsaḥ kaṃsaṃ vatsam ity ācāryāyopaharet

sama===haret // mukhapariṇahanañ ca vāso dhāritañ ca kaṃsapātraṃ vīkṣitañ ca vatsam ācāryāya dadyāt / sannihitātikramo hy asatīty[29] etāvān nyāyyaḥ //

[29] *asatīty* emended : *asati hy* K, T : *asati* P : *asti hy* M : *a(tāvān)* A.

Note: No parallel *laukikanyāya* could be traced.

JGS 1,16,27.
sthālīpākād viśvāmitrendrau mahānāmnīś ca yajata iti

sthālī===iti // sthālīpākāc caror avadya viśvāmitrendrau ca mahānāmnīś ca yajate / tr̥tīyārthaivaiṣā pañcamī mr̥gyalakṣaṇā / sthālīpākenety arthaḥ / iti vratasamāptir iyam upalakṣyate / ittham idaṃ vrataṃ samāpyata ity arthaḥ /

prayojanam asminn avasare vratāntasamidhām /
ādhānaṃ yadi yatno nāsthāsyata dakṣinādānam /
tam ihatyavidhin niṣṭhāpya samidha ādhāsyata //

JGS 1,16,28.
ācāryaṃ sapariṣatkaṃ bhojayet

Note: Cf. GGS 3,2,52 pratyetyācāryaṃ sapariṣatkaṃ bhojayet.

ācā===jayet // ācāryaṃ sapariṣatkaṃ sagaṇaṃ bhojayet / saha sarveṇa gr̥habhūtakena janenety arthaḥ //

JGS 1,16,29,
gaur dakṣiṇā

gaur dakṣiṇā // dattasyaiva vatsasya mātaran dadyād anuparodhāya / na vāyan niyamaḥ / vatso muktastano dātavyaḥ //

JGS 1,17. (godānam)

JGS 1,17,1.
dvādaśa varṣāṇi vedabrahmacaryam

Note: The whole sūtra is quoted in Bh on JGS 1,15,1 and in Bh on JGS 1,17,1+2; *dvādaśa varṣāṇi* in Bh on JGS 1,17,10.

dvāda===caryam // avāntarabrahmacaryāṇāṃ vedaikadeśopayogināṃ kālo dharmaviśeṣaś coktaḥ / yat tv etan mahad brahmacaryaṃ sarveṇa vedenopayujyamānam upanayanakarmaṇy ādiṣṭan tasya kālo dharmaviśeṣaś ca prāg anuktaḥ kathyate / vedārthabrahmacaryaṃ vedabrahmacaryam / yad upanayana ādiṣṭaṃ vedabrahmacaryan tad dvādaśa varṣāṇi caritavyam //

JGS 1,17,2.
jananāt prabhr̥tīty eke

jana===tyeke // janmana upakramya yāvad dvādaśa varṣāṇi syus tad api vedabrahmacaryam ity eke manyante / asmin pakṣe 'rthāt ṣaḍ varṣāṇi caritavyaṃ bhavati / saptame hy upanayanavidhiḥ /

nanv evaṃ snātasya godānaṃ prasajati ṣoḍaśe vidhāsyamānatvāt (JGS 1,17,7) / atra brūmaḥ / yady api ṣoḍaśe vidhir arthād iha dvādaśe godānaṃ bhavati / yathā dvādaśavarṣādikāle mahānāmnike saty upariṣṭād eva godānaṃ bhavati tadvat / tad apy asiddham iti ced godānavidhāv eva sādhayiṣyāmaḥ /

apara āha //

JGS 1,17,1+2.
dvādaśa varṣāṇi vedabrahmacaryaṃ jananāt prabhṛtīty eke

dvāda===ityeke // jananam upanayanam

mātur agre 'dhijananan dvitīyaṃ mauñjibandhane /
tṛtīyañ janma dīkṣāyān dvijasya śruticodanāt // (Manu 2,169) iti

brahmajanmopanayanaṃ pitācāryo mātā sāvitrī (cf. Manu 2,170) ityādidarśanād / upanayanādi yad idaṃ vedabrahmacaryan caryate tad dvādaśa varṣāṇi caritavyam ity eke manyante /

saṃbhavakṛtā pūrvā vyākhyā / iyam eva yuktimatī / asyān tu vyākhyāyāṃ brahmacaryasyopanayanāditvenārthalabhyenāviśeṣyatvāj *jananāt prabhṛti-* iti vyarthaṃ syād iti vyākhyānāntaraṃ kariṣyate //

dvādaśa varṣāṇi vedabrahmacaryam (JGS 1,17,1) ity etāvad evaikaṃ vākyam / iyan tu vacanavyaktiḥ / vedabrahmacaryam ekavedārtham eva dvādaśa varṣāṇi caritavyam ity arthaḥ / tataḥ prativedan dvādaśeti sidhyati /

JGS 1,17,2 bis.
jananād prabhṛtīty eke

jana===tyeke // ayam asyārthaḥ / upanayanārambham eva brahmacaryam etad dvādaśavārṣikaṃ vedatrayādhyayanārthaṃ bhavati //

JGS 1,17,3.
yāvadadhyayanaṃ vā

Note: *yāvadadhyayanam* quoted in Bh on JGS 1,17,10.

yāva===naṃvā // vakṣyati *vedam adhītya-* (JGS 1,18,1) iti / yāvadadhyayanam adhyayanaparimitaṃ vā kālaṃ vedabrahmacaryañ caritavyam / ayan tṛtīyo dvitīyo vā pakṣaḥ /

nanu vedādhyayanottarakālatā snānasya vakṣyamāṇā pakṣasyaitasyāpi bhāvam avagamayiṣyati / atra brūmaḥ / snānasya vedādhyayanottarakālā vihitavedabrahmacaryakālavirodhinī kṛtā / vedābhirūpyeṇāpi hy anena vihitabrahmacaryakālasamāpte gurukulam evādhyuṣya snāto vedam adhītyaiva snāto bhavati nānadhītya / tato brahmacaryasya yāvadadhyayanakālatāyā vaikalpikyaprajñāpanārtham idaṃ vākyam ity apunaruktam /

kiṃ punar *yāvadadhyayanam* iti dvādaśebhyo varṣebhya ūnakālo 'bhipreta utādhika utobhāv api / ubhāv apīti brūmo viśeṣāśravaṇād dṛṣṭopapatteś ca / ā tu ṣoḍaśād asamāpyagodānaparigrahārthan dṛṣṭārthopapatteś ca //

JGS 1,17,4.
sadā sāye samidādhānam

Note: The whole sūtra is quoted in Bh on JGS 1,15,3 and on JGS 1,15,5.

sadā===dhānam // vedabrahmacaryañ caran nityaṃ sāye samidādhānaṃ kuryāt / *sadā* ity anarthakam / nānarthakaṃ kālamātravidhānāśaṅkānivartanārthatvāt / asati hi sadāgrahaṇe yad ado gaudānikādyadhikāre vākyam *araṇyāt samidha āhr̥tyādadhyād* (JGS 1,15,5) iti tat saguṇasamidādhānavidhāyakaṃ kr̥tvā tad anūdya kālaviśeṣasaṃbandho 'nena vākyena kriyata iti ke cid āśaṅkerann api / tathā ca saty ādityavrātikamāhānāmnikayos samidādhānan na syāt / sati punar asyānuvādatvan na saṃbhavati / anenaiva ca sarvasmin brahmacarye samidādhānaṃ pravr̥ttam iti tad vākyam uktavad guṇavidhānārtham eva bhavati /

atha vā *rātrim āsīta vāgyata* (JGS 1,16,20) ity atra mantroccāraṇaṃ vāgyamanena viruddham iti samidādhānasyābhāvaḥ prasaktaḥ / tannivr̥ttyarthaṃ sadāgrahaṇam /

kati punas samidhaḥ kair vā mantrair ādheyāḥ / idam ucyate / yad adas saṃpraiṣavākyam upanayane *samidha ādhehi-* (JGS 1,11,36) iti tasyaitat samidupagrāhitvam uktam / atra samidādhānamātrañ codyate na cāmantraṃ samidādhānam anyatrācāryeṇa vihitam asti / samidādhānābhirūpyañ cāsmin mantre dr̥śyata *agnaye samidham ahārṣam* (JGS 1,11,37.38) iti / tasmāt sannihitam eva samidādhānaviśeṣam upādāya nityam apīdaṃ rūpam eva syād iti samidādhānasaṃpraiṣapravr̥tta iti kalpyam / tatas siddhaṃ ṣaṭ samidho ghr̥tāktā *agnaye samiddham* (1,11,37.38) ityādibhir mantrair ādheyā iti /

ke cid ghr̥tāñjanan necchanti / teṣām abhiprāyo mantro mantraliṅgād upanayanastho gr̥hyata iti / ṣaṭsaṃkhyā tu na sidhyati / yadi ceyam upanayanadr̥ṣṭeti gr̥hyate ghr̥ta eva ko matsaraḥ / ghr̥tāsaṃbhavamūlan tv etad ato nādarttavyam / atra parisamūhanādibhāvakaraṇañ jātakarmaṇy uktam (Bh on JGS 1,7,9) //

JGS 1,17,5.
sāyaṃ prātar bhaikṣacaraṇam

Note: The whole sūtra is quoted in Bh on JGS 1,15,3.

sāya===raṇam //

JGS 1,17,6.
dve trivr̥tī varjayet
trivr̥tañ ca maṇin triguṇe copānahau

dvetri===nahau // yasya vastuna ekasyām eva mūrtau traividhyam upalabhyate tisro vr̥taḥ prakārā asya santīti / trivr̥tan maṇiñ ca triguṇe upānahau caite dve trivr̥tī varjayet /

dve trivr̥tī ity anarthakam / nānarthakaṃ brahmacāriṇaḥ trivr̥tsaṃbandhajñāpanārthatvāt / tataś ca mekhalāyajñopavītayos trivr̥tvaṃ sidhyati //

JGS 1,17,7.
ṣoḍaśe godānakaraṇam

Note: *godānakaraṇam* quoted in Bh on JGS 1,17,8. Cf. GGS 3,1,1 athātaḥ ṣoḍaśe varṣe godānam; cf. also Bh on JGS 1,17,2-3.

ṣoḍa===raṇam // godānam iti karṇasannikr̥ṣṭasya keśāvadher ākhyā / asti ca *godānākhyā tu keśānāṃ karṇasannihite 'vadhāv* (source?) iti /
kriyāsau kriyate 'sminn iti godānakaraṇam /
godānakaraṇan nāma karma ṣoḍaśavarṣe kartavyam /
kiṃ māhānāmnikamadhye 'pi / naivaṃ *vratāvasāne godānam* (source?) iti smr̥tyā virodhaprasaṅgāt /
yady evaṃ *ṣoḍaśa* ity anarthakam / nānarthakaṃ ṣoḍaśāt pūrvam akaraṇārthatvāt / māhānāmnikasamāptau hi prasajati / evam apy asmād vacanāt ṣoḍaśe kartavyasyāsyā paramatānusāreṇa trayoviṃśatamād varṣād akaraṇam ayuktam eva / evañ ced asmadīyenaiva vacanena māhānāmnikamadhye godānaprasaṅgan nivārayiṣyāmaḥ //

JGS 1,17,8.
tat keśāntakaraṇam ity ācakṣate

tatke===kṣate // tad eva ke cit keśāntakaraṇam ity ācakṣate / yad uktaṃ godānam iti tasyaivākhyā keśāntakaraṇam iti / dr̥śyate ca keṣāñ cid *dakṣiṇaṃ keśāntam adbhir abhyundati trir āpo 'smin saṃskriyanta* (source untraced, see note) iti keśāntakaraṇam / asyān tu kalpanāyāṃ pūrvasmin vākye *godānakaraṇam* (JGS 1,17,7) iti saṃjñādhikr̥tasya karmaṇaḥ punas saṃjñāntaravādenārthaviśeṣānupalabdher anarthakam idaṃ vākyaṃ bhaved ity anyo 'rthaḥ kalpyate /
yad uktaṃ māhānāmnikamadhye 'pi godānakaraṇaṃ prasaktam iti (Bh on JGS 1,17,7) tad idan niṣidhyate / keśaśabdaḥ keśasaṃbandhād vratāni lakṣayati / saṃbandhas tāvad vrate satīmc nopyanta iti / tad asiddham iti ced ācārāt siddham / prasiddho hy ayam ācāro yad ādiṣṭavratā brahmacāriṇa ā vratasamāpteḥ keśān dhārayantīti / asti ca vādaś *śirasi vrātikaṃ śirasy aupaniṣadam* (source untraced) iti / tataḥ keśānto vratāntaḥ / tatra kriyata iti keśāntakaraṇam / karmaṇy api lyuḍ astīti (cf. Pāṇini 3,3,116)/ atha vā bhāvavacana evāyaṃ keśānte kr̥ti keśāntakaraṇam (cf. Pāṇini 3,3,115) / itthaṃ yojyam / tat godānakaraṇaṃ vratānte kartavyam ity ācāryā ācakṣata iti / yadi pūrvo vidhir nābhaviṣyad arvāg api ṣoḍaśāt prāsaṅkṣyat / yadi tv ayan nābhaviṣyad vratamadhye 'pi prāsaṅkṣyat / ubhayasmād doṣadvayan nivr̥ttam /
śruto 'rtho durgrahaś cet syād gr̥hīto vāpy anarthakaḥ /
lakṣaṇāśrayaṇīyā syād api lakṣitalakṣaṇā /
yathādhūmādilakṣam asthūlam aspr̥ṣṭakārmukam /
akāntāṃbaravarṇāṅgam avyaktāsyan dvijā vidur iti //

Note: The quotation *dakṣiṇaṃ keśāntam adbhir abhyundati ...* could not be traced in any extant text. The closest parallels for the first part were VārGS 4,8 ... dakṣiṇaṃ keśāntam abhyundyād *aditiḥ keśān vapatv āpa undantu...*; MGS 1,21,3 *aditiḥ ...* ity abhyundati; KāṭhGS 40,10 *ārdradānava* ity abhyundet (dakṣiṇe keśānte); cf. also PGS 2,1 dakṣiṇaṃ godānam undati; ŚGS 1,28,9 = KauṣGS 1,21,8 *āpa undantu...* iti śītoṣṇābhir adbhir dakṣiṇaṃ keśapakṣaṃ trir abhyanakti; ĀgniveśyaGS 2,5: 54,2-3 *āpa undantu...* iti dakṣiṇaṃ godānam anakti; GGS 2.9,12 dakṣiṇena pāṇināpa ādāya dakṣiṇāṃ kapuṣṇikām undaty *āpa undantu* ...; ĀśvGS 1,17 pradakṣiṇaṃ śiras trir undati *aditiḥ* ...; BaudhGS 2,4,9 tābhir śira unatti *āpa undantu* ...; cf. further KauthumaGS 14; VādhGS 1,9; ĀpGS 1,17,7; Kauś. 53-54. In the latter part of the quotation, *trir āpo ' smin* is emendation for *st(r)isosmin* in the mss.

The emendation of the final śloka is uncertain: the mss. read *yathā dhūmā pi lākṣam asthūlam aspṛṣṭahalakārmmuka(ḥ) akā(rā)ntāṃvaravarṇṇāṃgam avyaktāsya dvijaṃ vidur iti.*

JGS 1,17,9.
cauḷakaraṇena mantrā vyākhyātāḥ

cauḷa===khyātāḥ // cūḷā śikhā yeyaṃ madhye mastakam avasthitā / tatsaṃbandhañ cauḷam / kriyā karaṇam / cauḷañ ca karaṇañ cauḷakaraṇam / cauḷakaraṇena jaṭākaraṇena godānakaraṇaṃ vyākhyātam / avikṛtaṃ virūpākṣahomāntaṃ samyag eva kṛtvācamyeta snānīyādi ca prokṣyeteti viśeṣaḥ //

JGS 1,17,10.
upanayanenādeśanam

Note: Caland's ed. *upanayanena vratādeśanam* without variants, but Bhavatrāta's commentary quotes the sūtra twice without *vrata-*, and also the explanation of the sūtra supports the omission.

upa===śanam // vakṣyati *apoddhṛtya srajam ādeśayīta-* (JGS 1,17,22) iti / tatreyaṃ mati[s] syāt / vratāntaram evedam ādiśyate yathā gaudānikādīnīti / yat tv aupanayanikam ādeśanan tat sādharmyeṇeṣyate / tadartho 'yaṃ yatnaḥ / upanayanenopanayanādeśanenehatyam ādeśanaṃ vyākhyātam / yathā śrībrahmadattaguṇakathāyāṃ vadanti *medhā kātyāyanena kathitā-* (source?) iti tadvat /

nanu gaudānikādīnām apīdṛśam evādeśanam / uktañ ca *tad etad vratādeśanaṃ sarvatra-* (JGS 1,11,73) iti / atra brūmaḥ / yady api ghṛtāktānāṃ samidhāṃ mantrāṇāñ cābheda ādiśyamānas tu niyamaviśeṣo *vratañ cariṣyāmi-* (JGS 1,11,69) iti pratijñāyamāno 'nya upanayane 'nyo gaudānikādiṣu / samidādhānādīny ācāryādhīnatādīni bhakṣacaraṇādīni yāni cānyāni brahmacāriṇas sāmānyavratāni ca yaś ca kālāvadhir *dvādaśa varṣāni-* (JGS 1,17,1) iti *yāvadadhyayanam* (JGS 1,17,3) iti vā tāni sarvāṇi parigṛhya *vratañ cariṣyāmi-* (JGS 1,11,69) ity upanayane pratijñāyate / gaudānikādiṣu tu *sāyaṃ prātar udakopasparśanam* (JGS 1,15,2) ityādi tatra tatroktan dharmajātaṃ kālaś ca saṃvatsarādir iti sarvatrāpy ādeśanaṃ bhidyeta /

evam api gaudānikādisaṃbandhinām ādeśānāṃ viśiṣṭaviṣayāṇām iha prāpter upanayanādeśasya ca- *ādeśayīta-* (JGS 1,17,22) iti vidher eva prāpter ayaṃ vidhir anarthakaḥ / kiñ ca / idan nanu bhavanmatam / brahmacāridharmas sarvo 'py upanayane *vratañ cariṣyāmi-* (JGS 1,11,69) iti parigṛhyādiṣṭa iti / tathā ca sati tasya dharmasyā samāvartanād anucaramāṇasya punarādeśanam apy anarthakaṃ syāt / nobhayam apy anarthakam / ayaṃ vidhir asmin kṣaṇe brahmacāridharmasyāsamāpanatvam avagamayati / ādeśanan tv apetasya punaḥparigrahāya /

kathaṃ punar *upanayanenādeśanam* itīyatā prakṛtadharmaparyavasānaṃ bhavati / idam ucyate / *ādeśayīta-* (JGS 1,17,22) ity uktvānantaram eva vakṣyati *uktā dharmās saṃvatsareṣv* (JGS 1,17,23) iti / tad gaudānikādidharmajātasyaivedam ādeśanan na kasya cid anyasyeti prasaṅga idam ucyata *upanayanenādeśanam* iti / na copanayanotpattayo dharmā ā snānapravṛttayas sann iva putrañ janayitum ādeṣṭuśakyā aśakyārthavidhānāc cāsya vākyasya prasaktam ānarthakyam / tac cācāryaprāmāṇyād ayuktam / na ced ayuktam ity aśakyaṃ śakyaṃ bhavati / tathā tu kalpyaṃ yathāyam uparodho na syād iti / upanayanādeśoktisāmarthyād evopanayanādiṣṭasya vratasya kṣaṇaparyavasānam anumimīmahe / yathā puri vasantaṃ rājānaṃ paśyantaś śṛṇvataś ca vayaṃ kadā cid āgantukebhyaḥ puram adyāgato rājeti śraddhānīyavacanam upalabhya tadbalād anumimīmahe prāvasat khalv antarā rājeti tadvat /

nanu ca tatraiva vaktavyam *apoddhṛtya srajam upanayanenādeśayīta-* (cf. JGS 1,17,10 and 1,17,22) iti / tathā ca kramānurodho lāghavañ ca bhavatīti / atra brūmaḥ / *upanayanenādeśana*vādasya dvayaṃ prayojanam / brahmacārīvratalakṣanoparam ājñāpanād vratasamāptisamidādhānam ādeśanakāle ca tadvratānāṃ punanaḥparigrahaḥ / yadi ca- *upanayanenādeśayīta-* iti tatraivocyeta samāptisamidhām ādhānan na sidhyet / yadi ca kathañ cit paribhāṣayaiva siddham ity ucyeta sthānan tu naivāsya jñāyeta / atra tu vacanāt pradhānahomānantaram āsām ādhānaṃ siddham //

Note: Brahmadatta is the virtuous king of Kāśī who figures in Budhasvāmin's Bṛhatkathāślokasaṃgraha (5,228, etc.) and in Somadeva's Kathāsaritsāgara (1,3,27, etc.). Both works are later than Bhavatrāta, but they go back to Guṇāḍhya's lost Bṛhatkathā, which is reflected also in the works of Subandhu, Bāṇa and Bhavatrāta's acquaintance Daṇḍin (who however does not mention Brahmadatta nor Kātyāyana in his Daśakumāracarita). In Somadeva's version the story is told by Vararuci alias Kātyāyana (1,2,1 tataḥ sa martyavapuṣā puṣpadantaḥ paribhraman / nāmnā vararuciḥ kiṃ ca kātyāyana iti śrutaḥ ... 1,2,26 ... granthalakṣāṇi sapta sapta mahākathāḥ / kātyāyanena kathitāḥ ...).

JGS 1,17,11.
na tv iha niyuktam ahataṃ vāsaḥ

Note: The whole sūtra is quoted in Bh on JGS 1,15,1.

natvi===vāsaḥ // iha tv ahataṃ vāso na niyuktan na dhruvapravṛtti / syād vā na vety arthaḥ /

kutaḥ punar ahatavāsaḥprasaṅgaḥ / kiṃ prasaṅgena / aprasaktam api hi bhāvavivakṣārthaṃ vikalpyate /

nanv aprasaṅge nipāto 'yam ihaśabdo vyartha[s] syāt / evañ cet prasaktam eva bhavatu / asti hi smṛtir *vastropavītamekhalājinadaṇḍāḥ prativratam yathopanayanam ādeyā* (source?) iti / sarvavrateṣu pañcataye 'sminn avaśyaṃ bhāvini vāsomātram ihaitasmin vikalpyate /

aparaṃ matam / *ahataṃ vāsa* iti tadādi pañcatayam upalakṣyate / tasmān mekhalādayo 'py anityā godānakaraṇa iti //

JGS 1,17,12.
sarvāṇi lomanakhāni vāpayec chikhāvarjam ity audgāhamāniḥ

Note: *sarvāṇi lomanakhāni* quoted in Bh on JGS 1,18,11. — Audgāhamāni is quoted as an authority also in GGS 3,10,5 and 11 (or 7 and 13 in Knauer's ed.), and in Upagranthasūtra 1,7.12.13; 3,1; and mentioned in the Gaṇapāṭha on Pāṇini 2,4,59; 4,1,41; 4,2,138, and in Pravara 43 of the BaudhŚS.

sarvā===māniḥ // samidādhānānantaram udakānayanādi / vapane tv ayaṃ viśeṣaḥ / śikhāṃ varjayitvā sarvāṇy anyāni lomāni ca nakhāni ca vāpayed ity audgāhamānir ācāryo vadati / udgāhamāno nāma kaś cit / tasya putra audgāhamāniḥ /

nanu yathā snāne tathehāpi lomaśabdaḥ keśaśmaśrū na gṛhṇāti / naivam

alomakaṃ śira iva sūryaraśmayas tapanti me matim
anagham abhavac chiras tapasvinām uttaroṣṭhalomabhir (source?)

ityādidarśanāt / snāne tu yat keśaśmaśrugrahaṇan tat tatraiva yojayiṣyāmaḥ (Bh on JGS 1,18,7-11) /

nanu punar yāś śikhāḥ paritas tā api varjanīyāḥ / atra brūmaḥ / ekaiva śikhā yeyaṃ madhye / yās tu paritas tā jaṭā nāma / tāsv api śikhāśabdo yady api kva cid dṛśyate *triśikhaḥ pañcaśikha* (BaudhGS 2,4,17) iti sa śikhayā sādṛśyāt sahotpatteś ca gauṇo mantavyaḥ / yadi ca tāsām api varjanam abhipraiṣyad *jaṭāvarjam* ity akathayiṣyat / jaṭāśabdena hy utpāditānām āsāṃ śabdāntareṇātra grahaṇam asati viśeṣe yuktam iti / tatas siddham āsām avacanam /

kiṃ punar idaṃ sarvalomanakhavapanam anityam / śira evāpi cauḷavad upyeta / kuta etat / ācāryāgrahaṇāt / atra brūmaḥ / *audgāhamānir evam icchati-* ity ukte nedam labhyam *anye necchanti-* iti yathā *dīrghāyur astu me putra* ity ukte- *anye 'lpāyuṣas santv* iti / yadi vānityam aiṣiṣyata *vā-* iti laghv avakṣyata / tasmān nitya evāyaṃ vidhiḥ /

yatas tv idaṃ sarvalomanakhavāpanādi sragābandhanāntaṃ brahmacāriṇaḥ pratiṣiddham abhūtapūrvaṃ vidhisāmarthyād āpāditan tataḥ kriyamāṇam apy āśaṅkyeteti / tannivāraṇārtham atrācāryagrahaṇaṃ kṛtam / mahān ācārya audgāhamānir apy evam icchati / tato 'tra nāśaṅkyam / saṃpad evāto bhavatīti / yathā rājñā pītam idaṃ pānīyam iti / yathā ca goghnavidhau *pāpmānam eva tad dhata* (JŚS 2,20) iti tadvat /

kaś cid anyāgamaśrānto gṛhyavaitānikāgamam
svayam aihata vijñātun tajjñaś śuśrūṣayā vinā
tena tv abhinavāḥ ke cit prayogāḥ prāśu cakrire
tasyānvaye 'pi lakṣyante rājayakṣmādi varcate
appūrṇapātrakaraṇam ādau puṃsavanakriyā
kriyā ca snānahomasya śikhāvapanam atra ca
evaṃ katipaye 'nye 'pīmān ahānibhayāt tu tān
mohamūlān api jñātvā na tyajaty eva tat kulaṃ
tasmān medhābhimānena muktvā guruparaṃparā
na prapadyeta govartma spaṣṭavartmāyate 'pi hi
sandihyeta grahītavyaṃ yady apīdaṃ vadann iti
gurūpadeśād ekānto bhavan na tu yathāruci
hastādiyogi sīmantaṃ kim ahastādiyogy atho
bhūmispṛsta iti grāhyam abhūmispṛstha ity atho
aratnimātra iti tv atha [....]
kiṃ karomīti kiṃ vedam iti mantraṃ samāpya te
vinopadeśasantānāt sandeheṣv evamādiṣu
na hy asti nirṇayan tasmān mithyān ācāryakarma tat //

JGS 1,17,13.
uptakeśa[s] snāyāt

upta===snāyāt // uptāḥ prakṣiptā nikhātāḥ keśā asyety uptakeśaḥ / dhānyapalve goṣṭhe vā keśeṣu nikhāteṣu snāyāt / snānāt pūrvan nikhaned ity arthaḥ / cauḷakaraṇe hi karmasamāptau nikhananam /

apara āha / uptakeśaḥ kr̥tanāpitakarmaka[s] snāyād iti /

anayoḥ pakṣayoḥ ka[ś] śreyān / pūrvasmin vyākhyāmātram / uttaraḥ kr̥tāntaḥ //

JGS 1,17,14.

vanaspater (JGS 1,17,15) iti
vanaspatīnāṃ snānīyena tvacam unmr̥dnīte

vana===dnīte // yenāṅgāny unmr̥dya snāti tat snānīyam / anena yajuṣā vanaspatīnān tvacā snānīyena saṃpannena tvacam ucchādayati / mantraliṅgopagrahaviśeṣābhyāṃ svayam eva / pūrvasmād vidhes sakr̥t snātvā cāntena snānīyam upādeyam / *abhihared* iti paṭhataḥ paśyāmaḥ / yadi tu labhyeta- *abhihara* iti samyag bhavati //

JGS 1,17,15.

vanaspates tvag asi
śodhani śodhaya mā
tān tvābhihare dīrghāṣṭvāya varcasa iti

Note: This mantra is quoted *pratīkena* (*vanaspates*) in JGS 1,17,14.

vana===iti //

JGS 1,17,16.

vanaspatīnāṃ gandho 'si- (JGS 1,17,17) iti
snātvā-
anulepanena kurute

vana===rute // unmr̥dya puna[s] snātvānulepanenātmānaṃ saṃskurute / snānasamāptau vastrāntaraparidhānācamane smr̥tisiddhe kr̥tvā svasthāna upaviśyānulepanam ādadīta //

JGS 1,17,17.

vanaspatīnāṃ gandho 'si
puṇyagandha puṇyaṃ me gandhaṃ kuru devamanuṣyeṣu
tan tvābhihare dīrghāyuṣṭvāya varcasa iti

Note: This mantra is quoted *pratīkena* (*vanaspatīnāṃ gandho 'si*) in JGS 1,17,16.

vana===iti //

JGS 1,17,18.

vanaspatīnāṃ puṣpam asi- (JGS 1,17,19) iti
srajam ābadhnīte

vana===dhnīte //

JGS 1,17,19.

vanaspatīnāṃ puṣpam asi
puṇyagandha puṇyaṃ me gandhaṃ kuru devamanuṣyeṣu
tan tvābhihare dīrghāyuṣṭvāya varcasa iti

Note: This mantra is quoted *pratīkena* (*vanaspatīnāṃ puṣpam asi*) in JGS 1,17,18, and in Bh on JGS 1,1,19: āsmākīno 'pi mantro vanaspatīnāṃ puṣpatvam avagamayati *vanaspatīnāṃ puṣpam asi-* iti.

vana===iti //

JGS 1,17,20.

ādarśo 'si- (JGS 1,17,21) ity
ādarśa ātmānaṃ vīkṣeta

āda===kṣeta //

JGS 1,17,21.

ādarśo 'sy
ā mā dṛśyāsan devamanuṣyā ubhaye
śobho 'si śobhāsam ahan devamanuṣyeṣu
roco 'si rocāsam ahan devamanuṣyeṣv iti

Note: This mantra is quoted *pratīkena* (*ādarśo 'si*) in JGS 1,17,20.

āda===ṣviti //

JGS 1,17,22.

apoddhṛtya srajam
ādeśayīta

Note: The whole sūtra is quoted in Bh on JGS 1,11,68 and (three times) in Bh on JGS 1,17,10; *ādeśayīta* is quoted in Bh on JGS 1,17,10. Bhavatrāta's reading differs from that of Caland's ed., *ādeśayeta*, and from the variant readings recorded there: *ādeśayata* B, *ādeśayeti* M2, *ādeśayate* M1.

apo===yīta // ādarśāvekṣaṇānantaraṃ srajam asyācāryo 'panīya punar eva brahmacaryam ādeśayet / vratasamidha ādhāpayet //

JGS 1,17,23.
uktā dharmās saṃvatsareṣu

Note: The whole sūtra is quoted in Bh on JGS 1,10,10 and on JGS 1,17,24.

uktā===reṣu // gaudānikavrātikopaniṣadeṣu ye dharmā uktās te cātra sārdham upanayanādeśanānubandhibhir dharmaiḥ parigṛhyeran / ādeśanānantaram upariṣṭāttantraṃ prāyaścittāhutyantaṃ kṛtvā mūrdhāraṃbhajapaḥ kāryaḥ //

JGS 1,17,24.
gaur dakṣiṇā

gaur dakṣiṇā // cauḷakaraṇātideśasiddher ayaṃ vidhir anarthakaḥ / nānarthako brahmacaryānte dātavyadakṣiṇāntaravidhānārthatvāt /

uktā dharmās saṃvatsareṣv (JGS 1,17,23) ity etadantam eva godānakaraṇaśāstram / tato 'yaṃ brahmacārī kṛtagodānakaraṇaḥ / vedabrahmacaryam evedam ā parigṛhītakālāvadheś caran kālasamāptau gām ācaryāya datvā snānārho bhavati /

nimantrya gurum arthena- ityādi smṛtyāgataṃ vasu
yad ekago'varārdhyan tat syād itīha niyamyate // //

Note: For the quotation cf. ĀśvGS 3,9,4 (3,8,25 in Aithal's ed.) *gurum arthena nimantrya.*

JGS 1,18. (samāvartanam)

JGS 1,18,1.
vedam adhītya
vratāni caritvā
brāhmaṇa[s] snāsyan saṃbhārān upakalpayate-
ahataṃ vāsa
erakāṃ
snānam
anulepanam
sumanasa
añjanam
ādarśam
ahate vāsasī
trivṛtaṃ maṇiṃ
vaiṇavan daṇḍaṃ
śukle upānahau

Note: *vedam adhītya* quoted in Bh on JGS 1,17,3 and on JGS 1,18,59.

veda===nahau // ayaṃ brāhmaṇo vedañ cādhītya vratāni coktāni caritvā gurvanujñāta[s] snāsyan samāvartsyann ahatavāsaḥprabhr̥tīn etān saṃbhārān parigr̥hṇāti / erakety āstarakākhyā / snānīyam eva snānam / śukle anuparakte /

vratacaraṇavedādhyayanayor aikakālyād *vedam adhītya-* ity ayuktam / nāyuktaṃ *yajñais sadakṣiṇair iṣṭvā brahmacaryan niṣevya ca pitr̥̄ṇāṃ prajayānr̥ṇyaṃ gatvā muktipathaṃ vrajed* (source?) iti *dīrghaṃ viśrāṇy abhyuktveṣṭvā divam ākraṃsta bhūpatir* (source?) iti ca darśanāt / paurvakālyaviyuktasyāpi kva cit tkasya ktvāpratyayasyābhyupagamanīyārthatvāt /

atha vā vākyadvayam idam anuṣaṅganyāyena kalpyam / *vedam adhītya snāsyann etān saṃbhārān upakalpayata* ity ekaṃ vākyam / tato *vratāni caritvā snāsyan saṃbhārān upakalpayata* ity aparaṃ vākyam / evañ ca sati vidyāsnātakavratasnātakayor api parigrahaḥ kr̥to bhavati /

nanu tayor eva syān na vidyāvratasnātakasya / naivaṃ prasajati / bhavati hy ayaṃ vidyāsnātakaḥ bhavati ca vratasnātakaḥ / tasmād adoṣaḥ /

kiṃ punar brāhmasyaiva snānan netarayoḥ / atra brūmaḥ / sarvavarṇānāṃ gārhasthyavidhānāt tasya ca gurukulād asamāvr̥ttair aśakyatvāt samāvartanāṅgatvāc ca snānakriyāyā varṇatrayeṇāpi snātavyam / atra tu brāhmaṇagrahaṇaṃ vedādhyayanavratacaraṇānantaraṃ brāhmaṇa[s] snāti / kṣatriyavaiśyau tu na tāvatākr̥tinau bhavataḥ / dhanurvedavāṇigāgamāv api tāv adhītya *snāta* ity asya viśeṣasya jñāpanārthaḥ kr̥taḥ /

nanu brāhmaṇenāpi vyākaraṇādiṣu yatna āstheyaḥ / satyam / na tu brāhmaṇenaiva sarvair api / vedāṅgatvād vedādhyayanacodanayaiva tu vyākaraṇāyadhyayanaṃ parigr̥hītaṃ mantavyam / dhanurvedavaṇigvidyayos tv eva vedāṅgatvād aparigraha iti / tatparigrahārthañ jñāpanaṃ kr̥tam /

kiṃ punaḥ pārvaṇādau godānānte vidhāv akr̥tā saṃbhāropakalpanacodanā- atraiva kriyate / atra brūmaḥ / sarvatrāpi kriyāṅgabhūtasya dravyajātasyārthata evopakalpanaṃ sidhyati / atra tu snānottarakālabhāvināṃ saṣkārāṇāṃ vastraparidhānaprabhr̥tīnāṃ prāpnuvatāṃ kramaḥ keṣāñ cid āśaṅkyeteti / tad aṅgānān dravyāṇām ānupūrvyapratipādanaphalam eva saṃkīrtanaṃ kriyate nopakalpanaphalam / anena krameṇopādeyān saṃbhārān upakalpayata / iti hi varjyam /

yady evam *erakām ahataṃ vāsa* iti vācyam / nāyan doṣaḥ / na hy erakā pūrvam upayujyate na paścād ahataṃ vāsaḥ / ubhayaṃ khalu sahaivopayujyate / upaveśanārthe hy ete nāstaraṇārthe / tata ubhayor akramatvād yathāruci nyāsaḥ kr̥taḥ //

JGS 1,18,2.
nāpita upakl̥pta uttarata upatiṣṭhati

nāpi===ṣṭhati // nāpita upakl̥ptas saṃpanna[s] svakarmaṇi nipuṇaḥ yajñāyatanasyottaratas sannidhau tiṣṭhati //

JGS 1,18,3.
erakām āstīrya-
ahatena vāsasodagdaśena pracchādya
tatrainaṃ prāṅmukham upaveśya
daṇḍam apsu ṣādayed

dviṣatāṃ vajro 'si- iti

era===sīti // homasaṃbhavaḥ paścāt pratipādayiṣyate (cf. Bh on JGS 1,18,7) / tataḥ purastāttantrasamāptāv idam ucyate / avacane 'py ābhimukhyasaṃpattaye paścād agner erakām āstīryāhatavāsasodīcīnadaśena saṃvr̥tya tasyāṃ prāṅmukham upaveśya tasya daṇḍam atraiva pātrāvasthitāsv apsv anena yajuṣācāryas sādayet / daṇḍasādanāt tu pūrvaṃ vratāntasamidha ādheyā iti purastād eva pratipāditam / tasmād āhitasamitko 'yam erakām upaveśya / yuktam eva cedam / avisr̥ṣṭavratasya hi brahmacārino nairakādāv upaveśanan daṇḍādivisargaś copapanna iti //

JGS 1,18,4.
mekhalāṃ visraṃsayed
ud uttamam (JS 2,5,1) iti

mekha===miti //

JGS 1,18,5.
tāñ caivāpsu ṣādayet

tāñcai===dayet // idam api dvayam ācāryakartr̥kam eva //

JGS 1,18,6.
keśāntakaraṇena mantrā vyākhyātāḥ

keśā===khyātāḥ // ukteṣu saṃbhāreṣu ye santi teṣām upayogamantrāḥ keśāntakaraṇenaiva vyākhyātāḥ / snānānulepanasumanasa ādarśam *vanaspates tvag asi-* (JGS 1,17,16) ityādimantrair upayuñjīta na tūṣṇīm ity arthaḥ /

kim asmin vidhāv asati catuṣṭayam idaṃ mantrā nopasarpeyuḥ / ko 'tra saṃśayaḥ / evañ ced upayogo 'pi vidhātavyaḥ / so 'py avacanena prāpnoti / atra brūmaḥ / upakalpanasāmarthyād evopayogas sidhyati / na mantrayogam ākāṅkṣate / anupayujyamāneṣv eva hi snānādiṣv anarthakan tad upakalpanaṃ syāt nāmantrayogiṣu / tatas siddhaḥ upayoga iti / mantrāṇām eva prāpaṇaṃ kriyate //

JGS 1,18,7.
parivāpanañ ca

pari===nañca // vakṣyati *śiro 'gre vapate tata[ś] śmaśrūṇi tata itarāṇy aṅgāny anupūrvyeṇa-* (JGS 1,18,8-10) iti / tasyāyam itikartavyatātideśaḥ kriyate / yad atra parivāpanan tac ca keśāntakaraṇena vyākhyātam / yena kālenodagayanādinā yādr̥śena cāhutipañcatayātmanā homasamudāyena bahupūrṇapātreṇa yaiś cānyair ānaḍuhagomayādibhiḥ keśāntakaraṇaparivāpanaṃ bahuvidhair aṅgair aṅgavat saṃpannaṃ tathaivedam api parivāpanaṃ saṃpadyetety arthaḥ /

yady evaṃ snānādimantrāṇām apy ata eva siddheḥ pūrvaṃ vākyam anarthakam / nānarthakam / dvividhā hi keśāntakaraṇe kriyātatiḥ / vapanāṅgabhūtā kā cid yā cauḷakaraṇād āgatā / kā cid anyaiva yāsāv *uptakeśa[s] snāyād* (JGS 1,17,13) ity ataḥ pareṇa vidhiṣaṭkena pratipāditā / tasya vapanāṅgasyaivedaṃ vākyaṃ prāpakam iti kṛtvā pūrvaṃ vākyam uktamantraprāptaye nyastam /

yady evaṃ *keśāntakaraṇena vyākhyātam* iti bhavatu / sarvam uktaṃ sidhyati / satyam etat / aniṣṭan tu bahu prasajati / kim iti ced brahmacaryāntasamidhāṃ pradhānakālottaratā sragānantaryam ādarśasya sragapoddharaṇaṃ taduttarakālatvaṃ vāsaḥparidhānasya / tathā ca sati saṃbhārāṇām upayogānupūrvyaṃ viruddhakramam / ya[s] snānopakalpa nāmnā tasya mṛgyaprayojanatvam iti / tasmād yathābhihitam eva sādhīyaḥ /

mekhalāṃ sādayitvā mahāvyāhṛtivirūpākṣair juhoti / atha *sarvauṣadhībhir* (JGS 1,10,10) ityādi pratipadyate / tatrāyaṃ viśeṣaḥ //

JGS 1,18,8.
śiro 'gre vapate

Note: The whole sūtra is quoted in Bh on JGS 1,18,7.

śiro===pate // atra lakṣaṇayā *śira* iti tadyoginaḥ keśā gṛhyante / itarathā hi śiraśchedaḥ prasajet / śira[s]sthāni lomāni prathamaṃ vapate //

JGS 1,18,9.
tata[ś] śmaśrūṇi

Note: The whole sūtra is quoted in Bh on JGS 1,18,7.

tata===śrūṇi //

JGS 1,18,10.
tata itarāṇy aṅgāny anupūrvyeṇa

Note: The whole sūtra is quoted in Bh on JGS 1,18,7.

tata===rvyeṇa // ihāpy *aṅgāni-* iti lakṣaṇayaiva / itareṣv aṅgeṣu yāni lomāni tāny anukrameṇa yāni yāny uparitanāni tāni tāni prathamam ā nakhebhyo vapate /

kiṃ punar godānakaraṇe kramaniyamo nāsti / nāsti niyamahetor abhāvāt / ayam eva tatrāpy astv iti cen na tatrānuktvā- iha vacanāt /

evañ cet pādādi śiro'ntam api godānakaraṇe vapanaṃ bhavati / naivaṃ bhavati lokācāravirodhāt / dvau tu vapanakramau lokavedayor dṛṣṭau / keśān agre tata[ś] śmaśrūṇi tato nikakṣāv ity ekaḥ / śmaśrūṇy agre tato nikakṣau tataḥ keśān tato 'nyāni lomānīty aparaḥ / tayor anyatarasya sarvavapaneṣu parigrahaḥ / atra tu pūrvo niyamyate / ubhāv api godānakaraṇe vikalpyete //

JGS 1,18,11.
keśaśmaśrulomanakhāny aśvatthasya mūle nikhaned udumbarasya vā- *apahato me pāpmā-* iti

keśa===pmeti // anyatarasya mūle nikhanet / svayam eva tu mantraliṅgāt /

yathāmutra *sarvāṇi lomanakhāni-* (JGS 1,17,12) iti tadval lomagrahaṇād eva siddheḥ keśaśmaśrugrahaṇam anarthakam / nānarthakaṃ keśaśmaśrūṇi dhānyapalve goṣṭhe vā (cf. JGS 1,10,35 and Bh on JGS 1,17,13) mā nikhāniṣatety etadarthatvāt //

JGS 1,18,12.
śītoṣṇābhir adbhir hiraṇyāntarhitābhir enaṃ snāpayet- *śivā naś śantamā bhava sumṛḍīkā sarasvati mā te vyoma sandṛśi-* (TĀ 4,42,1c-e; ĀśvŚS 8,14,8a-c) iti

Note: *hiraṇyāntarhitābhis* quoted in Bh on JGS 1,7,2.

śīto===śīti // śītasaṃspṛṣṭā uṣṇāś śītoṣṇāḥ / yathā jalatakram upalapāṃsava iti / atha vā dvandvam eva śītāś ca- uṣṇāś ca śītoṣṇāḥ / yathā śvatakṛṣṇā gāvo navapurāṇā vrīhaya iti / śītoṣṇābhir adbhis suvarṇena vyavahitābhir enam ācāryo 'naya rcā snāpayet / liṅgāder virodhahetor abhāvād ācāryeṇaiva mantro vācyaḥ /

JGS 1,18,13.
rohiṇyāṃ snāyāt

rohi===snāyāt // snānasya nakṣatravikalpāḥ kriyante / rohiṇyān nakṣatre snāyāt /

kiṃ vapanāntaṃ kṛtvā rohiṇīm ākāṅkṣate / naivam / *snāyād* iti hi samāvartetety arthaḥ /

yady evam ādita eva nakṣatravidhānaṃ yuktaṃ yathā sīmantādiṣu (cf. JGS 1,6,3-4) / nāyaṃ paryanuyogas tulyāyām arthakḷptau / yathāruci vākyāny ācāryā racayanti / atha vā cauḷakaraṇīyanakṣatravidher godānaṃ praviśyehāgatasya rohiṇyādividhayo māpavādatvenāvasthitaśeṣā eva syur ity evamartha eṣām iha nyāsaḥ / yadi *rohiṇyāṃ snāyād* iti karmādāv ucyeta *puṇye nakṣatra* (JGS 1,6,3) iti karmādisthaṃ vidhin tulyatvāpavadeta / iha tu vacane vailakṣaṇyam āpādya tasyaiva śeṣo bhavati *puṇye nakṣatre rohiṇyāṃ puṇye nakṣatre mṛgaśirasi-* iti //

JGS 1,18,14.
prajāpater vā etan nakṣatraṃ *prajāvān bhūyāsam* iti

prajā===miti // prajāpater hi etan nakṣatraṃ yad rohiṇī / yato 'ham atra snāmi tataḥ prajāpatiṃ prapanno 'smi / tasyaiva ca bhagavato 'nugrahāt prajāvān bhūyāsam iti snāsyan manasā saṃkalpyeta / evam eva vākyāny uttarāṇi gamayitavyāni //

JGS 1,18,15.
mṛgaśirasi snāyāt

Note: The whole sūtra is quoted twice in Bh on JGS 1,8,13.

mr̥ga===snāyāt //

JGS 1,18,16.

somasya vā etan nakṣatraṃ
somejyā mopanamed iti

soma===diti //

JGS 1,18,17.
tiṣye snāyāt

Note: The whole sūtra is quoted in Bh on JGS 1,8,13.

tiṣye===snāyāt //

JGS 1,18,18.

br̥haspater vā etan nakṣatraṃ
brahma br̥haspatir
brahmavarcasī bhūyāsam iti

br̥ha===miti //

JGS 1,18,19.
haste snāyāt

haste===snāyāt //

JGS 1,18,20.

savitur vā etan nakṣatraṃ
savitr̥prasūto bhūyāsam iti

savi===miti //

JGS 1,18,21.
anūrādhāsu snāyāt

Note: The whole sūtra is quoted in Bh on JGS 1,8,13.

anū===snāyāt //

JGS 1,18,22.

mitrasya vā etan nakṣatraṃ
mitrāṇāṃ priyo bhūyāsam iti

mitra===miti //

JGS 1,18,23.
śravaṇe snāyāt

Note: The whole sūtra is quoted in Bh on JGS 1,8,13.

śrava===snāyāt //

JGS 1,18,24.
viṣṇor vā etan nakṣatraṃ yajño vai viṣṇur *yajño mopanamed* iti

viṣṇo===diti //

JGS 1,18,25.
tam ahatena vāsasā paridadhīta *parīmaṃ soma-* (JGS 1,11,9) iti

Note: Cf. JGS 1,11,8 tam ahatena vāsasā paridadhīta *parīmaṃ soma-* (JGS 1,11,9) iti yathāvarṇam.

tama===meti // sragābandhanāntam avikṛtam / vāsasos tu yathopakalpanam ādarśam avekṣya paridhātavyayos sator anyatarasyāyaṃ prāg añjanād vacanenāpakarṣaḥ kriyate / upakalpanakramam eva tūttarīyam anu ruṇaddhi //

JGS 1,18,26.
savyam agre 'kṣy añjīta *yaśasā mā-* (JS 2,2,2) iti

Note: *savyam agre* quoted in Bh on JGS 1,18,27.

savya===meti // pūrvaṃ savyam akṣy etaya rcāñjīta //

JGS 1,18,27.
atha dakṣiṇam

atha===kṣiṇam // atha dakṣiṇam akṣy anayāñjīta /

pūrvasmin vākye 'gragrahaṇam anarthakam / nānarthakan dakṣiṇasya mantraprāpaṇārthatvāt / agre savyam / ayam eva viśeṣo nānya iti hi kalpyate / idam apy ata eva siddham / yāvatkṛtvas savyan tāvatkṛtva eva dakṣiṇam iti /

atha vā *savyam agra* (JGS 1,18,26) ity ata eva dakṣiṇasyāpy añjanaṃ siddham / idan tu vākyaṃ mantrasaṃbandhāya / dakṣiṇam apy anaya rceti / tadarthaṃ hi vyavasthayaivāñjitan na vyatiṣaṅgam iti //

JGS 1,18,28.
trivr̥taṃ maṇiṃ kaṇṭhe pratimuñcate

trivr̥===ñcate // ādarśe 'vekṣya dvitīyena vāsasā kr̥topavyānasyaitad ucyate / trivr̥taṃ maṇiṃ sūtre protaṃ kaṇṭhe āsañjati //

JGS 1,18,29.
pālāśaṃ svastyayanakāmaḥ

pālā===kāmaḥ // suṣṭhujīvanakāmaḥ pālāśaṃ maṇiṃ pratimuñcet //

JGS 1,18,30.
svastyayano 'si- iti

Note: The same mantra accompanies the bestowal of the stick to the student in JGS 1,11,51.

svastya===sīti // tasyāyaṃ mantraḥ //

JGS 1,18,31.
bailvaṃ brahmavarcasakāmaḥ

bailvaṃ===kāmaḥ // bailvaṃ bilvāvr̥ttaṃ maṇiṃ [brahmavarcasa]kāmaḥ //

JGS 1,18,32.
brahmavarcasī bhūyāsam iti

brahma===miti //

JGS 1,18,33.
ārkam annādyakāmaḥ

ārka===kāmaḥ // annam annādyam ity abhedaḥ / atha vā kasya cid annam asti nādanaśaktiḥ kasya cit sāsti netarat / tat tūbhayam annādyaśabdena parigr̥hyate / attuṃ śakyam ādyam annam annādyaṃ yaḥ kāmayate so 'nnādyakāma iti / arthato 'danaśaktir apy uktā bhavati / śrūyate ca *yaḥ kāmayetānnavān annāda[s] syām* (cf. TS 2,2,4,1 and BŚS 13,6 *yaḥ kāmayetānnavānt syām iti ... yaḥ kāmayetānnādyaḥ syām iti*; ŚĀ 11,8 and BŚS 3,26: 97,13 *annavān annādo bhūyāsam*) ityādi //

JGS 1,18,34.
arkavān annādo bhūyāsam iti

arka===miti // ayaṃ mantro 'nnādyakāmaśabdasyoktān niruktiṃ muktasaṃśayāṃ karoti /
ya[s] svastyayanādīni na kāmayate tasya kīdr̥śo maṇiḥ / ucyate / yady apy uparitanau kāmau viśiṣṭavr̥ttī prathamasya sādhāraṇatvāt pālāśas sarveṣāṃ bhavati / na hi kaś cid api suṣṭhujīvanan necchati //

JGS 1,18,35.
gandharvo 'si viśvāvasus
sa mā pāhi
sa mā gopaya- iti
vaiṇavan daṇḍam upādhatte

gandha===dhatte // *upādhatta* iti śarīraṃ spṛśan dhārayatīty arthaḥ //

JGS 1,18,36.
upānahāv ādadhīta
netre stho nayataṃ mām iti

upā===miti // hastenādadīta saha ca mantro 'rthataḥ //

JGS 1,18,37.
dakṣiṇam agre pratimuñcate

dakṣi===ñcate // ādānasārthatāyā evāttayoḥ pratimokas siddhaḥ / tataḥ pratimokānuvādena ca dakṣiṇaprāthamyam idan niyatam / atha tantraśeṣas samuddhāraṃ bhajavas sagodakṣiṇas samāpyate //

JGS 1,18,38.
tasya vratāni bhavanti

tasya===vanti // tasya snātakasyaitāni vratāni bhavanti / avadhyanupadeśād āntād anuṣṭheyāni //

JGS 1,18,39.
nājātalomnyopahāsam icchet

Note: The whole sūtra is quoted in Bh on 1,19,3.– Cf. GGS 3,5,3 nājātalomnyopahāsam icchet.

nājā===micchet // bālyāt svabhāvato vā yasyā lomāny adho nābher na sañjāyante sā strī- ajātalom[n]ī / tayā maithunan nākāṅkṣeta bālayā / api *tryaṣṭavarṣo 'ṣṭavarṣāṃ vā-* (Manu 9,94c) ityādivacanānuvṛttau prasajati //

JGS 1,18,40.
varṣati na dhāvet

Note: Cf. GGS 3,5,11 na varṣati dhāvet.

varṣa===dhāvet // varṣati parjanyena tatparihārāya [na] dhāvet / vartamānakālagrahaṇād varṣiṣyatīti na doṣaḥ //

JGS 1,18,41.
nopānahau svayaṃ haret

Note: Cf. GGS 3,5,12 nopānahau svayaṃ haret.

nopā===haret // ātmana upānahau svayan na haret /

kuto 'yan niyama *ātmana* iti / svayaṃgrahaṇāt / yadi hi pitrādyupānahor api haraṇam anena naiṣiṣyata *nopānahau hared* ity avakṣyata /

yady evam ātmana eva pratiṣedhād anyeṣāṃ sarveṣām ayam upānahau haran na duṣyati / atra brūmaḥ / prasaṅge sati pratiṣedho bhavati / asaty apy asmin pratiṣedhe- *aguroḥ preṣyakarma ca-* (source?) ityādismaraṇād ātmano vāyam upānahau hared agurūṇāṃ vā na sarvapathikānām / tatas samyag evoktam *ātmana* iti //

JGS 1,18,42.
na phalāni svayaṃ pracinvīta

Note: Cf. GGS 3,5,14 na phalāni svayaṃ pracinvīta.

napha===nvīta // phalāni vr̥kṣādibhya[s] svayan nopādadīta / atrāpi svayaṃgrahaṇād eva parārthaṃ pracetum adoṣaḥ /

apara āha / karmaṇāṃ śrautasmārtānāṃ phalāni svayan na pracinvīta nopacinvīta / phalam abhisandhāya karmasu na pravarteta / vihitatvād etāny avaśyānuṣṭheyāni phalam ato bhaven mā vā bhūd iti śuddhena manasā- eṣu pravartetety artha iti //

JGS 1,18,43.
na pratisāyaṃ grāmāntaraṃ vrajet

Note: *grāmāntaram* quoted in Bh on JGS 1,18,44. – Cf. GGS 3,5,32 na pratisāyaṃ grāmāntaraṃ vrajet.

napra===vrajet // pratisāyaṃ sāyābhimukhyenāsanne prāpte vā sāye grāmam anyan na gacchet /

iha *grāmam* iti vā dvitīyā tādarthye kalpyā *preveṣṭum* iti vādhyāhāryam / itarathā praveśo doṣāya syān na prasthānam /

atha vā pratiśabdo 'yaṃ vyavahitapaṭhitaḥ / evam asya yogaḥ / sāyaṃ grāmāntaraṃ prati na vrajed iti //

JGS 1,18,44.
naikaḥ

Note: *ekaḥ* quoted in Bh on JGS 1,18,45.– Cf. GGS 3,5,33 naikaḥ.

naikaḥ // *grāmāntaram* (JGS 1,18,43) iti cānuvartate //

JGS 1,18,45.
na vr̥ṣalais saha

Note: Cf. GGS 3,5,34 na vr̥ṣalaiḥ saha.

navr̥===saha // atra- *eka* (JGS 1,18,44) iti cānuvartyam / itarathā hy avr̥ṣalais saṃyuktasyāpi vr̥ṣalasaṃyogo doṣāya syāt //

JGS 1,18,46.
nodupānam avekṣet

Note: *nodapānam* Caland's ed. without variants. Bhavatrāta's *pratīka* in all mss. is *nodu*, and in the commentary all mss. everywhere have *udupāna-* (not in dictionaries) instead of the regular *udapāna-* m. n. 'well'., recorded since ChU. However, *udupāna-* occurs in Buddhist Hybrid Sanskrit and in Aśoka's inscriptions (Kālsī, Dhauli and Jaugaḍa rock inscriptions).– Cf. GGS 3,5,13 nodapānam avekṣet.

nodu===vekṣet // udupānaśabdaḥ kūpe prasiddho 'pīhānyasmin pracchannavācye vastuni sādr̥śyāvalaṃbanaḥ prayuktaḥ / udupānaṃ striyā yonin nāvekṣeta / arthataś cāpi sādr̥śyam anayor asti yathodupānaḥ pramattāsevanaṃ puruṣam ākr̥ṣya nipātayaty evaṃ striyo 'pi / ke cit tv ihodupānaṃ kūpam eva varṇayanti / *avekṣeta-* iti vā mūlapāṭho mr̥gyo vā parasmaipadavidhiḥ //

JGS 1,18,47.
na vr̥kṣam ārohet

Note: The whole sūtra is quoted in Bh on JGS 1,1,19. – Cf. GGS 3,5,31 na vr̥kṣam ārohet.

navr̥===rohet //

JGS 1,18,48.
na saṃkramā ārohet

Note: *saṃkramam* Caland's ed. without variants.

nasaṃ===rohet // saṃkramā nāma pramattavinyastaikacaraṇopapādyaśarīrapātāś śailabhittayaḥ //

JGS 1,18,49.
nānantardhāyāsīta

nāna===sīta // kūrcena phalakayānyena vā kena cid anantardhāya bhūmin nāsīta //

JGS 1,18,50.
nāparayā dvārā prapannam annam aśnīyāt

Note: Cf. GGS 3,5,7 nāparayā dvārā prapannam annaṃ bhuñjīta.

nāpa===śnīyāt // paraṃ pradhānam aparam apradhānam / gr̥hāntarād grāmāntarād vā hriyamāṇam aparayā dvārā jaghanadvārā gr̥hān prapannam apūpodanādi nāśnīyāt //

JGS 1,18,51.
na śuktam

na śuktam // śuktaṃ virasam / yasyānnasya yo rasaḥ prasiddhaḥ katvādis tad annaṃ paurātanyād anyasmād vā nimittāt tasmād rasāt pracyutan nāśnīyāt //

Note: The word *paurātanya-* (derived from *purātana-*) is not recorded in dictionaries.

JGS 1,18,52.
na dviḥpakvam

Note: *pakvam* quoted in Bh on JGS 1,18,53. – Cf. GGS 3,5,8 na dviḥpakvam.

na dviḥpakvam // yat sakr̥tpakvan niṣpannasarvātmakam annan tac cirāvathānād vātapa-himādisaṃyogād vā prāptavaiguṇyaṃ sātguṇyāvāptaye punaḥpakvan nāśnīyāt //

Note: *vātapa-* emended : *vātātapa-* mss.

JGS 1,18,53.
na paryuṣitam anyatra śākamāṃsayavapiṣṭānnapr̥thukaphāṇitadadhimadhughr̥tebhyaḥ

Note: Cf. GGS 3,5,9 na paryuṣitam 10 anyatra śākamāṁsayavapiṣṭavikārebhyaḥ.

napa===tebhyaḥ // phāṇitaṃ śarkarā / *pakvam* (JGS 1,18,52) ity anuvartate / pakvam annaṃ paryuṣitam ekarātrādikālātītaṃ śākān māṃsād yavānnāt piṣṭānnāt pr̥thukebhyaḥ phāṇitād dadhno madhuno ghr̥tāc cānyatra- etebhyo 'nyan nāśnīyāt /

nanu saptamyartha eva- *anyatra-* iti bhavati (cf. Pāṇini 5,3,10 *saptamyās tral*) / nāyam ekāntata *itarābhyo 'pi dr̥śyanta* (Pāṇini 5,3,14) iti vacanāt prathamādyarthe 'pi bhavati / dr̥śyate ca *ko hanyān mā dhanuṣpāṇim anyatra yudhi phalgunād* (source?) iti /

dadhno pacanīyatvāt *pakvam* (JGS 1,18,52) iti cānuvr̥tter dadhiparyudāso 'narthakaḥ / nānarthaka[ś] śr̥tāśaṅkyārthatvāt / pakvam api hi payaḥ paryuṣitan dadhy eva bhavati nānyat //

Note: In the Pāṇini quotation the mss. read *itarebhyo pi dr̥śyata iti.*

JGS 1,18,54.
nānarmaṇi haset

nāna===haset // dharmārthayor alopena yā krīḍā tan narma / anarmaṇi narmaṇo 'nyasmin viṣaye na haset //

JGS 1,18,55.
na nagna[s] snāyāt

nana===snāyāt //

JGS 1,18,56.
śuktā vāco na bhāṣeta

śuktā===ṣeta // śuktāḥ pareṣām aprītikarīr vāco na saṃbhāṣeta //

JGS 1,18,57.
janavādaṃ kalahāṃś ca varjayet

jana===rjayet // janavādañ janapadavādam / *ayañ janapadas saṃpannaḥ* / *amutra duḥkhañ jīvitum* / *eṣa doṣāṇām āspadam* ity evamādi vādaṃ kalahāṃś ca sarvaśo varjayet //

JGS 1,18,58.
traya[s] snātakā bhavanti-
iti ha smāhāruṇir gautamo
vidyāsnātako vratasnātako vidyāvratasnātaka iti

Note: *vidyāsnātako vratasnātako vidyāvratasnātakaḥ* quoted in Bh on JGS 1,18,59.– Cf. GGS 3,5,21 taitraite trayaḥ snātakā bhavanti 22 vidyāsnātako vratasnātako vidyāvratasnātaka iti.

traya===iti // vratāni caritum aśaktenāpi kr̥topanmayanenādhyetavo 'vaśyaṃ vedaḥ / sa vidyārjanamātraṃ kr̥tvā gurukulāt samāvr̥tto vidyāsnātakaḥ / yas tv aśakto 'dhyetuṃ vratāny eva caritvā sa vratasnātakaḥ / ubhayaṃ kr̥tvā vidyāvratasnātakaḥ / ete trayas trividhā snātakā bhavantīty āruṇir ācāryo gautamaputra āha sma / ācāryagrahaṇan tatpūjārtham //

JGS 1,18,59.
teṣām uttama[ś] śreṣṭhaḥ

Note: Cf. GGS 3,5,23 teṣām uttamaḥ śreṣṭhaḥ tulyau pūrvau.

teṣām===śreṣṭhaḥ // snātaka[s] snātas samāvr̥taḥ / ya ete traya snātakā *vedam adhītya-* (JGS 1,18,1) iti vākyenopalakṣitās santi *vidyāsnātako vratasnātako vidyāvratasnātaka* (JGS 1,18,58) iti teṣāṃ ya uttama ihānte kīrtitas sa śreṣṭhaḥ /
bhavatv etat / itarayoḥ kaḥ puna[ś] śreyān //

JGS 1,18,60.
tulyau pūrvau

tulyau pūrvau //

JGS 1,18,61.
snātvācāryaṃ brūyān
madhuparkaṃ me bhavān ānayatv iti

Note: *madhuparkaṃ me bhavān ānayatv iti* quoted in Bh on JGS 1,18,63.

snātvā===tviti // atrāntakarmaṇi yam utpādya madhunā pr̥kto dravyaviśeṣo madhuparka iti nirvartyas sa paratra viśeṣyate //

JGS 1,18,62.
ācāryakalpo vā

Note: The whole sūtra is quoted (as a part of one sentence with JGS 1,18,63) in Bh on JGS 1,18,63.

ācā===lpovā // kalpyata iti kalpaḥ / ācāryasya kalpa ācāryakalpaḥ / ācāryakalpo vā madhuparka[s] syāt / ācāryeṇaiva vā madhuparkaḥ kalpyeta prārthitenety arthaḥ / adhastano vidhir vaikalpika ity uktaṃ bhavati /

atha vāsya yakāraḥ pramattotsr̥ṣṭaḥ / *ācāryakalpyo vā-* iti pāṭhaḥ /

atha vā- ācāryadeśīyaḥ / yad asyācāryeṇa kāryan tad ekadeśasya kartā /

atha vā- ācāryasaṃbandhī putraḥ pitā bhrātety ācāryaṃ brūyād iti /

pūrvam uktaṃ pakṣāntaran tv etad *ācāryakalpo vā-* iti / evam anena vācyam //

JGS 1,18,63.
tasmai prāṅmukhāyāsīnāya madhuparkam āharet

tasmai===haret // prajñāto vākyārthaḥ /

atha vedam ekaṃ vākyam *ācāryakalpo vā tasmai prāṅmukhāyāsīnāya madhuparkam āhared* iti / *madhuparkaṃ me bhavān ānayatv iti* (JGS 1,18,61) prārthitenācāryeṇa yad anyaḥ preṣyate *madhuparkam asmai prayaccha-* iti so 'smin madhuparkapradāne- ācāryakalpo bhavati tatkāryāpannatvāt / evaṃ yojyam / ācāryakalpo vāsmai madhuparkam āhared ācāryo veti / idam uktaṃ bhavati / evaṃ prārthita ācārya[s] svayaṃ vā madhuparkam āhared anyena vāhārayed iti /

nanv *ānayatv ānāyayatu vā-* ity anuktatvād iyam ayuktā vyākhyā / naiṣa doṣaḥ / nayatir atra dānārthaḥ / bhavān ānayatu bhavān dadātv iti / dānam iti cedaṃ manaso vyāpāraviśeṣo na hastasya / śrūyate ca dānārthe nayatiḥ / *triṣṭubho loke dakṣinā nīyanta* (JB 1,287: 120,10-11) iti / evañ ca sati pakṣadvaye 'py ācāryeṇaiva madhuparka ānīto bhavati / etām eva ca vyākhyām abhipretya- *āhared* ity uktan na- *ānayed* iti / tataḥ pūrvaṃ vyākhyānam anādr̥tya etad evāstheyam //

JGS 1,18,64.
viṣṭarapādyārghyācamanīyāny ekaikam anupūrveṇa

viṣṭa===rveṇa // āsanaṃ kūrcaṃ pādyodakam arghyodakam ācamnodakañ caikaikam anenaivānupūrvyeṇa dadyāt //

JGS 1,18,65.
viṣṭaram adhyāste

viṣṭa===dhyāste // viṣṭara āste //

JGS 1,18,66.
pādyena pādau prakṣālayate
mayi śrī[ś] śrayatām iti

pādye===miti // athāsmai pādyam āharati / tena pādau prakṣāḷayate- anena yajuṣā / yadi svayam prakṣāḷayitā yad vā cānya ubhayatrāpi *prakṣāḷayata* ity avirodhaḥ / tathāpi *śūdrā ced* (JGS 1,18,67) iti vakṣyamāṇena jñāyate 'nya iti / liṅgāt tu svayam eva yajur brūyāt /

atha kaṃ pādaṃ pūrvam ity ajñāyamāne vadati //

JGS 1,18,67.
savyaṃ pādam agre śūdrā cet

Note: *agre* quoted in JGS 1,18,69 and *śūdrā cet* quoted in Bh on JGS 1,18,68.

savyaṃ===drācet // śūdrā cet prakṣāḷayet savyaṃ pādaṃ pūrvam / *śūdrā ced* ity anūdyamānasya liṅgaṃ vivakṣitum aśakyam ity nyāyataś (source?) śūdre 'pi tulyam etat / evaṃ śūdrapakṣe savyāgratā niyatā / aśūdrapakṣe tv aniyamenaivāvasthitam adhunā //

JGS 1,18,68.
mayi padyā virāḍ iti

mayi===ḍiti // *śūdrā ced* ity anuvartate / dvayor api pādayor ayaṃ śūdrapakṣe prakṣāḷanamantraḥ //

JGS 1,18,69.
atha dakṣiṇām

atha===kṣiṇām // savyānantaran dakṣiṇaṃ prakṣāḷayate /

dvayor api prakṣāḷanaṃ vidhāya savyāgratā śūdrapakṣe niyatā / tata eva siddham dakṣiṇaṃ paścād iti / tasmād ayaṃ yogo 'narthakaḥ / nānarthakaḥ- aśūdrapakṣe dakṣiṇāgratāniyamārthatvāt / katham iti cec chūdrapakṣe dakṣiṇottaryasya siddhasya punarvidhir vaiyarthyam āpitsamāno 'nyatra dakṣiṇottaryaṃ mā bhūd ity evamarthaṃ kalpyate / tato 'rthād aśūdrapakṣe dakṣiṇāgratā niyatā bhavati /

iha ke cid *agra* (JGS 1,18,67) iti vākyañ chittvobhayatra savyāgratām icchanti / te praṣṭavyāḥ / *atha dakṣiṇam* iti vākyaṃ kimartham iti ca- *atha savyam* iti copānahoḥ (cf. JGS 1,18,36-37) kim anuktam iti /

ke cid vākyadvayam iha paṭhanti ke cin na //

JGS 1,18,70.
mayi varca ity
arghyāḥ pratigṛhṇīyāt

JGS 1,18,71.
ācamanīyābhir ācāmet

mayi varca ity arghyāḥ pratigr̥hṇīyād ācamanīyābhir ācāmed iti / apaṭhadbhir api tu tadartho 'nuṣṭhātavyaḥ / pradīyante hy āpo 'rghyā ācamanīyāś ca / tasmād avihito 'py etābhir arthaḥ kāryaḥ / *mayi varca* iti ca mantraprāptis sūtravr̥ttau (Bh on JŚS 2,6 and on JŚS 13,27) uktā //

Note: Bhavatrāta quotes 1,18,70-71 in full because, as he notes, these sūtras are not universally accepted in the text.

JGS 1,18,72.
pātracamasaṃ viṣṭaropahitam adhastāt

pātra===dhastāt // yena kiñ cid apidadhāti tat tasya rakṣaṇatvāt pāty aneneti pātraṃ bhavati / sa camasaḥ prasiddhaḥ yasmin bhakṣyate / pātrañ camasañ ca samāhr̥te pātracamasam / tad adhastād viṣṭaropahitan tr̥ṇakūrcenopahitaṃ bhavati //

JGS 1,18,73.
viṣṭarau saṃhitāgrau bhavataḥ

viṣṭa===vataḥ // pūrvam eva dvau viṣṭarau saṃhitāgrau saṃbandhāgrau bhavato yena coktam upadhānaṃ yasya cottaratvaṃ vakṣyate //

JGS 1,18,74.
ekaviṣṭara uttaraḥ

Note: Caland's ed. *uttaratas* without variants, but Bhavatrāta's pratīka *ttaraḥ*.

eka===ttaraḥ // eko viṣṭara upari tasya pātracamasasya bhavati //

JGS 1,18,75.
tayor madhye dadhi madhu sannīte bhavataḥ

Note: *sannīte* emended on the basis of Bhavatrāta's commentary : *sannihite* Caland's ed. without variants.

tayo===vataḥ // dadhimadhunī sannīte saha nīte saṃsikte tayor viṣṭarayor madhye-antarāḷe bhavataḥ / kva saṃsikte iti ced arthataś camasa iti gamyate /

pātracamasasya viṣṭaradvayaparigrahād evārthasiddhes *tayor madhya* ity anarthakam / nānarthakaṃ pātracamasasyaikapārśvāv alaṃbinau viṣṭarau na syātāṃ madhya eva syātām ity etadarthatvāt /

atha vā *tayor madhya* iti viṣṭarayor madhyasthe- antarāḷavartini camase dadhimadhunī sannīte bhavataḥ / sannīyeyātām iti vyākhyeyam / saviṣṭarapariveṣe camase saṃsiñced ity arthaḥ / asati hi yatne kevala evāpi saṃsicya viṣṭarapariveṣaṃ kariṣyati / asmin pakṣe vayam avasthitāḥ /

trayaḥ prakārā madhuparkasya vakṣyante / teṣāṃ sarveṣām etad upalakṣaṇaṃ kṛtam dadhimadhunī iti //

JGS 1,18,76.
dadhnā ced dadhimanthaḥ

dadhnā===manthaḥ // ete trayo madhuparkabhedās saha nāmabhir ucyante / dadhnā cen miśraṃ madhu dīyeta dadhimanthanāmāyaṃ madhuparko bhavati //

JGS 1,18,77.
adbhiś ced udamanthaḥ

adbhi===manthaḥ //

JGS 1,18,78.
payasā cet payasyaḥ

paya===yasyaḥ // saṃjñākaraṇārthavattvāya tena tena nāmnā dātavyaḥ /

apara āha / *dadhimantha iti brūyād* ity avacanan nāmavacanasyātra prasiddhīkaraṇārtham / prasiddhaṃ hi nocyate / tasmād viṣṭarādīny api svena nāmnā dadyād *viṣṭaraḥ pādyam arghyam ācamanīyam* iti / iyaṃ vyākhyā sādhīyasī //

JGS 1,18,79.
taṃ pratigṛhṇīyād
devasya tvā- (JŚS 8,17) iti

Note: Cf. Bh on JGS 1,1,14.

taṃpra===tveti //

JGS 1,18,80.
taṃ pratigṛhya
bhūmau pratiṣṭhāpya-
avaghṛṣyāṅguṣṭhenopaniṣṭhikayā ca
mahyan tvā yaśasi śriye 'nnādyāya brahmavarcasāya- iti
triḥ prāśnīyāt

taṃpra===śnīyāt // taṃ pratigṛhya bhūmau nidhāyāṅguṣṭhenopakaniṣṭhikayā ca tasmāt kiñ cid avaghṛṣyānena yajuṣā triḥ prāśnīyāt / sakṛd eva mantravādaḥ /

parisamūhanoktapakṣa (cf. Bh on JGS 1,1,34?) iva *pratigṛhya-* ity anarthakam / nānarthakaṃ mantrānurūpapratigrahopalakṣaṇārthatvāt / tasmād ubhābhyāṃ hastābhyāṃ pratigṛhṇīyāt //

JGS 1,18,81.

śeṣam uttarataḥ pragr̥hya brāhmaṇāya dadyāt

Note: *pratigr̥hya* Caland's ed. : *parigr̥hya* M2 : *pragr̥hya* Bhavatrāta's commentary (all mss.).

śeṣa===dadyāt // śeṣañ camasāvaśiṣṭam uttarataḥ kiñ cid pragr̥hya- udūhya brāhmaṇāya dadyāt //

JGS 1,18,82.

abhyukṣya vābrāhmaṇāya

abhyu===ṇāya // atha vādbhir abhyukṣyābrāhmaṇāyāpi dadyāt //

JGS 1,18,83.

karte vā nikhanet

Note: *karte* emended : *kartte* Bhavatrāta's pratīka and commentary : *garte* Caland's ed. without variants. *kartá-* m. 'hole, pit' is attested since the R̥gveda, *gárta-* m. n. 'hole, pit' since the ŚB and KB. Malayāḷam has *karttam* 'hole, cavity'.

karte===khanet // atha vā karte- evainan nikhaned upagūhet //

JGS 1,18,84.

para[s] svadhitipāṇir gān dr̥ṣṭvāha *gaur gaur* iti

para===gauriti // paraḥ- anyo 'smān madhuparkasya dātu[s] svadhitipāṇis san gān dr̥ṣṭvā darśayitvānenaināṃ *gaur gaur* ity āha /
kuta etad darśayitveti / idam ucyate / *gaur* iti bruvata[s] svayan darśanasyāvidheyatvād yac ca kiñ cin na pāṇau dīyate tasya pratigrahītā darśanasyānarthaprāptasya vidheyatvād *dr̥ṣṭvā-* iti *darśayitvā-* ity asyārthe kalpyate //

JGS 1,18,85.

tām abhimantrayate *gaur dhenur* (JŚS 2,21) iti

Note: The whole sūtra is quoted in Bh on JŚS 2,21. In JŚS 2,21 the mantra is already given in full, and therefore should not be repeated in the JGS. In Caland's JGS ed., however, the mantra is given in full, see below [JGS 1,18,88], but Bhavatrāta has no pratīka for that sūtra, nor for [JGS 1,18,86] inserted below from Caland's version. Bhavatrāta's commentary on the present sūtra shows that [JGS 1,18,86] was not in his version of the JGS.

tāma===riti // tāṃ *gaur dhenur* (JŚS 2,21) ity anena mantreṇābhimantrayate / *kartavyā cet kuruteti brūyād* (JGS 1,18,87) iti vakṣyamāṇatvād ayaṃ vidhir utsargayogī /

kim abhimantraṇamātreṇaivotsṛṣṭaṃ bhavati / na bhavati / yena kena cit prakāreṇāsyā utsargo 'nena prāptaḥ / tatra kṛtvā grahaṇāt kṛtagrahaṇaṃ laghīyo yuktañ ceti / *om utsṛjata-* (JŚS 2,21) ity utsraṣṭavyā //

[JGS 1,18,86.]

om utsṛjata- ity brūyāt

Note: See note on JGS 1,18,85.

JGS 1,18,87.

kartavyā cet
kuruta- iti brūyāt

Note: The whole sūtra is quoted in Bh on JGS 1,18,85.

karta===brūyāt // kartavyā bhojanārthaṃ saṃskartavyā cet syāt *kuruta-* iti brūyāt / nābhimantrayeta //

[JGS 1,18,88.]

gaur dhenur havyā
mātā rudrāṇān duhitā vasūnāṃ
svasādityānām amṛtasya nābhiḥ
pra nu vocañ cikituṣe janāya
mā gām anāgām aditiṃ vadhiṣṭa
pibatūdakan tṛṇāny attv iti

Note: The mantra has already been given in full in JŚS 2,21, but has been repeated here probably on the model of the other gṛhya mantras of the JGS. See note on JGS 1,18,85.

JGS 1,18,89.

atha ṣaḍ arghyārhā bhavanty
ṛtvig ācārya[s] snātako rājābhiṣiktaḥ priyas sakhā śrotriyaś ceti

Note: *atha* found in all Caland's mss. is missing in Bhavatrāta's pratīka, but glossed in his commentary.

ṣaḍa===śceti // avasitaṃ snānam / athedānīṃ yo 'yaṃ madhuparkas tasyānyatrāpi praveśaḥ pratipādyate /

ṛtvikchabda udgātrādiṣu vartate / sa ca vartamānakālaviśeṣayogī prāg ūrdhvañ ca yajñaprayogān nānenābhidadhāti / yajñārambhe tu madhuparkas tatraiva vihitaḥ / na cordhvam ā yajñasamāpter asya pradānaṃ yuktam iva / tasmād ke cid eva pratinibaddhāḥ pratiyajñaṃ kartāras teṣv ṛtvikchabdo 'tra prayogakālānapekṣaḥ pravṛttaḥ / evañ ca sati bhūtasya ca bhāvinaś ca sarvasyārtvijyasya yugapad upādānād vartamānakālatāpy asya na vihanyate /

ācāryo nāma ya enam upanīya vidyācāravantaṃ karoti /

snātakaśabdena gurukulāt samāvṛtto niviṣṭo 'niviṣṭaś cābhidhīyate / tathā ca sati brahmacārivānaprasthaparivrājakānāṃ madhuparkānupapatter itarasya cāta eva siddhe[ś] śrotriyagrahaṇam anarthakaṃ syāt / tasmād iha snātakaśabda[s] snātakaviśeṣe vare vartate /

abhiṣikta iti rājño viśeṣaṇaṃ priya iti sakhyuḥ /

yo vedasyaikāṃ śākhām avadhārayati sa śrotriyaḥ / yo vāsau paribhāṣita ekāṃ śākhāṃ sakalpāṃ yaṣ ṣaḍbhir aṅgair adhītya ca ṣaṭkarmani rato vipra[ś] śrotriyo nāma dharmavit /

ete ṣaḍ arghyārhā madhuparkārhā bhavanti / ṣaḍ atra pradīyante viṣṭaraḥ pādyam arghyam ācamanīyaṃ madhuparko gaur iti / tat samastam ekenāpy upalakṣyate pūrvaṃ madhuparkeṇātrārghyeṇa parastāt gavā /

ṣaḍgrahaṇam anarthakam / nānarthakam abhiṣiktapriyayoḥ pṛthaggrahaṇārthatvāt / pṛthaggrahaṇe hi vaiśyaputrayoḥ prasajati / asti hi vaiśyasyāpi kva cid abhiṣekaḥ //

JGS 1,18,90.
tebhya ātithyaṃ gāṃ kuryāt

tebhyaḥ===kuryāt // uktā madhuparkārhāḥ / saṃśayas tv eṣaḥ / kim ebhyas sahavasadbhyo 'pi madhuparkadānam uta svayam abhigamyāho svid gṛham āgatebhya eveti / tannirāsanārtham idam ucyate / tebhyaṣ ṣaḍbhya ātithyam atithyarham arcanaṃ kurvan gāṃ kuryān madhuparkan dadyāt / anadhyāhṛtya vā kiñ cid ātithyaṃ gām atithipūjanabhūtaṃ madhuparkan dadyād iti yojya m / ubhayathāpy atithibhya eva sadbhyo dadyād nānyadety uktaṃ bhavati //

JGS 1,18,91.
tām atithaya iti prokṣet

tāma===prokṣet // *tām* iti strīliṅgopādānāt prakṛtāyāṃ madhuparkāntarbhūtāyāṃ gavy eva saṃpratyayo nānyasmin / ayam ebhyo madhuparkapradāne viśeṣaḥ / yātra gaus tām atithaya iti prokṣet /

kim iyataiva / kim anyat syād idamāder mantrasyāśravaṇe / santi vaikapadā api mantrā bhūmer idaṃ prajñānaṃ *bhadram* (TS 1,3,2,1; BŚS 6,28: 191,13.14; ĀpŚS 11,12,4) ityādayaḥ / santi ca sākāṅkṣāḥ / *agnaye tvā vāyave tvā-* (JGS 1,11,35) *āpo vāyur āpo vāyuḥ* (JŚS 18,22) *ka ātreya* (BŚS 8,6: 241,9.10.11; 21,21: 108,12 bis) ityādayaḥ / tadvad atrāpi yojyam / guravas tu vyācakṣate / *atithaya* ity asyākāṅkṣatvāt sāvitreṇaiva prokṣaṇāṅgatayā dṛṣṭena prokṣed iti / utsargapakṣe prokṣaṇavaiyarthyāt karaṇapakṣa evaitad uktaṃ mantavyam // //

JGS 1,19-21. (vivāhaḥ)

JGS 1,19,1.
snātvā mātāpitarau paricaret

snātvā===caret // samāvr̥tya gurukulāt gr̥hān praviśya mātarañ ca pitarañ ca paricaret / priyahite anayoḥ kuryāt //

JGS 1,19,2.
tadadhīna[s] syāt

tada===syāt // svayam api tadadhīnas tayor eva syāt / yad asyātmārthaṃ karma dr̥ṣṭaphalam itarad vā tad anujñayaiva kuryād ity arthaḥ //

JGS 1,19,3.
tābhyām anujñāto jāyāṃ vindeta-
anagnikāṃ
samānajātīyām
asagotrāṃ
mātur asapiṇḍām

Note: *jāyāṃ vindeta* quoted in Bh on JGS 1,19,5.

tābhyāṃ===piṇḍām // nagnā kutsitā nagnikā / kā ca sā / yā vastrārhe vayasi nagnā bhavati / iha tv asyā aprasaṅgād gauṇo 'yaṃ śabdaḥ / sa vastrāyāme vāsyān nagnikāguṇair nairghr̥ṇyādibhir yuktāyāṃ vartate / yathā *siṃho devadatta* iti siṃhaguṇaiś śauryāadibhir yukte davadatte siṃhaśabdo vartate tadvat / evañ ca sati nagniketeti kevalanairghr̥ṇyādiguṇayuktety uktaṃ bhavati / na nagnikā- anagnikā nairghr̥ṇyādiviyuktā / tataś ca tadviparītair ghr̥ṇādibhis sādhvīguṇais samanviteti sidhyati /

atha vā nagnālpā nagnikālakṣaṇāśabdo 'yam / nagnikāsaṃbandhi vayo nagnikāśabdena lakṣyate / evañ ca sati yasmin vayasi nagnā carati tadvayaskā nagnikā / tadatītavaty anagnikā /

nanv evaṃ

prayacchen nagnikāṃ kanyām r̥tukālabhayāt pitā /
r̥tumatyāṃ hi tiṣṭhantyān doṣaḥ pitaram r̥cchati- //
(spurious śloka in Manu inserted between 9,88 and 9,89)
iti manugirā virodhaḥ prasajati / na prasajati / sā prāg r̥toḥ pradānasya nagnikā / pradānād api prāg r̥tor apradānan doṣavattaram iti tadartho niśceyaḥ /

abhinnajātis samānajātiḥ / tatra bhavā samānajātīyā / amanuṣyajātes tv ihāprasaṅgād varṇajātim evopādāya samānajātīyā savarṇā vijñeyā /

evaṃ gotram asyā ātmanaś ceti sagotrā / na sagotrā- asagotrā /

abhinnapiṇḍā sapiṇḍā / na sapiṇḍā- asapiṇḍā /

tābhyāṃ mātāpitr̥bhyām anujñātaḥ- anagnikāṃ samānajātīyām asagotrāṃ mātur asapiṇḍāñ jāyāṃ labheta /

adhastanavidhānasiddhes *tābhyām anujñāta* ity anarthakam / nānarthakan tāv enam anujānīyātām ity etadarthatvāt /

gatam itarat / kā tu mātus sapiṇḍā bhavati / idam ucyate / piṇḍaśabdenātra yasmai piṇḍo dīyate sa lakṣyate pitā pitāmahaḥ prapitāmaho vā / saṃbandhiśabdaś cāyan dr̥śyate *mamāyaṃ sapiṇḍas tavāsau sapiṇḍa* iti / kasya cit pitṛpitāmahaprapitāmahānām anyatama itarasyāpy eṣām anyatamo bhavati ced dvau tau mithas sapiṇḍau bhavataḥ / sahaikasmin piṇḍavṛttāv iti vā samānaḥ piṇḍo 'nayor iti vā / tad uktaṃ *sāpiṇḍyaṃ sāptapūruṣam* (Matsya-Purāṇa 18,21 *sāpiṇḍyaṃ sāptapauruṣam*; cf. VaDhS 4,17 *sapiṇḍatvaṃ sāptapuruṣaṃ vijñāyate*) iti / *sapiṇḍatā tu puruṣe saptame vinivartata* (Manu 5,60) iti / yayor hy ekaḥ prapitāmahas tāv anyo'nyasya saptamau / tata ūrdhvan na sapiṇḍasamavāyo vidyate saptamatvañ cātyeti /

bhavatv evam ubhayato dvitīyatṛtīyayos tṛtīyapiṇḍaḥ / yatra tu prathamas tṛtīyapiṇḍasamavāye yatra tu dvitīyatṛtīyayoḥ prathamatṛtīyayor vā piṇḍayos samavāya[s] syāt tatra ṣaṣṭhena pañcamena vā puruṣeṇa sahapiṇḍatāsamāpti[s] syāt / tathā ca sati pitāmahanaptṛputraḥ pitṛnaptṛputraś ca saptamaṣ ṣaṣṭhaś ca santāv api piṇḍāsamavāyād asapiṇḍau syātām / tatas *sāpiṇḍyaṃ sāptapūruṣam* (Matsya-Purāṇa 18,21) ityādi virudhyeta / atrocyate / yady api saptamāntā sapiṇḍatā smṛtipathe prasiddhā- idam api tv atra dṛśyam / *piṇḍanivṛttis saptame pañcame vā-* (GautamaDhS 14,13) iti / pañcamāntāpi sapiṇḍatā kva cid astīty arthaḥ / ṣaṣṭhāntāyās tu madhyamāyās siddher evamarthavatyā bhavati / tasmād evaṃ grāhyam / prapitāmahasya yaḥ pañcamas tasyātmano 'ṣṭamasya sataḥ piṇḍāsamavāyād bhinnapiṇḍatā / pitāmahasya yaḥ pañcamas tasyātmānas saptamasyāpi sataḥ piṇḍāsamavāyād bhinnapiṇḍatā / pitur yaḥ pañcamas tasyātmanaṣ ṣaṣṭhasyaiva sataḥ piṇḍāsamavāyād bhinnapiṇḍatā / ity ayam ekaḥ pakṣaḥ / aparas tu *samavaitu piṇḍo mā vā samavagāt sapiṇḍa eva sarvaḥ prāg aṣṭamāt puruṣād* (source?) iti /

nanu ca strīṇāṃ pradānābhir bhartṛsapiṇḍā eva tatsapiṇḍā / satyam etat / iha tu lakṣaṇayā saptapuruṣopalakṣaṇārthas sapiṇḍaśabdo gṛhyate /

nanu mukhyāsaṃbhave lakṣaṇāśrayaṇam iti kṛtvā mātur bālya iti vyākhyeyam / atra brūmaḥ / bhavatpakṣe 'py adhyāhāro doṣa[s] syāt / lakṣaṇaiva vā / atha ca mātṛpakṣe paitṛṣv aseyī / mātṛṣv aseyī pitṛduhitur duhitā mātuladuhitur duhiteti / pitṛpakṣe yā[s] striyo parigṛhītās tā apy anivāritā bhavanti / asmatpakṣe tu yathā kathañ cin mātur ārabhyānantaratas saṃkhyāyam āneyā saptasaṃkhyām ativartate / sāsya bhavaty asapiṇḍeti sarvaṃ sidhyati / yā hi pitur ārabhya saptamy aṣṭamī vā sā śarīrārdhaṃ bhāryeti prasiddhe mātur api tāvatithaiva bhavati /

nājātalomnyopahāsam icched (JGS 1,18,39) iti vacanañ ca dvitīyañ chittvānyasya *striyam upeyād* (JGS 1,13,20) iti ca darśanāt kālaviśeṣaḥ / evam asminn api /

yad dākṣiṇātyair mātulapitṛsvasṛduhitrādyā striyaḥ parigṛhyante sa teṣān deśadharma iti saṃpratyayaḥ / sa tu smṛtivacanād asmād durbalataro 'pi nehatyaiś śiṣṭair visṛṣṭaḥ / tatra vācyan na no 'sti //

JGS 1,19,4.
jyāyasaḥ kanīyasīm

jyāya===yasīm // jyāyaso vayasā vṛddhatarasya kanīyasīṃ vayasālpīyasīñ jāyāṃ kuryāt /

kanīyasīm ity etāvatā pūrvavākyāntarbhāvenānadhyāhāram arthasiddher *jyāyasa* ity anarthakam / nānarthakam / kartṛbhedakaraṇārthatvād adoṣaḥ / eṣa hi nyāyaḥ / *niṣiddhaniyatānāṃ kartṛkartror doṣa* (source?) iti / tatra nagnikādīnāṃ pratigrahītā pāpīyān akanīyasyā pradāteti / etadarthañ *jyāyasa* ity uktam /

kiñ ca nagnikādīnāṃ pramādaparigṛhītānāṃ vayokālaviśeṣaṇayogivarjanam asti / itarayos tu dvayor ity ātyantikam evāsti / na tv akanīyasī varjyā / kṛte prāyaścitte saṃpannajātir evānāmyaiva bhavatīty etadartham vā pṛthak kanīyasyā grahaṇaṃ vāstu / ihārthaḥ pratipāditas sarvo 'pi naiva jyāyaśśabdāl labdhum aśakyata iti vyākhyānato viśeṣapratipattir iti / ato 'nyathedaṃ vākyaṃ varṇyate /

jyāyaso duhitaram ātmanaḥ kanīyasīṃ vindeteti / aparavayasor duhitaran nopayacched ity arthaḥ / evañ ca saty avākyabhedo bhavati /

nanu *duhitaram* ity adhyāhāro 'tra doṣaḥ / satyam etat / na tu vayam adhyāhārān mucyāmahe / pūrvasminn api hi vyākhyāne *kuryād* iti saṃpradānakalpanāyāṃ vā *dadyād* iti vāvaśyam adhyāhāryam asty eva / tasmād acodyam etat /

nanu yavīyān api śvaśuro dṛśyate / *ṛtvikśvaśurapitṛvyamātulānān tu yavīyasāṃ pratyutthānam abhivādaś ca-* (GautDhS 6,9 ... *pratyutthānābhivādanam* / ... *pratyutthānaṃ nābhivādyāḥ* / ... *pratyutthānam anabhivādyāḥ*; cf. BaudhDhS 1,3,45 ... *pratyutthāyābhibhāṣaṇam*) iti / parihṛtam etat / vidyāvarasyedaṃ śvaśurasya darśanan na vayovarasyeti / duhitṛśabdānadhyāhāreṇāpi śakyeyaṃ vyākhyā kartum / *jyāyasa* iti pañcamī / vayasā vṛddhatarāt / etasya duhitaram ity arthalabhyaṃ bhavati //

JGS 1,19,5.

dūtam anumantrayate-

anṛkṣarā ṛjavas santu panthā
yebhis sakhāyo yanti no vareyaṃ
sam aryamā saṃ bhago no 'nunīyāt
sañ jāspatyaṃ suyamam astu devā iti

dūta===iti // *idam asti kāryam amuṣmān mayā labdhavyam / tat tvaṃ gatvā saṃpādya pratinivartasva-* iti yaṃ preṣyate sa dūtaḥ / *jāyāṃ vindeta-* (JGS 1,19,3) iti vihitam / tatsādhanārtham ayan dūto duhitṛmate preṣyate / taṃ prasthāsyamānam anaya rcānumantrayeta / yathā vṛteṣv ṛtvikṣu vyavasitārtvijyeṣv asatsv eva yajñatantropakramas (cf. JŚS 1) tadvad ayan dūto vṛtāyāṃ vyavasitapradānāyām eva kanyāyām / vivāhārambhopapatter nāndīmukhapradānād api pūrvam eva dūtaḥ prahetavyaḥ //

JGS 1,19,6.

pāṇigrahaṇe 'gnim āhriyamāṇam anumantrayate-

agnir aitu prathamo devatānāṃ
so 'syai prajāṃ muñcatu mṛtyupāśāt
tad ayaṃ rājā varuṇo 'numanyatāṃ
yatheyaṃ strī pautram aghan na rodād iti

pāṇi===diti // yasmin kāle vadhvāḥ pāṇiṃ gṛhyate pāṇigrahaṇasaṃbandhi vivāhakarma kriyate sa kālaḥ pāṇigrahaṇaḥ / tasmin pāṇigrahaṇe 'gnim āhriyamāṇaṃ karmadeśam ānīyamānam anaya rcānumantrayate //

JGS 1,19,7.

prajvalitam upatiṣṭhate-

imām agnis trāyatāṃ gārhapatyaḥ
prajām asyai nayatu dīrgham āyur
aśūnyopasthā jīvatām astu mātā
pautram ānandam abhiprabudhyatām iyam iti

prajva===miti // agniṃ pratiṣṭhāpya prajvalitaṃ kr̥tvānaya rcopatiṣṭhate //

JGS 1,19,8.
purastād agner brāhmaṇo vāgyataḥ pratyaṅmukha
udakumbhan dhārayaṃs tiṣṭhet

pura===tiṣṭhet // agnyupasthānānantaraṃ pūrṇapātropanidhānādi / tatredam ucyate / kaś cid brāhmaṇa udakumbhan dhārayan na bhāṣamāṇaḥ purastād agneḥ pratyaṅmukhas tiṣṭhet / iyantaṃ kālam ity anukteḥ prokṣaṇavelādy ā mārjanād ayan tiṣṭhet //

JGS 1,19,9.
dakṣiṇato 'gneś śamīpalāśamiśrān lājān
śūrpe mātā dhārayet

dakṣi===rayet // śamīparṇamiśrāṃl lājān śūrpe prakṣiptān sato dakṣiṇato 'gner āsīnā vadhūmātā dhārayet /
kuto na varamātā / sannidhānābhāvād gr̥hiṇyāś ca gr̥hanityasaṃyogāt //

JGS 1,19,10.
mātur abhāve tanmātrī

mātu===mātrī // mātur abhāve- asaṃbhave- ayogyatāyāṃ vā tanmātrī mātur mātrī mātr̥pramāṇā mātr̥sthānīyā mātr̥ṣvasā mātāmahīti dhārayet //

JGS 1,19,11.
pratyag agner erakān tejanīṃ vānyad vaivañjātīyāṃ
saṃveṣṭya nidadhyād
yathā prasāryamāṇaṃ paścārdhaṃ barhiṣaḥ prāpnotīti

pratya===tīti // agneḥ pratyag erakāṃ vā tejanīṃ vā anyad vā- evaṃprakāraṃ kaśipukaṃbalādy āstaraṇaṃ saṃveṣṭya nidadhyād yatheyam upaveśanakāle prasāryamāṇā paristaraṇabarhiṣaḥ paścārdhaṃ prāpsyati saṃspr̥kṣyatīti- itthaṃ ity arthaḥ / athaitāny anyāni ca vāsaḥprabhr̥tīni dravyāṇi samupanidhāya prokṣaṇādi pratipadyate / tatraiva viśeṣo vakṣyate //

JGS 1,19,12.
athāsyai vāsasī prokṣyānumantrya dadāti

yā akr̥tann avayan yā atanvata
yāś ca devīr antān abhito 'dadanta
tās tvā devīr jarasā saṃvyayantv
āyuṣmatīdaṃ paridhatsva vāsa iti

athā===iti // *atha-* ity ānantarye / prokṣyānantaraṃ vāsasī anaya rcānumantryāsyai dadāti / prokṣaṇānantaryasyānuktāv ayaṃ vidhiḥ purastāttantrāpavarge prasajet //

JGS 1,19,13.

tāṃ brūyād
imām erakān dakṣiṇena pādenābhijahi- iti

tāṃbrū===hīti // parihitopavyāyitavastrām ācāntopasaṃpannāṃ vadhūṃ samīpa upaveśya bhūmyāraṃbhajapādivyāhr̥tihomāntaṃ karoti / tataḥ prasārayaty erakām / tadanantaram asyāvasaraḥ / *imām erakān dakṣiṇena pādenābhijahi-* iti tāṃ brūyāt / abhijahi-ārohety arthaḥ //

JGS 1,19,14

pra me patyānaḥ panthāḥ kalpatām iti

prame===miti // sākāṅkṣatvād *abhihanti-* ity adhyāhāryam / utthāya vadhūr yathāsaṃpraiṣam anena yajuṣā- erakām āhanti- ākrāmati prāṅmukhī //

JGS 1,19,15.

ajapatyāṃ svayañ japet

Note: Cf., also for the next sūtra, GGS 2,1,21 svayaṃ japed ajapantyāṃ prāsyā iti.

aja===japet // *ajapatyām* iti prathamapāṭhaḥ / iyaṃ sarvārthā paribhāṣā / jāyāvācyān mantrān ajapatyām asyāṃ svayaṃ patir japet / anabhidhāne 'py anūhenaiva yata ūrdhvam iyam ātmanaḥ / iha tv apavadiṣyate //

JGS 1,19,16.

prāsyā iti

prāsyā iti // patir japet / *prāsyāḥ patiyāna* iti sannamayet / *prāsyai patiyāna* iti ke cit / na tu caturthyā[ḥ] prāptir iha lakṣaṇato lakṣyād vā / asti tu ṣaṣṭhyā[ṣ] *ṣaṣṭhī śeṣe-* (Pāṇini 2,3,50) iti lakṣaṇaḥ / lakṣyañ ca *devadatto yajñadattasyāntaṃ prakalpata* iti /
atha vā nedaṃ mantrāntaram / idaṃ patiprasaṅgopayogīti vyākhyeyam / *devadatto yajñadattasyāntaṃ prakalpata* iti //

JGS 1,19,17.

dakṣiṇata erakāyāṃ bhāryām upaveśya-
uttarataḥ patiḥ

dakṣi===patiḥ // erakāyāṃ bhāryān dakṣiṇataḥ- dakṣiṇabhāga upaveśya tasyām evottarataḥ- uttarabhāge patir upaviśet //

JGS 1,19,18.
ubhāv anvārabheyātām

ubhā===yātām // ubhau daṃpatī juhvantam ācāryam anvārabheyātām /

nanu brahmacāriṇa evācāryo bhavati na snātakasya / nivr̥tto hy ayam ācāryān mātāpitror vasatim / satyam etat / kṣatriyavaiśyayos tu gurukulān nivr̥ttayor api purohito nāmāsti sarvakarmaṇāṃ kartā / so 'trācāryaḥ kīrtyate / evam idaṃ kṣatriyavaiśyayor uktam / atha brāhmaṇasya vakṣyāmaḥ //

JGS 1,19,19.
svayam uccair juhuyāj jāyāyām anvārabdhāyām

svayaṃ===juhuyāt // pūrvo liṅarhe / uttaro vidhau / svayan tu juhuyāc ced dhavanam arhati ced brāhmaṇaś cej jāyāyām ātmānam anvārabdhāyāñ juhuyāt /

yat tu *brāhmaṇaś ced* iti pratyakṣam evedam / *juhuyād* iti havanārhatvena brāhmaṇam upalakṣayati / tat kṣatriyavaiśyayor apy uttamaguṇayo[s] svayaṃhavanaprāptyartham //

JGS 1,19,20.
mahāvyāhr̥tibhir hutvā *yā tiraścī-* (JGS 1,19,22) iti saptabhir juhoti

mahā===hoti // mahāvyāhr̥tibhir hutvā *yā tiraścī-* (JGS 1,19,22) ityādibhis saptabhir r̥gbhir (JGS 1,19,22-29) juhoti //

JGS 1,19,21.
saṃpātaṃ prathamayā mūrdhany āsiñcet

saṃpā===siñcet // tāsām ekādaśānām āhutīnāṃ saṃpātaṃ prathamayā *yā tiraścī-* (JGS 1,19,22) ity anaya rcā vadhvā mūrdhany āsiñcet /

prathamayā mahāvyāhr̥tyeti cen na / ghr̥tāsecanaṃ pratiliṅgasamavāyād r̥caivety adhyavaseyaṃ karaṇāntarāvidhe[s] sruvasya cānāhutāv aprasaṅgāt / yasmin pātre gr̥hītas saṃpātas tenaivāsektavyam ihopanayane ca / kiṃ kr̥to bheda iti ced dhomo sā vā seko 'yam iti //

JGS 1,19,22.
yā tiraścī nipadyase 'haṃ vidharaṇī iti / tān tvāghr̥tasya dhārayā saṃrādhā rādhayāmasi

Note: *yā tiraścī* quoted in JGS 1,19,20 and in Bh on JGS 1,19,21. – Bh on JGS 1,19,28 notes that the first half of the verse ends with *iti*.

yāti===masi // arthataḥ pādasaṃpatteś ca- iyam artham eka[m udāharati] / devatānirdeśādhikayā tv anayā hotavyan na kevalayeti sasvāhākāran devatāpadam ante nyasyate //

JGS 1,19,23.
saṃrādhāyai svāhā

saṃrā===svāhā // yadi cedaṃ padam r̥gekadeśatvena gr̥hyeta tasya syād artho durupasaṃvādaḥ / evañ cet saptabhir mantrair iti vyākhyāya prāk prājāpatyāyās saptāhutayas saṃpādyāḥ / dvitīyā ceyam āhutir bhavatu *saṃrādhāyai svāhā-* iti / naitad upapannaṃ prathamāhutau svāhākārābhāvaprasaṅgāt tasya cāyuktatvāt kalpane ca svāhākārasya / kim ayaṃ sarvāhutiṣu paṭhitaḥ / na paṭhitaḥ *prathamāyām* iti paryanuyogasyāparihāryatvāt / āseke tu na svāhākāraprasaṅgaḥ / tatas siddhan devatāpadādhikayā homaḥ kevalayaiva tv r̥cāseka iti //

JGS 1,19,24.
mā te gr̥he niśi ghoṣa utthād
anyatra tvad rudatyas saṃ viśantu /
mā tvaṃ vikeśy ura āvadhiṣṭhā
jīvapatnī patiloke virāja
prajāṃ paśyantī sumanasyamānā svāhā

Note: Bh on JGS 1,19,28 notes that the first half of the verse ends with *viśantu*.

māte===svāhā //

JGS 1,19,25.
anv adya no anumatir yajñan deveṣu manyatām /
agniś ca havyavāhanas tat karotu samr̥dhyatāṃ svāhā

Note: Bh on JGS 1,19,28 notes that the first half of the verse ends with *manyatām*.

anva===svāhā //

JGS 1,19,26.
dyaus te pr̥ṣṭhaṃ rakṣatu vāyur ūrū
aśvinau ca stanan dhayatas te putrān / savitābhirakṣatu
ā vāsasaḥ paridhānād br̥haspatir
viśve devā abhirakṣantu paścāt svāhā

Note: Bh on JGS 1,19,28 notes that the first half of the verse ends with *putrān*.

dyauste===svāhā //

JGS 1,19,27.
aprajastāṃ pautramr̥tyuṃ pāpmānam uta vāgham /
śīrṣṇa[s] srajam ivonmucya
dviṣadbhyaḥ pratimuñcāmi pāśaṃ svāhā

Note: Bh on JGS 1,19,28 notes that the first half of the verse ends with *agham*.

apra===svāhā //

JGS 1,19,28.
yāni kāni ca pāpāni sarvāṅgeṣu tavābhavan /
pūrṇāhutibhir ājyasya sarvāṇi tāny aśīśamaṃ svāhā

Note: *pūrṇāhutibhir ājyasya* quoted in Bh on JGS 1,3,1. – Bh on JGS 1,19,28 notes that the first half of the verse ends with *abhavan*.

yāni===svāhā // atra *pūrṇāhutibhir ājyasya-* iti liṅgadarśanād dravyānādeśe- ājyenaiva hotavyaṃ pūrṇena ca sruveṇa /

iti (JGS 1,19,22) / *viśantu* (JGS 1,19,24) / *manyatām* (JGS 1,19,25) / *putrān* (JGS 1,19,26) / *agham* (JGS 1,19,27) / *abhavan* (JGS 1,19,28) ity ardharcāntāḥ //

JGS 1,19,29.
prajāpata (JGS 1,4,10) ity ekā

prajā===tyekā // *prajāpata* (JGS 1,4,10) ity eṣā- r̥g āsām ekā syāt /

ekā- iti na vācyam / kathaṃ punar vācyam / *prajāpata iti ca-* iti / evañ ced acodyam akṣarasāmānyāt /

atha vā- iyam ekā- r̥k pūrvā ṣaḍ ity anayā kalpanayā pūrvāsām r̥ktvam *ekā-* ity ato dr̥ḍhībhavati /

nanu saṃpātavākyasya kramād iha nyāsaḥ prāpnoti / satyam etat / saptānām eva tu saṃpātagrahaṇan tadānantaryavidhāv āśaṅkyeteti kr̥tvā sarvāhuticodanāvākyānantarye saṃpātavākyan nyastam ity adoṣaḥ /

yathā hutan tathā ke cit svāhāmātrād r̥te vare /
āsiñcanti dvayan tv etan nānujānāti no guruḥ //
āsiñced grahaṇāt pūrvaṃ sidhyaty asyāhutiṣv iva /
svāhāyujaḥ padasya syāt kena yoga itītaraḥ //

JGS 1,20,1.
athāsyā dakṣiṇena pāṇinā dakṣiṇaṃ pāṇiṃ gr̥hṇāti

athā===hṇāti // atra ṣaṣṭhyarthe caturthī / saṃpātāsekānantaram asyā dakṣiṇaṃ pāṇiṃ svena pāṇinā dakṣiṇena gr̥hṇāti /

nanu dakṣiṇapāṇikāritvaṃ lokācāratas siddham / satyam etat / homācamanādiṣu karmasu na tu hastāvalaṃbanaśākhādānādiṣv ekāntasiddham iti yatnaḥ kriyate / dṛṣṭaś cārtho hastagrahaṇasya daṃpatyor anyo'nyasakhyātiśayaprakāśanam //

JGS 1,20,2.
prahastaṃ puṃsaḥ

praha===puṃsaḥ // prajāḥ kāmayamānaḥ prahastaṃ maṇibandhapradeśaṃ gṛhṇāti //

JGS 1,20,3.
aṅgulī[s] striyaḥ

Note: *aṅgulīḥ* quoted in Bh on JGS 1,20,4.

aṅgulī[s] striyaḥ // striyaḥ prajāḥ kāmayamāna aṅgulīr gṛhṇāti / *sāṅguṣṭham* (JGS 1,20,4) iti paratra darśanād iha vināṅguṣṭhaṃ gṛhṇīyāt //

JGS 1,20,4.
sāṅguṣṭhaṃ mithunakāmaḥ

Note: *sāṅguṣṭham* quoted in Bh on JGS 1,20,3.

sāṅgu===kāmaḥ // samāsakriyā viśeṣakaṃ *sāṅguṣṭham* iti / *aṅgulīr* (JGS 1,20,3) ity anuvartate / sāṅguṣṭhaṃ gṛhṇāty aṅgulī[r aṅguṣṭhaṃ] sahāṅgulībhir ity arthaḥ / mithunakāma[s] strīpuṃsān kāmayamānaḥ /

dravyam eva vā samāso viśinaṣṭi / sāṅguṣṭhaṃ hastadeśam iti gṛhṇīte / yatra 'ṅguṣṭho 'ntarbhavati tatra gṛhṇīyād ity arthaḥ /

evan traividhye sati prahastam eva prajāvān gṛhṇīyāt / puṃbhir eva hi putrair apatyārthasiddhiḥ / liṅgañ ca dṛśyate *daśāsyāṃ putrān ādhehi patim ekādaśaṃ kṛdhi-* (ṚV 10,85,45cd) iti / puṃsavatasya ca pratigarbham pravṛttir ittham evopapadyate //

JGS 1,20,5.
madhyamāṃ parivarjayet

madhya===rjayet // madhyamām aṅgulīṃ parivarjayet / uttarapakṣadvayārtham etat pūrvasminn aprasaṅgāt //

JGS 1,20,6.

gṛhṇāmi te saubhagatvāya hastam
mayā patyā jaradaṣṭir yathāsat
bhago 'ryamā savitā purandhir
mahyan tvādur gārhapatyāya devāḥ //
somo 'dadad gandharvāya

gandharvo 'dad agnaye
rayiñ ca putrāṃś cādād
agnir mahyam atho imām //

somaḥ prathamo vivide
gandharvo vivida uttaraḥ
tṛtīyo 'gnis te patis
turīyo 'haṃ manuṣyajāḥ- // iti

gṛhṇā===iti // gṛhītvā pāṇim avisṛjann etā ṛco japati //

JGS 1,20,7.
upanayanāvṛtāśmānam adhiṣṭhāpayet strīvat

Note: For the prescription at the upanayana, see JGS 1,11,11. – The JGMP gives the adaptation of the mantra to the female gender: *sthirā bhava.*

upa===strīvat // upanayanāvṛd upanayane- uktā- āvṛt / tayaināṃ aśmānam adhiṣṭhāpayet strīvat stryarhaṃ mantrasyāṣṭamaṃ padam ākārāntaṃ kurvann ity arthaḥ /

pṛthag eva vākyaṃ *strīvad* iti / stryarhaṃ mantraṃ sannamayed itīha ke cit pralapanti / patir asyāḥ pādam abhigṛhyādhiṣṭhāpayet / itarathā hetukartṛtvam asya na paryāpyata iti / teṣāṃ śabdārthavidāṃ *brāhmaṇān bhojayitvā-* (JGS 1,9,3) iti ca- *ācārya ācāmayati-* (JGS 1,11,10) iti ca haste gṛhītvā bhojayitum ācāmayituñ ca prasajyeta na caivaṃ kriyate / etāvāṃs tu codakavyāpāraḥ / svayam asamarthaḥ kartā yāvaty anena hite samartha[s] syād yas tāvati hetuḥ / tasmād evam *adhitiṣṭha-* iti coditā svayam eva veyam adhitiṣṭhati / tulyam etad upanayane 'pi //

JGS 1,20,8.
uttarapurastād agner bhāryayā saṃprekṣyamāṇo japati
aghoracakṣur apatighnī ma edhi
śivā paśubhyas sumanās suvarcāḥ /
jīvasūr devakāmā syonā
śan no bhava dvipade śan catuṣpade //

ā naḥ prajāñ janayatu prajāpatir
ā jarasāya sam anaktv aryamā /
adurmaṅgalīḥ patilokam āviśa
śan na edhi dvipade śañ catuṣpade //

tāṃ pūṣañ śivatamām erayasva
yasyāṃ bījaṃ manuṣyā vapanti /
yā na ūrū uśatī visrayātai
yasyām uśantaḥ praharema śepam //

amo 'ham asmi sā tvaṃ
sāmāham asmy ṛk tvam /
mano 'ham asmi vāk tvan
dyaur ahaṃ pṛthivī tvan
tāv ehi saṃbhavāva
saha reto dadhāvahai
puṃse putrāya vettavai
mām anuvratā bhava
sahaśayyā mayā bhavāsāv // iti

Note: In the first verse, *paśubhyas* with all text mss. and JGMP : *patibhyaḥ* Caland's ed. with Śrīnivāsa Adhvarin's commentary. – In the third verse, *śepam* with JGMP : *śepham* Caland's ed. without variant readings. – Instead of *asau* at the end of the last verse, the JGMP has *śrīdevi*. – Cf. the last verse with BĀU 6,4,20.

utta===viti // atha patir bhāryām abhivrajyāgner uttarapūrvasyān diśy avasthitas sann āśmāntikasthayaiva bhāryayā samavalokyamāna etān mantrāñ japati / *asāv* iti padasya sthāne bhāryāyā nāma saṃbudhyā nirdiśed *bhava gauri bhava jayanti-* iti //

JGS 1,20,9.

athāsyā nāma gṛhītvā-
agniṃ parikameyātām
īr tvam asy
ūrk te mātā nāma
sā mām ehi
saha prajayā saha rāyaspoṣeṇa- iti

Note: *agniṃ parikrameyātām* quoted in Bh on JGS 1,20,10.

athā===ṇeti // athāsyā nāma gṛhītvā- ubhāv agniṃ parikrameyātām anena yajuṣā *jayantī tvaṃ sarasvatī tvam* iti / parikramāṅgatvād ubhābhyām api vācyaṃ yajuḥ prāptam / tathāpi tv arthasāmarthyāt patyaiva vācyam //

JGS 1,20,10.

tasyāṃ pratyāvrajitāyāṃ
bhrātānyo vā suhṛd
abhighāritān lājān
śūrpād añjalinopaghātam
añjalāv āvapet

Note: *añjalāv āvapet* quoted in Bh on JGS 1,3,28.

tasyāṃ===vapet // tasyāṃ pratyāgatāyāṃ satyāṃ bhrātā vāsyā anyo vā bandhur lājān abhighāritān kṛtvā kārayitvā vā śūrpād añjalinopahatyāsyā añjalāv āvapet /

kiṃ patiḥ parikrānto na pratyāvrajati / naivaṃ bhavati / arthād iyam eva pratyāvrajaty eva / evañ ced bhāryāyā apy ata eva siddhes *tasyāṃ pratyāvrajitāyām* ity anarthakam / nānarthakaṃ parikramaṇasya pratihavanam āvṛttijñāpanārthatvāt / katham iti ced *agniṃ parikrameyātām* (JGS 1,20,9) iti vihitaṃ parikrāntayoś ca pratyāvrajanam arthalabhyam ucyate ca tat punar vapsyati sati homatraye tad anarthakam mā bhūd iti vīpsārthaṃ gṛhṇīmaḥ / pratyāvrajitāyāṃ pratyāvrajitāyām iti / tatas triḥparikramaṇam arthād uktaṃ bhavati / evañ ca sati gṛhyāntarais saṃvādo bhavati /

aparā vyākhyā / *pratyāvrajitāyām* iti pratyāgatamātrāyām anāsīnāyām iti tiṣṭhantyaiva hotavyam ity arthasiddhaṃ bhavati / pūrvasmin vyākhyāne triḥparikramaṇam āsīnayā ca hotavyam uttarasmin sakṛd eva parikramaṇaṃ sthitayaiva ca hotavyam /

katarad anayor jyāyaḥ / gṛhyāntarasaṃvādāt pūrvañ jyāyaḥ /

nanv āsīnāyāñ juhvatyām asaṃvādo gṛhyāntarai[s] syāt / śrūyate hi *tatra tiṣṭhatī juhoti-* (source?) iti / yady evaṃ śrūyate tiṣṭhanty eva pūrvasmin pakṣe juhotu / na hi no 'pīhāsanavidhir na ca paribhāṣā- *āsīta homa* iti / aniyamena tv iha sthānam āsanaṃ vāsmākaṃ prasaktam / tatra śāstrāntaravihitaṃ sthānan nyāyyam iti parigṛhyeta /

kiṃ punar dvir āvapaty āho svit sakṛd eva / *upaghātam* ity ābhīkṣṇyapratīter na sakṛt /

nanu homatrayāpekṣayāpy ābhīkṣṇyapratipattir upapannā bhavati / evañ ced *dvir haviṣo 'vadyati-* (JGS 1,3,31) iti pārvaṇadharmāgamād dvir āvapati / prāptasyaiva hy āvapanasya kartṛkaraṇādhikaraṇāntarāṇīha vidhīyante / *āvapanti-* ity anūdyate yathāprāptañ cānuvaditum yuktam iti dvir eva bhavati /

nanu vakṣyati *upastīrṇābhighāritān kṛtvā-* (JGS 1,20,11) iti / tad ihāvadānadharmasyāprāpte jñāpakaṃ bhavati / naivaṃ bhavati / anyārthaṃ hy etad gamayiṣyāmaḥ / evañ ced utpūyantām api lājāḥ / ko nety āha / bahutvayogāc caiṣām utpavanamantro *devo va* (JGS 1,2,7) iti /

sūrpād ity anarthakam / nānarthakaṃ *śūrpād ... añjalāv* iti yojanayā śūrpāpādānam evāvapanam añjalyā dhāraṃ syāt śūpakaraṇam itijñāpanārthatvāt / tataś ca dhārikāgnāv āvapati nāñjalāv iti sidhyati //

JGS 1,20,11.

upastīrṇābhighātān kṛtvā
tān itarāgnau juhuyāt
kanyalā- (JGS 1,20,12)
iyan nāry (JGS 1,20,13)
aryamṇam (JGS 1,20,14) iti

Note: *upastīrṇābhighāritān* quoted in Bh on JGS 1,20,10. – On *abhighāritān* cf. Bh on JGS 1,3,32 in fine.

upa===miti // tān lājān upastīrṇābhighāritāṃś ca patyā kārayitvāgnau juhuyād ebhir mantrair itarā patnīti sannidhānād arthāc cāvagatam /

kutaḥ punar ayaṃ vipariṇāmaḥ *kārayitvā-* iti / añjaligṛhītalājāyā asyā[s] svayam upastaritum abhighārayituñ cāśakter arthabalād ayaṃ vipariṇāmaḥ kṛtaḥ /

yady evaṃ pratyakṣam eva *kārayitvā-* iti kasmān noktam / idam ucyate / yad asyāḥ kāryaṃ patiḥ karoti tad anayā svayam eva kṛtaṃ bhavet / mā bhūd anyakṛtam iti jñāpanārtham / tataś ca strīdhanasaṃvyavahāraḥ patikṛto 'pi siddha eva bhavati / asiddhaṃ hy asvāmikṛtatvād abhaviṣyat /

nanu punar upastaraṇābhighāraṇe prakṛtita evehāgacchataḥ / atha kim / *upastīrṇābhighāritān* ity anarthakam / nānarthakam upastaraṇābhighāraṇānuvādena kartrantaravidhānārthatvāt / asati hi yatne- upastaraṇāvadānābhighāraṇāni saṃbhūyaikapadārtha iti bhrātraiva sarvam akariṣyata / tannivṛttyarthaṃ yatno 'yaṃ kṛtaḥ /

agnāv ity anarthakam / nānarthakam agnau prakṣepamātram iyaṃ kuryān nānyad ity etadarthatvāt / tataḥ patir eva mantrān brūyān naināṃ vācayet / asti ca pareṣān *tiṣṭhantī juhoti / patir mantrān japati-* (KauṣGS 1,23-24 = ŚGS 1,14,1) iti ca / liṅgāni ca mantrāṇām etam arthan dṛḍhayanti //

JGS 1,20,12.

kanyalā pitṛbhyaḥ patilokaṃ yatī-
iyam ava dīkṣām ayakṣata svāhā

Note: The pratīka *kanyalā* quoted in JGS 1,20,11. – The mantra corresponds to SMB 1,2,5ab, which however lacks *svāhā* and reads *iyam apa dīkṣām ayaṣṭa.*

kanya===svāhā //

JGS 1,20,13.

iyan nāry upa brūte
'gnau lājān āvapantī /
dīrghāyur astu me patir
edhantām jñātayo mama svāhā

Note: The pratīka *iyan nārī* quoted in JGS 1,20,11. – *agnau lājān āvapantī* quoted in Bh on JGS 1,3,28 and in Bh on JGS 1,20,16. – The mantra is identical with that in HGS 1,20,4; SBM 1,2,2 is otherwise identical, but inserts *śataṃ varṣāṇi jīvatu* (cf. *jīvātu śaradaś śatam* in AVŚ 14,2,63 and ĀpMP 1,5,2) after *patir.* – instead of *mama,* the JGMP has *me.*

iya===svāhā //

JGS 1,20,14.

aryamṇan nu devaṃ kanyāgnim ayakṣata
sa imān devo aryamā preto muñcātu māmuta[s] svāhā- iti

Note: The pratīka *aryamṇam* quoted in JGS 1,20,11. – The mantra is almost identical with SMB 1,2,3, which however has *aryamaṇaṃ* and *kanyā agnim.*

arya===heti //

JGS 1,20,15.

homānteṣu japati catur
viśvā uta tvayā vayan
dhārā udanyā iva /
ati gāhemahi dviṣa (ṚV 2,7,3) iti

Note: In SMB 1,2,5cd, *viśvā(ḥ)* has been replaced with *kanyā* (*kanye*).

homā===iti // ye homāntā homasamāptikālās teṣv etaṃ mantrañ catur japati /

nanu trayo homāntāḥ / teṣu katañ catur japyeta / ucyate / caturgrahaṇasāmarthyād vakṣyamānasya dhārikāvapanasya (JGS 1,20,16) ca samāptau japyeta /

nanv asāv ahomaḥ / nāyan doṣaḥ / trayo homā ekaś cāhomo homasadṛśaḥ / teṣām antā homāntaśabdenānūdyante / yathā trīṇi cokthāny ekañ cānukthan *triṇavatrayastriṃśāny ukthāni-* (JK 1,2,19; cf. Bh on JK 1,1,3b: 118,22-24) iti tadvat //

JGS 1,20,16.

tūṣṇīn dhārikā kāmāyāvapec caturtham

tūṣṇīṃ===caturtham // yā lājānān dhārikā sā tūṣṇīm amantrakam agnau lājāṃś caturtham āvapet kāmāya- iṣṭārtham / vadhvāḥ putradhanasaubhāgyādisiddhaya ity arthaḥ /

tūṣṇīm ity anarthakam / nānarthakam añjalāv ity āśaṅkānivartanārthatvāt / agnisaṃyoge hi mantraprasaṅgo dṛṣṭo nānagnisaṃyoge /

evañ ced akṛtvā tūṣṇīṃgrahaṇam *agnāv* iti vaktavyam / asati tūṣṇīṃgrahaṇe *kāmāya svāhā-* iti hotavyaṃ syāt / tasmād uktavad eva sādhu / asti ca pareṣān tūṣṇīṃ *śūrpeṇa śiṣṭān agnāv opya-* (KhGS 1,3,26) iti /

juhuyād ity anuktir ahomatvam asya khyāpayitum / ato nātra devatāprāptir iti / prajāpatim api nāgacchati / yady atra ke cid pralapeyur āvapaticoditatvād añjalāv eva nāgnāv iti tān etam ārṣaṃ prayogan darśayed *agnau lājān āvapantī-* (JGS 1,20,13) iti /

caturtham iti sviṣṭakṛnnivartanārtham /

nanu nātra sviṣṭakṛt prāpnoti vapāhomatayā paryudastatvāt /

evañ cec *caturtham* iti vacanam asya lopaprasaṅge 'py alopārtham / śūrpaṃ hi lājānām abhāve 'nādeśe dauṣye vā pratipattir iti kṛtvā prasakto 'sya lopaḥ / atas tu yatnād anyair api lājair idan nirvartyam /

kiṃ punar atra hastenāvapanam uta śūrpeṇaiva / idam ucyate //

JGS 1,20,17.

dakṣiṇaṃ śūrpapuṭaṃ kāma ity ācakṣate

dakṣi===kṣate // santi sādhaneṣu sādhyaśabdāniyatakriyāṇi / *śreyasam abhilāṣo bandha* (source?) iti / atrāpi kāmasādhane śūrpe puṭe kāmaśabdaḥ / dakṣiṇaṃ śūrpapuṭaṃ śūrpakośaṃ kāma iti kāmasādhana iti laukikā ācakṣate / stutir iyaṃ śūrpapuṭasya / sāmarthyaṃ mā bhūd iti / *nāvaped* ity adhyāhāryam /

atrādhunā paratrāpi pratijñāṃ bhidyate matiḥ /
yas tu nābhiniviṣṭa[s] syāt sa tattvavedane rataḥ //

JGS 1,20,18.

uttarapurastād agnes sapta padāny abhyutkramayed *ekam iṣa* (JGS 1,20,19-26) iti pratimantram

utta===mantram // agner uttarapūrvasyān diśi sapta padāni bhāryām ebhir mantrair abhyutkramayet pratimantram / *tvā-* iti padaṃ pativācyatāṃ mantrasya dr̥̥ḍhayati / *pratimantram* ity asaty api rūpāvagatabhedās saptaiva mantrā bhavanti / sulabhā caiṣāṃ saptabhiḥ padair yathāsaṃkhyaṃ sa.gatiḥ / evañ cet *pratimantram* iti sādhyāhāraṃ vākyāntaraṃ kalpyaṃ *pratimantram anugacched* iti /

kāṃ punar diśam abhimukhīyam abhyutkrāmati / arthād uttarapūrvām eva / tathaiva hi sarvāṇi padāny uttarapurastād evāgner bhavanti //

JGS 1,20,19.

ekam iṣe viṣṇus tvānvetu

Note: The pratīka *ekam iṣe* quoted in JGS 1,20,18.

eka===tu //

JGS 1,20,20.

dve ūrje viṣṇus tvānvetu

dve===tu //

JGS 1,20,21.

trīṇi rāyaspoṣāya viṣṇus tvānvetu

trī===tu //

JGS 1,20,22.

catvāri mayobhavāya viṣṇus tvānvetu

ca===tu //

JGS 1,20,23.

pañca prajābhyo viṣṇus tvānvetu

pa===tu //

JGS 1,20,24.

ṣaḍ r̥tubhyo viṣṇus tvānvetu

ṣa===tu //

JGS 1,20,25.

sakhā saptapadī bhava- iti

sakhā===veti //

JGS 1,20,26.

saptame prācīm avasthāpya-
udakumbhena mārjayerann
āpohiṣṭhīyābhis tisṛbhiḥ (JŚS 12,1)

sapta===sṛbhiḥ // saptame pade- enam anatītām apratinivṛttāṃ prāṅmukhīm avasthāpyodakuṃbhena tadgatābhir adbhir udakuṃbhadharo lājāvāpo varaś ca tāṃ mārjayerann ābhir ṛgbhir yair āśiṣo 'dhītās te varapañcamā ity avare / pūrvam eva tu jyāyaḥ //

JGS 1,20,27.

prekṣakān anumantrayate
sumaṅgalīr iyaṃ vadhūr
imāṃ sameta paśyata
saubhāgyam asyai dattvā
yathāstaṃ viparetana- iti

Note: The JGMP analyzes *dattvā yathāstam* as follows: *dattvāya / atha / astam /*.

prekṣa===neti // prekṣakā vivāhotsavan draṣṭum āgatā[s] strīr anaya rcānumantrayate / tā vīkṣya japati //

JGS 1,10,28.

prekṣayed dhruvam arundhatīṃ sapta ṛṣīn
paśyāni- iti pratijānānām

prekṣa===nānām // *dhruvam arundhatīṃ sapta ṛṣīn paśyāni-* iti pratijānānām abhyupagacchantīṃ vadhūn tān prekṣayet / pūrvam eva pratijñāpayet tataḥ prekṣayed ity arthaḥ /

kiṃ punaḥ prekṣakānumantraṇānantaram eva dhruvādiprekṣaṇaṃ kāryam / naivaṃ bhavati dhruvādīnām āvirbhāvasyāniyatakālatvāt / na hi divaite dṛśyante na ca sadā rātrau / tato 'yaṃ vidhir atra kālāntaram apekṣate / tata[s] svakālatvād yadāpi saṃbhavas tadāpi tantramadhyan na praviśati / tasmāt prekṣakā anumantryāgatya prastaram ādadīta / samāpya dhruvādīn darśayed yadaite prathamam āvir bhaveyuḥ / *asau dhruvo 'sāv arundhaty amī sapta ṛṣaya* iti //

JGS 1,20,29.

dhruvo 'si- (JGS 1,20,30) iti dhruvam upatiṣṭhate

dhruvo===ṣṭhate // bhartṛdarśitān dhruvādīn dṛṣṭavatī dhruvan *dhruvo 'si-* iti paṭhisyamāṇena (JGS 1,20,30) mantreṇopatiṣṭheta //

JGS 1,20,30.

dhruvo 'si
dhruvāhaṃ patikule bhūyāsam amuṣya- iti patināma gṛhṇīyāt

Note: The pratīka *dhruvo 'si* quoted in JGS 1,20,29.

[dhruvo===hṇīyāt] // *dhruvo 'si dhruvāhaṃ patikule bhūyāsam* ity etāvad uktvā- *amuṣya-* iti ṣaṣṭhyā patyur nāma gṛhṇīyāt //

JGS 1,20,31.

asāv ity ātmanaḥ

Note: Here and in the identical sūtra JGS 1,20,34, Bhavatrāta's pratīka is *asā===iti* (all mss.), i.e., his text omits the word *ātmanaḥ*, which Caland's ed. has in both sūtras without variae lectiones.

asā===iti // asāv iti prathamayātmano nāma gṛhṇīyāt / itikaraṇo mantrāntaraparicchedī yathānyatra / *dhruvo 'si dhruvāhaṃ patikule bhūyāsaṃ bhavadattasya jayantī-* iti //

JGS 1,20,32.

arundhatīm

arundhatīm // arundhatīṃ paṭhiṣyamāṇena (JGS 1,20,33) mantreṇopatiṣṭheta //

JGS 1,20,33.

arundhaty aruddhāhaṃ patyā bhūyāsam amunā- iti patināma gṛhṇīyāt

aru===hṇīyāt // saiva vyākhyā / tṛtīyayeti bhedaḥ //

JGS 1,20,34.

asāv ity ātmanaḥ

Note: See note on the identical sūtra JGS 1,20,31.

asā===iti // *arundhaty aruddhāhaṃ patyā bhūyāsaṃ bhavadattena jayantī-* iti // //

JGS 1,21,1.

pūṣā tvā- (JGS 1,21,2) iti prasthitām anumantrayate

pūṣā===yate // svaṃ gr̥haṃ prati prasthitām anaya rcānumantrayate //

JGS 1,21,2.

pūṣā tveto nayatu hastagr̥hya-
aśvinau tvā pra vahatāṃ rathena /
gr̥hān gaccha gr̥hapatnī yathāso
vaśinī tvaṃ vidatham ā vadāsīr iti

Note: The mantra is slightly different from R̥V 10,85,26, which has *aśvinā* for *aśvinau* and *ā vadāsi* for *ā vadāsīḥ* (thus JGMP). – The pratīka *pūṣā tvā* is quoted in JGS 1,21,1.

pūṣā===riti // *rathena-* ity avasyet //

JGS 1,21,3.

svaṃ kulaṃ prāptāṃ kalyāṇaśīlāḥ kalyāṇaprajāḥ samavajīrṇāḥ pratyavaropayanti-
iha priyaṃ prajayā te sam r̥dhyatām
asmin gr̥he gārhapatyāya jāgr̥hi /
enā patyā tanvaṃ saṃ sr̥jasva-
athā jīvrī vidatham ā vadāsīr iti

Note: The mantra is slightly different from R̥V 10,85,27, which has *adhā* for *athā* and *ā vadāthaḥ* for *ā vadāsīḥ* (thus JGMP).

svaṃku===riti // *samavajīrnā* iti strīṇāñ jīvapatikānāñ jaratīnāṃ saṃjñā / samavayantyaḥ patyā jīrṇā iti / svaṃ kulam ātmīyaṃ gr̥haṃ prāptāṃ vadhūṃ yā samavajīrṇās suputrās suśīlās tā rathāc chibikāyā vānaya rcā svāṅke pratyavaropayanti / *jāgr̥hi-* ity avasānam /

kuta āgato rathaś śibikā vā / pratyavarohaṇavidhānasāmarthyāl lokaprasiddheś ca /

kutaḥ punar *aṅka* iti gr̥hyate na *bhūmāv* iti / uttarasmin vākye *pratyavaropya-* (JGS 1,21,4) iti vacanāt /

sarvam etad yuktam / idan tv ayuktaṃ yan mantram etā striyo vadeyuḥ / naitad ayuktaṃ vācanikatvāt / śūdram api śālāyāṃ rājñaḥ pādau mantreṇa prakṣālayantaṃ mr̥ṣyāmahe / ko 'tibhāro vacanasyeti /

athaivam ucyeta / uttareṇa vākyena mantras saṃyojyatāṃ pativācyatvāyeti parihārārtham /parihāryasya prārthanākr̥tā syāt / ayuktataraṃ hi patyā vaktum *enā patyā-* ity *anena patyā-* iti / tatas samavajīrṇā eva samantrakaṃ pratyavaropayeyuḥ[30] //

---

[30] *pratyavaropayeyuḥ* emended : *pratyavaropayet* all mss.

JGS 1,21,4.

pratyavaropya-
ānaḍuhe carmaṇy uttaralomny upaveśayed
iha gāvo niṣīdantv ihāśvā iha pūruṣā
iho sahasradakṣino 'pi pūṣā niṣīdatv iti

Note: *uttaralomny* with ms. B and Bhavatrāta's commentary : *uttaralomany* Caland's ed. with M1, M2. – The mantra (originally from AVŚ 20,127,12) occurs in several variations in Vedic texts; that of JGS 1,21,4 is identical with HGS 1,22,9, when reading with JGMP and ms. M2 *'pi* for *'bhi* in Caland's ed. that here follows B and M1. – *pūruṣā* with JGMP and most other texts for *puruṣā* in Caland's ed. (no variants recorded). – *pratyavaropya* quoted in Bh on JGS 1,21,3.

pratya===tviti // athaināṃ patis samavajīrṇānām aṅkāt pratyavaropyānaḍuhaś carmaṇy uttaralomny āstīrṇe 'naya rcopaveśayet / *pūruṣā* ity avasyet //

JGS 1,21,5.

kumāram upastha ādhāya
śakaloṭān āvapet phalāni vā

kumā===nivā // upaviṣṭāyā asyā upasthe kumāram ādhāya śakaloṭān modakān vā phalāni vāvaped asya haste //

JGS 1,21,6.

utthāpya kumāram
anvārabdhāyāñ juhuyād
iha dhr̥tir (JGS 1,21,7) ity
aṣṭābhi[s] svāhākārāntaiḥ

Note: *aṣṭābhi[s] svāhākārāntaiḥ* quoted in Bh on JGS 1,21,7.

utthā===rāntaiḥ // atha kumāram utthāpyānvārabdhāyām asyām ebhir mantrair *iha dhr̥tir* (JGS 1,21,7) ityādibhir aṣṭābhi[s] svāhākārāntair juhuyāt //

JGS 1,21,7.

iha dhr̥tir
iha svadhr̥tir
iha rantir
iha ramasva
mayi dhr̥tir
mayi svadhr̥tir
mayi ramo

mayi ramasva- iti

iha===sveti // antyo mantras sasvāhākāraḥ kaiś cit paṭhyate sapramādaḥ / na hy ācāryaḥ-*aṣṭābhi[s] svāhākārāntair* (JGS 1,21,6) iti vidhāya punar ekasmin svāhākāraṃ paṭhati //

JGS 1,21,8.
trirātram akṣārālavanāśinau brahmacāriṇāv adhassaṃveśinau

trirā===śinau // yasminn ahani pāṇigrahaṇan tadādi trirātraṃ kṣāralavaṇam anaśnantau ca brashmacāriṇau cākhaṭvāśāyinau ca syātām / *ūrdhvan trirātrāt saṃbhava* (JGS 1,21,10) iti niyatasya maithunasyāntas trirātram / asyān tāvad aprasaṅgaḥ / tasmād *brahmacāriṇāv* ity anyeṣv api dāreṣv aprasaṅgārtham //

JGS 1,21,9.
asaṃvartamānau saha śayātām

asa===yātām // saṃvr̥ttis saha vr̥ttir ekībhāvaś śarīrayor atyantasaṃśleṣaṇaṃ pariṣvaṅgaḥ / anyo'nyam apariṣvajantau saha śayīyātām / idam api trirātram eva viśeṣaś ca vakṣyate //

JGS 1,21,10. ūrdhvan trirātrāt saṃbhavaḥ

Note: The whole sūtra is quoted in Bh on JGS 1,21,8.

ūrdhvaṃ===bhavaḥ // asmād vratayoginas trirātrād ūrdhvaṃ saṃbhavas saṃyoga[s] syāt / caturthe 'hanīty arthaḥ / kin tu *caturthe 'hani-* iti pratyakṣam anuktatvāt tasyāpuṇyatāyām anyasmin saṃbhavas sannihite puṇye syāt / ā tataś ca sahaśayanam asaṃvr̥ttiś ca / trirātram eva tu kṣāralavaṇakhaṭvādārāś cānye varjyeran / athāsya saṃbhavasyetikartavyatā vakṣyate //

JGS 1,21,11.
niśāyāṃ jāyāpatikarmaṇyam

niśā===maṇyam // yasmin saṃbhavas tasmin niśāyāñ jāyāpatikarmaṇyan nāma homaṃ kuryāt / yat karma jāyāpatyos tad ayam homas samarthayatīti jāyāpatikarmaṇyam ity ucyate /

aparā vyākhyā / jāyā ca patiś ca jāyāpatī / caturthasyāhṇo niśāyām idañ jāyāpatikarmaṇyaṃ bhavati / karmaṇi sādhu bhavati tasmin gr̥hasthakārye / asyāṃ vyākhyāyāṃ sāyamprātarhomādīnān tanniśāprabhr̥ty eva yathākālaṃ pravr̥ttir na tataḥ pūrvaṃ kiñ cid api gr̥hasthakarma / eṣaiva ca vyākhyā garīyasī //

JGS 1,21,12.

agne prāyaścitte
tvan devānāṃ prāyaścittir asi
brāhmaṇas tvā nāthakāma upadhāvāmi

yāsyai prajāghnī tanūs
tām asyā apajahi svāhā

vāyo prāyaścitte
tvan devānāṃ prāyaścittir asi
brāhmaṇas tvā nāthakāma upadhāvāmi
yāsyai paśughnī tanūs
tām asyā apajahi svāhā

sūrya prāyaścitte
tvan devānāṃ prāyaścittir asi
brāhmaṇas tvā nāthakāma upadhāvāmi
yāsyai patighnī tanūs
tām asyā apajahi svāhā

candra prāyaścitte
tvan devānāṃ prāyaścittir asi
brāhmaṇas tvā nāthakāma upadhāvāmi
yāsyai gṛhaghnī tanūs
tām asyā apajahi svāhā

agne vāyo sūrya candra prāyaścittayo
yūyan devānāṃ prāyaścittaya[s] stha
brāhmaṇo vo nāthakāma upadhāvāmi
yāsyai yaśoghnī tanūs
tām asyā apahata svāhā iti

prāya===heti // etāḥ pañca prāyaścittīr asyā vai lakṣaṇyadoṣāpanodanīr āhutīr juhuyāt //

JGS 1,21,12.

sthālīpākād agniṃ prajāpatiñ ceṣṭvā
saṃpātāṃś camasa ānīya
srotāṃsy aṅkṣva- ity
enāṃ brūyāt

sthālī===brūyāt // pañca prāyaścittīr hutvā tadanantaraṃ sthālīpākāc caror avadāyāgniñ ca prajāpatiñ ceṣṭvā saptānām āhutīnāṃ saṃpātāṃś camasa ānīya *srotāṃsy aṅkṣva-* iti jāyāṃ brūyāt / ājyasya pulākānāñ ca nānopalabdher atra *saṃpātān* iti bahuvacanaprayogaḥ / *srotāṃsi-* iti yāni khāni śarīre teṣām ayaṃ vādaḥ //

JGS 1,21,13.
nābhiṃ prathamam

nābhiṃ prathamam // pr̥thak sroto'ñjanaṃ prati saṃpreṣite samasroto[31] nābhiṃ prathamam añjīta saṃmiśritais saṃpātaiḥ //

JGS 1,21,14.
tato yāny ūrdhvam

tato===nyūrdhvam // tato nābhyañjanānantaraṃ yāni srotāṃsy ūrdhvabhāge tāny añjīta cakṣurghrāṇakarṇāsyānīty arthaḥ //

JGS 1,21,15.
tato yāny arvāñci

tato===rvāñci // tadanantaraṃ yāny arvāñci srotāṃsi yonipāyū ity arthaḥ / dvikāryatvād yoner aupacārikan dvitvam āśritya bahuvacanaprayogaḥ / tasmād yonin dvir añjīta /

aparan darśanam / srotassadr̥śatvān nābhir api srota eva / tasya madhyasthatvād ūrdhveṣv api srotassv antarbhāvaḥ- arvākṣu ca / tataḥ punar api nābhiprāthamyenāñjanārthaṃ bahuvacanam iti /

sroto'ñjanānantaraṃ sviṣṭakr̥dādy āntāt pravartayet / ihobhayaṃ pradhānan tv enopāttam ājyañ caruś ca / tasmān mūlam api prastarasyājye 'ṅktvā tataś carāv añjyāt //

JGS 1,21,16.
ūrdhvam ardharātrāt saṃveśanaṃ *viṣṇur yoniṃ kalpayatv* (JGS 1,21,17) ity etena tr̥cena

Note: Cf. BĀU 6,4,21-22. – *ūrdhvam ardharātrāt* and *etena tr̥cena* quoted in Bh on JGS 1,21,18.

ūrdhva===cena // saṃveśanaṃ maithunam / ardharātrād ūrdhvaṃ maithunaṃ kuryād etena tr̥cena tr̥casyānte / paṭhiṣyamāṇena (JGS 1,21,17) tr̥cena / tr̥casyānte saṃyogaḥ //

JGS 1,21,17.
viṣṇur yoniṃ kalpayatu
tvaṣṭā rūpāṇi piṃśatv
ā siñcatu prajāpatir
dhātā garbhan dadhātu te

garbhan dhehi sinīvalī
garbhan dhehi sarasvati

[31] *samasroto* A, T : *yas sroto* K, P, M. The navel is an aperture in the middle of the body.

garbhan te aśvinau devāv
ā dhattāṃ puṣkarasrajau

hiraṇyayī araṇī
yan nirmanthatām aśvinau
tan te garbhan dadhāmy ahan
daśame māsi sūtavā iti

Note: There is no pratīka for this sūtra in the mss. of Bhavatrāta's commentary. The verses (not in the JS) reproduce the three-versed hymn R̥V 10,184 with a few variant readings: *yan nirmanthatām aśvinau* for *yaṃ nirmanthato aśvinā* (cf. *yābhyāṃ nirmanthatām aśvinau devau* ŚB 14,9,4,21 = BĀU 6,4,21); and *dadhāmy aham* for *havāmahe* (cf. *dadhāmahe* in ŚB 14,9,4,21 = BĀU 6,4,21).

JGS 1,21,18.
r̥tāv r̥tāv evam eva

r̥tā===meva // ukto dharmaḥ prathamopagamanasya / atha yad r̥tāv r̥tau niyatam upagamanan taṃ pratīdam ucyate / r̥tāv r̥tāv evam eva saṃveśanaṃ kuryāt / *ūrdhvam ardharātrād* (JGS 1,21,16) iti ca- *etena tr̥cena-* (JGS 1,21,16) iti ca dvitayasyāyam ānantaryād atideśaḥ //

JGS 1,21,19.
saṃveśane hutvā-
ācāryāya gān dadyāt

saṃve===dadyāt // saṃveśane hutvā saṃveśanam iti nimittam homaṃ kr̥tvācāryāya gān dadyāt /

kiṃ punas saṃveśanahomasyaivaiṣā dakṣiṇā- āho svid dhomatrayasādhāraṇī / atra brūmaḥ / yadi saṃveśanahomasyaivaiṣā dakṣiṇābhaviṣyat pūrvam eva saṃveśanavidher vyadhāsyata- *ācāryāya gān dadyād* itīyataiva cāsetsyata / ullaṅghya tu homānantaryam ihaiṣā vidhīyate homatrayasādhāraṇārthaṃ *saṃveśane hutvā-* iti ca kālārtham ucyate / ayam arthaḥ / saṃveśanahomānantaraṃ homatrayadakṣiṇābhūtāṃ gām ācāryāya dadyād iti /

nanu copanayanādiṣv api ācāryāyaiva dakṣiṇā deyā / kim ataḥ / tadvad eva siddher ācāryagrahaṇam anarthakam / nānarthakañ cauḷopanayanādiṣu kartr̥tvād ācāryasya rtvija iva dakṣiṇāyogasiddher ihācāryasya kartur asato vā brāhmaṇaviṣaye dakṣiṇālābhasyātmālābhasya vā yatnasādhyatvāt / tasmād vidvān api vivahamānaḥ parigr̥hyaivācāryan tatprayukta eva sarvaṃ karmānutiṣṭhet / yadi punar ācāryan nopalabhetedam ucyate //

Note: *-ātmalābhasya* Muṭṭa., Perum., Mūtti. : *-ānmālābhasya* Adyar : *-ānmalābhasya* L310. – *vā yatnasāddhyatvāt* Adyar : *vā yatnas sāddhyatvāt* Muṭṭa. : *vā na yatnaḥ sādhyatvāt* Perum. : *vā na yatnaḥ sāddhyatvāt* Mūtti.

JGS 1,21,20.
adarśane brāhmaṇebhyo gān dadyāt

ada===dadyāt // vivāhasyācāryeṇādarśane 'nupalakṣaṇe brāhmaṇān upadraṣṭṝn parikalpya tebhya etāṃ gān dadyāt // //

JGS 1,22. (sāyaṃprātarhomau, vaiśvadevam / baliharaṇam)

JGS 1,22,1.
sāyaṃprātarhome

sāya===home[32] // sāyañ ca prātaś ca hūyate / sa sāyaṃprātarhomaḥ / sāyaṃprātarhome vidhiṃ vakṣyāmaḥ //

JGS 1,22,2.
agnaya (JGS 1,3,19; 1,22,6) iti prathamām āhutiñ juhoti

agna===hoti //

JGS 1,22,3.
prajāpataya (JGS 1,3,16; 1,22,6) ity uttarām

Note: This sūtra is quoted in Bh on JGS 1,22,7.

prajā===ttarām // kena punar dravyeṇātra homaḥ / dravyaviśeṣasyānādeśād ājyenaiva cauḷopanayanādiṣv iva / samarthitañ caitat purastād anādiṣṭadravyaṃ havanam *ājyena-* (AB 3,47,10 ?) iti pareṣān darśanād / *vrīhibhir yavair vā-* (BaudhGS 2,6,21; ĀgniveśyaGS 2,6: 39,10; KauṣGS 1,10,20) iti cen na- upanayane caruprasaṅgāt / athaivam ucyate / upanayane pareṣām ubhayam apy asti caruś cājyañ ca (cf. BaudhGS 2,5,29-30) / asmiṃs tu home na ke cid apy ājyam upadiśantīti / tad apy asat *kāṃsyenājyañ juhuyād* (source ?) iti sāyaṃprātarhome keṣāñ cit gṛhye śravaṇāt / tato 'smākam aupāsanahoma ājyena / vrīhihomas tv ājyam alabhamānaiḥ paratantrād āhṛtaḥ / so 'saty evājye syān na sati / aparan darśanam / asya homasyāgnihotrānukṛtitvād agnihotre ca *yat payo na syāt kena juhuyād iti vrīhiyavābhyām iti* (JB 1,19: 10,5-6) vrīhiyavayor darśanād ihāpi tābhyāṃ hūyata iti / asmin darśane payasā hotavyam alābhe 'sya vrīhibhiḥ / prātar vakṣyamāṇatvāt (JGS 1,22,4) sāyaṃhomasyāyaṃ vidhiḥ //

Note: As a general rule, *hu-* without specified object involves clarified butter, cf. ŚSS 1,2,21; ĀpŚS 24,1,23; KŚS 1,8,36-38. – *kāṃsyenājyañ juhuyāt* could not be traced in the known Gṛhyasūtras.

JGS 1,22,4.
evaṃ prātaḥ

Note: This sūtra is quoted in Bh on JGS 1,22,5.

[32] *home* emended : *homa(ḥ)* mss.

evaṃ===prātaḥ //

JGS 1,22,5.
agnisthāne sūryaḥ

agni===sūryaḥ // ayan tu viśeṣaḥ / agnisthāne sūrya[s] syāt /

prātar agnisthāne sūrya ity api siddher *evaṃ prātar* (JGS 1,22,4) iti pṛthagyogakaraṇaṃ sāyaṃhomapūrvaka eva prātarhoma syād ity etadartham / tatas sāyamāśaucādiyoge tadanantaravartī prātarhomaś śuddhasyāpi niśśaṅkaṃ kāryam / nyāyyañ caitad asya homasya-agnihotrānukṛtitvād agnihotrasya ca sāyam upakramatvāt / yataś cāyam agnihotrānukṛtis tata evāsya pārvaṇatantrābhāvaḥ //

JGS 1,22,6.
sāyaṃ prātar aśanasya balī vardhayitvā pūrvasmād agnau juhoty
agnaye svāhā
somāya svāhā
dhanvantaraye svāhā
dyāvāpṛthivībhyāṃ svāhā
viśvebhyo devebhya[s] svāhā
prajāpataye svāhā- iti

Note: Cf. BaudhGS 2,8,1 atha baliharaṇam 2 sāyaṃ prātar yad aśanīyasya kriyetaupāsane pacane vā homaḥ. – *prajāpataye svāheti* quoted in Bh on JGS 1,22,7.

sāya===heti // siddham annaṃ prātaś ca sāyañ ca lokācārāt / śrūyate ca *dvir ahno manuṣyebhya upahriyate prātaś ca sāyañ ca*- (TB 1,4,9,2) iti / sa tata ucyate sāyañ ca prātaś ca pakvasyāśanasya dvau balī uddhārau vakṣyamāṇabaliharaṇopayoginau vardhayitvā- avakhaṇḍya gṛhītvā tayoḥ pūrvasmād baler agnāv etās saptāhutīr juhoti /

aśanasya ca- ity anukarṣaṇena siddhes sāyaṃprātargrahaṇam iha kālayoḥ prāthamyāniyamārtham / tata āśaucādiyuktasya yadā tadabhāvas sāyaṃ prātar vā tadupakramo 'ham homa[s] syāt /

agnāv ity anarthakam / nānarthakam agnisāmānyagrahaṇārthatvāt / tato 'yaṃ homo nāvaśyam aupāsana eva / pākāgnāv api kāmaṃ kāryaḥ / uktañ ceha parair api- *aupāsane pacane vā*- (BaudhGS 2,8,2) iti /

atha vāgnigrahaṇaṃ prāptāyā homāvṛtaḥ pratiṣedhārtham / yathā jātakarmaṇi pūrvasyāṃ vyākhyāyāṃ (Bh on JGS 1,7,9) pārvaṇatantram aśanahome syād iti / asyān tu pākāgner aprāptiḥ /

kaḥ pakṣayor [ana]yor jyāyān / uttaro jyāyān gṛhyāntarasaṃvādāt / na hi kaś cid api gṛhyakāraḥ pārvaṇatantram aśanahome prāvartayat / pākāgnes tasminn apravṛttir gṛhyāntareṣv apy asti / tatas siddham aupāsana evāsmākam aśanahomo na cātra homāvṛd iti //

JGS 1,22,7.
manasottarām

manasottarām // manasottarām antyām āhutiñ juhoti / *prajāpataya* ity etām ity arthaḥ /

nanu dvayor upari vartate tad uttaram / yad bahuṣu tad uttamam / bahvyaś caitā āhutayaḥ / tasmād *uttamām* iti vaktavyam / satyam etat / evan tu yojayiṣyāmaḥ / yāsāv uttarā āhutis sānnidhyād sāyaṃprātarhomasthā *prajāpataya ity uttarām* (JGS 1,22,3) iti tāṃ manasā juhotīti / *prajāpataye svāhā-* (JGS 1,22,6) ity eṣāhutir yatra yatra dr̥śyate tatra tatra manasaiva hotavyety arthaḥ / tasmān nāmakarmacaturthīhomanavayāgeṣv api prājāpatyām āhutiṃ manasaiva juhuyāt / yadi tu sāyaṃprātarhoma evocyeta *prajāpataya ity uttarāṃ manasā-* iti nānyatra sidhyet //

JGS 1,22,8.
tata evottarato 'gner baliṃ harati
ye harṣaṇā vepanā sphātim āharā
vātasya bhrājam anu sañcaranti
tebhyo balim annakāmo harāmy
annaṃ payasvad bahulaṃ me astv iti

Note: *tata eva* quoted twice in Bh on JGS 1,22,10; *uttarato 'gneḥ* quoted in Bh on JGS 1,22,11.

tata===stviti // tata eva tasmād eva homabaler evādāya- uttarato 'gner anena mantreṇa baliṃ harati / siddham ācārād gandhapuṣpam ubhayataś codakaṃ baliharaṇeṣu //

JGS 1,22,9.
evam aśanāyati

evaṃ===yati // evam aśanāyati kaḷatreṣu dhātre[33] baliṃ haret / dvitīyam api pūrvavad dhared ity arthaḥ / pūrvan nityam uttaran naimittikam annabhūyastvaphalam //

Note: *kaḷatreṣu* follows the Malayāḷam form of the Sanskrit word *kalatra-*.

JGS 1,22,10.
āyasthāne
mr̥tyor adhiṣṭhānāya svāhā- iti

āya===heti // yaṃ pratidinaṃ pratimāsaṃ pratisaṃvatsaraṃ kadā cid eva vāyatas tata ātmānam ābhimukhyenaiti vrīhiyavasuvarṇādi jīvanaṃ tasyāya ity ākhyā / na sa āyo gr̥ham āgato yatra tiṣṭhati tad āyasthānaṃ bhavati / *tata eva-* (JGS 1,22,8) iti cānuvartate / anena mantreṇāyasthāne pūrvasmād eva baler baliṃ harati / avaśeṣaṇārthābhāvāt sarvaṃ prakṣipet /
atha vā *tata eva-* (JGS 1,22,8) ity anuvartya *śeṣam* ity adhyāhāryam //

[33] *dhātre* emended : *dhārtte* mss.

JGS 1,22,11.

śeṣasya baliharaṇaṃ pradakṣiṇaṃ
gr̥hyābhyo devatābhyo balin nayāmi
tan me juṣantān
tā mā pāntu
tā mā gopayantu
tā mā rakṣantu
tābhyo namas
tābhya[s] svāhā- ity
udadhāne
madhye 'gārasya-
uttarapūrvārdhe
śayane
dehalyāṃ
saṃvaraṇe
brahmāyatana
eteṣv āyataneṣu

śeṣa===neṣu // upayuktād anyaś śeṣaḥ / śeṣasya pāścātyasya baler avakhaṇḍyāvakhaṇḍya baliharaṇam eteṣu saptasv āyataneṣu / tatas tatra pradakṣiṇam āvartamāḥ kuryāt /

udakan dhīyate 'sminn ity udadhānaṃ maṇikādi / tasya samīpe baliharaṇam /

tato 'gārasya madhye / agārabahutve tu yasya kasya cic chayanāgārasya vā madhye syāt /

aparā vyākhyā / agāraśabdaś śālāvācī sann apīha sa sarvaśālādhiṣṭhānabhūtasakalavāstūpalakṣaṇāya prayukto mantavyaḥ- agāraviśeṣasyāvacanāt / tasmād idaṃ vāstumadhye kāryam /

ko 'nayoḥ pakṣayor jyāyān / na vayam etaj jānīmaḥ / kin tūttaram eva pakṣam anuvartino guravaḥ /

uttarapūrvārdha iti navasu vāstubhāgeṣu ya uttarapūrvo bhāgas sa uttarapūrvārdhaḥ / ardha iti bhāgasyākhyā / uttaraḥ pūrvaś cāsāv ardhaś ca- iti vā- uttarapūrvasyā diśo bhāga iti vā /

śete 'sminn iti śayanaṃ khaṭvādeśaḥ /

gr̥haṃ praviśatāṃ pādapāṃsubhir dihyata iti dehalī yeyan dvārbāhvor antarāḷe śilā phalakā vā lakṣyate /

saṃvriyate 'nena dvār iti saṃvaraṇan dvāravidhānaphalakā / tasyās samīpe baliharaṇam /

brahmaṇa[s] sthānaṃ brahmāyatanaṃ vāstumadhya ity arthaḥ / *brahmāyatana* ity asyeha grahaṇaṃ brahmaṇo 'py atrānusmaraṇārtham /

eteṣv āyataneṣv ity anarthakam / nānarthakan dehinyādīnām abhāve 'pi tatsamavāyiṣv āyataneṣu baliṃ hared ity etadarthatvāt / itarathā hi dehinyādes saṃskāraṃ baliharaṇaṃ matvā tadabhāve lopam asyāśaṅkyeran / ācāryas tu manyate / naitāni baliharaṇāni tad-tadadhikārasaṃskārārthāni / kimarthāni tarhi bhavanti / tadadhivāsānān devatānāṃ pratoṣaṇārthāni / dehinyādyabhāve 'pi ca tā devatā nāvagacchantīti kṛtvā tadāyatane baliharaṇārthaṃ yatnam etaṃ kṛtavān *eteṣv āyataneṣv* iti / ukto 'rtho nyāyalabhya iti /

anyatra vyāvarṇyate / *eteṣv āyataneṣv* iti pṛthag ekaṃ vākyam / yāny *uttarato 'gner* (JGS 1,22,8) ityādīni nava sthānāny uktāni teṣu sarveṣu paribhāṣyante / eteṣv āyataneṣv āyatanabhūteṣu devatāyatanam arhatsv ity arthaḥ / siddham etat bhavati / mṛṣṭopalipteṣu gandhapuṣpārciteṣv iti //

JGS 1,22,12.
śeṣan dhanvantaraye ninayet

śeṣa===nayet // baliśeṣan dhanvantaraye sarvan ninayet namaskāreṇa / sthānāntarānukte brahmāyatana eva sānnidhyāt /

atha vā bahūnām ekavākyasthānāṃ sānnidhyaviśeṣāt teṣv ekatreti cānupapatter anyasmin dhanvantaristhāna eva vā //

JGS 1,22,13.
sadā gṛheṣu svastivācanam

sadā===canam // prasiddho 'yam ācāro loke dṛśyate yad atithayo 'bhyāgatāś ca gṛheṣu bhuktavanto gṛhapatiṃ svastivacanair vardhayanti / tadapekṣam idaṃ vākyam / *sadā-* iti kālaviśeṣasyāniyamārtham / sarveṣu kāleṣu svastivācanam / svastivācane pravartanaṃ gṛheṣv āgatānāṃ kuryāt / yathā te svasti brūyus tathā kuryād ity arthaḥ / satkṛtya bhojayed ity uktaṃ bhavati / manuṣyayajña eṣa vihitaḥ //

JGS 1,22,14.
sā mahāśāntir ity ācakṣate

sāma===kṣate // aśobhanasyopaśamanaṃ śāntir ity ucyate / mahatī śāntir mahāśāntiḥ / yad idam annapradānaṃ vihitan tan na kevalam adṛṣṭaphalam eva mahaty api śāntis / sā gṛhiṇām ihāpi prasaktā śivopaśamanī bhavatīty ācāryā ācakṣate // //

JGS 1,23. (navayāgam)

JGS 1,23,1.
navena yakṣyamāṇaḥ
purāṇenāgre yajeta-
agnidhanvantarī
prajāpatim
indram

Note: *navena yakṣyamāṇaḥ purāṇenāgre yajeta* quoted in Bh on JGS 1,23,10.

nave===mindram // vidhāsyati navayāgam / ṛtubhedena navena yajeta *śaradi vrīhīṇāṃ vasante yavānāṃ varṣāsu śyāmākānām* (JGS 1,23,4-6) iti / tasya trayasyāpy aṅgabhūtam idaṃ purastād vidhīyate / navena dravyeṇa yakṣyamāṇas samastajātīyenaiva pūrvaṃ purāṇenāgnidhanvantarī ca prajāpatiñ cendrañ ca yajeta /

atha vā *navena ... purāṇena-* iti navavikāreṇa caruṇā purāṇavikāreṇa caruṇeti[34] yojyam /

JGS 1,23,2.
tisraś ca navāhutīḥ

tisra===hutīḥ // tadanantaran tisro navāhutīr juhuyād yā parastāt kalpiṣyante /

nanu navayāge devatās tisro vidhāsyante / kim ataḥ / tata evāhutitritvasya siddher idaṃ vākyam anarthakam / nānarthakan navayāgasya pṛthaktantratāprasaṅganivāraṇārthatvāt //

JGS 1,23,3.
navena yajeta

nave===jeta // navena tāvan niṣpannena yajeta /

kariṣyamāṇenaiva dravyadevatāvidhānenārthasiddher ayaṃ vidhir anarthakaḥ / nānarthako mā navā vrīhyādayo yāgād asmād[35] anyatra prathamam upayuṅkṣyata ity etadarthatvāt / itthaṃ yojyam / navena kiṃ kāryam / yajeta / tata ūrdhvam eva sarvam anyad ity arthatas sidhyati /

kasmin punaḥ kāle navena yajeta kena vā dhānyena kā vā devatā- iti /

JGS 1,23,4.
śaradi vrīhīṇām

Note: The sūtra is quoted in Bh on JGS 1,23,1; *vrīhīṇām* (emended) quoted in Bh on JGS 1,23,10.

śara===vrīhīṇām // *aindrāgno vaiśvadevo dyāvāpṛthivyaś carava* (JGS 1,23,7) iti prativākyam anuṣaṅgas saṃbadhyeta sakṛtpaṭhito 'pi yathā dhiṣṇyopasthāna mantreṣu *raudreṇa-* (JŚS 13,4) iti (cf. Bh on JŚS 13,5) yathā ca sruksādanamantreṣu *ghṛtācī-* (TS 1,1,11q) iti (cf. ĀpŚS 2,9,15) / śaradi vrīhīṇāṃ vikārā aindrāgnaś ca vaiśvadevaś ca dyāvāpṛthivyaś ca trayaś carava[s] syuḥ //

JGS 1,23,5.
vasante yavānām

Note: The sūtra is quoted in Bh on JGS 1,23,1.

vasa===vānām //

---

[34] *purāṇavikāreṇa caruṇeti* emended : *purāṇavikāreṇa ca purāṇeneti* K, P, M : *purāṇena vikāreṇa ca purāṇeneti* A.

[35] *asmād* emended : *anyasmād* mss.

JGS 1,23,6.
varṣāsu śyāmākānām

Note: The sūtra is quoted in Bh on JGS 1,23,1.

varṣā===kānām // vrīhivākyavad gatau //

JGS 1,23,7.
aindrāgno vaiśvadevo dyāvāpr̥thivyaś caravaḥ

Note: The sūtra is quoted in Bh on JGS 1,23,4. Bhavatrāta's pratīka is missing in the mss.

((aindrā===ravaḥ //))

JGS 1,23,8.
ekacarur vā

eka===rurvā // ekaś cāsau caruś ceti ekacaruḥ / ekacarur evaindrāgnaś ca vaiśvadevaś ca dyāvāpr̥thivyaś ca syād yathā- āgneyaś cāgnīṣomīyaś ca pārvaṇe bhavati- (cf. JGS 1,3,23) ekaś caruḥ / ihāpi ca purāṇacarur eka eva- agnidhanvantaribhyāṃ prajāpataya indrāya ca / tadvad evaṃ ṣaḍ āhutīr hutvā sviṣṭakr̥tañ juhuyāt / tatra siddho 'vadānakramaḥ pratihavis sakr̥t sakr̥t / pañcāvattinān tu dvir dvir iti / vidhāsyati prāśanam (JGS 1,23,11-13) / tadartham idam ucyate //

JGS 1,23,9.
ukte evopastaraṇābhighāraṇe

Note: See JGS 1,3,30-40.

ukte===raṇe // ukte eva- uktaprakāre evopastaraṇābhighāraṇe kuryāt prāśanārtham upādīyamānasya /

ukte eva- ity anarthakam / nānarthakam aṅgulītr̥ṇakūrcayoḥ pañcāvattināñ ca dvir abhighārasya prāpaṇārthatvāt //

JGS 1,23,10.
dvir haviṣo 'vadyati

Note: This sūtra is identical with JGS 1,3,31 and 1,3,35.

dvirha===dyati // haviṣo dvir avadyati / kasya / navasya / kuta iti cet pratīyamānasya grahaṇopapattes tenaiva cārthasiddhāv itarasya grahītum ayuktatvāt / *navena yakṣyamāṇaḥ purāṇenāgre yajeta-* (JGS 1,23,1) iti / *vrīhīnām* (JGS 1,23,4) ity aṅgabhūtan navayāgasya purāṇam avagamayati prāśanamantrāṇān (JGS 1,23,11-13) dhānyaviśeṣasya vyavasthayā vidhānāt /

dvir ity asati sakr̥d api bahukr̥tvo 'py arthataḥ prasajyeta / avadānadvatvaniyamo hy ahomārthatvād asya durlabha[s] sruvādhikaraṇavat /

haviṣa ity anarthakam / nānarthakan tritve haviṣām ekaikakasya dvir ity evamarthatvāt /
ekaś śatan dhārayate prākārastho dhanurdhara (Manu 7,74) iti /
tasmin kratau śataṃ śastran trivede[36] *'yutam āpagā* (source?) iti ca //

Note: The first mantra JGS 1,23,11 lacks the specification of the grain found in JGS 1,23,12 (*yavasya*) and JGS 1,23,13 (*śyāmākasya*).– Instead of *dhārayate* Manu 7,74 has *yodhayati*, with *dhārayati* among the variants.

JGS 1,23,11.

atha prāśnīyād
bhadrānna[ś] śreyas samanaiṣṭa devās
tyayā vasena samasśīmahi tvā
sa no mayobhūḥ pito āviśasva
śan tokāya tanuve syona iti

atha===iti // atha- anantaram avadānād avattaṃ prāśnāty anena mantreṇa //

JGS 1,23,12.

etam u tyaṃ madhunā saṃyutaṃ yavaṃ
sarasvatyā adhi manāv acarkr̥ṣuḥ
indra āsīt sīrapatiś śatakratuḥ
kīnaśā āsan marutas sudānava iti
yavasya prāśnīyāt

eta===śnīyāt //

JGS 1,23,13.

agniḥ prathamaḥ prāśnātu
sa hi veda yathā haviś
śivā asmabhyam oṣadhīḥ
kr̥ṇotu viśvakr̥ṣaṇīr iti
śyāmākasya prāśnīyāt

agni===śnīyāt // prāśyācamyāgatya prastaram ādadīta /
yadi sidhyaty ayatnena prāśanāsyoktakālatā /
yatno 'yam ante śeṣasya prāśanārtham upākr̥tau //
// //

---

36 *trivede* emended : *trivedo* K, P. M : *trivedā* A, T.

JGS 2,1-4. (śrāddham)

JGS 2,1-2. (māsaśrāddham)

JGS 2,1,1.
śrāddhaṃ kariṣyanta[s] snātāś śucivāsasas
tilair vāstūpakīrya
savyam ācaranto
'nnam upasādheran
haviṣyair upasicya

śrāddhaṃ===sicya //

śrāddham iti pitr̥bhyaḥ pretasaṃbandhena dīyate /

tasyākhyā

pretān uddiśya yat karma kriyate mānuṣair iha /
tuṣyanti pitaras tena pretās tat pitara[s] smr̥tāḥ- (source?) // iti /

tat gr̥hapatiḥ karoti / putradāraśiṣyās tu sahātra vartante / tatraikaḥ kariṣyan bahavaś ca tatsahayoginas sarve *kariṣyanta* ity ucyante / yathā *cchatrino gacchanti-* (Śabara on PMS 1,4,28) iti /

śrāddhaṃ kariṣyantas sarve snātāś śucivāsasaḥ vimalaklinnopahatavastraparidhānottarīyās santas tad vāstu tilair upakīrya tilaprakīrṇaṃ kr̥tvā savyam ācaranto yāś ceṣṭā[ś] śrāddhakarmopayoginyaḥ pradakṣiṇam apasavyañ ca saṃbhavanty apasavyam eva kurvanto haviṣyair upasicya saṃsr̥jyānnam upasādhayerann upaskārabahulaṃ sādhayeran / haviṣyān viśekṣyati /

kiṃ punar iyaṃ savyācāratā- annopasādhanamātre vidhīyate- āho svit snānādau sarvasmin / atra brūmaḥ /

yad idaṃ snānam ācamanam iti tat kr̥tvā puruṣaḥ /
śucir daive pitr̥ye vā karmaṇy adhikr̥to bhavati //

tatas teṣām adhikāratvād ajahatsvarūpatā yuktā na cāpi pitr̥karmāṅgatayā smaryamāṇām apasavyācāratām ihānnopasādhanasaṃyogamātreṇāvasitārthām abhyupagantuṃ ghaṭate / ūrdhvan tu snānācamanād ā kriyāpavargād iyam apasavyācāratā vihitā mantavyā / iyam annopasādhanavākye śrūyamāṇā sarvakarmasaṃbandhaṃ labhate /

evañ ced vākyatrayam etat bhavatu //

JGS 2,1,1a.
śrāddhaṃ kariṣyanta[s] snātāś śucivāsasaḥ

śrāddhaṃ===sasaḥ // *bhaveyur* ity adhāhāryam //

JGS 2,1,1b.
tilair vāstv upakīrya savyam ācarantaḥ

tilai===rantaḥ // *kuryur* ity adhyāhāryam / tilopakaraṇād ūrdhvaṃ savyam ācarantas sarvakarma kuryur ity arthaḥ / ittham annopasādhanādy āntād apasavyācāratā siddhā //

JGS 2,1,1c.

annam upasādhayeran havisyair upasicya

annaṃ===sicya //

JGS 2,1,2.

evan dadyāt

evan dadyāt // *annam* ity anuvartate / evam annan dadyāt / pradānakāle 'pi punar upasicya haviṣyair dadyād ity arthaḥ /

aparan darśanam / pūrveṇa vidhināsya vikalpa iti / pacyamānaṃ vā pradīyamānaṃ vā tilair upasiñced ity arthaḥ / annasādhanavidhāv itthaṃ siddham iti śrāddhabhujām upakalpanaṃ vihitam //

JGS 2,1,3.

yad yad dadyāt tat tad dhaviṣyair upasicya

yadya===sicya // annād anyad api yad yad brāhmaṇebhyo dadyāt tad tad dhaviṣyair upasicyaiva dadyād dantadhāvanādy api //

JGS 2,1,4.

haviṣyā iti tilānām ākhyā

havi===mākhyā // haviṣyā ity ayaṃ śabdas tilānām ākhyā nāmadheyam /

kimartheyaṃ gurvī saṃjñā tilaśabdasyaiva sarvatra laghoḥ siddhasya nyāso bhavati / atra brūmaḥ / *haviṣyā* iti neyam iha tilānām ācāryeṇa saṃjñā kriyate saṃvyavahārārtham / kin tarhi / prasiddheyam eṣā saṃjñā sarvadravyebhya[ś] śrāddhakarmaṇi / tilāḥ praśastatarā ity etam arthaṃ pratipādayitum iha kīrtyate / tataś ca sarvasmād guṇyasaṃvādanāsaṃbhave 'pi tilopādāne sādhīyaḥ prayateta //

JGS 2,1,5.

dantadhāvanaṃ snānīyāni

danta===yāni // yena dantā dhāvyante tad dantadhāvanan dāru / yaiś śarīram amalaṃ sugandhīkurvanta[s] snānti tāni snānīyāni tailāmalakamudgacūrṇādīni / dantadhāvanaṃ snānīyāni ca brāhmaṇebhyas siddhe 'nne dadyāt / uktas tilopasekas sarveṣu deyeṣu //

JGS 2,1,6.

pādyam ānīya prathamoddhr̥taṃ
brāhmaṇāṃs tryavadātān upaveśya-
ā me gacchantu pitaro
bhāgadheyaṃ virājāhutās
salilāt samudriyāt /
akṣīyamāṇam upajīvata-
enaṃ mayā prattaṃ
svadhayā madadhvam // ity
upamūlalūnān darbhān viṣṭarān prasavyān kr̥tvā
brāhmaṇebhyaḥ pradadyāt

Note: – *brāhmaṇāṃs tryavadātān upaveśya* quoted in Bh on JGS 2,3,10 with the variant reading *upaveśya* for *upaveśayati* in Caland's ed., where *upaveśya* is not recorded as a variant; it is however in agreement with *upaveśya* in JGS 2,3,10 and with the fact that Bhavatrāta extends the present sūtra to the next finite verb *pradadyāt*. – Cf. KāṭhGS 50,4 *ā me yantu pitaro bhāgadheyaṃ virājāhutāḥ salilāt samudrāt / asmin yajñe sarvakāmāṃl labhantām akṣīyamāṇān upajīvantv enān*. Cf. Caland, *Altindische Ahnencult*, p. 255.

pādya===dadyāt // kūpāder jalāśayāt prathamam uddhr̥taṃ sarvasmāt tadaharuddhārāt pūrvam uddhr̥tya nihitam udakaṃ pādyam ebhya ānīya tān tryavadātān brāhmaṇān anena mantreṇāsaneṣūpaveśya- upamūlalūnān mūlasamīpe lūnān upādānakāla eva mūlasamīpe pracchidyopāttān darbhān prasavyān viṣṭarān kr̥tvā prasavyagrathitaviṣṭaratvam āpādya brāhmaṇebhyaḥ pradadyāt pathiṣyamāṇair mantraiḥ (JGS 2,1,7-9) /

tryavadātāś śuddhāḥ / yasya pitā pitāmahaḥ prapitāmahaś ca sa tryavadātaḥ / atha vā trīṇy avadātāni yasya vr̥ttañ janma vidyā ca sa tryavadātaḥ /

manuvacanasiddhau (cf. Manu 3,125) tu vaiśvadevabhujau dvāv agratopalabdhapādyāv āsanayor upaveśya tadanantaram eṣa vidhir anuṣṭheyaḥ /

kati punar brāhmaṇāḥ pitrarthe syuḥ / pitr̥tvenaikaḥ pitāmahatvenaikaḥ prapitāmahatvenaika iti / uktañ ca manunā *dvau daive pitr̥kārye trīn* (Manu 3,125) iti /

nanv idam apy asti- *ekaikam ubhayatra vā-* (Manu 3,125) iti / asti / tat tv āpatkalpaṃ smr̥tivido manyante /

nanūrdhvam api pitr̥bhya[ś] śrāddhabhuja[ś] śrūyante / *ayujo yathotsāhaṃ vā-* (source?) iti / śrūyante ced bhojyantān tredhā vibhajya / ante tu hrāsavr̥ddhī bhavataḥ / pañca ced eko 'nte / sapta cet traya iti /

iha pradakṣiṇaṃ prasavyaṃ prasalī prasalair iti śabdāt prādakṣiṇyaṃ vadanti / tasya ti vaiparītyaṃ vadanty apasavyam apasalī apasalair iti / prasavyaśabdas tūbhayacaraḥ *prasavyam apasavyañ ca ceṣṭate laukiko jana* (source?) iti prādakṣiṇye dr̥ṣṭaḥ / tad vaiparītye 'py atraiva parato dr̥śyate / *trir dhūnvan pradakṣiṇam agniṃ paristr̥ṇāti prācīnāvītī triḥ prasavyam* (JGS 2,1,13-14) ityādau / tata itthan na saṃśayituṃ śakyaṃ / pradakṣiṇaṃ viṣṭarān grathyerann utāpasavyam iti / pitr̥karmayogāt tv apasavyam iti niścitam //

JGS 2,1,7.

etat te pitar āsanam asau
ye ca tvātrānu tebhyaś cāsanam iti

Note: *anu* quoted in JGS 2,6,41; *etat te pitar āsanan devadatta* and *ye ca tvātrānu tebhyaś ca* quoted in Bh on JGS 2,6,41. For the deceased mothers, see Bh on JGS 2,3,15.

eta===miti // *pitra* ity adhyāhāryam / liṅgasiddham ity abhyastam / anena yajuṣā pitre viṣṭarān dadyāt / pitrabhimatāya brāhmaṇāya / bahavaś ced evam eva sarvebhyaḥ / *asāv* ity atra pitur nāma saṃbuddhyā nirdiśet //

JGS 2,1,8.

evaṃ pitāmahāya

Note: This sūtra is identical with JGS 2,2,4 and 8.

evaṃpi===hāya // evaṃ pitāmahāya dadyāt / yathā pitre tathety arthaḥ /
kiṃ *pitar* ity eva / naivam anabhidhānāt / anabhidhānaśabdena pitaram uddiśyānabhidhānena pitāmahasyopalakṣaṇam / anyathā pitāmahāya dattaṃ syāt na yathā pitre / tasmād *etat te pitāmahāsanam* iti vaktavyam //

JGS 2,1,9.

evaṃ prapitāmahasya

Note: This sūtra is identical with JGS 2,2,5 and 9.

evaṃ===hāya // savyācāratayaivodaṅmukhānāṃ prāgapavargaḥ prāṅmukhānāñ ca dakṣiṇāpavargas siddhaḥ / tān viṣṭarān āsaneṣu kṛtvādhyāsīran //

JGS 2,1,10.

haviṣyodakan tiraḥpavitraṃ gandhān sumanasaś ca dadyāt

havi===dadyāt // haviṣyās tilāḥ (cf. JGS 2,1,4) / haviṣyasaṃmiśram udakaṃ haviṣyodakam / atha vā haviṣyānāñ codakañ ca haviṣyodakam / tat kasmiṃś cit pātre pavitran tiraskṛtyopanītan tiraḥpavitraṃ haviṣyodakañ ca tiraḥpavitrañ cānulepanañ ca puṣpāni ca dadyāt /
pavitran tiraskṛtya- iti pavitraikavacanena śravaṇāt pareṣāñ ca śrāddhakarmaṇi pavitraikatvopadeśād (cf. KauṣGS 3,14,12 *ekaṃ pavitram*) ekapavitreṇa tiraskaraṇam //

JGS 2,1,11.

annam avattvā
ghṛtenābhighārya
darbhān paristaraṇīyān iti

anna===niti // *avattvā-* iti cchāndaso prayogaḥ / *ktvāpi cchandasi-* (Pāṇini 7,1,38) iti hy asti siddham / annam eva cāvakhaṇḍyopyānyasmin pātre- ādāya ghṛtenābhighārya pariṣṭaraṇīyān agniṃ pari staritavyān darbhān / itiśabdas tadāditve[37] / paristaraṇīyadarbhādīni paristaraṇīyedhmaparidhimekṣaṇāny upakalpayate //

JGS 2,1,12.

tad ādāya-
agnau kariṣyāmi- iti
brāhmaṇān anujñāpya
prāgdakṣiṇāmukhaḥ

tadā===mukhaḥ // tad avattam annam ādāya- *agnau kariṣyāmi-* iti vijñāpya brāhmaṇān anujñāpya *kuruṣva-* ity anumataḥ prāgdakṣiṇāmukha āgneyīn diśam abhimukhaḥ kuryād vakṣyamāṇavat /

paristaraṇīyapavitrasaṃskaraṇahavirutpavanānām ihāprāptavadvidhānadarśanān na pārvaṇāvṛd atrety avagatam / tato 'yam apūrvo homaḥ / yāvad ihocyate- etāvataiva samyag bhavati / pavitraprāsanamekṣaṇahomādi ca kva cid api pārvaṇaprakṛtāv adṛṣṭam iha dṛṣṭam apūrvatām asyānuruṇaddhi //

JGS 2,1,13.

agniṃ praṇayitvā
trir dhūnvan pradakṣiṇam agniṃ paristṛṇāti

Note: *trir dhūnvan pradakṣiṇam agniṃ paristṛṇāti* quoted in Bh on JGS 2,1,6.

agniṃ===ṇāti // agniṃ svasthānād anyatra praṇīya dhūnvan vikiran pradakṣiṇam agniṃ paristṛṇāti /

siddhatvāt ihāpi savyācāratā vidhānenaiva parigṛhītatvāt / *prācīnāvītī-* iti tv ihāvacanaṃ[38] pūrvasya paristaraṇasya yajñopavītinā karaṇārthaṃ grāhyam / yuktam eva caitat prādakṣiṇyayogāt //

JGS 2,1,14.

prācīnāvītī triḥ prasavyam

Note: This sūtra is quoted in Bh on JGS 2,1,6. – The wording of this sūtra is identical with that of JGS 2,1,22.

prācī===savyam //

JGS 2,1,15.

triḥ paryukṣet pradakṣiṇam

[37] *tadāditve* emended : *tadānītve* mss.

[38] *prācīnāvītī- iti tv ihāvacanam* emended : *prācīnāvītī tv iha vacanam* K, P : *prācīvīti tv iti na vacanam* A (in T, the relevant leaf 96 is missing).

triḥpa===kṣiṇam // paristaraṇānantaran tūṣṇīm eva triḥ pariṣiñcet //

JGS 2,1,16.
prācīnāvītī triḥ prasavyam

prācī===savyam // prācīnāvītī bhūtvā prasavyañ ca trir eva pariṣiñcet / ata eva pūrvaḥ pariṣeko yajñopavītinā kāryam //

JGS 2,1,17.
audumbara idhmaḥ

audu===idhmaḥ // paryukṣaṇānantaram udumbaramaya idhmo 'gnau prakṣeptavyaḥ //

JGS 2,1,18.
paridhayo bhavanti

pari===vanti // tadanantaraṃ paridhaya audumbarāḥ paridhātavyā bhavanti //

JGS 2,1,19.
mekṣaṇañ ca

mekṣaṇañ ca // vakṣyati *mekṣaṇena juhoti-* (JGS 2,1,20) iti / mekṣaṇañ ca tad audumbaraṃ bhavati //

JGS 2,1,20.
pavitraṃ saṃskṛtya-
annam utpūya-
agnau pavitraṃ prāsya
mekṣaṇena juhoty
agnaye kavyavāhanāya svadhā nama[s] svāhā
somāya pitṛmate svadhā nama[s] svāhā- iti

Note: *mekṣaṇena juhoti* quoted in Bh on JGS 2,1,19.

pavi===heti // ekaṃ pavitram (cf. Bh on JGS 2,1,10) amantrakaṃ saṃskṛtyādbhir anumṛjyānenānnam utpūya tat pavitram agnau prāsya mekṣaṇenopahatya- ete āhutī juhoti //

JGS 2,1,21.
yajñopavītī bhūtvā-
apa upaspṛśya
yamāyāṅgirasvate svāhā- iti

meksaṇam agnāv anuprahṛtya
namaskārān kṛtvā yathādaivatam
triḥ paryukṣet pradakṣiṇam

Note: *anuprahṛtya* emended after Bhavatrāta's commentary and sūtra division : *anupraharati* Caland's ed. without variants.

yajño===kṣiṇam // yajñopavītī bhūtvāpa upaspṛśya *yamāyāṅgirasvate svāhā-* iti mekṣaṇam agnāv anuprahṛtya namaskāraṃ kṛtvā yathādaivatan triḥ paryukṣet pradakṣiṇam /

atha yajñopavītī bhūtvānena mantreṇa mekṣaṇam agnāv anuprahṛtya yathādaivataṃ yā yā devatā tasyai tasyai namaskārān kṛtvā- *agnaye kavyavāhanāya namaḥ / somāya pitṛmate namaḥ / yamāyāṅgirasvate namaḥ-* iti / atha pradakṣiṇan triḥ paryukṣet /

iha yamanamaskāre yajñopavītaṃ prācīnāvītam iti vipratipattiḥ / kṛtāntas tu yajñopavītam iti / kuta iti cet pradāne yajñopavītaśravaṇāt tadaṅgasya namaskārasya tadanuvṛttinyāyyatvāt tatra yamasya devatātvam atra pitṛtvam ity ayuktatvāc ca //

Note: Here the tradition seems to have preserved the first part of this commentary in two versions, the first apparently being a draft or part of an earlier commentary upon which Bhavatrāta's vṛtti was based.

JGS 2,1,22.
prācīnāvītī triḥ prasavyam

Note: The wording of this sūtra is identical with that of JGS 2,1,14.

prācī===savyam //

JGS 2,1,23.
savyāñjanam annaṃ pātreṣu vardhayitvā-
āmāsu pakvam (JGS 2,1,24) iti
kṣīraṃ ghṛtaṃ vā siñcati

savyā===ñcati // vyañjanasaṃyuktam annaṃ pātreṣu vardhayitvā- *āmāsu pakvam* (JGS 2,1,24) ity anena yajuṣā tatra kṣīraṃ ghṛtaṃ vā siñcati / pratipātraṃ mantrāvṛttiḥ //

JGS 2,1,24.
āmāsu pakvam amṛtan niviṣṭaṃ
mayā prattaṃ svadhayā madadhvam iti

Note: The pratīka *āmāsu pakvam* is quoted in JGS 2,1,23.

JGS 2,1,25.
etāni vardhitāny ādiśati

Note: *etāni* omitted in Caland's ed. without variant readings.

etā===śati // etāni vardhitāny annāni paṭhisyamāṇair etair mantraiḥ (JGS 2,1,26) pitṛbhya ādiśati saṃkalpayati / sakṛd uktair eva mantrais sarvāṇy ādiśati śakyatvāt / tathaiva bahuvacanadarśanaṃ yuktaṃ bhavati / *pātreṣu dattam* (JGS 2,1,26: 1) ity *ebhir matprattair* (JGS 2,1,26: 2) iti ca //

JGS 2,1,26.

(1) *etad vaḥ pitaro bhāgadheyaṃ*
pātreṣu dattam amṛtaṃ svadhāvat /
akṣīyamānam upajīvatainan
mayā prattaṃ svadhayā madadhvam //

(2) *amṛtā vāg amṛtā vāco agne*
vāco 'mṛta tvan trivṛtaikadhāmā /
ebhir matprattai[s] svadhayā madadhvam
ihāsmabhyaṃ vasīyo 'stu devāḥ //

(3) *ayaṃ yajñaḥ paramo yaḥ pitṝṇāṃ*
pātradeyaṃ pitṛdevatyam agne /
vāk ca manaś ca pitaro naḥ prajānīm
āśvibhyāṃ prattaṃ svadhayā madadhvam //

(4) *ya iha pitaraḥ pārthivāso*
ya antarikṣa uta ye samudriyāḥ /
ye vācam āptvā amṛtā babhūvus
te 'smin sarve haviṣi mādayantām //

(5) *eṣā va ūrg eṣā va[s] svadhā ca-*
āmatta ca pibata ca mā ca vaḥ kṣeṣṭa /
svadhāṃ vahadhvam amṛtasya yoniṃ
yathā svadhā pitaras tāṃ bhajadhvam //

(6) *yeha pitara ūrgdevatā ca*
tasyai jīvema śaradaś śataṃ vayam /
jyotiṣmad dhattājaraṃ ma āyur // iti

Note: (1) *pātreṣu dattam* and (2) *ebhir matprattaiḥ* quoted in Bh on JGS 2,1,25.

eta===riti //

JGS 2,1,27.

athaitāni brāhmaṇebhya upanikṣipya svāṅguṣṭhenānudiśaty *amuṣmai svadhāmuṣmai svadhā-* iti

Note: *anudiśati* : *abhimṛśati* varia lectio recorded by Bhavatrāta, unknown to Caland's ed.

athai===dheti // *etāni-* iti pātragatāny annāny ādiśyante / athaināni tebhyo brāhmaṇebhya upanikṣipya- upanidhāya tatsamīpe nidhāya tasya tasya brāhmaṇasyāṅguṣṭhena pitre pitāmahāya prapitāmahāya ca- *amuṣmai svadhā- amuṣmai svadhā-* iti nāmabhir anudiśati /

iha diśatir dānakarma / anur anugatau / anudiśati- anugatyā dadāti / brāhmaṇānām anugatyā taddvāreṇa pitrādibhyo dadātīty arthaḥ / yathāgnidvāreṇa devatā havir amātyadvāreṇa rājānañ janapadakaran tadvad idam annaṃ brāhmaṇadvāreṇa pitrādīn bhajate / tena pitṛgaṇas tuṣyati /

yeṣān tu pāṭhaḥ- *aṅguṣṭhenābhimṛśati-* iti teṣām *upanikṣipya-* iti pradāyety uktaṃ bhavati //

JGS 2,1,28.

yan me 'prakāmā (JGS 2,1,29) iti bhuñjato 'numantrayate

yanme===yate // anena mantreṇa bhuñjānān brāhmaṇān anumantrayate //

JGS 2,1,29.

yan me 'prakāmā uta vā prakāmās
samṛddhe brāhmaṇe 'brāhmaṇe vā /
ya[s] skandati nirṛtiṃ vāta ugrāṃ
yena naḥ prīyante pitaro devatāś ca /
vāyuṣ ṭat sarvaṃ śundhatu
tena śuddhena devatā mādayantān
tasmiñ chuddhe pitaro mādayantām // iti

Note: The pratīka *yan me 'prakāmāḥ* quoted in JGS 2,1,28.

yanme===miti //

JGS 2,1,30.

akrān samudra (JS 1,54,5) ity āśvaṃ (JGG 6,6,26) gītvā saṃpannaṃ pṛṣṭvāathācāmayet

Note: *āśvaṃ gītvā* quoted in Bh on JGS 2,3,18*.

akrā===mayet // *akrān samudra* (JS 1,54,5) ity asyām r̥ci yad āśvan nāma sāma (JGG 6,6,26) tad gītvā sampannaṃ samāptaṃ bhojanaṃ pr̥ṣṭvā- ācāmayed enān /
bahutvād āśvānām r̥cā viśeṣanam / asati tv āśvagrahaṇe dīrghatamaso vratasya- (JĀrG 1,8) api prasaṅga[s] syāt //

JGS 2,1,31.

yajñopavītī bhūtvā-
abhiramantāṃ bhavanta ity uktvā
pradakṣiṇaṃ kr̥tvā
yan me rāmā- (JGS 2,1,32) iti
gacchato 'numantrayate

yajño===yate // yajñopavītī bhūtvāpa upaspr̥śya- *abhiramantāṃ bhavanta* iti brāhmaṇān uktvā yajñopavītasyeha yāvaduktavartitvāt prācīnāvīty eva pradakṣiṇaṃ kr̥tvā tān bhojanasthānāt bahir gacchataḥ- *yan me rāmā-* (JGS 2,1,32) ity anena mantreṇānumantrayate / *pratyetya-* (JGS 2,2,1) iti vidhāsyamānatvād anugamanaṃ siddham //

JGS 2,1,32.

yan me rāmā śakuni[ś] śvāpadaś ca
yan me 'śucir mantrakr̥tasya prāśat /
vaiśvānaras savitā tat punātu
tena pūtena devatā mādayantāṃ
tasmin pūte pitaro mādayantām // iti

Note: The pratīka *yan me rāmā* quoted in JGS 2,1,31.

yanme===miti // smr̥tyācārasiddham iti dakṣiṇādānam ihāvihitam / tad abhiramaṇa-vacanāt (JGS 2,1,31) prāk kāryaṃ sarvañ caitan nimantraṇādi dakṣiṇādānāntam agre vaiśvadevabhugbhyāṃ vidheyam / paścāt tv anayoḥ prasthāpanam / yā tu paribhāṣāsiddhā dakṣiṇā *yathāśraddhadakṣiṇāḥ pākayajñā* (JGS 1,4,23) sācāryaviṣayā vānyatra brāhmaṇa-viṣayā vā satī- ātmani nyastaṃ havir yathāgnir devatān tathā pitr̥̄n prāpayato naitān brāhmaṇān upasarpati // //

JGS 2,2,1.

śeṣam anujñāpya
pratyetya
prāgdakṣiṇāyatañ caturaśraṃ gomayenopalipya-

apahatā asurā rakṣāṃsi piśācāḥ pitṛṣada iti
madhye rekhāṃ kāṣṭhenollikhya
ye rūpāṇi pratimuñcamānā
asurās santa[s] svadhayā caranti
parāpuro nipuro ye bharanty agniṣ
ṭāṃl lokāt praṇunottv asmād ity
ulmukan dakṣiṇato nidadhāti

Note: *pratetya* quoted in Bh on JGS 2,1,31.

śeṣa===dhāti // upasādhitasyānnasya śeṣaṃ brāhmaṇāṃs tān anujñāpya svīkṛtya punar etya prācyāś ca diśo dakṣiṇasyāś ca yā madhyavartinī dik tān diśaṃ praty āyataṃ prāgdakṣiṇāyatañ caturaśrañ catu[s]srakti kiñ cid iti cen na kiñ cid adhikaraṇaṃ kriyaiva viśeṣyate /

prāgdakṣiṇāyatañ caturaśrañ ca bhāvayan gomayenopalipya tasya madhye yājñiyena kāṣṭhena lekhām *apahatā* ity anena yajuṣollikhya lekhāyā dakṣiṇato homāgner evopāttam ulmukaṃ *ye rūpāṇi-* ity anena nidadhāti / avacane 'pi dakṣiṇata evāgner upalepanaṃ *dakṣiṇato 'gneṣ ṣaḍ agnīn* (JGS 2,3,10) ity uttaratra darśanāt /

kāṃ punar diśaṃ praty ullekhanam / prakṛtatvāt prāgdakṣiṇām eva prati / kiñ cit prāgdakṣiṇāyatatvasya dṛṣṭārthasyopapatteḥ piṇḍaśreṇyavakāśalābhārthatā grāhyā / tataḥ prāgdakṣiṇāyatatvaṃ piṇḍaśreṇyās siddham / tadadhikaraṇabhūtānāñ ca darbhāṇām anulekham āstaraṇaṃ vakṣyati (JGS 2,2,2) / tataś ca prāgdakṣiṇām eva praty ullikhet *ye rū ... d* iti //

JGS 2,2,2.

anulekhan darbhān āstīrya-
udapātreṇācāmayati

anu===yati // anulekhaṃ lekham anupātino darbhān āstīrya- udapātreṇa pitṛpitāmahaprapitāmahān ācāmayati vakṣyamāṇair (JGS 2,2,3-5) mantrais triṣu pradeśeṣu prāgdakṣiṇāpavargam apas siñcati //

JGS 2,2,3.

ācāma pitar asau
ye ca tvātrānu te cācāmantv iti

Note: *anu* implying *ye ca tvātrānu te ca* quoted in JGS 2,6,41; *ācāma pitar devadatta* quoted in Bh on JGS 2,6,41. - For the mantra to the mother, see Bh on JGS 2,6,40.

ācā===ntviti // anena mantreṇa pitre- udakañ siñcati //

JGS 2,2,4.

evaṃ pitāmahāya

Note: This sūtra is identical with JGS 2,1,8 and 2,2,8.

evaṃ===hāya //

JGS 2,2,5.
evaṃ prapitāmahāya

Note: This sūtra is identical with JGS 2,1,9 and 2,2,9.

evaṃ===hāya // viṣṭaramantravad gacchati (cf. JGS 2,1,8-9) //

JGS 2,2,6.
teṣu piṇḍān nidadhāty anunāmāpahastena

Note: Cf. JGS 2,3,14-15 partly quoting this sūtra: *iti tāsu piṇḍān nidadhāti / anunāmāpahasteneti.*

teṣu===stena // teṣv ācamananayanapradeśeṣu – atha vā teṣu darbheṣu – śeṣānnopakalpitāṃs trīn piṇḍān anunāma nāmānugatyā- apahastenāvācīnahastenābhyaṅguṣṭhaparāvṛttena nidadhāti paṭhiṣyamāṇair mantraiḥ (JGS 2,2,7-11) /

asāv iti mantre darśanāt tatra cārthayogān nāmagrahaṇasya *saṃ māsaṃ praviśāsau* (JGS 1,7,5) *pradātaḥ prayacchāsāv* (JGS 1,11,20) ityādivat siddhatvād iha ca viṣṭarapradānādāv avacanād *anunāma-* ity anarthakam / nānarthakam eṣv eva mantreṣu nāmagrahanasya nityatā netareṣv iti jñāpanārthatvāt / tataś ca viṣṭarāṅguṣṭhānudeśenācamanāñjanābhyañjanamantrāṇām ajñāteṣv api nāmasu tadvarjanāgrahaṇam uktaṃ bhavati //

JGS 2,2,7.
etat te pitar asau
ye ca tvātrānu tebhyaś ca svadhā nama iti

Note: *tebhyaś cāyaṃ piṇḍa* T. Rājagopāla Aiyaṅgār's ms. for *tebhyaś ca* in Caland's ed. (no variants recorded). – *ye ca tvātrānu tebhyaś ca* and *svadhā namaḥ* quoted in Bh on JGS 2,6,41. – For the mantras for mothers, see Bh on JGS 2,3,15.

eta===iti //

JGS 2,2,8.
evaṃ pitāmahāya

Note: This sūtra is identical with JGS 2,1,8 and 2,2,4.

evaṃ===hāya //

JGS 2,2,9.
evaṃ prapitāmahāya

Note: This sūtra is identical with JGS 2,1,9 and 2,2,5.

evaṃ===hāya //

JGS 2,2,10.

nāmāny ajānataḥ
pitar etat te
pitāmahaitat te
prapitāmahaitat ta iti

nāmā===iti // nāmādīni pitrādīnām ajānataḥ piṇḍapradānamantrā ete syuḥ / paṭhitamātrāṇi mantrāntarāṇy etāni //

JGS 2,2,11.

bandhv ajānata
idaṃ pitṛbhyaḥ pṛthivīṣadbhya
idaṃ pitāmahebhyo 'ntarikṣasadbhya
idaṃ prapitāmahebhyo diviṣadbhya iti

bandhva===iti // bandhuśabdaḥ pitṛpitāmahaprapitāmaheṣu prathamam vartate / bāndhavaśabdo 'pi tadvaṃśeṣu / bandhor apatyaṃ bāndhava iti / ya tv anyeṣu jñātiṣu bandhuśabdo bāndhavaśabdo vā vartate / sā gauṇī vṛttiḥ / yathā devadatte siṃha iti yac ca prasiddho bandhumān iti śuddhañ janmani puṃsi / tataś cedan niśceyaṃ / pitṛpitāmahaprapitāmahavācī bandhuśabda iti / teṣāṃ hi saṃpadā janmaśuddhir bhavati na jñātisaṃpadā /

bandhv ajānataḥ pitaraṃ pitāmahaṃ prapitāmahaṃ vā- ajānata avivekena jāte 'pi piṇḍapradānamantrā ete syuḥ / apacāriṇyāṃ hi mātari pitāmahyāṃ prapitāmahyāṃ vā- etad api prasajati / karmānuṣṭhānañ ca jātimātropajīvināpi śraddadhānena kāryam //

JGS 2,2,12.

atra pitaro mādayadhvaṃ
yathābhāgam āvṛṣāyadhvam ity
udaṅṅ āvṛtya-
ā tamitor āsīta

atra===sīta // idaṃ yajuḥ piṇḍābhimukho japitvā- athodaṅṅ āvṛtyā tamanād āsīta / tamananimittasyehānyasyābhāvād yathāsīna[s] svayam eva tāmyati tathāsīta / aśvasann āsīta //

JGS 2,2,13.

amīmadanta pitaro
yathābhāgam āvṛṣāyiṣata- iti
japitvā

pūrvavad ācāmayya
nīvīṃ visraṃsya
namaskārān kr̥tvā yathādaivatam
etad vaḥ pitara (JGS 2,2,14) iti
vastrāṇy ādiśaty ūrṇāstukāṃ daśāṃ vā

Note: Caland's ed. ends with *daśāmbaraṃ vā* without variant readings, but Bhavatrāta's pratīka ends with *śāṃ vā* and T. Rājagopāla Aiyaṅgār reads *daśāṃ vā* in the text.

amī===śāṃvā // iha pitr̥śabdas trīn api pitrādīn upalakṣayati / pratyāvr̥tyedaṃ yajur japitvā pūrvavat pitr̥̄n ācamayya nīviṃ vastrabandhanaṃ visraṃsya yathādevataṃ *pitre namaḥ pitāmahāya namaḥ prapitāmahāya nama* iti namaskārān kr̥tvā ekāṃ vā ūrṇāstukām ekāṃ vā vāsodaśāṃ vibhajya trīṇi vastrāṇy ādiśati pitr̥bhyo 'nena yajuṣā /

ūrṇāśabdaḥ- aver lomasu vartate / stukā saṃghaḥ / ūrṇānāṃ stukā ūrṇāstukā- avilomavartikety arthaḥ /

vibhāgāvacanād avibhajyaivādeṣṭavyeyaṃ sakr̥d evety eke / tathā sati *vastrāṇi-* iti bahuvacanan nāvakalpeta / tasmād uktavad eva śreyaḥ /

kim āvartate mantraḥ / kas saṃśayaḥ / yadi mantrasyāvr̥ttir api tu pitr̥śabdenaikasya ca bahuvacanenābhidhānam aśakyam abhyupagataṃ asmin pakṣe syāt / naitad iha codyam / dvayam api- apitari tāvat pitr̥śabdaḥ- itarasminn api pakṣe vidyamānatvād adoṣaḥ / ekasya tu bahuvacanenābhidhānaṃ siddham eva pūjāyām asti ca prayogaḥ / iha bhavadbhir āsyatām ājñaiṣā pūjyapādānām iti / atha vā sarvo 'py atra pitr̥śabdo bahutvayuktaḥ pitr̥gaṇābhidhāyako vyākhyeyaḥ //

JGS 2,2,14.

etad vaḥ pitaro vāso
gr̥hān naḥ pitaro datta- //
ādhatta pitaro garbhaṃ kumāraṃ puṣkarasrajaṃ /
yatheha puruṣo 'sad iti

Note: The pratīka *etad vaḥ pitaraḥ* quoted in JGS 2,2,13, where presentation of clothing to the manes is prescribed. The mantra is paralleled in VS 2,32 (g) *gr̥hān naḥ pitaro datta* ... (h) *etad vaḥ pitaro vāsa ādhatta.* The following mantra, *ādhatta ... puruṣo 'sad* is taken from VS 2,33 and belongs to the practice discussed in JGS 2,3,18-21*, q.v.

eta===diti //

JGS 2,2,15.

āñjanābhyañjane dadāty
āṅkṣvāsāv ity
abhyaṅkṣvāsāv iti

āñja===viti // añjanakalkam abhyañjanañ ca tailam ābhyāṃ yajurbhyān dadāti / *āṅkṣvāryaśarman / abhyaṅkṣva brahmadatta-* iti ca / añjanakalkan tr̥ṇakhaṇḍair abhyañjanaṃ parṇādinā dadyāt //

JGS 2,2,16.
gandhān sumanasaś ca dadyāt

gandhā===dadyāt // mantrāvidhes tūṣṇīm eva //

JGS 2,2,17.
namo vaḥ pitara (JGS 2,2,18) iti ṣaḍbhir namaskārair upatiṣṭhate

namo===ṣṭhate // iha namaskāraśabdo mantreṣu / namaskaroty ebhir iti / *namo vaḥ pitara* (JGS 2,2,18) ityādibhiṣ ṣaḍbhir namaskāraiḥ paṭhisyamāṇair mantraiḥ pitrādīn upatiṣṭhate //

JGS 2,2,18.
namo vaḥ pitaro rasāya
namo vaḥ pitaraś śuṣmāya
namo vaḥ pitaro jīvāya
namo vaḥ pitaro ghorāya
namo vaḥ pitaro balāya
namo vaḥ pitaro manyave

Note: The pratīka *namo vaḥ pitaraḥ* quoted in JGS 2,2,17.

namo===nyave // ete[39] namaskārāṣ ṣaṭ //

JGS 2,2,19.
svadhāyai ca pitaro namo va iti paryāyānteṣu

Note: *iti paryāyānteṣu* emended after Bhavatrāta's commentary and pratīka : *iti* Caland's ed., with the recorded variants *iti paryānteṣu* M1 : B and M2 repeat (partly abbreviated, partly corrupt) *svadhāyai ca pitaro namo vaḥ* after each of the six mantras in JGS 2,2,18.

svadhā===nteṣu // eṣa nigadaṣ ṣaṇṇām api namaskāramantrāṇāṃ paryāyānteṣu vācyaḥ / *namo vaḥ pitaro rasāya svadhāyai ca pitaro namo va* ity evaṃ sarvatra //

[39] *ete* T : *etena* K, A : *etenata* P, M.

JGS 2,2,20.

ūrjaṃ vahantīr amṛtaṃ ghṛtaṃ payaḥ kīlālaṃ parisrutam
svadhā stha tarpayata me pitṝn ity
apaḥ prasicya
mā me kṣeṣṭa
bahu me pūrtam astu
brahmāṇo me juṣantām annam annam /
sahasradhāram amṛtodakaṃ me
pūrtam astv etat parame vyoman //
devāś ca pitaraś caitat pūrtaṃ me atropajīvantām /
akṣīyamāṇam upajīvata-
enan mayā prattaṃ svadhayā madadhvam iti
ye samānās sumanasa iti
pradakṣiṇaṃ kṛtvā
ye samānās sumanaso jīvā jīveṣu māmakāḥ /
teṣāṃ śrīr mayi kalpatām
asmiṃl loke śataṃ samā ity
amāyāvī piṇḍān prāśnīyād annādyakāmo vā

ūrja===movā // evaṃrūpaś ced ayaṃ granthaḥ nāsyaikavākyatayāvakalpate nāpi bhinnavākyatayā / na tv ayam evaṃrūpaḥ / paṭhiṣyan hi mantram ācāryaḥ pṛthag asyādin na gṛhṇāti / pāṭhadvayasamuccayas tv ayam iti pūrvam apy uktam /

ekaḥ pāṭhaḥ / *ūrjaṃ vahantīr* ity apaḥ prasicya *mā me kṣeṣṭa-* ity anumantrya *ye samānās sumanasa* iti pradakṣiṇaṃ kṛtvāmayāvī piṇḍān prāśnīyād annādyakāmo veti / nirdoṣam ekavākyatvam /

itarasminn api pāṭhe pratīkagrahaṇābhāvāt siddham evaikavākyatvan draṣṭavyam /

ūrjaṃ vahantīr ity apaḥ piṇḍasamīpe prasicya *mā me kṣeṣṭa-* iti piṇḍān anumantrya *ye samānā* iti piṇḍān pradakṣiṇīkṛtya svayam āmayāvī vānnādyakāmo vā syāc cet piṇḍān etān prāśnīyāt /

yasya dharmārthayānaparipanthī cirāvasthito roga[s] syāt sa āmayāvīti / ke cit tv āmayāvinam āmaśūlinam evecchanti //

JGS 2,2,21.

agnau vā saṃkṣāpayet

Note: *saṃkṣāpayet* with the text ms. M1 and Bhavatrāta's commentary : *saṃkṣepayet* Caland's ed. with B and M2.

agnau===payet // tasminn evāgnau saṃśoṣayed vā / kṣāyater ṇijantasyaitad rūpam //

JGS 2,2,22.
apsu vābhyavahareyuḥ

apsu===reyuḥ // apsu vainān abhyavahareyuḥ prakṣipeyuḥ / bahuvacanayogāt karmakarā api //

JGS 2,2,23.
ajaṃ gāṃ brāhmaṇaṃ vā prāśayeyuḥ

aja===yeyuḥ // iha piṇḍān praty ajādayo vidhīyante na piṇḍā ajādīn prati / vidhīyamānasya ca liṅgavacanayor avivakṣām ayuktām āhur vākyārthavidaḥ / tasmān nājādayaḥ prāśayeyur nājau na gāvau na brāhmaṇīn na brāhmaṇau //

JGS 2,2,24.
śeṣasya prāśnīyāt

śeṣa===śnīyāt // śrāddhaṃ praty upasādhitasyānnasya yaś śeṣas tasyaikadeśaṃ svayaṃ prāśnīyāt / ayam asya nitya eva bhojane bhojyaniyamaḥ kṛtaḥ / tataś ca vaiśvadevaśeṣabhojanam arthān nivṛttam /

aparaṃ matam / śrāddhakarmāṅgabhūtam anyad idaṃ prāśanam / ato na haviśśeṣaprāśanavat / na nityaṃ bhojanaṃ vikaroti / tato mātrayā prāśya yathāpuraṃ bhuñjīteti / ayaṃ pakṣo 'smān anuruṇaddhi //

JGS 2,2,25.
na cānnatṛptiṃ gacchet

nacā===gacchet // iha tṛptiḥ pūrṇatā / annatṛptim annapūrṇatāṃ śrāddhadivase na gacchen na prāpnuyāt / sauhityan nācared ity arthaḥ / idam annagrahaṇam uktayoś śeṣabhojanaprakārayor uttarasminn eva sārthataraṃ bhavati /

kāla[ś] śrāddhasya kin nokto dharmaśāstreṣu kalpitaḥ /
aucyatopanayādeḥ kiṃ samāvṛttavratādi ca //
atra brūmo vidhānānān dharmaśāstreṣu bhūyasām /
abhīṣṭakḷptaye tat tad aucyateti na duṣyati //
ācāro dharmaśāstrokto yas sa nopaiti nāpi naḥ /
tad ahas yat tv ihāmnātaṃ sarvasyāpi pradarśanam //
kṛṣṇapañcadaśī mukhyā tithayaḥ pañcamīmukhāḥ /
asaṃbhave syāc chrāddhasya kālo bhoktrāptir eva vā //
// //

JGS 2,3. (aṣṭakāśrāddham)

JGS 2,3,1.
ūrdhvam āgrahāyaṇyās trayo 'parapakṣās
teṣām ekaikasminn ekaikāṣṭakā bhavati

ūrdhva===vati // āgrahāyaṇī nāma mārgaśīrṣī paurṇamāsī / ūrdhvam āgrahāyaṇyāḥ paurṇamāsyā ye trayo 'parapakṣās teṣām ekaikasminn aparapakṣe vakṣyamāṇānām aṣṭakānām ekaikāṣṭakā kāryā bhavati /

ihāṣṭaketi karmaviśeṣasyākhyā / asti ca smṛtipathe- aṣṭakā kartavyā *na tv evānaṣṭaka[s] syād* (BaudhGS 2,11,61 = ĀśvGS 2,4,10) iti / yā tv iyam aparapakṣasyāṣṭamī tithis tām aṣṭakāśabdo 'bhidadhāti / śrūyate hi *sa indra etām aṣṭakām apaśyat tasyām adīkṣata-* (JB 2,372: 320,17) iti ca *dvādaśa paurṇamāsīr dvādaśāṣṭakā dvādaśāmāvāsyā* (JB 3,2: 355,26-27 = 3,5: 357,9) iti ca / tatropapattir anumeyā / aṣṭasaṃkhyāyogād aṣṭaketi / evaṃ sthite dvayam ihānveṣṭavyam āsīt / asmin karmaṇy aṣṭakāśabdasya pravṛttikāraṇañ ca prayoge cāsya divasaviśeṣaḥ / ubhayasmin samudite 'ṣṭakāśabdo vartate / tad ubhayasampattaye 'ṣṭamy eva tithir asya karmaṇaḥ kālo niyamyate / tatra siddham aṣṭakākālatvād aṣṭakākhyatvam asya yathāhaḥkāleṣu stotreṣv ahaśśabdo yathā ca rātrikāleṣu rātriśabdaḥ / *trivṛd ahaḥ pañcadaśī rātrir* (JK 1,7,5d: 133,16) iti tadvat //

Note: I have transferred here the phrase *ubhayasmin samudite 'ṣṭakāśabdo vartate* from the commentary on JGS 2,3,4, where its occurrence does not fit the context.

JGS 2,3,2.

śākāṣṭakā
māṃsāṣṭakā-
apūpāṣṭakā- iti

śāka===keti // vakṣyati (JGS 2,3,3) śākādīny aṣṭakāhavīṃṣi / saṃśayas tu syāt / catvāri śākādīni havīṃṣi samuccīyeran vāṣṭakāsu vyavatiṣṭheran vā kasya vā kim iti / tatra vyavastheyaṃ kriyate / śākahaviṣkā- aṣṭakā śākāṣṭakā / evam itare api māṃsāṣṭakāpūpāṣṭaketi / triṣv aparapakṣeṣv ānupūrvyeṇa syuḥ / samuccayārthaḥ prakārārtho vetiśabdaḥ //

JGS 2,3,3.

tatra śākamāṃsāpūpāni havīṃṣy odanañ ca

tatra===nañca // śākamāṃsāpūpodanā ity anuktvā pṛthag odanavacanāt pratyekam odanas samuccīyeta / ekaikā dvihaviṣkā //

JGS 2,3,4.

teṣāṃ haviṣāṃ sthālīpākāvṛtāgnau juhuyād
aṣṭakāyai svāhā /
ekāṣṭakāyai svāhā /
aṣṭakāyai surādhase svāhā /
saṃvatsarāya
parivatsarāya-
idāvatsarāya-
idvatsarāya-

āvatsarāya
kr̥ṇutā namobhiḥ /
tvayā vayaṃ sumatau yajñiyānāṃ
jyog ajitā ahatā[s] syāma svāhā- / iti

Note: Cf. AVŚ 6,55,3 (Kauś. 42,15; 42,17; 68,35; Vait. 8,5)) idāvatsarāya parivatsarāya saṃvatsarāya kr̥ṇutā br̥han namaḥ / teṣāṃ vayaṃ sumatau yajñiyānām api bhadre saumanase syāma; AVP 17,21,9 idāvatsarāya parivatsarāya saṃvatsarāya br̥hate viśvarūpāya- amu[...]; 19,9,1 idāvatsarāya parivatsarāya saṃvatsarāya kr̥ṇutā br̥han namaḥ / teṣāṃ vayaṃ sumatau yajñiyānām api bhadre saumanase syāma; 19,51,1 idāvatsarāya parivatsarāya saṃvatsarāya prati vedayāma etat / yad vrateṣu duritaṃ nijigmima durhārdaṃ tena śamalenājmaḥ; TS 5,7,2,4 iduvatsarāya parivatsarāya saṃvatsarāya kr̥ṇutā br̥han namaḥ / teṣāṃ vayaṃ sumatau yajñiyānāṃ jyog ajītā ahatāḥ syāma; KS 13,15 saṃvatsarāya parivatsarāya- idāvatsarāya- anuvatsarāya- udvatsarāya kr̥ṇutā br̥han namaḥ / teṣāṃ vayaṃ sumatau yajñiyānāṃ jyog ajītā ahatās syāma; MŚS 1,6,4,21 saṃvatsarāya parivatsarāya- idāvatsarāya- anuvatsarāya- udvatsarāya kr̥ṇutā br̥han namaḥ / teṣāṃ vayaṃ sumatau yajñiyānāṃ jyogjīvā ahatāḥ syāma; PGS 3,2,2 saṃvatsarāya parivatsarāya idāvatsarāya- idvatsarāya vatsarāya kr̥ṇutā br̥han namaḥ / teṣāṃ vayaṃ sumatau yajñiyānāṃ jyogjītā ahatāḥ syāma svāhā; SMB 2,1,12 (GGS 3,8,10; KhGS 3,3,7) idvatsarāya parivatsarāya saṃvatsarāya kr̥ṇutā br̥han namaḥ / teṣāṃ vayaṃ sumatau yajñiyānāṃ jyog ajītā ahatāḥ syāma.

teṣāṃ===heti // sthālīpāka iti caros saṃjñā / sthālyāṃ pacyata iti / teṣām uktānāṃ sthālīpākasyāvr̥tā dharmeṇaihir mantrair agnau juhuyāt / yad uktaṃ *sruve sakr̥d ājyam upastr̥ṇāti-* (JGS 1,3,30) ityādi tathāvadāya juhuyād ity arthaḥ /

pārvaṇaprakr̥titvād evārthasya siddhe[s] *sthālīpākāvr̥tā-* ity anarthakam / nānarthakaṃ pārvaṇatantrasyehābhāva iti jñāpanārthatvāt / evam etad adhikaṃ parihr̥tan nāma *sthālīpākāvr̥tā-* iti /

ayuktas tv eṣa parihāraḥ / na hi pārvaṇatantrābhāve liṅgaṃ hetur vā- iha dr̥śyate / yat tv etat *sthālīpākāvr̥tā-* iti tat pārvaṇatantram aprāptam api prāpayituṃ śakyam / katham / prāptan nivartayet / pārvaṇo hi sthālīpāko prasiddhaḥ / tata[s] *sthālīpākāvr̥tā-* iti pārvaṇāvr̥tety uktaṃ bhavati / ayatnasiddhā tu pārvaṇāvr̥d *eṣā homāvr̥t sarvatra-* (JGS 1,3,41) iti / tata[s] *sthālīpākāvr̥tā-* iti sarvāṇi havīṃṣi sthālīpākavad evāvadīyerann ity etadartham / māṃsasya hi svadhitināvadānaṃ śraute karmaṇi niyatatvād (cf. ĀpŚS 7,14,10-13) iha prasaktan tad ayaṃ yatno nivartayati / tasmād iha māṃsam apy aṅguṣṭhāṅgulībhir evāvadeyam / aśakyam iti ced yathā śakyaṃ syāt tathā vikr̥tya śrapayitavyam / loke 'pi hīdaṃ vikr̥tyaiva śrapyate /

nanu paśāv avadānāny avikr̥tyaiva śrapyate / satyam etat / hr̥dayādīnān tu pr̥thag avadānavidhānāt tatrāpi [vi]kr̥tya śrapaṇam / atrānupanyāsaḥ /

havanacodanānām agner ayatnasiddhatvād dhavanasya ca *hutvopatiṣtheta-* (JGS 2,3,5) ity ata eva siddhatvād *agnau juhuyād* ity anarthakam / nānarthakam agnau havanasya ca nityatvapratipādanārthatvād asmiṃś ca havane vakṣyamāṇe ca śrāddhakarmaṇi tatra jīvatsu pitrādiṣu śrāddhābhāve 'py aṣṭakāhavanasyāparilopārthaḥ kr̥to 'yaṃ yatnaḥ- *agnau juhuyād* iti /

śākenāhuticatuṣṭayaṃ hutvā punar odanena juhuyāt //

Note: After *nityatvapratipādanārthatvāt* all mss. have the phrase *ubhayasmin samudite 'ṣṭakāśabdo vartate*, which obviously does not belong here, but to the commentary of JGS 2,3,1, where it has accordingly been inserted.

JGS 2,3,5.
hutvopatiṣṭheta-
ehi bhaga-
ehi bhaga-
ehi bhaga- iti triḥ

Note: *hutvopatiṣṭheta* is quoted in Bh on JGS 2,3,4. Caland's ed. reads *upatiṣṭhata* while recording variants. The commentary on JGS 2,3,5 supports both readings. – *triḥ* at the end is found in Bhavatrāta's pratīka and in the text ms. M1; Caland's ed. omits it.

hutvo===titriḥ // homānantaram etena yajuṣā trir upatiṣṭheta /

kān devatām / anyasyāvacanād agneś ca sānnidhyād agnim eva / yathāvakīryamāṇahome /

trir upatiṣṭhata iti / upasthānan nāma praṇāmaḥ- bhaktyā manasā pratyarpanan devatādau viṣaye / tad amantraṃ mantravac ca dṛṣṭam / tatra yadi mantrābhyāso nākariṣyata sakṛduktenaiva mantreṇa trir upasthānam akariṣyata yathaudumbaryāḥ purīṣeṇa paryūhaṇam (cf. JŚS 6,5) / yadi *trir* iti nāvakṣyata trir uktena sakṛd evākariṣyata yathā tṛtīyasavane camasāpyāyanam (cf. JŚS 15,13-14) / ubhayavacanāt tūbhayaṃ siddhaṃ mantrābhyāsaḥ kriyābhyāsaś ca /

aparā vyākhyā / upasthānan nāmedan devatāpraṇāmaḥ / tad yadi mantravat syān mantroktimātraṃ siddhaṃ bhavati / na kiñ cid anyat kāryam asti / tatra *trir* iti siddhe- abhyāsakaraṇaṃ mantre 'dhyavasānārtham iti / pūrvaiva hi vyākhyā sādhīyasī / upasthāya sviṣṭakṛd āgrayaṇavad dhotavyaḥ (cf. Bh on JGS 1,23,8) //

JGS 2,3,6.
madhyamāyāṃ gāṃ kārayet

madhya===rayet // tisro 'ṣṭakāḥ kālabhedena vihitāḥ / tāsāṃ madhyamāyāṃ māṃsam api haviṣṭvena vihitam / tasya kasya cic chiṣṭaṃ bhojyasya māṃsasya kṛtvā vā yājñakriyādinopāyena grahaṇe prasakte viśiṣṭo 'yam abhyupāyo niyamyate / atra hantyarthe karotir vartate / dṛśyate cānyatrāpi *kartavyā cet kuruteti brūyād* (JGS 1,18,87) ityādau /

nanu tatra saṃskaraṇārthatoktā / naitac codyaṃ hananopakramatvāt saṃskaraṇasya / madhyamāyāṃ gāṃ ghātayet / kin tu //

JGS 2,3,7.
tām aṣṭakāyai prokṣet

tāma===prokṣet // pūrvam eva hananāt tām aṣṭakāyai prokṣet / *aṣṭakāyā* iti yataiva vā sāvitrapūrvaṃ vā- *aṣṭakāyai prokṣāmi-* iti //

JGS 2,3,8.
tasyās trīṇi savyāny upoddharati
pārśvam apaghanīṃ śroṇīm iti

Note: *pārśvam apaghanīṃ śroṇīm iti* quoted in Bh on JGS 2,3,16.

tasyā===miti // tasyā gos trīṇi savyāni vāmabhāgasthāni pārśvam apaghanīṃ śroṇīm ity ato nyapoddharaty apacchidya pṛthag uddharati / *pārśvam* iti yad antarā pṛṣṭhodare tasyākhyā / apaghanī pūrvapādamūlam / śroṇī- aparapādamūlam / teṣān trayāṇāṃ piṇḍapradāne viniyogo vakṣyate / itaraṃ māṃsam aṣṭakāhaviṣṭvena saṃskāryam //

JGS 2,3,9.

śvo bhūte śrāddham anvaṣṭakyan
tad ahar vā

śvobhū===harvā // aṣṭakāhomasya pāścādbhāvād etac chrāddham anvaṣṭakyam / tad ahar yasminn aṣṭakāhomas tasmin vāhani śvo bhūte vā śrāddham anvaṣṭakyan nāma kartavyam / tatra sarva[ś] śrāddhavidhir anuṣṭheyaḥ- viśeṣaś ca vakṣyate /

iha keṣāñ cit pāṭha[ś] *śvo bhūte śrāddham anvaṣṭakyaṃ pitṛbhyo dadyāt tad ahar vā-* iti / tatra *pitṛbhyo dadyād* iti siddhasya vidhānaṃ strīnivṛttyartham / piṇḍapradānaṃ hy atra mātṛpitāmahīprapitāmahībhyo 'pi vidhāsyate / tato brāhmaṇabhojanasyāpi tādarthyena prakalpanam āśaṅkyeta / tannivṛttyartham ucyate *pitṛbhyo dadyād* iti / pitṛbhyaḥ pitrādibhya eva dadyān na mātrādibhya iti yojyam //

JGS 2,3,10.

brāhmaṇān havirarhān upaveśya
tāṃs tarpayitvā
tasmād agner dakṣiṇataṣ ṣaḍ agnīn praṇīya
teṣām ekaikasminn ekaikāṃ karṣūṃ khānayet

Note: *agner dakṣiṇataṣ ṣaḍ agnīn* quoted with variation in Bh on JGS 2,2,1: *dakṣiṇato 'gneṣ ṣaḍ agnīn ity uttaratra darśanāt.* There is no such variant reading in Caland's ed.

brāhma===khānayet // śrāddhabhujām upaveśanānantaraṃ kaiś cit piṇḍapradānaṃ vihitaṃ kaiś cic chrāddhabhojanam / niṣṭhāyām ācāryas tv ayam uttaraṃ pakṣaṃ paryagṛhṇāt / ihobhayam idaṃ vikalpayati / vāśabdas tv adhyāhāryaḥ /

haviḥ prasiddhaṃ devārthaṃ vā / havir arhanti bhoktum iti havirarhāḥ / yad uktaṃ *brāhmaṇāṃs tryavadātān upaveśya-* (JGS 2,1,6) iti tasyāyam anuvādaḥ / havirarhān brāhmaṇān upaveśya vā tāṃs tarpayitvā vā yasmiñ chrāddhahomas tasmād agner avacchidya ṣaḍ agnīn dakṣiṇataḥ praṇīya teṣām ekaikasminn agnau tasya tasya samīpa ekaikāṃ karṣūṃ kartaṃ khānayet /

kasyān diśy agneḥ karṣūḥ kheyāḥ / uttarataḥ kheyāḥ / ulmukasthānīyā hy agnayaḥ / ata eva caite punaḥ punar ulmukamantreṇaiva (JGS 2,2,1) nidhātavyāḥ / evaṃ vyākhyāyamāne prāg api homāt piṇḍapradānam / ita[s] smṛtiviruddhaṃ prāpnoti / *havirarhān* iti cāvācyan tryavadātacodanayaiva gatatvāt / tato 'nyathā vyākhyāyate /

havirarhān iti piṇḍapradānakāla evāyam avadhāryate *havirarhān upaveśya-* iti / adhastanaṃ sarvaṃ pariniṣṭhāpya havirbhojanavelāyāṃ prāptāyām apy abhojayitvaiva brāhmaṇān havirbhojanārhān sato 'bhyupaveśyaiva āsayitvety arthaḥ / pūrvavad itaran neyam / evam ihaikoddiṣṭe dvau kālau / para eva tu grāhyataraḥ /

athāsāṃ karṣūṇām āyāmavistāradiksaṃpattigāṃbhīryeṣv aniyamaprasaktena niyamaḥ kriyate //

JGS 2,3,11.
āyāmena prādeśamātrīm

āyā===mātrīm // āyāmena dīrghatvena prādeśamātrīm ekaikāṃ karṣūṃ kuryāt khānayed ity eva vā //

JGS 2,3,12.
pārthavena tryaṅgulām

Note: For *pārthavena* Caland's ed. reads *pārthivena* without recorded variants.

pārtha===gulām // pārthavena pr̥thutvena tryaṅgulāṃ vistāreṇa tryaṅgulāṃ khānayet /

kān diśaṃ praty āyāmaḥ kāṃ vā prati pārthavam ity ākāṅkṣāyām ucyate pr̥thutām iti / śrāddhavidhāne prāgdakṣiṇāyate caturaśre pradeśe piṇḍanidhānaṃ vihitam (JGS 2,2,1-6) / iha caturaśrāsv eva karṣūṣv etāsu vidhāsyati / tatra karṣūṇām api prāgdakṣiṇāyatatvam idaṃ vidhīyata iti / itthaṃ pr̥thutāṃ kuryāt / katham iti ced yathā prāgdakṣiṇāyatā karṣū syāt tathā dakṣiṇāprarān diśaṃ pratīty arthaḥ //

JGS 2,3,13.
avāṅ vaikāṅgulām

Note: *avāṅ* for *avāg* in Caland's ed. (no variants recorded) in accordance with Bhavatrāta's commentary.

avā===gulām // *avāg* iti vaktavye *avāṅ* iti cchāndasaḥ prayogaḥ / yathā *udaṅṅ udvāsya-* (JGS 1,2,6) iti / avācīn diśaṃ praty ekāṅgulāṃ khānayet //

Note: Cases of *-āṅ* for the adverbially used neuter sg. nom.-akk. *-āk* noted by Oertel on JUB 1,2,4 (JAOS 16: 226); cf. also Renou, *Grammaire sanskrite*, 1961: p.155.

JGS 2,3,14.
iti tāsu piṇḍān nidadhāti

Note: Cf. the first half of JGS 2,2,6, *teṣu piṇḍān nidadhāti.*

iti===dhāti // iti- itthan tāsu karṣūṣu piṇḍān nidadhāti / katham iti ced yathāmutra caturaśre pratyekaṃ yajuṣollikhitāsu pratyekāsu pratyekāstīrṇadarbhāsv ity arthaḥ /

kathaṃ punas trayāṇāṃ piṇḍānāṃ ṣaṭsu karṣūṣu nidhānam / atra brūmaḥ / ṣaṭ karṣūr vidhāya *tāsu piṇḍān nidadhāti-* iti codanayaiva ṣaḍ iha piṇḍā labdhāḥ / bhoktāras tu piṇḍatrayasya nopalabhyante / evaṃ sthite parastāt pradānāntare *strīṇām* (JGS 2,3,17) iti pitrādīnāṃ yā bhāryās tāsāṃ siddhavad anuvādāt piṇḍatrayam apīdan tābhyo deyam anumātavyam / tatra yathā sannikarṣaṃ pradānavidhānān mātāpitroś caikāv adhigatatvāt subrahmaṇyāhvānavat (cf. JŚS 7,6) pitranantaraṃ mātra ity ayaṃ kramo nyāyyaḥ / vacanābhāve ca nyāyānugamenaiva pravartitavyam / tata uttarāparasyāṃ karṣvāṃ pitre nidhāya tadanantaram anantarāyām eva mātre nidadhyāt //

JGS 2,3,15.
anunāmāpahasteneti

Note: This sūtra is identical with the latter half of JGS 2,2,6, except that *iti* has been added to the end here. This *iti* is omitted in Caland's ed., and is not recorded among the variant readings.

anu===neti // itiśabdas tatprabhr̥titve 'sty arthañ cedam ucyate / *anunāmāpahastena-* ity etatprabhr̥ti yat pitrādibhya uktan tan mātrādiṣv api tulyam ity arthaḥ / ācāmamantrā dvayañ ca piṇḍamantrā ye ca nityā ye ca nāmājñānanimittā namaskārāś ca sarvam etat strīṣv api prasphuṭam ataḥ pravartate /

ācāma mātas subhadre ye ca tvātrānu te cācāmantv (cf. JGS 2,2,3) iti ca
etat te mātas sukeśi ye ca tvātrānu tebhyaś ca svadhā nama (cf. JGS 2,2,7) iti ca
mātar etat ta (cf. JGS 2,2,10) iti ca
mātre nama (cf. Bh on JGS 2,2,13) iti ca
āṅkṣva jayanti- (cf. JGS 2,2,15) iti [ca-]
abhyaṅkṣva śobhane- (cf. JGS 2,2,15) iti ca /

evaṃrūpā[s] strīṣu mantrā bhaveyuḥ / sarvam anyat siddham /

nanv iha stryanubaddhā eva striyaḥ kalpyāḥ / *yāś ca tvātrānu tāś ca-* iti *yāś ca tvātrānu tābhyaś ca-* iti / naitad yuktam / strīpuṃsānubaddhā eva hy ete pumāṃsaḥ / strīpuṃsānubaddhā eva caitā striyo 'pi strīpuṃsāñ ca sahavacane puṃvad evābhidhānaṃ bhavati (cf. Pāṇini 1,2,66-71) / tasmād uktavad eva sādhu //

JGS 2,3,16.
majjāḥ pitr̥bhya upakarṣati

majjā===ṣati // yad uddhr̥tam avadānatrayaṃ *pārśvam apaghanīṃ śroṇīm iti* (JGS 2,3,8) madhyamāyām aṣṭakāyān tasyaiṣa viniyogaḥ kriyate / majjeti śarīrābhyantarāvagāḍhasya kasya cid eva snigdhatarasyāvayavaviśeṣasyākhyā / śrūyate ca *lomaiva prathamābhyām upasadbhyām* (JB 2,374: 321,20) ity adhikāre *majjānaṃ pañcamībhyāam* (JB 2,374: 321,21) iti / iha tu tasyānuddhr̥tasya viniyoktum anupapatter uddhr̥tānām eva pārśvāpaghanīśroṇīnām ye 'bhyantarāḥ pradeśā[s] snehavantas tes.u majjāśabdo vartate / yathā prāṇinām avayavaviśeṣavācī vapāśabdas tato 'nyatrāpi vartate / *idaṃ kṣetram asya grāmasya vapā / ayaṃ grāmo 'sya rāṣṭrasya vapā-* iti /

piṇḍapradānānantaraṃ majjāṃ majjāḥ majjasadr̥śāt pārśvādinā rasavato māṃsabhāgāt pitr̥bhyaḥ pitrādibhyaḥ pitr̥pitāmahaprapitāmahebhya upakarṣati- upaharati //

JGS 2,3,17.
pārśvāni strīṇām

Note: *strīṇām* quoted in Bh on JGS 2,3,14.

pārśvā===strīṇām // pārśvāni teṣām evāvadānānāṃ pārśvāni tvaksannikr̥ṣṭāni māṃsāni strīṇāṃ strībhyaḥ- mātre pitāmahyai prapitāmahyai copakarṣati / eṣv api pradāneṣu pradānatvasāmānyād avirodhāc ca mantrāḥ kramaś ca piṇḍavihitāḥ pravarteran //

JGS 2,3,18-21*.

tatrādhvaryavaḥ ke cid adhīyate
madhyamaṃ piṇḍaṃ patnī prāśnīyāt prajākāmasya
tathā śrāddhasya
sthālīpākaṃ vā

tatrā===kaṃvā // itikaraṇam ante 'dhyāhāryam / ittham adhvaryavaḥ- adhvaryubhāvārhā yajurvedādhyāyinaḥ ke cid adhīyate *madhyamapiṇḍam* ityādi *sthālīpākaṃ vā-* ityantam / tasyāyam arthaḥ / yady ayaṃ prajākāmaḥ putrakāma[s] syād asya bhāryā madhyamapiṇḍaṃ vā sthālīpākam odanaṃ vā hutaśeṣaṃ prāśnīyād yathā śrāddhasya ceti /

atra tu dvayoḥ piṇḍayor madhyamatvāviśeṣād dvāv api prāśyāv iti ke cin manyante / pūrva eva tu dvivacanāprayogād ity apare / uttara eva tu pakṣo 'nayor jyāyān / kuta iti cen *madhyamapiṇḍaṃ patnīṃ prāśayet prajākāmām* iti pareṣāṃ vacanānurodhāt / aparā varṇanā //

Note: The mantra employed in the parallels to Bhavatrāta's quotation has its origin in VS 2,33 *ā dhatta pitaro garbhaṃ kumāraṃ puṣkarasrajaṃ yatheha puruṣo 'sat*, which forms the second of the two mantras contained in JGS 2,2,14; the first of these two mantras is muttered while clothing is offered to the manes (JGS 2,2,13) and has been adopted from VS 2,32gh. JGS 2,2,14 now connects the second mantra (VS 2,33) also with JGS 2,2,13, but in the original Jaiminīya-Gr̥hya-Mantrapāṭha it was undoubtedly meant for the ritual of JGS 2,3,18-21*. There is no comment on VS 2,33 in ŚBM 2,4,2 nor in ŚBK 1,3,3, where a comment is expected to be found, but KŚS 4,1,22 prescribes its use as follows: *ādhatta-* (VS 2,33) *iti madhyamapiṇḍaṃ patnī prāśnāti putrakāmā.* Other Yajurvedic parallels are ĀpŚS 1,10,10-11 *apāṃ tvauṣadhīnāṃ rasaṃ prāśayāmi bhūtakr̥taṃ garbhaṃ dhatsveti madhyamaṃ piṇḍaṃ patnyai prayacchati* 11 *ādhatta ... 'sad* (VS 2,33) *iti taṃ patnī prāśnāti pumāṃsaṃ ha jānukā bhavatīti vijñāyate*; HŚS 1,10,8 *patnī vā madhyamaṃ piṇḍaṃ prāśnāti*, 9 *pumāṃsaṃ ha jānukā bhavatīti vijñāyate*, 10 *ādhatta pitaro garbhaṃ kumāraṃ puṣkarasrajaṃ yatheha pitaro loke dīrgham āyuḥ prajīvitād iti prāśana āmnāto bhavati*; MŚS 1,1,2,31: *ā dhatta pitaro garbhaṃ kumāraṃ puṣkarasrajaṃ yathā pumān bhaved iha tathā kr̥ṇutoṣṇapāḥ- iti madhyamaṃ piṇḍaṃ patnī prāśnīyāt*; for BaudhŚS, see on JGS 2,3,21*. – The following Sāmavedic parallels are found: GGS 4,3,27 *madhyamaṃ piṇḍaṃ patnī putrakāmā prāśnīyād ā dhatta pitaro garbham* (SMB 2,3,16 = VS 2,33 excepting *syāt* for *asat*) *iti*); KhGS 3,5,30 *madhyamaṃ piṇḍaṃ putrakāmāṃ prāśayed ādhatteti.* – The R̥gvedic parallels are ŚŚS 4,5,8 *madhyamapiṇḍaṃ patnī putrakāmā prāśnīyād ā dhatta ...'sad* (VS 2,33) *iti*; ĀśvŚS 2,7,12-13 *vīraṃ me datta pitara iti piṇḍānāṃ madhyamaṃ / patnīṃ prāśayed ā dhatta ... 'sad* (VS 2,33) *iti.* – An Atharvavedic parallel is Kauś. 89,5 *madhyamapiṇḍaṃ patnyai putrakāmāyai prayacchaty ā dhatta ... 'sad* (VS 2,33) ... *iti.* – There is no exact counterpart to Bhavatrāta's quotation among these parallals, but *patnīṃ prāśayet* agrees with BaudhŚS and ĀśvŚS. All parallels speak of the *patnī* as *putrakāmā*, and though all Bhavatrāta mss. read *prajākāmāṃ*, I suspect that this reading has corrupted from original *putrakāmāṃ* in this quotation; in quoting the ŚŚS or GGS in his commentary on JGS 2,3,21*, Bhavatrāta has *putrakāmā*; some of the mss. write *pu* with a long loop, which, if left open, can be easily read as *pra*, and the *tra* could in such a case be mixed with *ja*, especially as the word *prajākāma-* occurs in the text of JGS 2,3,19* – it is glossed by Bhavatrāta with *putrakāma-*.

JGS 2,3,18*.
tatrādhvaryavaḥ ke cid adhīyate

tatrā===yate // śrāddhabhojanakāle pitṛsaṃbandhānāṃ somasaṃbandhānāñ ca mantrabrāhmaṇapurāṇetihāsānām abhivyāharaṇaṃ bahuṣu śrāddhavidhāneṣu vihitam / ācāryo 'py avadad *āśvaṃ gītvā-* (JGS 2,1,30) tad evedam iha piṇḍapradāne 'pi vikalpena codyate / tatra piṇḍapradānakāle 'pi ke cid yajurvedādhyāyina adhyayanaṃ prayuñjate //

JGS 2,3,19*.
madhyamaṃ piṇḍaṃ patnī prāśnīyāt prajākāmasya

madhya===masya // vikalpahetvabhāvān nityam evedam api //

JGS 2,3,20*.
tathā śrāddhasya

tathā śrāddhasya // pūrvavidhiṃ śrāddhavidhāv eva kṛtvā vidhir ayaṃ śakyaḥ kartum / ihāpi tarhi tata evāgacchati / satyam etat / itthaṃ kurvann ācāryo jñāpayati śrāddhavihitaṃ yat piṇḍaprāśanan tato 'nyatra na gacchatīti /

kim etasya jñāpane prayojanam / āmayāvyannādyakāmājagobrāhmaṇaprāśanānām ihaikoddiṣṭe cābhāvaḥ- yadi punar amuṣminn api śrāddhe madhyamaḥ piṇḍaḥ patnyā prāśyaḥ /

katham āmayāvī / *piṇḍān* iti bahuvacanasyāvakḷptir bhavati / duṣpariharam etac codyaṃ yadi sarvaṃ sarvadā prajākāmasyānnan tu tathā dṛśyate //

JGS 2,3,21*.
sthālīpākaṃ vā

sthālīpākaṃ vā // pakṣāv etau sthaḥ paratantre 'pi ke cid dhutaśeṣaprāśanādhikāre paṭhanti *patnīṃ prāśayet prajāsyaiṣā bhavati-* (BaudhŚS 20,21: 48,1) iti- anye *madhyamapiṇḍaṃ patnī putrakāmā prāśnīyād* (ŚŚS 4,5,8; cf. also GGS 4,3,27) iti //

Note: See above, note on JGS 2,2,1-21*. In the BaudhŚS, the quoted passage is ascribed to a particular ritual authority: *ity aupamanyavaḥ.*

// //

JGS 2,4. (nāndīmukhaśrāddham)

JGS 2,4,1*-2*.
athāto nāndīmukhebhyaṃ pitṛbhyaḥ pūrvedyur vyākhyāsyāmaḥ

Note: In Caland's ed. this chapter on the *nāndīmukhaśrāddha* is 1,6, i.e., it is placed before the *sīmantonnayana* (1,7). Bhavatrāta notes this, and informs us that in another recension this chapter is placed before that on the *caula* (1,11 in Caland's ed., where there is no note of such an arrangement). From Bhavatrāta's commentary it appears that he is resposible for placing the chapter here, as JGS 2,4.

athā===syāmaḥ // pradhānabhūtaṃ pitṛkarma dvividham uktaṃ māsaśrāddham (JGS 2,1-2) anvaṣṭakyañ (JGS 2,3) ca / athedānīm aṅgabhūtaṃ karmaṇān nāndīmukhan nāma śrādhaṃ vaktum ārabhyate / ke cit tu sīmantonnayanāt (JGS 1,6) pūrvam eva tat paṭalaṃ paṭhanti kecit pūrvañ cauḷāt (JGS 1,10) / tato 'sya dviravasthānatvād asmābhir pūrvan na vyākṛtam / yuktan tu sarvapitṛkarmasāhityābhiprāyeṇaitad avasarasthānam asyābhyupagamyātra vyākriyate /

karmaṇāṃ pūrvedyuḥ kartavyan nāndīmukhebhyo nāma pitṛbhyaḥ pradeyaṃ śrāddhaṃ vyākhyāsyāmaḥ /

kiṃ sarveṣāṃ gṛhyakarmaṇām etad aṅgam / atra brūmaḥ / *pūrvedyur* ity etāvad uktam / tatra karmādhikārāt karmaṇāṃ pūrvedyur iti śakyaṃ labdhum / na viśeṣa eṣām eveti / evañ ca sati brahmacārisamidādhānādīnām api nāndīmukhapūrvakatvaṃ prāpnoti / tata[ś] śvastanasamidādhānārthāni pratipradoṣan nāndīmukhāni kriyamāṇāni gṛhiṇāṃ mahāntam uparodhañ janayeyuḥ / tadbhayāt sāmānyaprāpter apavādatvena samācāradarśanaṃ grāhyam / na ca sīmantonnayanacauḷakaraṇopanayanagodānasnānapāṇigrahebhyo 'nyeṣu nāndīmukhasamācāraś śiṣṭapakṣe dṛṣṭaḥ / atas siddhaṃ ṣaṭsv evaiṣu nāndīmukhan nānyeṣv iti /

asti cānyad apy anyeṣv api vidyamāneṣu / kim iti cen mahāvyāhṛtibhiḥ pradhānahavanaṃ kriyate / kṛteṣv eteṣu karmasv abhūtapūrvā śobhā tadvatāṃ prādur bhavati / tadvan nāndīmukham apy eteṣv eveti śraddhātavyaṃ vacanañ ca samācārabalād anumeyam //

JGS 2,4,3*.
āpūryamāṇapakṣe puṇye nakṣatre

āpū===kṣatre // āpūryamāṇena candreṇa yukte pakṣe- āpūryamāṇaśabdo lakṣaṇayā vartate / āpūryamāṇapakṣe nakṣatre praśaste nāndīmukhaṃ kartavyam / pūrvavihitāyāḥ pūrvedhuḥkālatāyā yady ayaṃ vidhi[ś] śeṣa[s] syād avyavahitasya puṇyanakṣatradvayasya durlabhatvāt sīmantonnayanādīnāṃ kālātipattiḥ prasajet / kiñ ca sīmantonnayanādīnāṃ pañcānām api niyatapūrvapakṣakālatvād *āpūryamāṇapakṣa* itīdan *nāmāvāsyāyām* ity anena tulyārthaṃ syāt / na hi tithyantarasya prasaṅgaḥ / tathā ca sati nāmāvāsyāyām ity evocyate / atha cāsmākaṃ vivāhasya kālavacanan nakṣatravidbhir eva naipuṇyena sphuṭataram upadiṣṭatvāt te cāparapakṣe 'pi vivāham upadiśanti / tatra pratipanmātraviṣayatāsmād āpūryamāṇapakṣagrahaṇāt prasajet / evamādibahvasamīcīnabhayāt pūrvapakṣapuṇyanakṣatrakālatām asya pūrvedyuḥkālatayā vikalpata iti vyavasāmo vayaṃ vāśabdādyabhāve 'py upākaraṇotsargahastavat (cf. Bh on JGS 1,13,2.16-17) /

aparā vyākhyā //

JGS 2,4,2*-3*.
pūrvedyur vyākhyāsyāma
āpūryamāṇapakṣe puṇye nakṣatre

pūrve===kṣatre // *pūrvedyur* ity uktam / keṣām ity ākāṅkṣāyāṃ karmaviśeṣopabodhanaṃ kriyate / āpūryamāṇapakṣe puṇye nakṣatre yāni vihitāni karmāṇi teṣāṃ pūrvedyuḥ /

asyāṃ vyākhyāyāṃ vivāhaṃ visṛjya nāmakarmagṛhaśāntī nāndīmukham āskandati / dvādaśyān (JGS 1,8,2) nāmakarmaṇi neti cen na- *āpūryamāṇapakṣe puṇye nakṣatra* ity asya tatkālavihitakarmaviśeṣopalakṣaṇārthatvāt / dvādaśyām api hi kriyamāṇasya nāmakarmaṇa āpūryamāṇapuṇyanakṣatravihitatvaṃ vidyata eva / prayogopalakṣaṇārthatve hy āśrite sarvakarmaṇām api pūrvapakṣapuṇyāhasamavāye prasajyeta /

kim punar anyatra *pūrvapakṣa* (JGS 1,6,3; 1,8,2; 1,9,2; 1,10,3) iti bruvann ihaikatra- *āpūryamāṇapakṣa* iti bravītīti / asmād eva śabdavairūpyād idam arthavairūpyaṃ gṛhītam / tatra kālo vidhīyate- atrānūdyate karmopalakṣaṇārtham iti /

ubhayor api vyākhyāyor lokācāravirodho vidyate / pūrvasyām apūrvedyur api nāndīmukhasya pravṛtter asyāṃ vivāhaṃ praty apravṛtteḥ / pūrvasyān tu vayam avasthitāḥ //

JGS 2,4,4.

śvaḥ kariṣyāmīti śvo bhūte vā-
annaṃ saṃskṛtya
śucīn śrotriyān brāhmaṇān āmantrayate śuciḥ

Note: *śucīn śrotriyān brāhmaṇān āmantrayate* quoted in Bh on JGS 1,4,8; *brāhmaṇān āmantrayate* quoted in Bh on JGS 1,4,8; *śuciḥ* quoted in Bh on JGS 2,4,6. – Instead of Bhavatrāta's *āmantrayate* (cf. also *āmantraṇakālo* in his commentary), Caland's ed. has *anumantrayate* without variant readings.

śvaḥka===śuciḥ // śvo nāndīmukhaṃ kariṣyāmīti nāmdīmukhāt pūrvadivase vā śvo bhūte nāndīmukhadivase vānnaṃ saṃskṛtya sādhayitvā śucīn aprāyaścittārhāñ chrotriyān adhītavedān brāhmaṇān śucir ucchiṣṭādidoṣarahito bhūtvāmantrayate[40] /

katīti ced *yugmān* (KauṣGS 3,14,19) iti parair uktatvāc caturaṣ ṣaḍ aṣṭāv iti /

annaṃ saṃskṛtya- iti śvobhūtapakṣa eva- itarasmin paryuṣitadoṣaprasaṅgāt / atha vā- *annaṃ saṃskṛtya-* iti tṛtīya āmantraṇakālo mantavyaḥ //

JGS 2,4,5.

śuklam anārdraṃ vasanam ācchādya
yajñopavīty apa ācamya
catuś śuklān balīn harati
dadhi taṇḍulās surabhi śuklās sumanasa ity
agnyāyatane prāgagrān darbhān saṃstīrya

śukla===stīrya // śuklaṃ vāso 'nārdraṃ paridhāya yajñopavīty eva bhūtvāpa ācamya śuklān balīn vakṣyamāṇābhyo 'ṣṭābhyo devatābhyo 'gnyāyatane yasmin deśe 'gniḥ praneṣyate tasmin prāgagrān darbhān saṃstīrya teṣu caturbhir etair dravyaiś catur harati /

apa ācamya- iti kimartham / atra brūmaḥ / sarvācamaneṣu *prāṅmukha udaṅmukho vā-* (BaudhDhS 1,8,11; GautDhS 1,35; cf. Manu 2,61; Yājñ. 1,18; Vasiṣṭha 3,26) iti smṛtipathe siddham / kva cit tu pitṛkarmārthasyācamanasya dakṣiṇāmukhānuṣṭheyatā śrutā (cf.

[40] *bhūtvāmantrayate* K : *bhūtvābhimantrayate* other mss.

ŚŚS 1,1,13-14) / tatas sarvatrāpi pitr̥karmārtheṣv ācamaneṣu dakṣiṇāmukhatā vikalpena prāptā / tannivr̥ttyartham iha- *apa ācamya-* iti /

kutaḥ punar itaranivr̥ttyarthan na bhavati / idam ucyate / *yajñopavītī-* ity anena devakarmānupayogiprācīnāvītanivartanārthena saha śrutatvād idam api devakarmānupayogino dakṣiṇāmukhācamanasyaiva nivartanārthaṃ bhavitum arhati netarasya /

atha vā- *ācamya-* ity ācamayyety asyārthe / yathā *ṣaḍbhir halaiḥ kr̥ṣyati-* iti brāhmaṇān ācamayyety arthaḥ /

dadhi taṇḍulāḥ prakr̥tiśuklāḥ / surabhino 'pi śauklyaṃ baliśuklatokter eva siddham / evaṃ sumanasām api siddhe śuklatve *śuklā* ity anarthakam / nānarthakaṃ prāśastyaparatvāt / yathā *triśuklo hotā-* (cf. TB 2,7,1,1-2 ... *hotā* .. *triśukraḥ*; BaudhŚS 18,1: 343,6 *atha haiṣa triśukro yas trivedaḥ*) iti / prāśastyañ ca sumanasāṃ saugandhyam / tasmād unmattapuṣpādayo heyāḥ //

JGS 2,4,6.

agnaye
somāya
prajāpataye
viśvebhyo devebhya
r̥ṣibhyo
bhūtebhyaḥ
pitr̥bhyas
sarvābhyo devatābhyo nama iti

agna===iti // homeṣu svāhākāro baliharaṇeṣu namaskāraś ca loke prasiddhaḥ pravartate /

sucir (JGS 2,4,4) ity asya pūrvavākyāntarbhāvanaṃ śucikartr̥tvasya devapitr̥karmasu smr̥tisiddhatvāt tata eva pārvaṇādiṣv avacanāt brāhmaṇāmantraṇasya tv arthaprāptasya kevalata evānamanārthasya karmāṅgabhūtetaradravyaparigrahasadharmaṇaḥ kartur aśuddher api prasaṅgāt //

JGS 2,4,7.
haviṣyam annaṃ brāhmaṇebhyaḥ pradāya dadhnā

havi===dadhnā // haviṣyaṃ havirarhaṃ kṣāralavaṇāsaṃsr̥ṣṭam annaṃ brāhmaṇebhyaḥ pr̥thak pr̥thak pātranikṣepaṃ pradāya tad dadhnā bhojayet //

JGS 2,4,8.
māṣamatsyamāṃsabhakṣyāśanair ity aparam

māṣa===param // aśyata ity aśanaśabdo 'nne vr̥ttaḥ / sa pratyekaṃ māṣādibhis saṃbadhyate / māṣamiśram aśanaṃ māṣāśanam / evaṃ sarvatra / māṣāśanena matsyāśanena māṃsāśanena bhakṣāśanena ca tāṃs tarpayed ity aparaṃ matam /

kutas *tarpayed* iti / tr̥tīyāśravaṇāt /

aparā vyākhyā / aśanaśabdo 'tra- upadaṃśe vartate / tena hy upadaśyāśnanti / māṣā upadaṃśatvena yojitā māṣāśanam / evam itarāṇy api / uktavidham evānnaṃ māṣamatsya-māṃsabhakṣopadaṃśair bhojayed ity aparaṃ matam //

JGS 2,4,9.

atha catuṣṭayam ādāya
vrīhiyavapuṣpasarṣapāṇīti
sahaitair evodakuṃbham ādāya
manas samādhīyatāṃ
prasīdantu bhavanta ity uktvā sapraṇavan
nāndīmukhāḥ pitaraḥ prīyantām ity evam

Note: *sahaitair* after Bhavatrāta's commentary : *saha tair* Caland's ed. without variant readings.

atha===ityevam // *etair* iti prakr̥tānāṃ brāhmaṇānām anvādeśaḥ / atha bhojanānantaraṃ vrīhiyavapuṣpasarṣapān ity etac catuṣṭayaṃ brāhmaṇais sahaivādāya svayam udakuṃbham apy ādāya sapraṇavaṃ praṇavapūrvakaṃ *manas samādhīyatām* iti ca *prasīdantu bhavanta* iti coktvā *nāndīmukhāḥ pitaraḥ prīyantām* iti caivaṃ bravīti sapraṇavam evety arthaḥ / *catuṣṭayam* iti miśritagrahaṇārthaṃ //

JGS 2,4,10.

yathārtham itare pratibrūyuḥ

yathā===brūyuḥ // itaraśabdas sannidhānād brāhmaṇeṣu / brāhmaṇā apy eṣu vākyeṣu yathārthaṃ pratibrūyuḥ /

ayathārthaṃ prativaktum aprasaṅgād *yathārtham* ity anarthakam / nānarthakaṃ yathārthaṃ vidhāya pratibrūyur ity etadarthatvāt / tataḥ prayatnenāpi manas samādhāya prasādya cāsmin nāndīmukhapitr̥priyañ ca manasā śaṃsamānāḥ pratibrūyuḥ / kīdr̥śaṃ prativacanam iti ced yathā prasiddhiś śiṣṭā dhvaniḥ //

JGS 2,5-6. (āhitāgnisaṃskāraḥ)

JGS 2,5. (aurdhvadehikam)

JGS 2,5,1.

āhitāgneś śarīranāśe
trīṇi ṣaṣṭiśatāni palāśatsarūṇām āhr̥tya
taiḥ pratikr̥tiṃ kuryāt kr̥ṣṇājine

Note: According to ŚBM 10,5,4,12 (agnicayana) and 12,3,2,3-4 (the bones and the marrow parts of the body are equated with the 360 nights and the 360 days of the year), the number of bones in the human body is 360; see Macdonell and Keith 1912: II, 360-362. "Garbha[-Upaniṣad] 5, in its exact enumeration, says that there are 360 bones in the body, as compared with the 200 usually given by anatomies, not including the teeth" (G. W. Brown, *The human body in the Upanishads*, Jubbulpore 1921, p. 32).

āhi===jine // mṛtasyāhitāgneś śarīradahanakramo brāhmaṇa evāgnihotraprāyaścittānuvākebhyaḥ (JB 1,51-65) prāktanābhyām anuvākābhyāṃ (JB 1,46-50) pratipāditaḥ / tasya śeṣaṃ śrutāv anuktam api smṛtipathenānekabhedam adhāvantam aikarūpyeṇa vyavasthāpayitum ayam upakramaḥ /

tatra dahanasya śarīrasaṃskārasvarūpasya śarīranāśe lopaprasaṅga idam ucyate / śarīrāṇān nāśaś śarīranāśaḥ / uttaratra hi- *etāvantī ha puruṣasya śarīrāṇi-* (JGS 2,5,12) iti bahuvacanenopasaṃharati /

nanv ekasyaikam eva śarīram / satyam etat / avayaver tv iyam avayaviśabdasya pravṛttiḥ / yathā- *aṃśun duhanto adhyāsate gavi-* (ṚV 10,94,9b) iti go'vayave carmaṇi gośabdas (cf. Yāska 2,5) tadvac charīrāvayaveṣv asthiṣu śarīraśabdasyābhyupagantavyā pravṛttiḥ / asti cāsmacchrutāv apy asthiparaś śarīraśabdaḥ / *śarīrāṇi ca na gṛhān prāpsyanti-* (JB 2,77: 190,20) iti *śarīrāṇy apajahrur* (JB 2,77: 190,21) iti ca / tataś śarīranāśo 'sthināśaḥ /

ṣaṣṭiś ca śatāni ca ṣaṣṭiśatāni / śatānān tv iyattā nāvagatā / atas teṣām eva viśeṣaṇas *trīṇi-* iti / asthnān nāśe trīṇi śatāni ṣaṣṭiś ca palāśatsarūṇāṃ palāśavṛkṣasya pattranāḷānām āhṛtya tair āhitāgneḥ pratikṛtim ākṛtiṃ yathā śakyate tathā kuryāt kṛṣṇājine / arthasiddhan darbhādibhir bandhanam ākuñcanādi caiṣām / anāśe tv asthnān tair eva kuryād ity arthalabhyaṃ bhavati / yathā kuśālābhe śūkādivarjam (JGS 1,1,20) ity evaṃvidhau kuśalābhe kuśagrahaṇan tadvat //

JGS 2,5,2.
aśītyardhaṃ śirasi dadhyāt

aśī===dadhyāt // palāśatsarūṇāñ catvāriṃśatā śiraḥ kuryād ity arthaḥ //

JGS 2,5,3.
grīvāyān tu daśaiva tu

grīvā===vatu //

JGS 2,5,4.
bāhvoś caiva śatan dadhyāt

bahvoś caiva śatan dadhyāt // hastayor ity arthaḥ //

JGS 2,5,5.
aṅgulīṣu punar daśa

aṅgu===daśa // punaśśabdaḥ pādapūraṇārtham / yathā *na punar bhīmasenena gadāyāṃ vidyate sama* (source?) iti //

Note: The quotation, if it is one, could not be traced in the Mahābhārata, Rāmāyaṇa, Harivaṃśa nor a number of Purāṇas.

JGS 2,5,6.
urasi triṃśatan dadhyāt

ura===dadhyāt //

JGS 2,5,7.
jaṭhare viṃśatin tathā

jaṭha===tathā // tathāśabda iha samuccaye / jaṭhare cety arthaḥ //

JGS 2,5,8.
ūrvoś caiva śatan dadhyāt

ūrvo===dadhyāt //

JGS 2,5,9.
meḍhre cāpi daśaiva tu

meḍhre===vatu // pr̥thag avacanāt saha vr̥ṣaṇābhyām //

JGS 2,5,10.
jānujaṅghayos triṃśatam

Note: Caland's ed. has *dadhyāt* at the end of this sūtra (no variant readings), but Bh omits the word in his pratīka.

jānu===śatam // jānuś ca jaṅghā ca jānujaṅgham / te dve dakṣiṇañ ca jānujaṅghaṃ savyañ ca / tayor ayam ekaśeṣaḥ kr̥taḥ //

JGS 2,5,11.
daśa pādāṅgulīṣv apīti

daśa===pīti // itīttham yojayed ity arthaḥ //

JGS 2,5,12.
etāvantī ha puruṣasya śarīrāṇi bhavanti- iti vijñāyate

Note: The quotation could not be traced to any known *śruti* text, but see the note on JGS 2,5,1. – *etāvantī ha puruṣasya śarīrāṇi* quoted in Bh on JGS 2,5,1.

etā===yate // haśabdo gūḍhaprakāśane / etāvanty etatsaṃkhyāni ṣaṣṭyuttaraśatatraya-saṃkhyāni śarīrāṇy asthīnīty evaṃ vijñāyate śrutāv astīty arthaḥ //

JGS 2,5,13.
madhye śarīram

madhye śarīram // etāvattvam avadhāritaṃ puruṣasyāsthnām evan tu vijñātavyam / madhye śarīram etāvantīti / saṃvr̥tāny asthīny etāvantīty arthaḥ / dantanakhānām avadhāritebhyo 'dhikatvam etad avagamitam /

asyāṃ pratikr̥tau śarīravat pravr̥ttiḥ / tatra kūpakhananādi prāg āhuter arthalopād utsīdati / asminn avasare śrutisiddham ity ācāryeṇānādr̥taṃ dahanavidhānavivaraṇaṃ vayam apekṣitāptaśrutigurūpadeśān prati niṣphalam api mandabuddhyapekṣayā kariṣyāmaḥ / tatra-*anavajito hāsya punarmr̥tyur bhavati-* (JB 1,46: 20,16) ity ato vijñānaviṣaya eva / nātra kaś cit prayogaḥ /

JB 1,46: 20,16-17. sa ya evaṃvit syāt
sa yadopatāpī syād iti

Note: *iti* is not found in the mss. of the JB; it probably comes from JGS 2,5,17, where the sūtrakāra quotes this passage.

saya===diti // iha saśabdo 'py ayan tatrārthe 'bhyupagantavyaḥ / yatha *sa yathā kraye paryavete kṣetriṇam eva kṣetrāṇy api yanti-* iti / ya evaṃvid vedavid bhavet / sa yasmin kāle- upatāpī mahārogābhibhūta syāt //

JB 1,46: 20,17-18. yatrāsya samaṃ subhūmispaṣṭaṃ syāt tad brūyād
iha me 'gnīn manthata- **iti**

Note: Bhavatrāta's pratīka is missing in the mss.

((yatrā===teti)) // yatra yasmin pradeśe- asyātmanas samam animnonnataṃ subhūmispaṣṭaṃ vidyeta tad brūyāt tatroddiśya brūyād *iha me 'gnīn manthata-* iti / imān agnīn samāropya hr̥tvāsmin deśe mathitvā viharatety arthaḥ /

subhūmispaṣṭam iti kim uktam / spaṣṭam acchannam prakāśabhūtam / bhūme[s] spaṣṭaṃ pūjitaṃ bhūmispaṣṭam / subhūmispaṣṭam akutsito bhūmyavakāśa ity uktaṃ bhavati /

idam āhitāgnes sannikr̥ṣṭamaraṇasya sato jīvata eva sahāgnibhir dahanadeśapraveśanaṃ vihitam //

JB 1,46: 20,18. īśvaro hāgado bhavitoḥ-
yady u tan na
yad asmāl lokāt preyād
athainam ādadīran

īśva===dīran // agado virogaḥ / yadi tv ayam upatāpī sann apy agado bhavitum īśvaro matvā tat pūrvoktan dahanadeśapraveśanan na kuryāt / yadāsmāl lokād amuṃ lokaṃ preyān mriyeta- athānantaram enan dahanadeśan netum ādadīran /

ittham adhunāvasthitaniścitasannikr̥ṣṭamaraṇañ jīvantam eva sahāgnibhir dahanabhūmin nayeyuḥ /

mr̥tam evetaram iti / yathā tu sarvo 'pi mr̥ta eva nīyeta tathācārya[ś] śrutyabhiprāyaṃ vivakṣyati (JGS 2,5,17) / tat tatraiva vakṣyāmaḥ //

JB 1,46: 20,19-20. nānāsthālyor agnī opya hareyuḥ

nānā===reyuḥ // pṛthag eva sthālyor gārhapatyāhavanīyāv opya hareyuḥ //

JB 1,46: 20,20. anvāhāryapacanād unmukam

anvā===nmukam // unmukamātram asmād dhareyuḥ / agniśeṣas tatraiva san nirvāyād ity abhyupagatam āsīt //

JB 1,46: 20,20-21. ādadīran yajñapātrāṇi sarpir apo dārūṇy anustaraṇīṃ kṣuran nakhanikṛntanam

āda===ntanam // iha yajñapātraśabdas sarvayajñāyudheṣu vṛttaḥ / śamyādīni hy apātrāṇy api viniyogavidhiṣūpādāsyante / tataś cāraṇikūrcayoktradṛṣadupalakapālamekṣaṇāṃś ca paśūn apy ādadīran //

JB 1,46: 20,21. te yanti yatrāsya samaṃ subhūmispaṣṭaṃ bhavati

teya===vati // te sarve tan deśaṃ yanti yatrāsya pūrvoktaṃ subhūmaspaṣṭaṃ bhavati //

JB 1,46: 20,21-22. tad asyāgnīn viharanti

tada===ranti // tatrāsyāgnīn viharanti yathāgnyagāre //

JB 1,47: 20,26. athāsyān diśi kūpaṃ khātvā vapanti keśaśmaśrūṇi

athā===śrūṇi // kūpo 'yaṃ purīṣanikṣepārthaḥ / tataḥ- *asyān diśi-* iti nairṛty abhipretā / nairṛtā hi rakṣogaṇās tadyoginaḥ / tair idam aśubhaṃ saṃyujyatām iti / nairṛtyān diśi kūpaṃ khātvā tatraivainaṃ hṛtvā keśaśmaśrūṇi svayam eva hārakā vapanti nāpitasyānuktes saṃsparśadoṣāc ca / itareṣāṃ lomnām avidhānād ihāvapanam / kecit tu keśaśmaśrugrahaṇaṃ sarvalomopalakṣaṇārthaṃ vadanti //

JB 1,47: 20,26-27. uptvā keśaśmaśrūṇi nakhān nikṛntanti

uptvā===ntanti // siddhānuvādo 'tra śrutitvād aparihāryaḥ //

JB 1,47: 20,27. nkhān nikṛtya nirāntraṃ kurvanti

nakhā===rvanti // nirgatāntram enaṃ kurvanti //

JB 1,47: 20,27. nirāntraṃ kṛtvā niṣpurīṣaṃ kurvanti

nirā===rvanti //

JB 1,47: 20,27-28. niṣpurīṣaṃ kṛtvā pāṃsubhiḥ kūpe purīṣam abhisaṃvapanti

niṣpu===panti // kūpe nikṣiptaṃ purīṣaṃ pāṃsubhir abhisaṃvapanti pracchādayanti //

JB 1,47: 20,28. pāpmānam evāsya tat pracchādayanti

pāpmā===yanti // ayaṃ pūrvasya vidhe[s] stutyartho 'rthavādaḥ //

JB 1,47: 20,29. prakṣālyāntrāṇi pratyavadhāyainam āharanti

prakṣā===ranti // athainam āntrāṇi ca prakṣālyādbhir nirṇijya svasthāna evāntrāṇi pratyavadhāya vihāraṃ praty āharanti /

nirāntrakaraṇan niṣpurīṣakaraṇañ ca dvayam idānīm utsannaprayogam āsīt //

JB 1,47: 20,29-32. tam antareṇāgnīn nidhāya gārhapatya ājyaṃ vilāpyotpūya caturgṛhītaṃ gṛhītvā matvāhavanīye samidvaty anvārabdhe juhoti

ayaṃ vai tvad asmād asi tvam / etad ayan te yonir asya yonis tvam //
pitā putrāya lokakṛj jātavedo nayā hy enaṃ sukṛtāṃ yatra lokaḥ //
asmād vai tvam ajāyathā eṣa tvaj jāyatāṃ svāhā- // **iti**

tama===heti // tam agnīn antareṇa madhye 'gnīnām anvāhāryapacanād āhavanīyasannikarṣe nidhāya gārhapatya ājyaṃ vilāpya saṃskṛtya caturgṛhītaṃ gṛhītvā sruci sruveṇa catur unnīya prāg gatvāhavanīye samidvati samidham ekām ādhāya prete 'nvārabdhe 'nena yajuṣā juhoti //

Note: Bhavatrāta omits the *arthavāda* passage that follows in JB 1,47: 20,32-34.

JB 1,48: 21,1. athaitāñ citāñ cinvanti

athai===nvanti // āhutyanantaran dārubhiś citām etāñ cinvanti / *etām* iti sannidhānāvagamād deśāntarasyāvacanād antar vihāram eva cinvanti //

JB 1,48: 21,1. tasyām enam ādadhati

tasyā===dhati //

JB 1,48: 21,1. tasya nāsikayo[s] sruvau nidadhyāt

tasya===dadhyāt // keṣāñ cid agnihotraprakaraṇe *vaikaṅkataṃ sruksruvaṃ pratitapya-* (KŚS 4,14,7 *vaikaṅkataṃ sruksruvaṃ pratapya*) iti darśaṇād dvau sruvau siddhau /

parasmin vākyapañcake (JB 1,48: 21,2-3) na vācyam asti //

JB 1,48: 21.2. dakṣiṇahaste juhūm

JB 1,48: 21,2. savya upabhṛtam

JB 1,48: 21,2. urasi dhruvām

JB 1,48: 21,2. mukha agnihotrahavaṇīm

JB 1,48: 21,2-3. śīrṣataś camasam iḷopahavanam

JB 1,48: 21,3. karṇayoḥ prāśitraharaṇe

karṇa===raṇe // prāśitraharaṇasyaikyād dvivacanasyāsmin prayujyamānasyaikārthavācitvam abhyupagantavyam /

nanv ekasya dvayoḥ karṇayor nidhānam aśakyam / satyam etat / yathā tu śakyaṃ bhavet tathā vyākhyeyam / karṇayor anyatarasminn ity evaṃ prāpte saty ācāryeṇa prāśitraharaṇādīnān dvedhākaraṇena śrutim anuvartituṃ yuktam iti dr̥ṣṭvā tatpratipādanārthaṃ vākyanyāsan *tasya nāsikayo[s] sruvau nidadhyād ity etenānuvākena-* (JGS 2,5,16) iti / tatraiva tad vivariṣyāmaḥ //

JB 1,48: 21,3. udare pātrīṃ samavattadhānīm

Note: *udare pātrīṃ samavattadhānīm* as in KŚS 25,7,30. The JB ed. reads *saṃvartadhānīm* with some mss., but records the reading *saṃvattadhānīm* of three mss. (Ra, La, Śa). In Malayalam mss. *ma* is used both for *ma* and for *m/ṃ*. *samavatta-* here is the past participle of *sam-ava-dā-*.

uda===dhānīm // samavattadhānī nāma- ekādaśinyādiṣu paśugaṇeṣu[41] sviṣṭakr̥diḍāvadānānān dhāraṇaṃ prati juhūpabhr̥diḍāpātreṣv aparyāpnuvatsu yad eṣām adhastād dhāryam arthāgataṃ pātram //

Note: *ekādaśinī* is the animal sacrifice with eleven victims, cf. ŚB 3,9,1.

JB 1,48: 21,3. āṇḍayor dr̥ḍadupale

āṇḍa===pale // dakṣiṇe dr̥ṣadam /

na vākyadvaye parasmin vācyam //

JB 1,48: 21,3-4. śiśne śamyām

JB 1,48: 21,4. upasthe kr̥ṣṇājinam

JB 1,48: 21,4. anupr̥ṣṭhaṃ sphyam

anu===sphyam // *anupr̥ṣṭham* iti yathā sphyaṃ pr̥ṣṭhayor āyāmasaṃgati[s] syāt tathā //

JB 1,48: 21,4. pārśvayor musale ca śūrpe ca

pārśva===rpeca // dakṣiṇe musalanidhānaṃ savye śūrpanidhānam / evan tu vyākhyāyamāne ekasmiṃś ca śūrpe dvivacanan duṣpariharaṃ syāt / prāśitraharaṇavad (cf. JB 1,48: 21,3) eva hi dvedhākaraṇād eva dvivacanam anayor api parihriyeta / yadi coktavad enayor nidhānaṃ syād vyarthaṃ syād dvedhākaraṇam / tataḥ pārśvayor musalakhaṇḍau pārśvayoś śūrpakhaṇḍāv iti siddham //

JB 1,48: 21,4. patta ulūkhalam

[41] *paśugaṇeṣu* emended : *paśuguṇeṣu* mss.

patta===khalam // pādayor ity arthaḥ //

JB 1,48: 21,5. pariśiṣṭāni yajñapātrāṇy upanidadhati

pari===dhati // citāyām eva pretasamīpe nidadhati- araṇīkūrcayoktramekṣaṇadārupātrāś ca pārśvato vāsya[42] vidheḥ prayojakāḥ / praṇītāpātram api camasaś cet //

JB 1,48: 21,5. apo mṛṇmayāny abhyavaharanti

apo===ranti // abhyavaharanty apsu prakṣipantīty arthaḥ /

kapālājyasthālyau vidhim etam eva prayojayanti / piṣṭodvapanīmadantyanvāhāryapātrañ cāpy alohamayāni cet //

JB 1,48: 21,5-6. dadaty evāyasmayāni

dada===yāni // ayasmayāni lohamayāni brāhmaṇebhyo dadati //

Note: *dadati* emended : *dadāti* mss.

JB 1,48: 21,6. athainaṃ sarpiṣābhyutpūrayanti

athai===yanti // udare siñcantaḥ pūrayanti / pūrvam eva hi purīṣāntroddharaṇārtham udaran dāritam / yadi tu na dāritam āsyataḥ pūrayanti //

JB 1,48: 21,6. yajñapātreṣu sarpir āsiñcanti

yajña===ñcanti // nidhānakāla eva caitāny etadartham uttānāny eva nidadhati //

JB 1,49: 21,9. athaitām anustaraṇīm ānayanti

athai===yanti // goghātasyādhunātanaiś śiṣṭair anabhyupagatasya prayogāsaṃbhavād anustaraṇīvākyānāṃ (JB 1,49: 21,9-12) vyākhyānarthiketi na kriyate //

ajā hanyatām iti cen na- avacanāt / kathañ ca vacanavihitāṃ gohiṃsām anabhyupagacchantaś śiṣṭā vacanavirahitām ajāhiṃsām abhyupagaccheyuḥ /

evañ ced agnyādheyayajñapucchayor apy ajālaṃbho mā bhūd vaktavyo vā viśeṣaḥ / atra brūmaḥ / nāgnyādheye yajñapucche ca goḥ pratinidhitvenājā labhyate / kin tarhi / vacanād agnyādheye 'jo meṣo vā labhyate / vacanād evājo yajñapucche / tato dvitayam iha dṛṣṭānta ity upagatānustaraṇī[43] //

Note: Starting with KS 8,12: 95,16-18, Yajurvedic texts in connection with the establishment of the sacred fires speak only of a spotted (*kalmāṣa*) goat (*aja*) as a sacrificial victim, which however early on became optional or condemned (ŚB 2,1,4,3; BaudhŚS 2,15: 58,9; BhārŚS 5,4,1; ĀpŚS 5,7,17; KŚS 4,8,1-2). No animal offering is mentioned in the agnyādheya chapters of the ŚŚS (2,1-3) or the ĀśvŚS (2,1,9-36), nor is there any such mention in the LŚS-DŚS or JŚS, so Bhavatrāta's source for the ram (*meṣa*) remains unclear. At the conclusion of the soma sacrifice (*yajñapuccha*), a goat is offered to Agni and Indra (cf. Caland and Henry 1907 II p. 383 no 246, and Schwab 1886 no. 108 p. 157).

---

[42] *pārśvato vāsya* emended : *pārśvata vāsya* A : *pārśvaṃ vāsya* T : *parśavo sya* M : *paśavo sya* K, P.

[43] *upagatā-* A, T, K : *apagatā-* P, M.

JB 1,49: 21,13. saṃstīryopādīpayanti

saṃstī===yanti // kāṣṭhair upary abhitaś ca saṃstīryāgnīn yathāvasthitān eva samīpam āhṛtya- upanikṣipyādīpayanti //

JB 1,49: 21,13. sa tathaiva cikīrṣed yathainam āhavanīyaḥ prathamo gacchet

sata===gacchet // saṃskartā tathaiveha kartum icched yathā pretam āhavanīyaḥ prathamo gacched āhavanīyārciṣaḥ prathamaṃ saṃspṛśeyuḥ //

JB 1,49: 21,13-14. tad enan devalokaḥ pratyāgacchati

tade===cchati // evaṃ saṃpādite devalokāptir asya bhaved ity arthaḥ //

JB 1,49: 21,14. atha yathānvāhāryapacanas tad enaṃ pitṛlokaḥ pratyāgacchati

atha===cchati // *yathā-* itīha yadyarthe / atha yady anvāhāryapacana eva prathamo gacchet tato 'yaṃ pitṛlokam āpnuyān na devalokam ity arthaḥ / tata idaṃ parihartavyam ity abhiprāyaḥ //

JB 1,49: 21,15. atha yathā gārhapatyas tathāsmin loke prajayā ca paśubhiś ca pratitiṣṭhati

atha===ṣṭhati // evaṃ bhāve manuṣyaloka evāyaṃ punar janitvā prajāpaśusamṛddhaḥ pratitiṣṭhati / sukhaduḥkhasāgarāvagāhanān noparamed ity uktam āsīt /

kiṃ punar ete phalavidhaya āho svid arthavādāḥ / kim anayā mīmāṃsayā / sarvathāpi hy āhavanīyārcibhir eva prathamasannipāto 'sya śreyaskara ity ebhiḥ pratipāditam / tato 'tra sādhīyaḥ prayateta /

uttaro 'nuvāka[ś] (JB 1,49-50: 21,16-22,8) śeṣaḥ pūrvānuvākasya (JB 1,45-46: 20,2-16) ca- *anapajito hāsya punarmṛtyur bhavati-* (JB 1,46: 20,16) ityanto vijñānaviṣaya eva / yas tu madhye prayogaviṣayo granthas (JB 1,46-49: 20,16-21,15) tasyāsmābhir artho vivṛtaḥ / śrutisiddhyapekṣayaiva cāsyānukramaṇam kṛtvācāryaś śeṣam asya kalpayati //

JGS 2,5,14.
satīśarīram uptakeśan nikṛttanakhaṃ prakṣāḷitañ citām āropayati

Note: Caland's ed. has *āropayanti* without variant readings, but Bhavatrāta clearly reads *āropayati.*

satī===yati // satī sādhvī patnī pativratā / asyāś śarīram uptakeśan nikṛttanakhaṃ prakṣāḷitañ ca sat citām āropayati citāyāṃ patnīn dadhātīty arthaḥ / nirāntrakaraṇaniṣpurīṣakaraṇāhutimantrābhāvārtham ayam āraṃbhaḥ kṛtaḥ / yuktam eva cedan nirāntrakaraṇasya niṣpurīṣakaraṇasya ca striyā guhyam anabhimṛśadbhir anavalokayadbhiś cāśakyatvād āhutiyajuṣaś ca pulliṅgatvāt //

JGS 2,5,15.
atra pātrāṇy apacinoti

Note: Caland's ed. reads *api cinoti*, but records *apacinoti* as the reading of B. – *pātrāṇy apacinoti* quoted in Bh on JGS 2,5,16.

atra===noti // atra yajñapātrāṇy apacinoti sañcinoti / yathā caitāni pātrāṇy agnihotrādyarthāni santi tatsaṃbandhād apagamayyātra prakṣipyate / tadapekṣo 'paśabdaḥ /

atragrahaṇam amutra pātrāṇām apacayanābhāvārtham / kvāmutreti cet *tān nirmathyena dahet sāntapanena vā-* (JGS 2,6,1) ity atra /

yady evaṃ pṛthagvidhānād evāhitāgniprāpiṇāṃ viśeṣāṇām amutrābhāvas sidhyati / evañ ced atrāmutra ca pātrāṇān tulyāvasthatvapratipādanārtham idam atragrahaṇam / atrāpacinoti nāmutra / etāvān bheda ity arthaḥ / tulyāvasthatvañ ca yathaiṣām atrāpacitānāṃ punaḥ karmasaṃbandhābhāvas tathāmutrānapacitānām api ity agnihotrādipratiṣedha evārthataḥ kṛto veditavyaḥ / tasmān nirmathya sāntapanadāhyāyām api mṛtāyāṃ patnyān dvayor anyatareṇa dagdhvā nirasyaivāgnitrayam uparamya karmabhyaḥ punar agnyādheyaṃ kṛtvārabheta / evan tyaktāyām api /

nanu patnīyajamānau karmasu tulyau / kas saṃśayaḥ / yady evam ayatnasiddhaḥ karmoparamo mṛtāyāṃ patnyān tyaktāyām api / na hy ayam akṛtadāraḥ karmasv adhikriyate na ca pūrvair agnibhiḥ pareṣān dārāṇāṃ saṃbandha ity arthalabhyaṃ siddham agnyādheyam / satyam evam evābhaviṣyad yady ekasyaikaiva patny abhaviṣyat / santi tu dvipatnīkā api puruṣā bahupatnīkā api / teṣān teṣv evāgniṣu tair eva pātrair yathāpuram anapavāde karmānuṣṭhāne prasakte tannivṛttir ato na grahaṇād arthataḥ kṛto bhavati //

JGS 2,5,16.

tasyām enam ādadhati
tasya nāsikayo[s] sruvau nidadhyād (JB 1,48: 21,1) ity etenānuvākena (JB 1,48: 21,1-6)

tasyā===kena // *pātrāṇy apacinoti-* (JGS 2,5,15) ity anuvartyam / etenānuvākenānuvacanenānukramapravṛttena vacanena pātrāṇy apacinoti / sruvaprāśitraharaṇamusalaśūrpāṇān dvedhākaraṇārtho 'yam ārambhaḥ / etāni hy ekatvayuktāni santi dvivacanenopādīyante / tatra dvayīgati[s] sruvādyekatvavaśena vā *sruvāv* ityādidvivacanam ekatvavāci kalpyan dvivacanavaśena vā sruvādīnān dvedhābhedanaṃ kāryam ity asmin sandehe 'bhīṣṭasaṃpratipādanārtham idaṃ vākyan nyastam / tasyāyam arthaḥ / etadanuvacanavaśenaiva pātrāṇy apacinoti bhittvā sruvādīni /

nanu sruvādyekatvavaśena etad anuvacanan dṛṣṭam / sruvādiṣu dvivacanam ekārthavāci kalpyam iti //

JGS 2,5,17.

sa ya evaṃvit syāt
sa yadopatāpī syād (JB 1,46: 20,16-17) iti pūrvam eva

Note: For this JB passage see also Bh on JGS 2,5,13.

saya===meva // yac chrutau dṛṣṭañ jīvann eva sāgnir dahanadeśaṃ praviśed iti tasyāyan niṣedhaḥ kriyate / pūrvaṃ purātanaṃ purā kalpa evāyañ cintyo nādhunātanaiḥ prayoktavya ity arthaḥ //

JGS 2,5,18.

caturgṛhītaṃ gṛhītvā-
anyaṃ yathāsaṃbhavam

catu===bhavam // āhitāgnyadhikārād anyam ity āhitāgner anyam anāhitāgnim / yathāsaṃbhavaṃ yad yat saṃbhavati tat tat kurvan / srugviyuktasya tv asya caturgṛhītam asaṃbhavad ivāśaṅkyamānam api vidhānasāmarthyāj janitāyāṃ sruci gṛhītvaiva dahet / *yathāsaṃbhavam* ity asyārthaṃ vivariṣyāmaḥ / nānāgnyabhāvād ekāgner evonmukam avacchidya śeṣaṃ sthālyām āvapet / atha vedam unmukaharaṇam anvāhāryapacanaharaṇam eva / nānyasthalam iti tadabhāvād ihotsīdati / sruvājyasthālīpraṇītāpātracarusthālīr ādadīran / antareṇāgnīn ity asaṃbhavāt paścād agner nidhānam / agnyantarāsaṃbhavād ekasminn evājyasya saṃskāro havanañ ca ukte / srucam utpādya caturgrahaṇaṃ / sruvaṃ bhittvā svasthāne nidadhyāt / ājyasthālīcarusthālyau apo 'bhyavahareyuḥ / praṇītāpātram ivopanidadhyād brāhmaṇāya vā dadyāt / yathāśruti sarvam itarad / āhitāgnivad akṛtadārasya pātrābhāvaḥ / āhutyarthan tu sruksruvam utpādyam /

anyam iti liṅgavivakṣānupapatte[s] striyam api yathā- ūnadvivarṣaṃ pretam (cf. VasiṣṭhaDhS 4,34) iti / āhuti[s] sruvād[44] evotsīdati //

JGS 2,5,19.

āsye hiraṇyaśakalam ādhāya-
agnīn upohya
sāmabhir upatiṣṭhate

āsye===ṣṭhate // ayaṃ sarvasādhāraṇa[ś] śrautaśeṣaḥ kathyate / āsye hiraṇyaśakalam arthatas saṃskaraṇāt pūrvam evādhāya saṃskaraṇānantaram agnīn uktavad upanikṣipyānantaraṃ sāmabhir etair upatiṣṭhate 'gnīn //

JGS 2,5,20.

nāke suparṇam (JS 1,33,8) iti

nāke===miti // etena prathamam upatiṣṭhate / dve tu sāmanī sto 'syām ṛci grāme geyam araṇye geyañ ca- iti / anyatarad avadhāryate //

JGS 2,5,21.

grāmyaṃ geyam

Note: This sāman is JGG 4,1,16 yāmam on JS 1,33,8. The other sāman composed on this verse is JĀrG 21,3 (N23,3) yāmam.

[44] *āhuti[s] sruvād* emended : *āhuti sruvad* T : *āhu sruvad* A : *āhuti sūktavad* K : *āhuti saktavad* P, M.

grāyaṃ geyam // yad anayor grāmam arhati tad iha geyam //

JGS 2,5,22.

udite dhūme
tveṣas te dhūma ṛṇvati- (JS 1,9,3) iti

Note: The sāman composed on this verse is JGG 1,9,4 kaunmudam. JŚS 23,4 prescribes this sāman to be sung at the agnyādheya while smoke arises: *tveṣas te dhūma ṛṇvati-* iti dhūma udyati kaulmudam.

udi===tīti //

JGS 2,5,23.

agnau samārūḍhe-
agne mṛḻa mahaṁ̊ asi- (JS 1,3,3) ity
etayor anyatareṇa

Note: Two sāmans, both called yāmam, are composed on JS 1,3,3: JGG 1,3,7 and JGG 1,3,8.

agnau===reṇa // agnau pretaṃ samārūḍhe samyag ārūḍhe saty etayor anyatareṇopatiṣṭhate //

JGS 2,5,24.

parāk parāg vā asau loka
iti brāhmaṇam

Note: The quotation could not be traced, but cf. PB 21,8,2 parākena vai devāḥ svargaṃ lokam āyan / svargakāmo yajeta / parāṅ evaitene svargaṃ lokam ākramate; and ŚB 4,2,4,7 ... devān vā etāni stotrāṇy abhyupāvṛttāni yat pavamānāḥ / parāñco hy etair devāḥ svargaṃ lokaṁ samāśnuvata / tasmāt parāg eva stotram upākaroti parāñ ca stuvate.

parā===hmaṇam // itīdam vākyaṃ brāhmaṇāntare śrutam / tasyāyam arthaḥ / parāg etais sāmabhir upatiṣṭhate / anabhyāsam ity arthaḥ / parāg vaiva parāg eva hīto 'sau lokaḥ / imaṃ lokan nāvekṣyata ity arthaḥ / yato 'mutra vāsīd devagaṇo 'nenāgacchan dṛśyate tadapekṣam amuṣya parāktvam // // //

JGS 2,6. (śmaśānam, udakadānam, asthisañcayaḥ)

JGS 2,6,1.

āhitāgneś cet pūrvañ jāyā mriyeta
tān nirmathyena dahet sāntapanena vā

Note: *tān nirmathyena dahet sāntapanena vā* quoted in Bh on JGS 2,5,15. The whole sūtra is quoted in Sāyaṇa's commentary on BaudhŚS 1,10 dealing with the darśapūrṇamāsa (ed. Roop Narain Pandey

1982, p. 200): talavakārakalpe jaiminiś cāha *āhitāgneś cet pūrvaṃ jāyā mriyeta tāṃ nirmanthyena dahet santapanena vā-* iti. Cf. Caland 1905:99.

āhi===navā // yadi jāyāhitāgnir bhavantī pūrvam ātmano mriyeta tān nirmathyenāraṇinirmathyenotpannenāgninā kapālasāntapanaprabhavena vā dahet /

agnitraye sakrumukāni kapālāny adhiśritya santapet / tapto 'gnir[45] ekīkartavyaḥ / sa sāntapanaḥ / tulyo 'syā dahanakalpo 'nyas tribhiḥ /

evaṃ sarvasyāpy āhitāgne[s] striyā dahanaprāptau *satīśarīram* (JGS 2,5,14) iti purastād apavādas satyāṃ kṛtaḥ / anyasyās tv evan dahanam /

siddho 'gnipātrāṇām utsargaḥ //

JGS 2,6,2.
śmaśānakṛtam

śmasā===kṛtam // śmaśānam iti pretadahanadeśasyākhyā / kṛtaśabdaś ceha kāraṇaparyāyaḥ / dṛśyate hi *tvatkṛte jīvāmi* / *matkṛte mā śuca-* iti / śmaśānasya kṛtaṃ śmaśānakṛtaṃ śmaśānakāraṇaṃ yena kāraṇena yukto bhūbhāga[ś] śmaśānārthe parigṛhyate / tad iha śmaśānakṛtam ity ucyate / tat //

JGS 2,6,3.
svakṛtam

Note: This sūtra is quoted in Bh on JGS 2,6,4.

svakṛtam // svayam eva kṛtam ayatnasiddhaṃ svabhāvasiddham eva tasya bhūbhāgasya syāt //

JGS 2,6,4.
aniriṇam apasalavakrodakam

ani===dakam // iriṇam ūṣaram / ato 'nyad aniriṇam / apasalam apasavyam / vakram anṛju- āvṛttam / apasalavakram udakam asminn ity apasalavakrodakam / yat saṃkrāmy udakam apasalam āvartate tadvidham ity arthaḥ /

aparaḥ pāṭhaḥ- *apasalam agrodakam* iti / tathā saty *apasalam* ity etāvataivāpasavyāvṛttodakatā siddhā / na hy anyathā bhūmer apasalatvaṃ bhavati / tataḥ- *agrodakam* iti / agram udakam asyety agrodakam / purastādudakam ity arthaḥ /

asyāniriṇatvāde[s] svayaṃsiddhatā *svakṛtam* (JGS 2,6,3) iti pratipāditā / tadalābhe kiṃ pratipattavyam ity apekṣita ucyate //

JGS 2,6,5.
kṛtvā

Note: This sūtra is quoted in Bh on JGS 2,6,6.

kṛtvā // uktalakṣaṇayuktaṃ prayatnataḥ kṛtvāpi parigṛhṇīyāt / na tu svakṛtalakṣaṇāl lakṣaṇahīnam //

---

[45] *tapto 'gnir* emended : *tajjognir* K : *tajjaugnir* A, T, P : *tajñaugnir* M.

JGS 2,6,6.
yatra vauṣadhayo jāyante tatra

yatra===tatra // atha vā yatrauṣadhaya[s] svabhāvata udbhavanti tatra dahet / ayaṃ pakṣaḥ *kṛtvā-* (JGS 2,6,5) ity anena vikalpate nādivikalpena //

JGS 2,6,7.
śarīran dagdhvā-
udakakaraṇāya yānty anavekṣantaḥ

śarī===kṣantaḥ // dagdhvā śarīram aśeṣan dahanabhuvaṃ praty anavekṣamāṇā udakakriyārthaṃ yānti //

JGS 2,6,8.
na vāhinīṣu kurvanti

navā===rvanti // vāhinīṣu sravantīṣu na kurvanty udakam / vāpyān taṭāke devakhāteṣu vā jalāśayeṣu kuryuḥ //

JGS 2,6,9.
teṣāṃ yo yaḥ paścājjātaḥ sa so 'graṃ kuryāt

teṣāṃ===kuryāt // teṣān tatra sannihitānām udakadāyināṃ yo yaḥ paścājjāto yavīyān so 'gram ādir bhūtvā kuryāt / atha vā- *agram* iti prathamam ity arthaḥ //

JGS 2,6,10.
upakūlam

upakūlam // *upakūlam* ity udakaviśeṣaṇam / vāpyādīnāṃ kūlasannikṛṣṭam udakam udakakriyārthaṃ kuryāt /

apara āha / udakānudakayos sandhiḥ kūlam / tatsannikarṣa udakañ siñced iti //

JGS 2,6,11.
akūle kūpaṃ khātvā
savyahastasyānāmikayā sakṛd udakaṃ prohati

Note: *kūpaṃ khātvā* quoted in Bh on JGS 2,6,13.

akū===prohati // vāpyādīnām ātidūryād āhṛtasañcitenaivodakena yatra sarvo 'py udakārthas tadartham idam ucyate / akūle vāpyādikūlāsaṃbhave kiñ cit kūpam avaṭaṃ khātvā tasmin ghaṭādistham udakaṃ savyahastasyānāmikayā- upakaniṣṭhikayā yathāsyāṃ patitvā kūpe nipatet tathā sakṛd eva prohati- āvarjayati svayam eva saṃskartā / atha vāsyopakūlam udakaṃ kuryāt //

JGS 2,6,12.
pretasya nāmakaraṇena

preta===ṇena // adhikārād udakaṃ kuryād iti saṃbandhaḥ / pretasya nāmakaraṇena nāmavacanena- udakaṃ kuryāt / *etat ta udakam* ity ākṣiptam uktvā nāma nirdiśed *agna indra bhavagupta śivadatta gr̥tsaśarman baṭukaśarmann* iti //

Note: *gr̥tsa-* emended : *rutsa* mss. Supposing that one of the two syllables in the ms. reading is correct, an alternative emendation is *rudra-*; *gr̥tsa-* in both Sanskrit and Malayalam means 'skilfull, intelligent, crafty; god Kāma', but the question is, does this word figure in the Brahmanical proper names of Kerala?

JGS 2,6,13.
vāhinīṣu ced udgrathya keśān

vāhi===keśān // sravantīṣu ced udakaṃ kuryāt svān keśān udgrathya- unnāmya grathitvā kuryuḥ /

nanu vāhinīṣūdakakriyā pūrvaṃ vipratiṣiddhā (JGS 2,6,8) / satyam etat / pratiṣiddhāyā api tu taṭākādyabhāve prāptir astīty ato vidher avagantavyam /

nanu taṭākādyabhāve *kūpaṃ khātvā-* (JGS 2,6,11) ity anyo vidhir vihitaḥ / na ca tasyāsaṃbhavo yato vāhinīṣu prāpnuyāt sravantīṣu ced udakaṃ kuryāt / evañ ced evaṃ gr̥hṇīyāmaḥ / taṭākādyabhāve vāhinīṣu tadabhāve kūpakhananavidhir iti //

JGS 2,6,14.
nimajya-
ekāñjalin dattvā-
upasaṃgr̥hya keśān
unmukasyāgnim ārabheta-
agne śūkāhe pāpaṃ me 'pahata- iti

nima===teti // pretasya nāmagrahaṇena- udakadānaṃ vihitaṃ punaś ca viśeṣais saṃyujyate / apsu nimajyaikodakāñjalin dattvā keśān upasaṃgr̥hya pāṇinā pīḍayitvā- unmukastham agnim anena yajuṣā saṃspr̥śati //

JGS 2,6,15.
śamīm ārabheta
śamy asi śamaya me pāpam iti

śamī===miti // śamīvr̥kṣam anena yajuṣā saṃspr̥śet / aśamīke deśe tatpattrādy apy āhr̥tya nihitaṃ saṃspr̥śet //

JGS 2,6,16.
aśmānam ārabheta-
aśmāsi sthiro 'sy

aham sthiro bhūyāsam iti

Note: *ārabheta* quoted in Bh on JGS 2,6,17.

aśmā===miti // anena yajuṣā kañ cid aśmānaṃ saṃspr̥śet //

JGS 2,6,17.
tūṣṇīṃ gomayam

tūṣṇīṃ gomayam // *ārabheta-* (JGS 2,6,16) ity anuvartyam //

JGS 2,6,18.
kr̥todakan dakṣiṇāmukham āsīnan tam anu gantāra upaviśanti

kr̥to===śanti // *tam* iti saṃskartuḥ putrāder grahaṇam / taṃ kr̥todakan dakṣiṇāmukham āsīnam anu tasminn āsīne paścād upaviśanti gantāraḥ / *gantāra* iti gamanasaṃbandhād dhartāra upalakṣyante pretasya //

JGS 2,6,19.
tān itaraḥ kalyāṇībhir vāgbhiḥ pratyāha

tāni===tyāha // tān upaviṣṭān saṃskartāraṃ harttr̥̄ṃś cānyaḥ kaś cid brāhmaṇaḥ kalyāṇībhir hitaramaṇīyābhir vāgbhiḥ pratyāha pratimukham īkṣamāṇo bravīti / *śatāyuṣo bhūyāsta* / *satputrā bhavata* / *mā vo matir aśubhe vartiṣṭa* / *śivam eva śr̥ṇuta* / *samr̥ddhyā mā viyuṅkṣata* / *yajadhvaṃ kratubhiḥ* / *kīrtim āvarjayata* / *sat tatra vittam* iti //

JGS 2,6,20.
upāstamanavelāyāṃ grāmaṃ praviśanti

upā===śanti // astamanam astam ayas sūryasya / tatsamīpam upāstamanam / velāśabdaś ceha kālāvadhau vartate / astamanavelāyām astamayasannikr̥ṣte kāle grāmaṃ gr̥haṃ praviśanti //

JGS 2,6,21.
tāṃ rātrim ekamāṣeṇa vasanti

tāṃrā===vasanti // māṣasaman dhāraṇaṃ suvarṇamāṣaḥ / ekena māṣeṇa krītam ((ekamāṣam)) / ekamāseṇa bhojanīyena vasanti tat bhuñjānā vasantīty arthaḥ / yathā *phalamūlair vasanti-* iti tadvat /

śvo bhūta (JGS 2,6,23) iti vakṣyamāṇatvād evānyāsu rātriṣv aprasaṅgāt *tāṃ rātrim* ity anarthakam / nānarthakaṃ yasyāṃ rātrau śmaśānād grāmaṃ praviśeyus tāṃ rātrim ity etadarthatvāt / tasmād dvitīyatr̥tīyayor api rātryor akamāṣam eva bhuñjīran //

JGS 2,6,22.
śāntyā vā

śāntyā vā // śāntiś śamanam / bhojanaṃ praty avyāpāraḥ / aśanaśāntyā vā tāṃ rātriṃ vasanti nāśnīran vety arthaḥ / etad api tryaham eva / asya vākyadvayasyoktam artham āśaṅkyam api śāstrāntarastho vidhis *tryaham anaśnanta āsīran krītotpannena vā varterann* (VasiṣṭhaDhS 4,14-15) iti ayam anāśaṅkyaṃ saṃpādayati //

JGS 2,6,23.

śvo bhūte kṣīrodake saṃsṛjya
śarīrāṇy avasiñcaty
ajaśṛṅgeṇa gośṛṅgeṇa mṛnmayena kośena vā

śvobhū===navā // śvo bhūte kṣīrañ codakañ ca saṃsṛjya saṃyojyājaśṛṅgeṇa vā gośṛṅgeṇa vā mṛnmayena pātreṇa vā- asthīny avasiñcati śmaśānam gatvā hartāras saṃskartā ca / tato grāmaṃ praviśya yathoktaṃ vasanti //

JGS 2,6,24.

tṛtīyāyān gandhauṣadhībhis saṃsṛjya
śamīśākhayā palāśaśākhayā vā

tṛtī===yāvā // tṛtīyāyām api śmaśānaṃ gatvā gandhauṣadhībhir udakaṃ saṃsṛjya tena śamīśākhayā palāśaśākhayā vāsthīny avasiñcati //

JGS 2,6,25.

asaṃhrādayan kuṃbhyām avadadhyāt

asa===dadhyāt // athaitāny asthīny upādāyāsaṃhrādayan arāvayan kuṃbhyām avadadhyāt / etāḥ kuṃbhyaḥ *kuṃbhīr yathāraṇyān* (source?) iti //

JGS 2,6,26.

strī ced ghaṭa eva dadhyāt

strīced===dadhyāt // strī ced evam eva dadhyāt tasyā asthīni //

JGS 2,6,27.

catuṣpatham atītya
mahāvṛkṣan nadīṃ vā
tīrtheṣu nikhanet

catu===khanet // athaitair asthibhis saha prasthāya kañ cic catuṣpathaṃ kañ cin mahāntaṃ vṛkṣaṃ kāñ cin nadīṃ vābhyatītya nadītaṭākadevakhātānān tīrtheṣu kasmiṃs cin nikhanet /

tataḥ pratyetyodakaṃ kuryuḥ pañcame vāhni navame ca / uktaṃ gautamena *prathamatṛtīyapañcama[saptama]navameṣūdakakriyā-* (GautDhS 14,40) iti /

nanu sarvadivaseṣūdakapradānam asti / smṛtyantare 'sti cet siddho 'nayor vikalpaḥ / dvayor api tu pakṣayos sāyaṃ prātar udakan dadyuḥ / samācārāt balipradānam api //

Note: Some GautDhS mss. omit *-pañcama-*, which is found in all Bh mss., while these all omit *-saptama-*.

JGS 2,6,28.
pretasya tr̥tīyāyāṃ snāpayanty apāmārgeṇa mr̥dā gomayena ca

preta===naca // pretasya tr̥tīyāyāṃ rātrau yasminn ahani pretas tatas tr̥tīye 'hani-apāmārgaikalena[46] mr̥dā gomayena ca chādayanta etan anyā[s] snāpayanti / prāg api dahanatr̥tīyāyā rātreḥ pratatr̥tīyā kadā cit syād iti kr̥tvoktaṃ *pretasya-* iti //

JGS 2,6,29.
vāsāṃsi prakṣāḷya daśarātram āsate

vāsā===sate // atha vāsāṃsi śavakarmasaṃbandhatryahaparihitāni parihitavastrāntarās santaḥ- rajakair vā svayam eva vā prakṣāḷya daśarātrasyāvaśeṣam āsate /
āśaucadivaseṣv agnihotrādīnāṃ *pratyūhen nāgniṣu kriyāḥ-* (Manu 5,84b) iti smr̥tivacanād alopa,h / sarve dānahomajapān kriyeran //

JGS 2,6,30.
caturthyāṃ bhikṣām āvartayeran

catu===yeran // bhikṣāṃ bhikṣālabdhaṃ bhuñjīrann ity arthaḥ / tasmin na svayam aśnīyur ante saṃskartā hartāraś ca //

JGS 2,6,31.
tasyā siddham agnaukaraṇam

Note: *tasyā* Bhavatrāta and Caland's ms M : *tasya* Caland's ed.

tasyā===raṇam // pūrvavākyavihitāyāś copalabdhabhojanastutiparam idaṃ vākyam / *agnaukaraṇam* iti bhojanādhikārād aśanahomasya grahaṇam[47] / tasyā bhikṣāyā bhujyamāṇasyā agnaukaraṇam[48] idānīm ebhir aśucibhir akriyamāṇaṃ prasiddhaṃ bhavati / ye 'syā bhikṣāyāḥ pradātāras tair aśanahomasya kr̥tatvāt taccheṣo[49] bhukto bhavatīty arthaḥ / ata idaṃ vijñātavyam / ye hutaśeṣabhojinas ta evātra yācitavyā iti //

JGS 2,6,32.
kālañ ca yāvad ākāṅkṣeyuḥ

kāla===kṣeyuḥ // bhojanakālaś caiṣāṃ yad ākāṅkṣeyur bhojanaṃ sa eva syāt / *sāyañ ca prātaś ca bhuñjīta-* (source? cf. Gautama 9,59 sāyaṃ prātas ... bhuñjīta; Vasiṣṭha 10,24 bhuñjīta sāyaṃ prātar; Bh on JGS 1,22,6) ity ayam api niyama eṣān nāstīty arthaḥ //

---

[46] *apāmargaikalena* emended : *apāmārggaikaletana* A, P, M : *apāmarggekaletana* K, T.

[47] *grahaṇam* emended : *grahahomān* K, P, M : *grahomān* A, T.

[48] *bhikṣāyā bhujyamānasyā agnau-* emended : *bhikṣayā bhujyamānaṃ vāgnau-* mss.

[49] *taccheṣo* emended : *taccheṣa* K, P, M : *taccheṣaṃ* A, T.

JGS 2,6,33.
bhikṣayānusantanuyuḥ

bhikṣa===nuyuḥ // bhikṣayaiva daśarātraśeṣam anusantanuyuḥ prāpayeyuḥ //

JGS 2,6,34.
ūrdhvan daśarātrāc chrāddhan dadyuḥ

ūrdhva===dadyuḥ // kim ekādaśyām eva / nāyam ekantaḥ- *nakṣatreṣu niyama* (JGS 2,6,37) iti vakṣyamāṇavaiyarthyaprasaṅgāt //

JGS 2,6,35.
na dadyur ā śrāddhasya pradānāt

nada===dānāt // atikrānte tu daśarātre ā pradānāc chrāddhasya na kañ cid ete kasmiṃś ca dadyuḥ //

JGS 2,6,36.
paśuś ced ekavan mantraḥ

Note: This sūtra is omitted in Caland's ed. Caland notes: "Before *nakṣatreṣu* M1 has the following, to me unintelligible words: *paśuchedekapamyatro*".

paśu===mantraḥ // paśuśrāddhaṃ pratyupādīyeta ced ekavan mantra ekārhamantra[s] syāt / yady amuṣmiñ chrāddhavidhāne pitr̥pitāmahaprapitāmahayogibhir mantrair ālabdhavyaḥ paśur vihita[s] syāt tata etad vākyam arthavat syān nānyathā / tato 'numeyam asti / śrāddhavidhau paśusaṃbandho 'pi grantha[s] svādhyāyakair ālasyāt pramādād votsādita iti / tata[ś] śravaṇe cāsya vākyasyārtho durvistaraḥ //

JGS 2,6,37.
nakṣatreṣu niyamaḥ

Note: This sūtra is quoted in Bh on JGS 2,6,34.

nakṣa===yamaḥ // śrāddhaṃ prati nakṣatreṣu niyamaḥ kriyate //

JGS 2,6,38.
maghāsv ekatāreṣu bharaṇīṣu ca pūrvasamayeṣu vā

Note: Caland's ed. omits *vā*, but notes that it is found in M1.

maghā===ṣuvā // yasya nakṣatrasyaikā tārā tad ekatāram / ekatāreṣv ārdrā citrā svātīty arthas sannihitah / *citrā svātī raudrā nakṣatrāṇy ekatārāṇi-* (source?) iti / pūrvaśabdena samayaprasiddhir yeṣān nakṣatrāṇān tāni pūrvasamayāni pūrvaphalgunyau pūrvāṣāḍhāḥ pūrve ca proṣṭhapadāḥ / eteṣān nakṣatrāṇām anyatamasmiñ chrāddhan dadyuḥ //

Note: *ārdrā* emended : *pūrvā* mss. The commentators of the ŚB 13,8,1,3 (where the ekanakṣatras are connected with the deceased) and KŚS 21,3,3 mention puṣya as an ekanakṣatra (thus Nakṣatrakalpa 2, but according to most later sources including Varāhamihira puṣya has three stars). However, *raudrā* in Bhavatrāta's quotation denotes the *ārdrā* as the one-star asterism presided by Rudra.

JGS 2,6,39.
na rohiṇyām uttareṣu dhruveṣu

naro===veṣu // rohiṇyān triṣu cottareṣu phalgunyāṣāḍhaproṣṭhapadeṣu dhruveṣv eṣu nakṣatreṣu na dadyuḥ / dhruvaṃ hy eṣān nakṣatrāṇāṃ pratijānanti *saṃvatsaraḥ dhruvam uttararohiṇya* iti / *dhruveṣv* iti cānurūpeṇoktan dhruvatvād etāni ṣidhyanta iti /

kiṃ labdhaṃ bhavati / prayojanam / dhruveṣu rāśiṣv api śrāddhasya pradānam / tataś ca ravyā miśreṣv eva dadyuḥ / pratiṣiddhebhyo 'nyāni nakṣatrāṇi gṛhyāṇi /

evañ cen maghādīnaṃ vidhir (JGS 2,6,38) anarthakaḥ / nānarthakas teṣām abhimatatara-tvapratipādanārthatvāt /

aparaṃ matam / prathamam ekoddiṣṭaṃ pratiṣiddhebhyo 'nyeṣu sarveṣv api kāryam / itarāṇi trīṇi maghādiṣv eveti //

JGS 2,6,40.
brāhmaṇān havirarhān upaveśya tāṃs tarpayitvā-
ekavat piṇḍan dadyāt

brāhma===dadyāt // pūrvabhāgo vākyasyānvaṣṭakye gataḥ / ekavad ekagrahaṃ[50] /yathaiṣa piṇḍaḥ pretam ekam eva tarpayet tathābhisandhāya dadyāt / ata eva jñāyate / yatraikaḥ piṇḍaḥ bahūṃs tarpayatīyatāmutra piṇḍān pitrādibhyo dadyāt / anubandhān pitre tān abhisandhāya dadyāt //

JGS 2,6,41.
na ca- *anv* iti brūyāt

naca===brūyāt // atrānuśabda[s] svārthasamudāyinaḥ padasamudāyasyopalakṣakaḥ / *anv* iti ca na brūyāt / *ye ca tvātrānu tebhyaś ca-* (JGS 2,1,7; 2,2,7) iti na brūyād ity arthaḥ / āsanācamanamantrayor api yad uktaṃ syād vācanam[51] / tasmād atra te[52] mantrāḥ / *etat te pitar āsanan devadatta-* (cf. JGS 2,1,7) *ācāma pitar devadatta-* (cf. JGS 2,2,3) iti / *svadhā nama* (JGS 2,2,7) iti ca na[53] pitrādibhyo mātrādibhyaś cānyatra saṃbandhapadānābhidhānāt //

JGS 2,6,42.
sarvaiḥ kāmais tarpayet

[50] *ekagraham* emended : *ekāgraham* mss.
[51] *yad uktaṃ syād vācanam* emended : *ya ukta(ḥ) asyā vācamanaṃ* mss.
[52] *te* emended : *ye* mss.
[53] *iti ca na* K, P : *canaṃ* A : *cau* M : *vacanaṃ* T.

sarvaiḥ===payet // sarvaiḥ kāmair upabhogair vastraśayanapānacchatracāmarādibhi[ś] śrāddhabhujas tarpayet / bhuktācāntān āsayitvā piṇḍan dattvaitais tarpaṇam //

JGS 2,6,43.
anugamanaṃ kr̥tvā śeṣam

[anu===śeṣam] // anugamanasyāpakṣād vijñeyam //

JGS 2,6,44.
anujñāpya
pratyetya
śeṣan na prāśnīyāt

anu===śnīyāt // śrāddhaśeṣaprāśanasyāmr̥tasya- āgatasyāyaṃ pratiṣedhaḥ //

JGS 2,6,45.
brāhmaṇān svasti vācya prāśnīyāt

brāhma===śnīyāt // brāhmaṇān svasti vācya prāśnīyād iti yathāpuraṃ bhuñjītety arthaḥ // // //

JGS 2,7. (gr̥havidhiḥ)

Note: Caland (1905:12; 1922:xi) has pointed out that this chapter agrees almost totally with chapter 1,16 in the Baudhāyana-Gr̥hya-Pariśiṣṭa. This is chapter 1,18 of the Baudhāyana-Gr̥hya-Śeṣa-Sūtra edited by R. Shama Sastri in *The Bodhāyana-Gr̥ihya-Sūtra*, 2nd ed., (Bibliotheca Sanskrita 32/55), Mysore 1920, p. 220-221.

JGS 2,7,1.
athāto gr̥hakarmaṇaḥ

athā===rmaṇaḥ // iha gr̥haśabdo gr̥hayoginy āśrame dvitīye vartate / nas tadāśramavihitaṃ[54] śrautaṃ smārtañ ca yat karma tad gr̥hyakarma / tasya gr̥hakarmaṇaḥ / vakṣyata iti / vikalpo na kāryaḥ / kim ivāsya vakṣyate / yad asya vartavyam / yad asya sādhanam / kim asya sādhanam / dravyam anupaghnataś[55] ca svāmicetasaḥ / tadubhayasiddher ayam abhyupāyaḥ //

JGS 2,7,2.
gr̥havr̥ddhim icchan

[54] *tadāśramavihitaṃ* emended : *tata āśramaṃ vihitaṃ* mss.
[55] *anupaghnataś* emended : *anupaghātaś* mss.

māsi māsy ṛtāv ṛtau saṃvatsare saṃvatsare vā
pūrvapakṣe puṇye nakṣatre
gṛhaśāntim ārabheta

Note: *gṛhavṛddhim icchan* and *ārabheta* quoted in Bh on JGS 2,7,10.

gṛha===bheta // gṛhasthasya dhanadhānyavṛddhitāṃ gṛhavṛddhim icchan māse māse vā- ṛtāv ṛtau vā saṃvatsare saṃvatsare vā pūrvasmin pakṣe śubhe nakṣatre gṛhaśāntisamākhyam idaṃ karmārabheta niṣpādayet kurvītety arthaḥ / gṛhānuṣaṅginām aśubhānān dhanahīnatvataskarādīnām upaśamakaratvād idaṃ karma gṛhaśāntir ity ucyate //

JGS 2,7,3.

apāmārgapalāśaśirīṣārkaudumbarasadābhadrāmṛtatṛṇam
indravallībhir badhvā
gṛhān parimārjya
parisamūhya-
apo 'bhyukṣya

apā===bhyukṣya // *amṛtatṛṇam* ityantas samāsa eva / mārjataḥ prathamam eva gṛhasamūhān parisamūhya sarvataś śobhayitvādbhir abhyukṣya tadanantaram apāmārgañ ca palāśaṃ śirīṣam arkam udumbaraṃ sadābhadrām amṛtatṛṇam[56] eteṣām avayavān upādāya-indravallībhis tān badhvā tair etān parimārṣṭi / apāmārgādayaḥ prasiddhatamāḥ / sadābhadrā śrīpūlā / amṛtatṛṇan dūrvā //

Note: *sadābhadrā-* is the tree known as coomb teak, *Gmelina arborea*, in Sanskrit also known (since KS) as *kārṣmarya-* and (lexically) as *kumudā-*, at least the latter a loanword from Dravidian (DEDR 1742 Tamil *kumiḻ, kūmpal*, etc.). Its gloss *śrīpūlā-* is not known to Sanskrit and Malayāḷam dictionaries nor to works like P. K. Warrier et al. (eds.), *Indian medicinal plants* I-V, Kottakkal 1993-6, or G. J. Meulenbeld's *A history of Indian medicinal literature* I-III, Groningen 1999-2002.

JGS 2,7,4.

pañcagavyair darbhamuṣṭinā saṃprokṣya
siddhārthakān saṃprakīrya
vāstubaliṃ kṛtvā
vāstor madhye vāstoṣpatiṃ hutvā
sāvitryā (ṚV 3,62,10) sahasrañ juhuyāt

pañca===huyāt // atha pañcabhir gavyaiḥ payodadhighṛtamūtraśakṛdbhir darbhamuṣṭinā samyak prokṣya gṛhāṃs tata eṣu siddharthakān gaurasarṣapān saṃprakīrya vāstubaliṃ kṛtvā vāstor madhye brahmāyatane vāstoṣpatiṃ hutvā *vāstoṣpataye svāhā-* ity āhutiṃ hutvā sāvitryā sahasram āhutīr juhuyād ājyena / balir iti yad dravyam anagnau devatāyai pradeyan tad asyākhyā / iha ca baliṃ kṛtvety etāvad ucyate / na devatā na mantras

[56] *sadābhadrām amṛtatṛṇam* emended : *sadābhadrāmṛtatṛṇam* mss.

tathā baliṃ kartum asaṃbhavāt / vāstubaliṃ vāstuśobhātmikā puṣpākṣatasikatādibhiś śobhākāraiḥ kr̥tveti kalpyam / evaṃ sa kr̥tvā prastarādānādi paryukṣaṇāntaṃ kuryāt //

JGS 2,7,5.
tato dakṣiṇapurastāt

tato===rastāt // tadanantaran dakṣiṇapūrvasmin vāstubhāge- evam eva juhuyād yathā vāstumadhye //

JGS 2,7,6.
tato dakṣiṇapaścāt

tato===paścāt //

JGS 2,7,7.
tata uttarapaścāt

Note: *uttarapurastāt* Caland's ed. without variant readings.

JGS 2,7,8.
tata uttarapurastāt

Note: *uttarapaścāt* Caland's ed. without variant readings.

tata===purastāt // evam iyaṃ pañcadhā gr̥haśāntir vihitā //

JGS 2,7,9.
madhye vā

madhye vā // iyam ekapadā vidhīyate / madhya eva juhuyān nāvāntaradikṣu / vāstumadhye vihitam eva homaṃ kr̥tvoparamed ity arthaḥ //

JGS 2,7,10.
gaur vāso hiraṇyan dakṣiṇāḥ

gaurvā===kṣiṇāḥ // yathāśraddhadakṣiṇāprasaṅga (cf. JGS 1,4,23) ucyate gauś ca vāsaś ca hiraṇyañ ca dakṣiṇā dātavyāḥ /

kutaḥ punar ihaivāvikalpena gr̥hyate / vikalpayogino vāśabdasyābhāvāt /

evañ cet samuccayo 'pi na gr̥hyatān tadyoginaś caśabdasyābhāvāt / atra brūmaḥ / yac chrutan tasya bahuno 'py anugraha eva yuktavat / śrutaṃ hi nāma sarvam ayatnāt pravarteta yatnān nivarteta / ataś caśabdābhāve 'pi samuccaya evaiṣāṃ yukto na vikalpaḥ / yathā gharmasyatanūgharmavratayoś ca (Bh on JŚS 24,8) /

aparaṃ matam / dakṣiṇāśabdam anuyujya vākyatrayam etat kariṣyāmīti / asmin pakṣe pratyekan dakṣiṇānuyogāt siddha eṣāṃ vikalpaḥ /

aparaṃ matam / vikalpam icchann ācāryaś caśabdan na nyastavān samuccayam icchan vāśabdam ity asmin pakṣe daridrasya vikalpaḥ / samuccayo 'parasya /

kiṃ punar iyan dakṣiṇāsya karmaṇaḥ kartre deyā dakṣiṇā / naivam / anyasya kartur abhāvād gṛhapatir evāsya kartā / *gṛhavṛddhim icchann ... ārabheta-* (JGS 2,7,2) iti yoge kartraikatvāvagamāt / *prayuñjāna* (JGS 2,7,12) iti ca vakṣyati na *prayojayamāna* iti /

kasmai punar deyety ucyate //

JGS 2,7,11.

brāhmaṇān annena pariviṣya
puṇyāhaṃ svasty ṛddhim iti vācayitvā

brāhma===yitvā // atha tebhyo deyā ity adhyāhṛtya vākyaṃ pravartayitavyam / homānte brāhmaṇān annenārcayitvā puṇyāhañ ca svastiñ ca- ṛddhiñ ca tān vācayitvātha tebhyaḥ //

JGS 2,7,12.

evaṃ prayuñjāno
'nantaṃ mahāntaṃ poṣaṃ puṣyati

Note: *prayuñjānaḥ* quoted in Bh on JGS 2,7,10.

evaṃ===ṣyati // evam uktavad idaṃ karma prayuñjānaḥ kurvāṇaḥ- anantañ cirāvasthāyinaṃ mahāntan dhanadhānyapoṣaṇaṃ labhate //

JGS 2,7,13.

bahavaḥ putrā bhavanti

baha===vanti // ṣaṣṭhyarthe caturthī / bahavo 'sya putrā bhavanti / kiñ ca //

Note: The sūtra (no variants in Caland's ed.) does not contain a word in the dative case (*caturthī*).

JGS 2,7,14.

na ca bālāḥ pramīyante

na cāsmin gṛhe bālāḥ pramīyante / kiñ ca //

JGS 2,7,15.

nāgnir dahati

nāgni===hati // na cāgnir dahati //

JGS 2,7,16.

na daṃṣṭriṇaḥ khādayeyuḥ

nada===yeyuḥ // nāsmin gṛhe prapadya mṛgā daṃṣṭrinaḥ- vṛkaśārdūlaprabhṛtayaḥ khādituṃ śaknuyuḥ / kiñ ca //

JGS 2,7,17.
na taskarās sapatnā rakṣāṃsi piśācā api bādhante

nata===dhante // na taskarāś śatravaḥ- rākṣasāś ca piśācāś ca bādhante /

evam imāṃ śāntiṃ kurvāṇo gṛhāśramī saptasomasaṃsthāsamanvitanityanaimittikakāmyabahukarmasādhanasamartham abhyudayan āpnoti anapatyādi jātañ ca kriyāpathe 'sya pravartamānasya manassamādhānaparipanthinān duḥkhan tyajati / tato 'smin na ca satāṃ vihāya pratipattavyam //

JGS 2,7,18.
yadi gāvaḥ pratapyeran
gavāṃ madhya āhutisahasrañ juhuyāt

yadi===huyāt // yady asya gāvaḥ pratapyeran bādhyeran pāpinā rogeṇa gavāṃ madhye 'gnim upasamādhāya nirdiṣṭam āhutīnāṃ sahasrañ juhuyāt /

nanu sahasram ekādhikam āhutin nirdiṣṭam / tatra kiṃ prathamā pratiṣidhyate- āho svid uttamā pṛthaṅ nirdiṣṭatvāt / prathamaiva / aparā ca yuktir avāpnoti /

vāstoṣpatyā kim iti / *tāsām* ity anuktvā *gavām* iti vacanam / sarujo 'rujaś ca sarvā gās samavasthāpya madhye havanārtham /

kaṃ punar avasthāpya hotavyam / yatra naktam etāś śayīran tasyāyatanasya madhye hotavyam / pareṇāvasthāpya sarvañ ca gṛhoktam atra kāryam //

JGS 2,7,19.
etenaiva kalpenāśvoṣṭrakharājāvikamahiṣahastikulam

ete===kulam // etenaiva gavām uktena karmayogavidhināśvādīnām eṣāṃ kulaṃ rogavad bhiṣajitavyam iti /

kuto gavām / pūrvasmin vākye 'sya homasya gavāṃ bheṣajatvena vihitatvāt /

atha kim atra jātibhedo homam āvartayati kiṃ vā sakṛd eva sarvārthaṃ hotavyam iti saṃśaye tannivṛttyartham ucyate //

JGS 2,7,20.
anyatarat

anyatarat // aśvakulājakulayos sarogārtayos tato 'nyatarat pūrvam anenāhutisahasreṇa bhiṣajitavyan na sahobhayam //

JGS 2,7,21.
dvipadāñ catuṣpadāñ ca vyākhyātam

dvipa===khyātam // dvipadāṃ manuṣyāṇām ity arthaḥ / catuṣpadāṃ paśūnām iti / evam idaṃ manuṣyānān tadupayogyānāñ ca paśūnāṃ śāntikarma vyākhyātam // // //

JGS 2,8. (anaśnatsaṃhitākalpaḥ)

Note: Caland (1905:12; 1922:xi) has pointed out that this chapter "has its counterpart and perhaps its origin in Baudhāyana-Dharmasūtra III,9." See Patrick Olivelle, *Dharmasūtras: The Law Codes of Āpastamba, Gautama, Baudhāyana, and Vasiṣṭha*, Delhi: Motilal Banarsidass, 2000, pp. 320-223.

JGS 2,8,1.
athāto 'naśnatsaṃhitāyāḥ kalpaṃ vyākhyāsyāmaḥ

athā===syāmaḥ // ayaṃ samḥitāśabda ūhād anyasmin samāmnāye vartate / anaśnantas saṃhitā- anaśnatsaṃhitā / anaśnatsaṃhitādhyayanañ ca yasyām ahani niṣṭhitāsyān nāśitavyam / tato 'naśnatsaṃhiteyam ity avagantavyam / tato 'naśnatsaṃhitāyāḥ kḷptiṃ vyākhyāsyāmaḥ //

JGS 2,8,2.
śucivāsā[s] syāt

śuci===sāsyāt // śuci vāso 'syeti śucivāsāḥ / anaśnatsaṃhitām adhīyānaś śucivāsā[s] syāt /

yady evam aśucivāso dharmakarmasu bravīti / evaṃ kṛtanāpitakarmaṇo snātasyaivāprasaṅgād ayaṃ vidhir anarthakaḥ / nānarthako dhavaḷavāsastvapratipādanārthatvāt / dṛśyate hi śucidantaś śucinakha iti //

Note: *śucidant-* in ṚV 5,7,7; 7,4,2, but *śucidanta-* and *śucinakha-* apparently have not been recorded in dictionaries.

JGS 2,8,3.
cīravāsā vā

cīra===sāvā // cīravāsātrācchādanam[57] / na hy atra brahmacāriṇo gṛhasthasya cīravāsastvaṃ śāstravirodhād ayuktam iti / vānaprasthaviṣayo 'yaṃ vidhir grāhyaḥ / tasyāpi hi tapaścāriṇas tapa[s]sv antarbhāvād anaśnatsaṃhitādhyayanam apy asti /

nanu pūrvayor apy āśramino[s] svaśāstravirodhe 'pi cīravāsastvam anaśnatsaṃhitādhyayanimittam / itaravastrāpavādapātaṃ gṛhyamāṇan na doṣaṃ bhavati / vānaprasthasya viśeṣayatāpy asya vidheḥ kṛtārthatve pūrvavihitañ ca śucivāsastvaṃ svaśāstraviruddhasya cīrasya tābhyām anapekṣitatvāt sādhūktañ cīravidhir vānaprasthasyeti //

---

[57] *cīravāsātrācchādanam* emended : *cīrāvāsācchādanaṃ* K107, with *tra* sec. m. under *s* : *cīravāstrā-* P, M : *cīravastrā-* K : *civāsā-* A.

JGS 2,8,4.
haviṣyam annam aśanam icched apaḥ phalāni vā

havi===nivā // yajjātīyaṃ yajñe havis tajjātīyam annaṃ haviṣyam / haviṣyaṃ vānnam apo phalāni vānnam icched ayam aśnīyād ity arthaḥ /

kiṃ punar *aśanam icched* iti gurūktam / nāśnīyād ity ayācitasyāpi parigrahārtham / etad eva trayam annam icched icchāpūrvam aśnīyād iti / saty ato 'nyad api anicchāpūrvam aśanam abhyupagataṃ bhavati / tatas trayāṇām eṣām anyatamaṃ vā- ayācitaṃ vāśnīyāt /

nanu saṃhitāyām ani[ṣ]ṣṭhitāyān nāśitavyam / kim ataḥ / anaśanavidher vānarthakyam aśanaṃ vādhyayane prasaktam / atra brūmaḥ / yāvatas saṃhitādhyayanam adhyetuṃ prasaktās tāsām antarāḷeṣu yathāpuram aśanaprasaṅge tannivr̥ttyartham aśananiyamo 'yaṃ kriyate / madhye 'śanaṃ vidhīyate / evam aśanavidhiś cānarthako bhavati na cāśanaṃ madhye prasajati //

Note: Mūtti. has *sya* after *yajñe* : in Muṭṭa. 107 and Perum. *sya* is added sec. m. beneath the line.

JGS 2,8,5.
brāhmaṇatas tv eva pratyāharet

Note: *brāhmaṇatas* emended on the basis of Bhavatrāta : *brāhmaṇas* Caland's ed. with all mss. (B, M1, M2 recorded in note 11).

brāhma===haret // tuśabdaḥ prasaṅganivr̥ttau / yady aśanam asyānnasya sarvād āneyaṃ syād brāhmaṇatas tv eva pratyāharet pratigr̥hṇīyān nānyataḥ- ayācitapr̥kṣe 'pi prasajati / īdr̥śīṣu codanāsu liṅgaṃ vivakṣitun na śakyam / tato brāhmaṇy[oktam a]pi[58] //

JGS 2,8,6.
prāṅ vodaṅ vā grāmān niṣkramya
śucau deśa udānte vā
gomayena gocarmamātraṃ sthaṇḍilam upalipya
prokṣya
lakṣaṇam ullikhya-
adbhir abhyukṣya-
agnim upasamādhāya-
āghārāv ājyabhāgau hutvā

prāge[59]===hutvā // prāṅmukho vā- udaṅmukho vā grāmān niṣkramya dūrodake viśeṣataś śucau vā deśe- udakānte vā nadyāṃ vā samīpe vā gocarmapramāṇaṃ sthaṇḍilaṃ paritaḥ-kr̥tasīman niṣpādya sarvaṃ gomayenopalipyādbhiḥ prokṣya /

tatra prasiddho na syāt /

sthaṇḍile lakṣaṇam ullikhya yathā[60] vihitan (JGS 1,1,1-3) tad adbhir abhyukṣyāgnim ukta-

---

[58] *brāhmaṇy[oktam a]pi* uncertain restoration based on the sign remains of K107, which is broken here : all the other mss. have an empty space here.

[59] *prāge* all mss., suggesting *prāg evodaṅ vā* : *prāṅ vodaṅ vā* Caland's ed. without variant readings.

[60] *yathā* emended : *tayā* mss.

vat pratiṣṭhāpitam (JGS 1,1,4) upasamādhāya- (JGS 1,1,32) ucitenendhanena jvalayitvābhyādhātān (JGS 1,3,14) idhmasyāntam āghārau cājyabhāgau juhoti (JGS 1,3,15-20) /

iha kiṃ lakṣaṇollekhanāder ājyabhāgāntasya saṃkīrtanam ato 'nyasya prākṛtasya nivartakaṃ gṛhyate / śakyatvād itthaṃ hi grahaṇe sati pratiṣṭhāpitajvalanamātreṇāgnāv idhmavidhigrahaṇaprāduṣkarmasaṃskṛtenājyena vācamanāghārājyabhāgamātraprakṛtaparigraham idam ājyanivṛttyāvasānam abhyupagantavyaṃ bhavati vacanaṃ pareṣām / apāhatayajñasandarbheṣu kva cid api- īdṛśo homo dṛśyate / aśrutaṃ hy adhikavacanabalāt parikalpyam iti na kva cid adṛṣṭarūpan nyāyyaṃ parikalpayitum / ato śakyam itthaṃ gṛhītum / kiñ ca bhavaduktavad api gṛhyaṃ prākṛtiṃ lakṣaṇāvṛtam / tatas sā pūrve 'pi saty asmin home siddheti tadvidhir anarthakeva / tasmād iha lakṣaṇollekhanāder ājyabhāgāntasya vacanan tadāvṛttyartham /

kimarthaṃ puṃsavanādiṣu (JGS 1,5,4) / atra brūmaḥ / antar hi sarvasyāpi pārvaṇatantrasya homacodanayaiva samarthāpi tasya pradarśanārthan tadekadeśo 'yam anūdyate /

kim ihaivedaṃ pradarśyate na puṃsavanādiṣu / atra brūmaḥ / paribhāṣāsiddhasyāpi kva cit pradarśane pratipattilāghavaṃ bhavatīti kṛtvāsmin pradarśyate / atha vā *lakṣaṇāvṛd eṣā sarvatra-* (JGS 1,1,5) *eṣā homāvṛt sarvatra-* (JGS 1,3,41) iti dvayor api pakṣayor udāharaṇabhūtam etadarthaikadeśasaṃkīrtanaṃ kṛtam ity ayaṃ grantho neyaḥ /

nanv evaṃ parisaṃkhyārtham etat kṛtvāsmābhir adṛṣṭaśrutaparikalpanayā pārvaṇatantrahānir ebhir anveṣaṇīyā / tato vyāhṛtyantam api kṛtam eva kṛtvājyāhutīr etā hotavyāḥ /

nanu havir anādiṣṭam ājyam iti pūrvam eva jñāpakād upalabdham (Bh on JGS 1,3,1) / satyam etat / lakṣaṇollekhanādi vā bhavet / evan tu siddhapradarśanārtham evājyagrahaṇam api //

JGS 2,8,7.

ājyāhutīr juhoty
(1) agnaye
(2) somāya
(3) rudrāya-
(4) indrāya
(5) brahmaṇe
(6) prajāpataye
(7) bṛhaspataye
(8) viśvebhyo devebhya
(9) ṛṣibhya
(10) ṛgbhyo
(11) yajurbhyas
(12) sāmabhya[ś]
(13) śraddhāyai
(14) prajñāyai

(15) medhāyai
(16) sāvitryai
(17) sadasaspataye-
(18) anumataye ca

ājyā===yeca //

JGS 2,8,8.
hutvā
darbheṣv āsīnaḥ prāktūleṣūdaktūleṣu vā
dakṣiṇena pāṇinā darbhān dhārayann
oṃpūrvā vyāhr̥tayas sāvitrīñ ca catur anudrutya manasā
sāmasāvitrīñ (JĀrG 25,19 on JS 4,3,8) ca
somaṃ rājānaṃ (JGG 1,10,1 on JS 1,10,1)
brahmajajñānīye cobhe (JGG 4,1,17-18 on JS 1,33,9)
vedādim ārabheta santatām

Note: *vyāhr̥tayas* emended after Bhavatrāta's commentary : *vyāhr̥tīḥ* Caland's ed. without variants. Similarly *prācyaḥ* for *prācīḥ* in JGS 1,1,3. – The pratīka lacks the end, but Bh's commentary shows where he ended the sūtra; see also JGS 2,8,9.

hutvā===((tatām)) // uktā aṣṭādaśa pradhānāhutīr (JGS 2,8,7) hutvā tadanantaraṃ prāgagreṣu vodagagreṣu vā darbheṣv āsīno darbhamuṣṭiparimāṇan darbhaprastaran dhārayan tisro vyāhr̥tīs sāvitrīñ ca praṇavapūrvān pūrvoccāritapraṇavāñ catur anudrutya praṇavavyāhr̥tīs sāvitrīñ ca krameṇa catur uktās sāmasāvitrīṃ sāmabhūtāṃ sāvitrīṃ gāyatrañ ca somaṃ rājānam ity etat sāma- ubhe ca brahmajajñānīye manasānudrutya vedasyādim ārabheta / tat santatāṃ saṃhitāṅkena santatām anudrutasya mānasasyāntenāmr̥tanidhanasya nidhanāntaraṃ kiñ cid asya kr̥tvārabheta /

iha ke cit sāvitrīṃ yathopanayane tathā *paccho 'rdharcaśas sarvām* (JGS 1,11,67) iti trir uktvā yathā sandhyopāsane (JGS 1,12,3-6) tatha caturtham vadanti / na tu tathātve kāraṇam ihānyatra vā dr̥śyate /

vyāhr̥tīr iti bhavitavye *vyāhr̥taya* iti cchāndasaḥ prayogaḥ /[61]

iha vācaiṣāṃ sāmnāṃ vacanayātayāmatvam / adhyayanam eṣāṃ mā bhūd iti /

vedādim iti kim iyam r̥caś codanā- uta sāmna uta- eva dvayoś codanā / r̥kpāṭho hy asmākaṃ sāmāni sugrahāṇi kurvann arthavān bhavati nānyathā / na hy r̥ca[s] stotreṣv agnyādheye pravargyadīkṣaṇīyādiṣv agnicaya iti kasyāñ cid api viniyogaḥ /

evañ ced upanayane viniyogavitto 'pi[62] vedāraṃbhe bhavatu vaktavyo vā viśeṣaḥ / ayam atra viśeṣaḥ / anadhītapūrvasya sāmna ācāryamukhāc chikṣaṇam upanayane prārabhyate / iha svādhīnāyās saṃhitāyā dharmāya prayogam / śiṣyamāṇasya sāmno 'dr̥ṣṭārtha evānyaḥ

[61] A. A. Macdonell, *Vedic grammar*, 1910: 286 records the use as acc. pl. for *citrótayas* in RV 10,140,3 and for *śúcayas* in AVŚ 5,1,3; cf. also Whitney, *Sanskrit grammar*, §340 l.
[62] *-vitto [']pi* emended : *vittapi* K, A, T : *pittabhi* P, M : K107 has a lacuna here.

/ ṛkpūrvatā bhavatīti / tatra rco vaktavyā hi / tathātvābhāvād *vedādim* ity aparā kalpanā vā / vedādiṃ sāmavedasyādiṃ mūlaṃ pradhānakṛtam ity arthaḥ / tataś ca sāmapradhānatvād asya vedasya sāmnaivārabdhavyam iti prasaktir ṛcā nivartitā bhavati / tac cātraiva mantavyam / tyaktam ṛco 'tyantam iti pratyakṣam /anabhidhīyamāṇā api hy etās sāmasv evāntarbhūtatvāt parigṛhītā bhavanti / yadi hy upanayanavad ṛkpūrvatehāpy aiṣiṣyata tadvad *vedam* (JGS 1,11,68) ity avakṣyata na *vedādim* iti /

ṛkpūrvikāyāṃ saṃhitāyām ṛcān trivargasya sahasrakṛtva uktiḥ kāryā / kārādyasya paraś ca pakṣo 'pi samāsako 'stu vāsamāsako vā //

Note: Part of this commentary has been quoted with variant readings by Candraśekhara Bhaṭṭārya in his *Sāmaprayogavṛtti*, the most valuable aid to the understanding of the Jaimini-Kalpa, preserved in the unique manuscript Burnell 9117 of the Tanjore Maharaja Serfoji's Sarasvatī Mahal Library. On p. 36 fol. 7b Candraśekhara states: *ṛkpāṭhaviṣaye [']pi vṛttikārair evedam uktam / iha ṛkpāṭho [']py asmākam sāmāni sugrahāṇi kurvann arthavān bhavati nānyathā / na hy ṛcastotreṣv agnyādheyapravargyadīkṣaṇīyāgnicayaneṣv api kasya[..]d api viniyogaḥ / upanayane śiṣyamānasya sāmno dṛṣṭa evārtha ṛkpūrvatāyāṃ bhavatīti / tatra rco vaktavyā iti.* Also p. 749 fol. 146a: *ayam api viśeṣo vṛttikārair evoktaḥ / sāmāni sugrahāni kurvann ṛkpāṭha[s] sārthako bhavatīti / asyā hy prāyaścittair eva vṛtāsya vedasya sāmavedatvena sāmapradhānatvāt saṃhitādhyayanādāv ṛkpūrvatā na kāryeti / ata eva hi stotrādiṣv api sāmāny evopādīyata iti.*

JGS 2,8,9.
adhīyīta tānena

Note: The sūtra is reconstructed on the basis of the pratīka and the commentary. Instead, Caland's ed. has *adhīyīta maunī* without variants, and Śrīnivāsa, taking *santatam* to start this sūtra, comments: *santatam avicchinnadhāraṃ yathā bhavati tathā maunī vyavahārāntararahitaḥ*. Bhavatrāta evidently did not know the reading *maunī*.

adhī===nena // tāna it madhyamāyā[s] svarapravṛttes saṃjñā / tānena madhyamena svareṇādhīyīta /

iha ke cit *santatam adhīyīta-* iti vākyayogaṃ kurvanti / tat santatam anavacchedam adhīyīteti / asya tv arthasya *na cāntarā vyāharet-* (JGS 2,8,10) *na cāntarā viramed* (JGS 2,8,11) iti kariṣyamāṇenaiva yatnena siddhasyāpi vidheyatvān mohamūla evāyaṃ vākyacchedo mantavyaḥ //

JGS 2,8,10.
na cāntarā vyāharet

Note: This sūtra is quoted in Bh on JGS 2,8,9. Caland's ed. omits this sūtra, but records it from the ms. M1, which has *vyāharet* instead of *viramet* in the following sūtra, which thus is missing in M1.

nacā===haret // caśabdo 'vadhāraṇāyām / nādhyayanasyāntarā viramen madhye naiva vyāharet / vaidikaṃ vā laukikaṃ vā śabdan na vadet /

uttarasyāpi vidher (JGS 2,8,11) avītam[63] adhīyānasyānyaśabdoccāraṇāprasaṅgād ayaṃ vidhir anarthakaḥ / nānarthakas sandhyopāsanāgnihotrahavanādinityakarmakriyārtham

[63] *avītam* emended : *api tam* mss.

adhyayanam antarā viratenādhyayayanena mantrebhyo 'nye śabdāḥ ke cid api mā vadiṣatety[64] etadarthatvāt /

śrautatvād agnihotrahavanād etadartham adhyayanaviratir bhavatu / smṛtyā[ś] śrutim apyeti sandhyopāsanasāyaṃprātarhomāde[s] smārtatatvāt / tadartham asmād adhyayanād ayuktaṃ smārtasyāpi tasyātipattau mahat prāyaścittam asti viramaṇapratiṣedhaś ca pramādād vā tasyānupakārakārasyāśaktiviṣayā sahasrasaktaviramaṇaviśeṣāt śrautasmārtasya vā niyatāsyānupakāratvād nivartayann arthavattvaṃ pramāṇo na niyamaḥ kriyārthāt viramaṇan nivartayituṃ śaknoti / tatas siddham api tat sandhyopāsanāder naityakasyeti //

JGS 2,8,11.
na cāntarā viramet

Note: This sūtra is quoted in Bh on JGS 2,8,9. – For Caland's ed. see the note on JGS 2,8,10.

nacā===ramet // naiva viramed adhyayanasya madhye / asya vākyasya prapañco 'dhastane vākye gataḥ //

JGS 2,8,12.
athāntarā vyāhared
athāntarā viramet
trīn prāṇāyāmān ātamya
vṛttāntād evārabheta

Note: *athāntarā vyāhared athāntarā viramed* Caland's ed. with M2 : B omits *antarā* before *viramet* and M1 omits *athāntarā vyāharet.* – *prāṇāyāmān ātamya* emended after Bhavatrāta's commentary : *prāṇān āyamyātamyācamya* Caland's ed., noting: "*ātamya* only in B, instead of it M2: *ācamya*; M1 om."

athā===bheta // *atha-* iti yadyarthe / yady antarā vyāhared yadi cāntarā viramet trīn prāṇāyāmān ātamyātamanaṃ kṛtvāvṛttasyāntād eva prapattasyādhyāyavyāhṛtād evārabheta / yasmin[65] pradeśe vyāhṛtaṃ virataṃ[66] vāsīt tataḥ param evārabheta /

nanu vṛttāntād evārambhaṇam ayatnenāpi sidhyati / sāmamadhye tu vyāhṛtya viramya vā prāṇāyāmatrayaṃ kṛtvā punar ārambhamāṇaḥ kaś cid[67] vyāharaṇaviramaṇe prāṇāyāmatrayavyāmiśritāntarālayas tv ādāv[68] asya sāmno vṛttāntād āraṃbha[s] syād iti pratītam eva / sāmna ārabhetāpīti tanniṣedhārtham uktam *vṛttāntād evārabheta-* iti / prastāvamātrasyāpi gatasya punar āvṛttād iti vidhir adoṣa[s] syāt //

JGS 2,8,13.
apratibhāyāṃ yāvatā kālena vedam adhīyīta

[64] *vadiṣatety e-* emended : *vidiṣatetatya* mss.
[65] *yasmin* emended : *kasmin* mss.
[66] *virataṃ* emended : pyatthaṃ M : *vyartham* T, P : *pyatāṃ* A.
[67] *kaś cid vyā-* K107 pr. m. : *kasya vyā-* K107 sec. m. : *kasya viścidyā-* A : *kasya yiśviddhya(a)-* P, M : *kasya viśriddhyava-* T.
[68] *-ālayas tv ādāv* emended : *-ālayatvādo* mss.

tāvatkālam adhīyīta yaj jānīyād ṛkto yajuṣṭaḥ

apra===juṣṭaḥ // atha madhye saṃhitāyām alpasya bahuno vādhyayanasyāpratibhāyāṃ satyāṃ yāvatā kālenedam adhyayanam adhīyīta- adhyetuṃ śaknuyād anumānataś cintayet tāvatkālan tāvantaṃ kālam adhīyīta /

kim adhīyīta / yaj jānīyād ṛgbhyo yajurbhyo vā kiñ cid uddhṛtaṃ pūrvādhītam / vāśabdo vikalpārthaḥ / anyad api pakṣadvayaṃ vakṣyate (JGS 2,8,15-16) / iyam apratibhā sāmajātasya pratinidhitvena vedāntaragatasyātraiva vā santatam anuvṛttaṃ parimāṇasyārcikasya vā yājuṣasya vādhyayanakhaṇḍasyābhivyāharaṇaṃ hitam /

nanu sāmnas sāmaiva pratinidheyan na rgyajuṣī / satyam etat / yadi tu sāma pratinidhīyeta- ihoktayā yātayāmadoṣaṃ prasajet / ūhāmnāyaḥ pratinidhātavyo yātayāmadoṣasya tirobhāvātmasyeti / ko 'rtha iti cet nohāmnāyo stotrebhyo 'nyatra viniyogam arhati / tasmād ṛgyajuṣī pratinidhitvena vihite na sāma //

JGS 2,8,14.
sāmatas tad avāpnuyāt

sāma===pnuyāt // sāma- ata- iti padacchedaḥ / yady evaṃ *sāmāta* iti bhavitavyam / satyam etat / *pararūpam* (Pāṇini 6,1,94) iti kva cid *apadāntād* (Pāṇini 6,1,96) iti pāṇinīyā abhyupagacchantīti / dṛśyate ca *dhanarcir dhanundhātvarṇasa* (source? not Mahābhārata nor Rāmāyaṇa) iti / tasmād adoṣa[s] syāt / āsīd apratibhātas sāma- atas tasmād uktavidhānād ārcikād vā yajuṣād vādhyayanād avāpnuyād ayam āptuṃ śaknoti tad evādhītaṃ bhaved ity arthaḥ /

pūrvasmād eva vidheḥ prayoganivṛttes tadavāptivacanam anarthakam / nānarthakam evaṃ kṛte yadi tasyāpratibhā syāt tad avāpya tenaivāptam iti tan nādriyetety etadarthatvāt / na cedam ayuktaṃ mantavyam / labhyaṃ hi nīvārair iṣṭaṃ vālabdhvāpi punar yajante vrīhīn (cf. PMS 6,3 with commentaries) //

JGS 2,8,15.
tadbrāhmaṇan
tacchāndasan
taddaivatam

tadbrā===vatam // idaṃ yātayāmadoṣam anādṛtya sāmapratinidhipakṣāntaram ucyate /

tasya rūpaṃ brāhmaṇan tadbrāhmaṇam / brāhmaṇaṃ samadhyeti tadbrāhmaṇam /

yasya yā devatā daivataiva tad daivatam asyeti taddaivatam /

tasya chandasi bhavan tacchāndasam / uttarapadavṛddher lakṣaṇam anumeyam //

Note: The commentary on JGS 2,8,15 ends in an unmarked lacuna, after which the mss. continue with the commentaries on JGS 2,8,35.37-39.41-42. Then the mss. mark a lacuna with empty lines, whereafter follow commentaries on JGS 2,8,23-24?.27-33.

JGS 2,8,16.

sāma vā *akrān* (JGG 6,6,26 āśvam on JS 1,54,5) ity etad eva vābhyasyet

Śrīnivāsa (Caland 1905: 83): *akrān* ity ṛci yat sāma tad ekam eva vā asphuritavedāṃśādhyayanatulyakālam āvartya asphuritavedāṃśādhyayanaphalam āpnuyāt /

JGS 2,8,17.

tiṣṭhann āsīnaś śayānaś caṅkramyamāṇo vā saṃhitāṃ prayuñjyāt

JGS 2,8,18.

samiddhir evāsya bhavati

Śrīnivāsa (Caland 1905: 83): asya saṃhitāṃ prayuñjānasya sarvābhīṣṭasamṛddhir bhavaty eva /

JGS 2,8,19.

ādyan trivargaṃ vā sahasrakṛtva iti jaiminiḥ

Note: This sūtra is quoted in Bh on JPA 32,14: 281,23 as follows: *ādyas trivargas sahasrakṛtva iti jaiminir iti.* According to Śrīnivāsa's commentary, the three first sāmans of the JGG composed on JS 1,1,1 are meant with the 'initial aggregate of three'.

Śrīnivāsa (Caland 1905: 83-84): ādyaṃ trivargaṃ *agna āyāhi-* (JS 1,1,1) ity ṛci yat sāmatrayaṃ (JGG 1,1-3) tad eva vā sahasrakṛtva āvartya saṃhitāprayogaphalaṃ labheteti jaiminer matam iti / ācāryagrahaṇaṃ pūjārtham //

JGS 2,8,20.

ca vāryam (JS 1,6,7) -antaṃ vā

Note: *cavāryamantaṃ* Caland's emendation : *cāvāryantaṃ* B : *cavāpyantaṃ* M1. Note that the bṛhatī section ends with JS 1,6,8.

Śrīnivāsa (Caland 1905: 84): *yakṣi yāsi ca vāryam* (JS 1,6,7) ityantaṃ yāni sāmāni tāni mātram adhītya vā saṃhitādhyayanaphalam āpnuyāt //

JGS 2,8,21.

yathākāmī vā

Śrīnivāsa (Caland 1905: 84): svekṣayā yatra kva cit yāni kāni ca sāmāni yathāśakti vādhītya saṃhitādhyayanaphalam aśnuyād ity arthaḥ //

JGS 2,8,22.

dvādaśa saṃhitā adhītya

yad anenānadyāyeṣv adhītaṃ
yad guravaḥ kopitā
yāny akāryāni kr̥tāni
tābhiḥ pavate

Śrīnivāsa (Caland 1905: 84): anaśnatsaṃhitā dvādaśadhāvartya yad anenādhyetrā[69] anadhyāyeṣv aṣṭamyādiṣv adhītaṃ guravo vā aśuśrūṣayā kopitā veti yat yāni vā akāryāṇi vihitabhikṣāśanādi vratānuṣṭhānapratiṣiddhaparyuṣitabhojanādīni kr̥tāni tābhir duścaryābhiḥ pavate apavitratāṃ na prāpnoti //

JGS 2,8,23.
śuddham asya pūtaṃ brahma bhavati

Śrīnivāsa (Caland 1905: 84): asya brahma adhīto vedaś ca śuddhas tejasvī bhavati //

[....] badhnāti tat- śravaṇadivaso vāsya evaibhir manas samādhibhūtam avāpya //

Note: This commentary follows after the long gap indicated in the mss. after the commentary on JGS 2,8,42 (cf. note on JGS 2,8,15). The passage has been placed under this sūtra on the basis of what follows. – *avāpya* : *avāpyaiṣā* in the mss. has been cut assigning *eṣā* to the commentary of the next sūtra; this is uncertain as the pratīka is missing.

JGS 2,8,24.
athāparā

eṣā vāparā vidhāsyamānā vā- adhīyīta tāni[70] / *atha-* ity evamartham idam //

Note: See the note on the foregoing sūtra.

JGS 2,8,25.
dvādaśa saṃhitā adhītya
tābhiḥ prajāpater lokam avāpnoti

JGS 2,8,26.
athāparā

JGS 2,8,27.
dvādaśa saṃhitā adhītya
tābhir uśanaso lokam avāpnoti

[69] *-adhyetrā* Caland's emendation : *-adhayitrā* ms.
[70] *tāni* emended : *nāny* mss.

dvāda===pnoti // uktaś śuddhakarīs samādhilābhakarīś ca caturviṃśeti saṃhitā adhītavān / etad etatprabhṛtiṣu vidhāneṣv iṣṭam iṣṭam anūttiṣṭhet / yatrośanā dṛśyate sa uśanaso [lokaḥ ...][71] uśanā vā avāpatad auśanabrāhmaṇe draṣṭavyam / uśanaso loka eva eṣa[72] nānyasya //.

JGS 2,8,28.
anaśnatsaṃhitāsahasram adhītya brahmabhūto virajo bhavati

ana===vati // anaśnatsaṃhitānāṃ sahasram adhītya pūto yad yad brahma virajas tad bhavati / muktiṃ labhata ity arthaḥ //

JGS 2,8,29.
kāmacārī sarvān kāmān avāpnoti

kāma===pnoti // yas tu kāmacārī kāmācāraśīlo bhogatṛṣīto divi ceha vā mahato bhogān abhilaṣati so 'py anaśnatsaṃhitānāṃ sahasram adhītya sarvān kāmān avāpnoti //

JGS 2,8,30.
saṃvatsaraṃ bhaikṣabhakṣaḥ prayuñjānaś cakṣur labhate

saṃva===labhate // bhaikṣam eva bhakṣayatīti bhaikṣabhakṣaḥ / atyantasaṃyogalakṣaṇā dvitīyā / ahar ahar ekaṃ saṃvatsaraṃ bhakṣāhāras sann anaśnatsaṃhitādhyayanaṃ prayuñjānaś cakṣur labhate / yāvān śuddhiś cakṣur iva dadāni[.............] niveditavyā nivedita[.....]gatāni prākṛtānusaraprajñapramādīty arthaḥ / jñānāny amṛtaṃ śuddhanti paśyanti ceha cakṣur ity ucyate / cakṣurindriye hi svayaṃ bhāvini vidhir ayaṃ vyartha[s] syāt / yac cedṛśī buddhir asyaiva daivī medhety uktā saiva divyañ cakṣur iti / tadyogād dvaipāyanādayas sarvaṃ vedyam avindan / ya[t] *prayuñjāna* iti na *prayujya-* iti tato parisamāpta eva prayogaḥ / phalam upanayanam iti /

athāsyaiva vidher āhāravyavasthayā kālavikalpaṃ kariṣyate //

JGS 2,8,31.
ṣaṇ māsān yāvakabhakṣaḥ

ṣaṇmā===bhakṣaḥ // yāvakaṃ yavānnam / vāśabdo 'ntava[...........]tānuṣajyate / yāvad abhaikṣaṣ ṣaṇ māsān prayuñjītety arthaḥ //

JGS 2,8,32.
caturo māsān udakasaktubhakṣaḥ

caturo===bhakṣaḥ // udakena miśritās saktavaḥ //

---

[71] The mss. leave here a gap of 9-16 akṣaras.
[72] *eṣa* emended : *eto* A : *etā* other mss.

JGS 2,8,33.
dvau māsau phalabhakṣaḥ

dvau===bhakṣaḥ //

Note: The most extensive mss. of Bhavatrāta's JGS commentary end with the commentary on JGS 2,8,33 (rest of the page empty). See introduction on the contents of the subsequent leaves.

JGS 2,8,34.
māsam abbhakṣaḥ

JGS 2,8,35.
dvādaśarātraṃ vānaśnan kṣipram antardhīyate

yadāyam antardhātum icchet kṣipran tatkṣaṇam evāntardhātum //

Note: This commentary lacks the beginning including the pratīka. In the mss. it follows after the unmarked lacuna into which the commentary on JGS 2,8,15 ends.

JGS 2,8,36.
jñātīn punāti

Śrīnivāsa (Caland 1905: 84): bandhūn niṣpāpān karoti //

JGS 2,8,37.
saptātītān saptānāgatān ātmānañ ca pañcadaśan tārayate

saptā===yate // jātīnāṃ yān muktaye tv eṣām ātmavaṃśyāsaneyaṃ viśeṣato 'py anugr̥hṇāti / saptātītān pitr̥pitāmahādīn iti saptānāgatān putrapautrādīn iti madhyastham eṣāṃ pañcadaśam ātmānañ ca saṃsāraduḥkhād ayan tārayate //

JGS 2,8,38.
tām etān devaniśreṇīty ācakṣate

tāme===kṣate // tām etām uktavad iṣṭakāmalabhām a[naśnat]saṃhitān devaniśrayaṇīty ācakṣate / ācāryavato 'pi etāvad eva nirgatya martyalokāṃ yāti / tata idan devaniśrayaṇī / atha vāsyāś śr̥ṇuta gauṭhuvam //

JGS 2,8,39.
etayā vai devā devatvam agacchan

eta===devā // etayaivāgnyādayo devā devatātvam agacchan /

kim agnyādayo devā pūrvasminn eva japajape kiñ cit kālāvayavam iva paribhrāmya paścād bahir anaśnatsaṃhitāṃ vidhivad abhyasya devatvam avāpan[73] / devadevānisargata evāgnyādīnān devatvaṃ siddhaṃ saṃhitādhyayanena /

kas tarhi vākyārthaḥ / ayaṃ pratipādyate / dvividham agnyādīnān devatvam / yad ete mantraisadayayeta tad eṣān devatvam / yaś caite pramīyate tad dvitīyam / dvidhā vyasya saṃhitayaiva siddhir bhavati / tayaiva hi stūyate / tayaiva hi vibhajyate / anvaham[74] agnyādīnāṃ havir bhavati / tata evaṃ yojyam / etayā devadevā devatvaṃ stutibhaktā / tatra- idam uktavat //

JGS 2,8,40.

ṛṣaya ṛṣitvam

JGS 2,8,41.

tasya ha vā etasya brahmasattrasya trividha evārambho bhavati prātassavane mādhyandine savane brāhme vāpararātre

tasya===rātre // brahmaśabdo vede vartate / sattram iva sattraṃ yaś ca puroḍāśājyapaśupayassomair bahubhiś ca vikriyāviśeṣais saṃyuktam anekapuruṣasya rddhyāmiśraṃ[75] sarvam ekāhāhīnasattrātmakaṃ yajñavitānam / idan tu kevalaṃ mantroccāraṇātmakam / phalatas tu yajñānām upari vartatas sattrād anūnaṃ bhavati / tata idaṃ brahmasattram ity ucyate / tat tasya nihitasya brahmasattrasya prātassavane madhyandine savane brāhme vā muhūrte 'pararātre vā deśatas trividha evāsmin kāle- ārambho bhavati / idaṃ yajñāvayavakālasyopalakṣaṇaṃ kriyate / tatra yo havirbhāgas trayāṇāṃ savanānāṃ pravṛttiḥ kāryā / prasiddhāntais savanaśabdais tadyogān nidṛśyate yathā triṣavanam / udakam upaspṛśed iti / tataḥ pūrvo 'hnas tribhāgaḥ prātassavanan dvitīyo mādhyandinakaḥ punar apararātrasya brāhme muhūrte yad uṣasaḥ pūrvan nāḍīdvayaṃ brāhmo muhūrtaḥ / etad uktaṃ bhavati / ahar uktam atra tribhāgāni / brāhmo muhūrtas sandhyā gatoṣaseva muhūrtenātrāsya prārambhakālaḥ //

JGS 2,8,42.

tasya ha vā etasya dvāv evānadhyāyau yad ātmāśucir yad deśaḥ

((tasya===deśaḥ)) // itarasya kālasyeṣṭyā akārya[76] iti syād atideśaḥ / ātmā svayam adhīyāno yadāśucir bhavati paścād[77] adhyayanadeśo 'śucir bhavati //

Note: The pratīka is missing. – After this commentary the mss. have a long empty space.

---

[73] *avāpan* emended : *avāpanai* mss.
[74] *anvaham* emended : *naham* mss.
[75] *-puruṣasya rddhyāmiśraṃ* emended : *-puruṣasyāddhyamiran* mss.
[76] *kālasyeṣṭyā akārya* emended : *kālasyeṣṭāyā kāryya* mss.
[77] *pa;cād* emended : *paśyad* mss.

JGS 2,8,43.

tad vā etat prajāpatis saptarṣibhyaḥ provāca
saptarṣayo mahājahnave
mahājahnur brāhmaṇebhyo brāhmaṇebhyaḥ // 8 //

Śrīnivāsa (Caland 1905: 85): etad anaśnatsaḥitādhyayanavidhānaṃ / *brāhmaṇebhya* iti dvirāvṛttiḥ praśnasamāptidyotakā / ity anaśnatsaṃhitāpaṭalaḥ //

(gr̥hyakārikā)

hariḥ / śrīgaṇapataye namaḥ / avighnam astu

(pārvaṇam)

suvyaktaṃ saṃpravakṣyāmi gr̥hyakarmakriyākramam / 1
bālānām alpamedhānām apy anugrahakāraṇāt / 2
gomayenopaliptān tu bhūmim abhyukṣya saikatam / 3
sthaṇḍilaṃ lekhitaṃ prokṣya vyāhr̥tyāgnin nidhāpayet / 4
aupāsane cen naitat syāt pūrvam eva kr̥taṃ hi tat / 5
pūrṇapātrasruvājyasthālyājyedhmābarhiṣāñ caroḥ / 6
gandhapuṣpapraṇītāṇāṃ pārvaṇor upakalpanam / 7
ācamya vidhivat paścād upaviśya havirbhujaḥ / 8
prokṣya sarvam *idaṃ bhūmer imaṃ stomaṃ* paristaram / 9
chitvā pavitre unmārṣṭi ghr̥tāsekam adhiśrayet / 10
avadyotya tr̥ṇe kṣiptvā paryagny udvāsya pāvakāt / 11
pratyūhyotpavanaṃ proktaṃ praṇītā prastarasthitiḥ / 12
virūpākṣam apa[s]sparśaḥ pranītāsu nayet sruvam / 13
niṣṭapya darbhais saṃmr̥jya tān agnau prokṣya nikṣipet / 14
dakṣiṇañ jānum anvācya ghr̥taśuddhyavalokanam / 15
paridhīn agnyalaṃkāraḥ pariṣekas samidgrahaḥ / 16
āghārāv ājyabhāgau ca vyāhr̥tīr āhutidvayam / 17
sviṣṭakr̥t pāṇyapa[s]sparśaḥ prastarādānam añjanam / 18
tr̥ṇan nirasya tan dagdhvā tato nv apa upspr̥śet / 19
samiddhyai bhūprāṇasparśaḥ prāyaścittaṃ paristaram / 20
sad asy utsecanan dikṣu *samudraṃ vo yad apsu te* / 21
tr̥ṇāni paridhiṃ śāntiṃ sahaviḥpariṣecanam / 22
yad uktaṃ pārvaṇan tantraṃ vinā mukhyāhutidvayam / 23
tat sarvaṃ sarvahomānām apramādena kalpayet / 24 // //

(puṃsavanam)

caturthe sāvane māse tv ādyagarbhe prakīrtitaḥ / 25
dvitīyādiṣu sarveṣu tr̥tīye māsi puṃsavaḥ / 26
dadhimāsayavasūtraśuṅgājyacarukalpanam / 27
sūktahomaṃ dadhi prāśya śuṅgaṃ sviṣṭakr̥taṃ paṭaḥ / 28

(nāndīmukhaśrāddhaḥ)

ṣaṭsu nāndīmukhaṃ karma kāryaṃ sīmantakarmaṇi / 29
cauḷopanayagodānasnānapāṇigraheṣu ca / 30
viśvedevārtham ekaṃ vā dvau vā pūrvaṃ prakalpayet / 31
pitr̥bhyaś caturo [']vaśyaṃ śūcīn yugmān dvijottamān / 32
tebhyo gandhañ ca puṣpañ ca dattvānujñāpya tān atha / 33
darbhān āstīrya teṣv aṣṭau catuśśuklān balīn haret / 34
haviṣyaṃ bhojayed dadhnā kuṃbhaṃ sahacatuṣṭayam / 35

udyamya vācayed enān yathoktan nandivācanam / 36
vācayanti karasthānāt ke cid bhuktavato vayam / 37 // //

(**sīmantam**)

tilamudgacarur vastram erakā śalalī srajaḥ / 38
sahiraṇyāmbu kaṃsañ ca sīmanta upakalpayet / 39
caror āhutayaḥ pañcāthairakā śalalī srajaḥ / 40
kaṃsaṃ vīkṣya pratibrūyāt sviṣṭakr̥d dakṣiṇāvidhiḥ / 41 // //

(**jātakarma**)

jāte vrīhiyavau prāśayed *aṅgād ahne ko 'si sam* / 42
nakṣatranāma nirdiśya mūrdhny upāghrāya sarṣapaiḥ / 43
daśarātran tu hotavyaṃ sāyaṃ prātas sakuttasaiḥ / 44
tasminn āpūrvikan tantraṃ kartavyan na tu pārvaṇam / 45
vidhināgniṃ pratiṣṭhāpya kuryāt parisamūhanam / 46
paryukṣaṇapariṣekāv ayam āpūrviko vidhiḥ / 47 // //

(**sūtikāhomaḥ**)

dīkṣāsūtyagnināśe tvaritam avahatety adbhiḥ / 48
abhyukṣya dhūtvā sprr̥ṣṭvoṣṇaṃ bhasma kuryād ayam iti / 49
samidāropaṇaṃ sthānavarjaṃ saṃśodhyāgnājūr ājyam / 50
nihitasamidayā pañca hotā daśātmām indāntyā syāt / 51
manasvaty api tad anu mahāvyāhr̥tīr vyāhr̥tīś ca / 52 //

(**nāmakaraṇam**)

aṅkavāsasthaśiśave nāma kuryāt pitārthavat / 53
nakṣatradaivatatithīr hutvā cāṣṭau ca devatāḥ / 54
anādiṣṭahaviṣkeṣu homesv ājyaṃ havir bhavet / 55
*asmai māghāya śarmāya svastī*ti svasti vācayet / 56
janmanakṣatrahomābhyām enam atra viśeṣayet / 57
puṇyāhaṃ vācayet paścāc caturthī nāmakarmaṇoḥ / 58
ādāv eva tu vaktavyam anyeṣāṃ bhūtikarmaṇām / 59

(**annaprāśanam**)

svasti vācyātha taccheṣ.am sarpiṣā prāśayec chiśum / 60
āsane prāñcam āsīnan dviś catur vā sakr̥t tv r̥cā / 61 // //

(**caulam**)

catvāri pūrṇapātrāṇi kṣuram uṣṇodakaṃ śakr̥t / 62
ādarśan darbhapiñjūlī kalpayec caulakarmaṇi / 63
ācamya pūrvatantrānte tv anvārabdhe 'tha bālake / 64
pañca mukhyāhutīr hutvā kṣuram uṣṇam athodakam / 65
piñjūlīnān nidhānañ ca dhāraṇan darpaṇārpaṇam / 66

chinatti gomaye nyasyāt paścād uttaratas tathā / 67
nāpitāya kṣuran dadyād āplute prastaragrahaḥ / 68
kṣuragrahādi mūrdhāntaṃ kuryāt strīṇām amantrakam / 69
samantrakaraṇe pūrvatantraṃ kr̥tvā kṣuragrahaḥ / 70
vyāhr̥tīś ca virūpākṣaṃ snāte hutvottarañ caret / 71
prāyaścittāvasāne tu mūrdhārambho 'tha gān nayet / 72 // //

(upanayanam)

vastrayajñopavītāśmasamittvagdaṇḍamekhalāḥ / 73
bhaikṣasaṃpātayoḥ pātre kalpyāny upanaye tadā / 74
purastāttantraniṣṭhāyāṃ vastrācamanayoḥ kriyā / 75
yajñopavīty athācāmed aśmādhiṣṭhāpanaṃ kramāt / 76
guror vastrāśmamantroktis tau paścād upasīdatām / 77
anvārabdhe tu hotavyaṃ pradhānāhutisaptakam / 78
tāsāṃ saṃpātam āsye tu guruḥ pratyaṅmukha[s] sthitaḥ / 79
juhuyāt tat sruveṇaiva nigirec ca hutaṃ hutaṃ / 80
ācamyāgniṃ pariṇayet *karomy*antaṃ vaded vaṭuḥ / 81
tato *'dhigantar* ityādi gurur aṣṭākṣaraṃ vadet / 82
śiṣyaḥ *pradātar* ityādi *vedam* ityantam īrayet / 83
saṃbuddhyā ca caturthyā ca vaded gurvātmanāmanī / 84
śiṣyas tu prāṅmukhaḥ paścāt tiṣṭhet pratyaṅmukho guruḥ / 85
ūrdhvācāryāñjalisthādbhiś śiṣyasyāñjalipūraṇam / 86
nisrāvya brahmacārī tu *brahmacaryam* itīrayet / 87
ko nāmāsi guror vāṇī *śivo nāmāsmi* śiṣyavāk / 88
huṃ bhūr iti guruḥ prāha tathaiva sthānam ā samit / 89
hastam ārabhya nābhiñ cāpy anv aṃsaṃ hr̥dayaṃ spr̥śet / 90
paridadyād athādheyāt samidho vaṭunaiva ṣaṭ / 91
śiṣyavāṅ mekhalāmantraś carmadaṇḍaś ca vā guroḥ / 92
mātaraṃ suhr̥daś caiva bhikṣitvopahared guroḥ / 93
pāne śiṣyasya mantroktis sāvitrīṃ vācayed vaṭum / 94
paccho 'thardharcaśas sarvām iti vedādim ārabhet / 95
vratādeśanamantrāṃs tu caturo vaṭur ānamet / 96
*brahmacārī*ti saṃśāsti guruḥ prastaram āharet / 97
caturthe 'hni ghr̥tāktasya mūle parṇasya hūyate / 98
caruṇā vyāhr̥tibhis tu kareṇānyan na vidyate / 99
yajñopavītan daṇḍañ ca nirasyaty anyad āharet / 100
idānīm eva moktavyaṃ gr̥haṃ gatvopa gān nayet / 101 // //

(sandhyāvandanam)

śuddho bhūtvā śucau deśa ācamya prokṣya vāgyataḥ / 102
ubhe sandhye upāsīta kramāt sthitvopaviśya ca / 103 // //

(upākarma)

upākarmaṇi kalpyāni dhānāś ca munayo dadhi / 104
kūrcasaṃgrahaṇād ūrdhvam ācamya vidhivat tataḥ / 105

prāṇāyāmatrayaṃ kr̥tvā kūrcavyatyāsam ācaret / 106
prokṣaṇānantaraṃ brūyus sarve ca *saha no 'stv* iti / 107
dhānotpavanamantran tu *devo va* iti kalpayet / 108
pradhānakalpe saṃprāpte sāvitrīṃ vācayed vaṭūn / 109
yathopanayane tadvat gāyatram atha tad gatam / 110
somaṃ rājānam ity etām r̥caṃ sāma ca vācayet / 111
r̥caṃ sāma yathāśraddhan dadhi dhānān navāhutīḥ / 112
atha sviṣṭakr̥taṃ hutvā tān adbhis tarpayed r̥ṣīn / 113
dhānābhiś ca caturthyantair namaskāraiś ca pūjayet / 114
tān evādbhir dvitīyāntais *tarpayāmī*ti tarpayet / 115
ke cit talavakārādīn r̥ṣivat *tarpayantv* iti / 116
asmin guros tu pitr̥van mr̥tatvād yuktam eva tat / 117
nirmūlam api kurvanti ke cid vaṃśasthapūraṇam / 118
pāraṃparyānavachedāt kurvann api na duṣyati / 119
śiṣyāś ca tarpayanty adbhis tantraśeṣaṃ samāpayet / 120
abhimantrya haviśśeṣaṃ prāśnīyus sarva eva tu / 121
prakr̥ṣṭe 'dhyayanārambhas trirātrāt parato 'hani / 122
bhojayeyur guruṃ śiṣyās sārdhaṃ sabrahmacāriṇaḥ / 123
ajan tu gurave dadyād āgneye paṭhite vaṭuḥ / 124
aindre tu paṭhite meṣaṃ pāvamāne ca gān nayet / 125 // //

(**utsargaḥ**)

taiṣīm utsargakāla[s] syād dhasto vā pūrvaparva vā / 126
kalpayed itarat sarvam upākaraṇamantravat / 127 // //

(**vratāni**)

chando 'dhīte yadā tasmin kāle gaudānikavratam / 128
vidhāya pūrvakan tantram *agne vratapate vratam* / 129
ityādyais samidham mantrair vratādeśanam āhutī / 130
ke cit tu pārvaṇatantraṃ vratādeśe 'pi kurvate / 131
brahmacārī sadā dadhyāt sāyaṃ samidha eva ṣaṭ / 132
snātvā hutvāśanaṃ sāyaṃ prāta[s] snātvāśanaṃ vrajet / 133
ayañ chandāṃsy adhīyānaś caret gaudānikavratam / 134
itareṣu samāptau tu śrutvādhīte vratādiṣu / 135 // //
vratānte vanam ety enam upadiṣṭan nimīlitam / 136
saśaivalajalaṃ kaṃsaṃ bibhrānaṃ śrāvayet simāḥ / 137
vāsasā veṣṭitamukho vāgyataḥ prayato bhuvi / 138
gr̥ham etya divā tiṣṭhed abhuktopaviśen niśi / 139
samantraṃ prātar īkṣeta jalasūryāgnivatsakān / 140
apaḥ prasicya gurave vatsaṃ kaṃsaṃ paṭārpaṇam / 141
dve pradhānāhutī hutvā vratāntasamidāhutiḥ / 142
sviṣṭakr̥t prastarādānaṃ gān nayed gurudakṣiṇām / 143
snānagandhasragādarśañ caulasarvārthakalpanaṃ / 144
vyāhr̥tīs savirūpākṣaṃ hutvāntasamidāhutiḥ / 145
kṣurādānādi vāpāntam atha kurvīta caulavat / 146
snānagandhasragādarśam upayogyās samantrakaṃ / 147

srajan nirasya gṛhṇīyād vrataṃ prastaram āharet / 148
prāyaścittāvasāne tu mūrdhārambho 'tha gān nayet / 149 // //

(**samāvartanam**)

caulapārvaṇasambhārān vāsaḥprabhṛtayaś ca ye / 150
samāvartasamārambhe tān sārvān upakalpayet / 151
vratāntasamidādhānaṃ kuryād agnimukhe kṛte / 152
adhyāste prāṅmukhaḥ paścād erakām ahatottaraḥ / 153
daṇḍam apsu kṣiped apsu kṣiped visrasya mekhalām / 154
savyāhṛtivirūpākṣaṃ hutvā kṣauran tu caulavat / 155
śiraḥprabhṛti pādāntam aśikhaṃ sanakhaṃ vapet / 156
keśān udambarasyātha mūle tu nikhanet svayam / 157
unmṛttiyā tvacaṃ snāyād dhemaśītoṣṇavāribhiḥ / 158
snānagandhasrajo vastram añjanādarśam ambaram / 159
trivṛnmaṇiṃ veṇudaṇḍam upānaḍgrāhamocanam / 160
vratoktiḥ prastarādānaṃ prāyaścittaṃ śira[s] spṛśet / 161
ihatyānān tu mantrāṇāṃ vācakaś śiṣya eva tu / 162
*śivādviṣodunājātaparīmo*ktir guror iti / 163
*madhuparkam mayī*ty uktvā madhuparkaṃ prayojayet / 164
viṣṭaraṃ pādyam arghyañ cācamanārthañ jalaṃ madhu / 165
nāmāny uktvā pradeyāni gṛhṇīyāc ca krameṇa tu / 166
aṅguṣṭhopakaniṣṭhābhyāṃ triḥ prāśyottarato nayet / 167
gām utsṛjya ca mantreṇa pradeyā gurave ca gauḥ / 168 // //

(**vivāhaḥ**)

vivāhe kalpayel lājān udakumbhairakāśmanaḥ / 169
śamīparṇañ ca śūrpañ ca sampātañ ca tu vāsasī / 170
dūtānumantraṇaṃ kṛtvā vivāhāgnyanumantraṇam / 171
upasthāyātha sambhārān prokṣya dadyāc ca vāsasī / 172
vāsasā veṣṭitatanuṃ vāhya tāṃ maṅgalānvitām / 173
pitrodakena dattān tām agner uttarata[s] sthitām / 174
saha dharmādir ity etat tasyā hastena bandhunā / 175
agnikartuś ca madhye tu dakṣiṇān diśam āvrajet / 176
kanyāpradānaṃ vidhivat kuryāt prājño niyojayet / 177
dattāyāṃ pārśvasannāyāṃ vadhvām anvārabheta tām / 178
devo va iti vaktavyaṃ lājotpavanakarmaṇi / 179
purastantrasamāptau tu vadhūṃ brūyād *imām* iti / 180
erakārohaṇaṃ mantraṃ *prāsyā* iti vaded varaḥ / 181
anvārabdhopaviṣṭāyāñ juhoty ekādaśāhutīḥ / 182
ekādaśānāṃ sampātaṃ mūrdhni tasyāḥ pura[s] sthitaḥ / 183
*yā tiraścī*ty ṛcā siñced *rādhayāmasy* udarkayā / 184
pāṇim ārabhya cāśmānaṃ *sthire*ty uktvādhitiṣṭhati / 185
diśi sthito 'gner īśānyāṃ vīkṣyamāṇa[s] striyā japet / 186
mantrasyāntapade vadhvā(s) sambudhyā nāma nirdiśet / 187
punar ṇāma tathaivoktvā parikrāmed athānalam / 188
bhrātānyo vāhṛtāl lājān upastīryābhighāritān / 189

prāṅmukhāvasthitaḥ paścād agnāv añjalināvapet / 190
tris tathaiva parākrāmet trir lājān āvapet tadā / 191
lājaśeṣañ ca śūrpeṇa dhārikāgnāv athāvapet / 192
homānteṣu catur brūyād varo *viśvā ute*ti tu / 193
atha saptapadaṃ śāntiṃ prekṣakā prastaragrahaḥ / 194
dhruvekṣ*āryasya datte*ti *dattenārye*ty arundhatīm / 195
prasthānamantraḥ *pūṣetīhe*ti pratyavaropaṇam / 196
tvacy ubhāv upaviśyāsyā nyasyed aṅke kumārakam / 197
śakaloṭān phalāny asmai dattvotthāpya gṛhe yajet / 198
aṣṭāv āhutayas tatra trirātraṃ vratam ācaret / 199
caturthyān niśi hūyeta pradhānāhutipañcakam / 200
pradhānakāle tv ājyena haviṣāgniṃ prajāpatim / 201
tāsāṃ saṃpātam uddhṛtya *srotāṃsy aṅkṣve*ti dīyatām / 202
yathārthaṃ sā ca kurvīta sviṣṭakṛt prastaragrahaḥ / 203
*āvābhyān daṃpatibhyāñ ca svastī*ti svasti vācayet / 204
trihomāṅgam ihaikā gaur ācāryāya pradīyatām / 205 // //

(sāyaṃprātarhomo vaiśvadevaś ca)

aupāsanasya cāraṃbho vaiśvadevasya cādhunā / 206
agniṃ prajāvatiṃ sāyaṃ prātas sūryaṃ prajāpatim / 207
vaiśvadeve yathā pūrvam agnyādyās sapta devatāḥ / 208
hared uttarato 'gnes tu baliṃ *ye harṣaṇā* iti / 209
mṛtvor iti hared ā ye *gṛhyābhya* iti saptasu / 210
dhanvantaraya ity āhuś śeṣan *nama* iti kva cit / 211
ardharātre vyatīteṣu kuryāt saṃveśanakriyām / 212

(navayāgaḥ)

navayāge purāṇasya havir ekan tridaivatam / 213
navena yakṣyamāṇas tu purāṇenāhutitrayam / 214
pūrvam iṣṭvā navenātha juhuyād āhutitrayam / 215
haviṣor avadāyātha sviṣṭakṛd dhūyate samyak / 216
navāc caror avadyād dvir upastīrṇābhighāritān / 217
bhadrān na iti mantreṇa prāśya prastaram āharet / 218 // //

Note: This anonymous *gṛhyakārikā* is edited here, because it is likely that Bhavatrāta attached such a *kārikā* to his JGS commentary in parallel to the *śrautakārikā* that follows his JŚS commentary. This ascription is supported by the initial verse 1-2 *suvyaktaṃ saṃpravakṣyāmi gṛhyakarmakriyākramam / bālānām alpamedhānām apy anugrahakāraṇāt*, which resembles Bhavatrāta's introduction to his Prākṛtakalpa commentary (p. 141,10): ... *kḷptikramam alpamedhasām anugrahārtham upadekṣyāmaḥ* (*alpamedhasām* is more correct, and might have been the original reading instead of *alpamedhānām* of P, T, JSP). The occasions when the *nāndīmukhaśrāddha* is to be included in the ritual are enumerated in lines 29-30, as they are in Bhavatrāta's commentary on JGS 2,4,1*-2*. Similarly, lines 25-26 discuss the time of the *puṃsavana*, which Bhavatrāta details in his commentary on JGS 1,5,2-3; lines 25-26 are missing in P and have been supplied from T, where they occur immediately after the *pārvaṇatantra* of lines 1-24 adopted into this otherwise quite different text; the lines 25-26 introduce the *puṃsavana*, which would otherwise not be mentioned in the text. Note that lines 29-30 have no counterpart in T.

The present edition is based on the following sources:

P = fol. 35a-42b of a unique palmleaf manuscript in the Malayalam script belonging to the Perumaṅṅāṭu Mana of the Pāñjāl village in Tr̥śśūr district of Kerala, photographed by Asko Parpola in 1985 (negatives 1985: 240,10-37 and 241,2-10). P contains the entire text excepting lines 25-26 which have been added from T.

JSP = Jaimunisāmaprayoga contained in a unique palmleaf manuscript in the grantha script, photographed by Asko Parpola in May 1971 (negatives 1971: 11 and 39), belonging the to Jaiminīya Sāmavedins of the Tiṭṭakuṭi village in South Arcot district of Tamilnadu. Tiṭṭakuṭi is the village of Vasiṣṭhakuṭi in the Coḷa country which Bhavatrāta in the introduction to his JŚS commentary mentions as the birthplace of his paternal grandfather Hastiśarman, who migrated to Kerala. Large parts of this *gr̥hyakārikā* are preserved in this *gr̥hyaprayoga*, intermixed with longish prose passages: lines 1-24, 27-28, 29-37, 38-41, 42-47, 53-59, 60, 62-72, 73-97, 128-143, 144-163, 169-199. The variant readings speak for a longer separation from the Keralan tradition, while the presence of this text in the manual used specifically in Bhavatrāta's ancestral village supports its ascription to Bhavatrāta.

K = Klaus Karttunen. Karttunen presented a provisional edition, translation and study of the JSP in his unpublished licentiate thesis of the University of Helsinki in 1985, and has since then published some parts of it in separate articles; relevant here are Karttunen 2001 (containing an edition of lines 1-24 on page 332) and Karttunen 2005 (lines 29-37 on page 308).

Karttunen, Klaus, 2001. Studies in the Gr̥hya prayogas of the Jaiminīya Sāmaveda: 2. Sthālīpāka. Pp. 317-341 in: Klaus Karttunen & Petteri Koskikallio (eds.), *Vidyārṇavavandanam: Essays in honour of Asko Parpola.* (Studia Orientalia 94.) Helsinki: The Finnish Oriental Society.

Karttunen, Klaus, 2005. Studies in the Gr̥hya prayogas of the Jaiminīya Sāmaveda: 4. Nāndīmukhābhyudayaśrāddha. Pp. 305-311 in: Lars Göhler (ed.), *Indische Kultur im Kontext: Rituale, Texte und Ideen aus Indien und der Welt. Festschrift für Klaus Mylius.* (Beiträge zur Indologie 40.) Wiesbaden: Harrassowitz Verlag.

T = A *gr̥hyakārikā* preserved in a unique palmleaf manuscript in the Malayalam script belonging to the Tōṭṭam Mana of the Pāñjāl village with fol. 1a-28b, photographed by Asko Parpola on 24 Feb 1990 (negatives 1990: 12,G2-6 and 4,1-18). Contains lines 1-26 of the text published here as the beginning, but the rest of the text is entirely different. While the *gr̥hyakārikā* of P is pithy and aims at creating memorial verses that summarize the main points of the ritual, that of T is much more prolix and describes the rites at length with stereotype phrases. The much higher quality of the P *kārikā* supports its ascription to Bhavatrāta. The *gr̥hyakārikā* T clearly also belongs to the Nampūtiri Jaiminīyas of Kerala. It was probably composed relatively recently by the "Kutirakkuruśśi [village] Sāmavedin", whom Ērkkara Rāman Nampūtiri (in the Malayāḷam language journal *Anādi*, 9 (6), 1983) mentions as the author of "Sāmakriyākramam".

SSC = Sāma-smārtta-caṭaṅṅù, the anonymous Malayalam language manual of the gr̥hya rites for the Nampūtiri Jaiminīya Sāmavedins of Kerala, the first four chapters of which were edited and translated with an introduction and a step by step comparison with JGS 1,1-4 by Asko Parpola in an article of 2011 (see introduction). The palmleaf manuscript of this text belonging to the Muṭṭattukkāṭṭu Māmaṇṇu Mana of the Pāñjāl village is interspersed with quotations of the following lines of the here edited text: 6-7, 27-28, 38-41, 42-43, 54, 61, 62-69, 71, 104-107, 123-125, 126-127, 142-143, 147-148, 159-161, 162-163, 169-170.

Critical notes follow.

7: *-puṣpa-* P, T, SSC : *-puṣpai(ḥ)* JSP.

8: *havirbhujaḥ* P, T (instead of K *hi virbhujaḥ*).

8-9: Instead of 8-9, JSP has *ācāmya prokṣyadaṃ bhūmir imaṃga stomaḥ paristaram.*

10: *unmārṣṭi* P, T : *unmārṣṭiṃ* JSP, K.

11: *pāvakāt* P, T : *pāvakān* JSP, K.

12: Thus P, T (not as in K) : *pratyūhyotp(u)n(ī)yāt uktāt praṇītāprastarasthite* JSP and (with *proktā* for *uktāt*) K.

13: *apasparśaḥ* P, T : *apaḥsparśaḥ* K : *apa spr̥śya* JSP.

14: *niṣṭapya* P, JSP : *niṣṭabhya* T.

16: *pariṣekas samitgrahaḥ* P, T : *pariṣekāhutīs samit* JSP.

19: *tr̥ṇan nirasya tan dagdhvā tato apa upaspr̥śet* JSP (and K with the orthography *tr̥ṇaṃ* and *taṃ*) : *tr̥ṇan nirasya tan dagdhvā dagdhvā tr̥ṇam apa spr̥śet* P, T.

20: *samiddhyai* P, T (and SSC, see Parpola 2011: 326) : *samr̥ddhyai* JSP, K (with Caland's ed. of JGS 1,4,8 without variants).

22: *śāntiṃ sahaviḥ* JSP, K : *śānti sahaviṣ-* P, T.
25-26: found in T only, see the beginning of this note.
27: *dadhimāsayavais sūtraśuṃkhājyacarukalpanam* P, SSC : *dadhimāṣau eva sūtraṃ śuṃgādyacarukalpanam* JSP.
28: *śuṃgaṃ sviṣṭakṛtaṃ* JSP : *śuṃkhasviṣṭakṛtaḥ* P, SSC.
32: *vaśyaṃ* P : *vaśyān* JSP, K.
35: *bhojayed dadhnā* P : *bhojayed viprān* JSP; *sahacatuṣṭayam* P : *saha catuṣṭayaiḥ* JSP.
36: *nandivācanam* emended : *nandi vācayet* P : *nāndī vācayet* JSP.
37: *karasthānāt* P : *karasthānān* JSP; *vayaṃ* P : *ayaṃ* JSP.
39: *sahiraṇyāmbu* P, SSC : *sahiraṇyam ambu* JSP; JSP omits *ca*; *sīmanta upa-* P, SSC : *sīmantam upa-* JSP.
41: *vīkṣya* P, SSC : *vīkṣet* JSP.
42: *prāśayed aṅgād ahne* emended : *prāśyād aṅgād ahne tha* P, SSC : *prāśyed aṅgād ahne tho* JSP.
43: *nirdiśya* JSP : *nirdeśya* P, SSC; *sarṣapaiḥ* P, SSC : *sarṣapān* JSP.
44: *prātas sakuttasaiḥ* P : *prātaś ca kutkusaiḥ* JSP.
45: *tasminn* P : *asminn* JSP; *āpūrvikam* P : *āpūrvakam* JSP.
47: *-pariṣekāv ayam āpūrviko* P : *-pariṣekau syātām āpūrvako* JSP.
50: one syllable too many.
51: two syllables too many.
54: *nakṣatradaivatatithīr hutvā* P, SSC : *nakṣatraṃ daivataṃ hutvā tithiñ* JSP.
59: *bhūtikarmaṇām* P : *bhūtikāraṇam* JSP.
60: Before line 60, JSP has the following (one syllable missing), which may have belonged to the original *kārikā*: *athānnaprāśanaṃ tac ca ṣaṣthe māsi kartavyam.*
64: *ācamya pūrvatantrānte tv anvārabdhe tha bālake* P : *purastantrānta ācānte nvārabdhe bālake sati* JSP.
65: *hutvā* P : *iṣṭvā* JSP.
66: *nidhanañ ca dhāraṇan* JSP : *nidhanan avadhāraṇan* P, SSC.
67: *nyasyāt* P : *nyasya* JSP.
68: *āplute* JSP, SSC : *ārpute* P.
69: *kṣuragrahādi* P : *kṣurādānādi* JSP.
71: *vyāhṛtīś ca virūpākṣaṃ* JSP : *vyāhṛtīr avirūpākṣaṃ* P, SSC; *snāte* JSP : *snāne* P, SSC.
73: Before 73, JSP inserts the following: *samiddaśakam anyāni trīṇi pātrāṇi cāharet.* Note that *samidh* is mentioned in 73, and *pātras* in 74.
74: *tadā* P : *tathā* JSP.
76: *kramāt* P : *kuryāt* JSP.
77: *upasīdatām* JSP : *upasīdataḥ* P.
81: *vaded* P : *vadan* JSP.
88: *śivo* P : *kṛṣṇo* JSP. This variation between the Smārta Brahmins of Kerala and the Śrīvaiṣṇavas of Tamilnadu is understandable.
89: *huṃ* P : *hiṃ* JSP.
91: *paridadyād athādheyāt* P : *paridadyāc ca saṃśāsti* JSP.
92: *-mantraś carma daṇḍaś ca vā(g) guroḥ* P : *-mantro guror vāk carmadaṇḍayoḥ* JSP.
93: *bhikṣatvopahared* P : *bhikṣitvāpahared* JSP.
96: *ānamet* P : *āmanet* JSP.
104: Before this, SSC has the following: *śrāvaṇe ca nabhasye ca parvaṇor hastayor dvayoḥ syād upākarmaṇaḥ kālaḥ parvarkṣā saṃbhave sati.*
117: one syllable missing.
128: Before this, JSP has the following lines on the *avakīrṇavrata*, a topic not discussed in the JGS:
akṛtvā bhaikṣacaraṇam asamidhya ca pāvakam
anāturaṣ saptarātram avakīrṇavratañ caret
praṇīya vidhivat vahniṃ kuryād āpūrvikan tataḥ
samidhaṃ pariṣekānte tūṣṇīm ādāya saṃstutam
ājyaṃ kāmeti mantrābhyāṃ hutvā saṃ meti mantrataḥ
upasthāyopaviśyātha pariṣecanam ācaret.
130: *samidham* P : *samidhān* JSP; *āhutī* P : *āhutiḥ* JSP.
131: Hereafter JSP inserts: *āthānacodanāneti homāvṛtahano guruḥ.*
134: *ayañ* P : *atha* JSP.
135: *samāptau tu* P : *samāpteṣu* JSP; *śrutvādhīte* P : *śrutvādīnaṃ* JSP.
143: *gān nayet gurudakṣiṇāṃ* P : *gavannai(r) gurutarpaṇaṃ* JSP.

146: *vāpāntam* P : *dānāntam* JSP.

147: two syllables missing.

148: *vrataṃ* P : *r̥taṃ* JSP.

149: in JSP only.

150: *samāvartanārambhe* emended : *samāvarttasamārambhe* P, JSP.

153: *ahatottaraḥ* JSP : *ahatottarāṃ* P.

154: *visrasya* P : *visr̥jya* JSP.

158: *unmr̥ttiyā tvacaṃ syāyād dhema-* P : *ācāryaḥ snāpayed enaṃ hema-* JSP.

160: *upānadgrāhamocanaṃ* P, SSC : *upāna(d)bhyāṃ ca mocanaṃ* JSP.

163: JSP omits this line. For *śivā* see JGS 1,18,12; *dviṣa-* JGS 1,18,3; *-ud u-* JGS 1,18,4; *nājāta-* JGS 1,18,39; *parīma-* JGS 1,18,25.

166: *tu* P : *saḥ* JSP.

168: *ca mantreṇa* P : *tu mantreṇa* JSP.

169: *-śmanaḥ* JSP : *-śmanī* P, SSC.

170: *sampātañ ca tu vāsasī* JSP : *sampātasya ca vāsasī* P, SSC.

176: *agnikartrāś ca madhye tu dakṣiṇān diśam āvrajet* P : *agnikartuś ca madhye tu dakṣiṇon diśi mā nayet* JSP.

177: *niyojayet* P : *varāya tu* JSP.

180: *-samāptau* P : *-samāpte* JSP.

181: *-rohaṇaṃ* P : *-rohaṇe* JSP.

184: *r̥cā siñced* P : *udāsiñced* JSP; *udarkayā* P : *udakayā* JSP.

185: *uktvādhitiṣṭhati* P : *uktvopatiṣṭhati* JSP.

187: *mantrasyāntapade* JSP : *mantrasyānte vaded* P.

189: *bhrātānyo vāhr̥tāl* P : *bhrātrā dvir bhajitān* JSP.

191: *tathaiva parākrāmet trīl lājān āvapet tadā* P : *tv atīva parikrāmet trir lājān āvapet tathā* JSP.

192: *athāvapet* P : *adhikṣipet* JSP.

195: *dhruvekṣāryasya datteti dattenāryety arundhatīm* P : *yadā dhruvādy ādr̥śyante prekṣākālas tadanataḥ / dhruvekṣā yasya dhatteti dhatte nārīty arundhatī* JSP. Cf. Bh on JGS 1,20,31 and 34.

197: *upaviśyāsyā* P : *upaviṣṭau tu* JSP.

198: *śakaloṭān* JSP : *śakalodān* P; *gr̥he* P : *gr̥hī* JSP.